제2판

조문중심
로스쿨 국제거래법

변호사
김지연

박영사

PREFACE

변호사시험을 준비하는 학생들에게

1. 선택과목의 중요성에 대하여

변호사 시험에서 선택과목은 160점 만점으로 공법·형사법 사례형, 민사법 기록형, 공법·형사법 기록형이 각 200점, 175점, 100점인 것에 비교하면 적지 않은 배점이다. 따라서 단 몇 점 차이로 당락이 좌우되는 변호사시험에서 선택과목은 잘하는 법, 전문화에 대한 욕심 등으로 잘하고 싶은 법보다는 '합격을 위해 점수를 잘 받을 수 있는 과목'이 무엇인지를 기준으로 선택하는 것이 옳다.

국제거래법이 선택과목으로서 갖는 장점은 첫째, 다른 법보다 조문의 양이 현저히 적어 공부의 양 또한 적다는 점, 둘째, 수험생들 간에 공부에 투자하는 시간과 기존에 가진 지식의 편차가 크지 않기 때문에 제대로 공부만 한다면 고득점을 할 가능성이 다른 법에 비해서 높다는 점, 셋째, 조문의 구조만 이해하고 있다면 조문의 양이 적어 시험시간 내에 조문을 찾기 쉽고, 그렇기 때문에 답안지를 백지로 제출할 가능성이 지극히 낮다는 점 등을 들 수 있겠다.

따라서 '합격을 위해 점수를 잘 받을 수 있는 과목'이 무엇인지를 기준으로 본다면, 선택과목으로 국제거래법을 선택하는 것은 전략적으로 옳다고 볼 수 있다.

2. 국제거래법, 언제·어떻게 공부할까

국제거래법에 할애하는 공부시간은 2주 이내가 적정하다고 생각한다. 다만, 2주를 한꺼번에 투자하기보다는 이를 나누어 회독 수를 늘리는 방법으로 투자하는 것이 좋다.

먼저, 1회독은 기본 개념에 대한 이해로 국제사법, CISG 각 3일씩 6일 정도면 충분하다. 시험 당해 연도라면 언제든 무방하지만, 추석까지도 1회독을 하여놓지 않으면 선택과목을 전혀 모른다는 불안감이 수험 전체에 악영향을 미칠 수 있기 때문에 늦어도 추석 이전에는 1회독을 마쳐두기를 권유한다.

2회독에서는 1회독에서 이해한 기본 개념을 바탕으로 핵심적인 내용을 체크하며 공부하자. 조문에 중요 내용을 표시하는 방법으로 시험장에 가져갈 자료를 정리한다면 더욱 좋다. 국제사법, CISG 각 2일씩 4일의 기간이면 충분하고, 10월 모의고사 한 번이라도 국제거래법을 제대로 풀어보는 것이 분명 실제 변호사시험에서 도움이 되기 때문에 공부의 시기는 10월 모의고사 이전이 최적의 기간이라고 생각된다.

3회독에서는 기본 개념에 기출문제 풀이를 병행하자. 국제거래법 시험에서는 문제 풀이 구조가 매해 거의 동일하고, 다른 과목에 비하여 빈출 조문이 한정되어 있어 적어도 최근 3개년 내지 5개년의 기출문제를 반드시 풀어보아야 한다. 기간은 국제사법, CISG 각 1일씩 2일이면 충분하다.

4회독은 변호사시험 전 마지막 회독을 앞둔 시점 즈음 반나절 정도 투자하여 1~3회독을 하는 동안 정리한 자료 및 기출문제를 복기해보는 방법으로 공부하자.

5회독은 변호사시험 전 2일차 저녁을 추천한다. 하루 종일 형사법 시험을 치른 상태에서 광범위한 민사법을 집중력 있게 보는 것은 어렵고, 볼 수 있다고 하더라도 저녁 시간을 투자하여 민사법에서 득점하는 것보다는 국제거래법에서 득점하는 것이 조금 더 가능성 있는 선택지라고 할 수 있다.

이렇게 5회독을 완성하고, 시험장 쉬는 시간에 마지막 정리를 한 뒤 시험에 응시하면 국제거래법은 분명 고득점이 가능하다.

3. 본서에 대하여

본서는 국제거래법의 학술적 용도 또는 실무에 활용하기 위한 용도가 아닌 오로지 변호사시험만을 위한 '수험서'이다. 수험생들이 불필요한 내용을 보느라 시간을 허비하지 않도록 필요한 내용만을 수록하였고, 따라서 변호사시험 선택과목 응시를 위해서는 본서의 내용만 알고 있어도 충분하다.

또한, 국제거래법 시험은 조문의 구조와 내용을 이해하고 이를 적용하는 단계를 알고 있는가에 대한 문제가 출제되는 것이므로 조문의 중요성을 아무리 강조하여도 지나치지 않고, 따라서 국제거래법을 공부할 때는 본서 부록에 수록한 조문을 곁에 두고 조문을 보면서 공부하는 것을 추천한다.

물론 조문은 반드시 본서 부록을 보아야 하는 것은 아니고 어떠한 형태의 자료로 보아도 상관이 없다. 다만, CISG를 공부할 때 조문 옆에 제목을 임의로 기재해둔 조문을 보면서 공부해서는 안 된다는 점만 유의하자. CISG 원문에는 조문에 제목이 기재되어 있지 않아서 시험장에서 주어지는 법전에도 제목이 기재되어 있지 않은데, 공부할 때부터 조문 옆의 제목을 보며 공부하는 것에 익숙해지면 시험장에서도 무의식적으로 제목을 찾게 되고, 제목이 없는 법전을 보면 당황하여 조문을 찾아내지 못할 수도 있다.

4. 마지막으로

수험생활은 불안감과의 싸움이라고 생각한다. '합격하지 못하면 어떻게 하지'라는 생각이 뇌리를 스치면 불안감이 엄습하여 공부에 쉽게 집중할 수 없는 상태가 되기 때문이다. 변호사시험은 모두에게 수험시간이 동일하게 주어지는 만큼 이 불안감을 빨리 해소하고 공부에 집중하는 자가 승리한다고 생각한다. 따라서 수험생활에서는 미리미리 자신만의 불안감 해소방법을 만들어 두고, 빠르게 불안감에서 벗어나는 연습을 해야 한다.

본서를 발간하며, 본서를 읽고 있는 수험생들이 수험 생활에 너무 많이 지치거나 힘들지 않기를, 부디 수험 끝에 합격의 기쁨을 함께 누릴 수 있기를 바란다.

CONTENTS

제1부 국제사법

제2부 국제물품매매계약에 관한 국제연합 협약

01부

국제사법

국제사법

[시행 2022. 7. 5.] [법률 제18670호, 2022. 1. 4., 전부개정]

◇ 국제사법은 2022. 1. 4. 전부개정을 통하여 국제재판관할 결정의 일반원칙인 '실질적 관련성' 판단 기준을 구체화하고, 일반관할 및 사무소·영업소 소재지 등의 특별관할, 반소·합의·변론·전속관할 등 국제재판관할에 관한 총칙 규정을 신설하며, 채권, 지식재산권, 친족·상속, 해상 등 유형별 사건에 관한 국제재판관할 규정을 도입하여 법적 안정성 및 예측가능성을 확보할 수 있도록 하였다.[1]

◇ 전면 개정된 국제사법의 조문 구조는 아래 표 기재와 같고, 개정 시 신설된 조문은 음영으로, 조문의 실질적 내용이 변경된 조항은 밑줄로 표시하였다.[2] 국제거래법 시험(변호사시험)에서는 짧은 시험시간 안에 사안에 적용되는 조문을 빠르게 찾아내는 것이 고득점 여부를 좌우하기 때문에 조문 하나 하나의 내용을 이해하는 것도 중요하지만, 조문의 구조를 이해하고, 익히는 것은 더욱 중요하다고 할 것이므로 아무리 강조하여도 지나치지 않다.

장		절		조문	
1	총칙	1	목적	1	목적
		2	국제재판관할	2	일반원칙
				3	일반관할
				4	사무소·영업소 소재지 등의 특별관할
				5	재산소재지의 특별관할
				6	관련사건의 관할
				7	반소관할

1 법제처

2 전체적인 조문의 형식적 기재가 '상거소 → 일상거소', '의한다 → 따른다', '득실변경 → 취득·상실·변경' 등으로 변경되기도 하였으나, 이는 실질적 내용이 변경된 것이 아니므로 별도 표시를 생략한다. 또한, 전면 개정이므로 원칙적으로 모든 조항이 개정되었다고 보아야 하나, 편의상 본서 본문에는 신설된 내용은 '신설'로, 실질적 내용이 변경된 조항에는 '개정'으로 표시하였다.

				8	합의관할
				9	변론관할
				10	전속관할
				11	국제적 소송경합
				12	국제재판관할권의 불행사
				13	적용 제외
				14	보전처분의 관할
				15	비송사건의 관할
		3	준거법	16	본국법
				17	일상거소지법
				18	외국법의 적용
				19	준거법의 범위
				20	대한민국 법의 강행적 적용
				21	준거법 지정의 예외
				22	외국법에 따른 대한민국 법의 적용
				23	사회질서에 반하는 외국법의 규정
2	사람	1	국제재판관할	24	실종선고 등 사건의 특별관할
				25	사원 등에 대한 소의 특별관할
		2	준거법	26	권리능력
				27	실종과 부재
				28	행위능력
				29	거래보호
				30	법인 및 단체
3	법률행위			31	법률행위의 방식
				32	임의대리
4	물권			33	물권
				34	운송수단
				35	무기명증권
				36	이동 중인 물건
				37	채권 등에 대한 약정담보물권

5	지식 재산권	1	국제재판관할	38	지식재산권 계약에 관한 소의 특별관할
				39	지식재산권 침해에 관한 소의 특별관할
		2	준거법	40	지식재산권의 보호
6	채권	1	국제재판관할	41	계약에 관한 소의 특별관할
				42	소비자계약의 관할
				43	근로계약의 관할
				44	불법행위에 관한 소의 특별관할
		2	준거법	45	당사자 자치
				46	준거법 결정 시의 객관적 연결
				47	소비자계약
				48	근로계약
				49	계약의 성립 및 유효성
				50	사무관리
				51	부당이득
				52	불법행위
				53	준거법에 관한 사후적 합의
				54	채권의 양도 및 채무의 인수
				55	법률에 따른 채권의 이전
7	친족	1	국제재판관할	56	혼인관계에 관한 사건의 특별관할
				57	친생자관계에 관한 사건의 특별관할
				58	입양관계에 관한 사건의 특별관할
				59	부모·자녀 간의 법률관계 등에 관한 사건의 특별관할
				60	부양에 관한 사건의 관할
				61	후견에 관한 사건의 특별관할
				62	가사조정사건의 관할
		2	준거법	63	혼인의 성립
				64	혼인의 일반적 효력
				65	부부재산제
				66	이혼
				67	혼인 중의 부모·자녀관계
				68	혼인 외의 부모·자녀관계

				69	혼인 외의 출생자
				70	입양 및 파양
				71	동의
				72	부모·자녀 간의 법률관계
				73	부양
				74	그 밖의 친족관계
				75	후견
8	상속	1	국제재판관할	76	상속 및 유언에 관한 사건의 관할
		2	준거법	77	상속
				78	유언
9	어음 수표	1	국제재판관할	79	어음·수표에 관한 소의 특별관할
		2	준거법	80	행위능력
				81	수표지급인의 자격
				82	방식
				83	효력
				84	원인채권의 취득
				85	일부인수 및 일부지급
				86	권리의 행사·보전을 위한 행위의 방식
				87	상실·도난
				88	수표의 지급지법
10	해상	1	국제재판관할	89	선박소유자등의 책임제한사건의 관할
				90	선박 또는 항해에 관한 소의 특별관할
				91	공동해손에 관한 소의 특별관할
				92	선박충돌에 관한 소의 특별관할
				93	해난구조에 관한 소의 특별관할
		2	준거법	94	해상
				95	선박충돌
				96	해난구조

◇ 국제사법은 법 제1조가 규정하는 바와 같이 외국적 요소가 있는 법률관계에 관하여 국제재판관할에 관한 원칙과 준거법을 정함을 목적으로 하는 법으로, 변호사시험에서는 사안의 분쟁에 대하여 국제재판관할의 인정여부, 어느 국가의 법이 준거법으로 지정되는지에 관한 문제가 출제된다.

제1장 | 총칙

제1절 목적

빈출

제1조 【목적】
이 법은 외국과 관련된 요소가 있는 법률관계에 관하여 국제재판관할과 준거법(準據法)을 정함을 목적으로 한다.

I 국제사법의 적용대상 : 외국과 관련된 요소가 있는 법률관계

국제사법의 적용대상은 '외국과 관련된 요소가 있는 법률관계'이고, '외국과 관련된 요소가 있는 법률관계'란 거래당사자의 국적·주소, 목적물의 소재지, 행위지, 법률관계의 발생지 등이 외국과 밀접하게 관련되어 있는 경우를 의미한다.

판례(대법원 2008. 1. 31. 선고 2004다26454 판결)

국제사법 제1조가 '이 법은 외국적 요소가 있는 법률관계에 관하여 국제재판관할에 관한 원칙과 준거법을 정함을 목적으로 한다'고 규정하고 있으므로, 거래 당사자의 국적·주소, 물건 소재지, 행위지, 사실발생지 등이 외국과 밀접하게 관련되어 있어 곧바로 내국법을 적용하기보다는 국제사법을 적용하여 그 준거법을 정하는 것이 더 합리적이라고 인정되는 법률관계에 대하여는 국제사법의 규정을 적용하여 준거법을 정하여야 한다.

II 국제재판관할

섭외적 사안을 내용으로 하는 분쟁에 대하여 특정 국가의 법원이 판단할 수 있는 권한

▷ 쟁점 : 외국과 관련된 요소가 있는 법률관계에 관한 분쟁을 재판할 수 있는 권한이 어느 국가의 법원에 있는지 문제

Ⅲ 준거법

외국적 요소가 있는 법률관계에 관한 분쟁에 적용될 특정 국가의 사법 체계

▷ 쟁점 : 외국과 관련된 요소가 있는 법률관계에 관한 분쟁을 어느 국가의 사법 체계에 따라 판단할 것인지 문제

제2절 국제재판관할

Ⅰ 일반원칙

빈출

제2조 【일반원칙】 ★개정

① 대한민국 법원(이하 "법원"이라 한다)은 당사자 또는 분쟁이 된 사안이 대한민국과 실질적 관련이 있는 경우에 국제재판관할권을 가진다. 이 경우 법원은 실질적 관련의 유무를 판단할 때에 당사자 간의 공평, 재판의 적정, 신속 및 경제를 꾀한다는 국제재판관할 배분의 이념에 부합하는 합리적인 원칙에 따라야 한다.

② 이 법이나 그 밖의 대한민국 법령 또는 조약에 국제재판관할에 관한 규정이 없는 경우 법원은 국내법의 관할 규정을 참작하여 국제재판관할권의 유무를 판단하되, 제1항의 취지에 비추어 국제재판관할의 특수성을 충분히 고려하여야 한다.

1. 실질적 관련의 원칙

가. 대한민국 법원은 당사자 또는 분쟁이 된 사안이 대한민국과 실질적 관련이 있는 경우에 국제재판관할권을 가진다(제2조 제1항 1문).

나. 실질적 관련의 유무 판단(제2조 제1항 2문) : 법원은 당사자 간의 공평, 재판의 적정, 신속 및 경제를 꾀한다는 국제재판관할 배분의 이념에 부합하는 합리적인 원칙에 따라야 한다.

판례(대법원 2005. 1. 27. 선고 2002다59788 판결)[3]

[1] 국제재판관할을 결정함에 있어서는 당사자 간의 공평, 재판의 적정, 신속 및 경제를 기한다는 기본이념에 따라야 할 것이고, 구체적으로는 소송당사자들의 공평, 편의 그리고 예측가능성과 같은 개인적인 이익뿐만 아니라 재판의 적정, 신속, 효율 및 판결의 실효성 등과 같은 법원 내지 국가의 이익도 함께 고려하여야 할 것이며, 이러한 다양한 이익 중 어떠한 이익을 보호할

필요가 있을지 여부는 개별 사건에서 법정지와 당사자와의 실질적 관련성 및 법정지와 분쟁이 된 사안과의 실질적 관련성을 객관적인 기준으로 삼아 합리적으로 판단하여야 할 것이다.
[2] 대한민국 내에 주소를 두고 영업을 영위하는 자가 미국의 도메인 이름 등록기관에 등록·보유하고 있는 도메인 이름에 대한 미국의 국가중재위원회의 이전 판정에 불복하여 제기한 소송에 관하여 분쟁의 내용이 대한민국과 실질적 관련성이 있다는 이유로 대한민국 법원의 국제재판관할권을 인정한 사례.

2. 국제사법이나 그 밖의 대한민국 법령 또는 조약에 국제재판관할에 관한 규정이 없는 경우(제2조 제2항)

국내법의 관할 규정을 참작하여 국제재판관할권의 유무를 판단하되, 국제재판관할의 특수성을 충분히 고려하여야 한다.

3. 제2조의 기능

개정된 국제사법 제2조 제1항은 실질적 관련에 근거하여 국제재판관할 유무를 판단하는 규칙이자,[4] 국제사법이 정한 국제재판관할의 대원칙을 선언하는 의미가 있다.

Ⅱ 일반관할

12·14회

제3조에 따라 아래의 경우 대한민국 법원에 일반관할이 인정된다.[5]

제3조 【일반관할】 ☆신설

① 대한민국에 일상거소가 있는 사람에 대한 소에 관하여는 법원에 국제재판관할이 있다. 일상거소가 어느 국가에도 없거나 일상거소를 알 수 없는 사람의 거소가 대한민국에 있는 경우에도 또한 같다.
② 제1항에도 불구하고 대사·공사, 그 밖에 외국의 재판권 행사대상에서 제외되는 대한민국 국민에 대한 소에 관하여는 법원에 국제재판관할이 있다.

---

3 국제사법 개정안 제2조 제1항 2문은 본 대법원 판결 이래 형성된 판례의 추상적 법률론을 법제화한 것이다.

4 다만, 특별관할규칙이 있는 경우 그것만으로 당연히 국제재판관할이 인정되나, 그것이 없는 때에는 여러 가지 사정을 종합한 결과 그것이 제2조 제1항이 선언하는 일반원칙에 부합할 때에 비로소 국제재판관할을 인정할 여지가 없지는 않지만 법적 안정성을 고려하여 이를 매우 예외적인 경우로 한정하여야 한다는 견해가 있다(석광현, 66면).

5 일반관할의 적용범위(각장에 규정된 관할규칙과의 관계) : 조문의 체계상 개정법 제3조는 한국에 일상거소를 가지는 사람에 대한 소에 관하여 우리 법원의 일반관할을 명시하므로 이는 그런 요건이 구비되는 한 국제사법이 적용되는 모든 법률관계에 대하여 그것이 소송인지 비송인지 관계없이 적용되는 것으로 보인다. 그러나 과연 그런 결론이 어느 범위에서 타당한지는 더 검토할 필요가 있다(석광현, 73면).

③ 주된 사무소·영업소 또는 정관상의 본거지나 경영의 중심지가 대한민국에 있는 법인 또는 단체와 대한민국 법에 따라 설립된 법인 또는 단체에 대한 소에 관하여는 법원에 국제재판관할이 있다.

참고

제3조는 민사소송법 제2조(보통재판적)에 대응하는 신설 규정

제3조에 따라 아래의 경우 대한민국 법원에 일반관할이 인정된다.

1. '사람'에 대한 소의 경우(제3조 제1항)
   가. 1) 대한민국에 일상거소가 있는 사람에 대한 소, 2) 일상거소가 어느 국가에도 없거나 일상거소를 알 수 없는 사람의 거소가 대한민국에 있는 경우
   나. 대사·공사·그 밖에 외국의 재판권 행사대상에서 제외되는 대한민국 국민에 대한 소(제3조 제2항)

2. '법인 또는 단체'에 대한 소의 경우(제3조 제3항)
   가. 주된 사무소·영업소 또는 정관상의 본거지나 경영의 중심지가 대한민국에 있는 법인 또는 단체
   나. 대한민국 법에 따라 설립된 법인 또는 단체에 대한 소

Ⅲ 특별관할

12·13·14회

1. 사무소·영업소 소재지 등의 특별관할

제4조【사무소·영업소 소재지 등의 특별관할】 ☆신설

① 대한민국에 사무소·영업소가 있는 사람·법인 또는 단체에 대한 대한민국에 있는 사무소 또는 영업소의 업무와 관련된 소는 법원에 제기할 수 있다.
② 대한민국에서 또는 대한민국을 향하여 계속적이고 조직적인 사업 또는 영업활동을 하는 사람·법인 또는 단체에 대하여 그 사업 또는 영업활동과 관련이 있는 소는 법원에 제기할 수 있다.

참고

제4조는 민사소송법 제12조(사무소·영업소가 있는 곳의 특별재판적)에 대응하는 특별 관할에 대한 신설 규정

제4조에 따라 아래의 경우에는 대한민국 법원에 특별 관할이 인정된다.

가. 대한민국에 사무소·영업소가 있는 사람·법인 또는 단체에 대한 대한민국에 있는 사무소 또는 영업소의 업무와 관련된 소(제4조 제1항)

나. 대한민국에서 또는 대한민국을 향하여 계속적이고 조직적인 사업 또는 영업활동을 하는 사람·법인 또는 단체에 대하여 그 사업 또는 영업활동과 관련이 있는 소(제4조 제2항)

2. 재산소재지의 특별관할

제5조【재산소재지의 특별관할】 ☆신설

재산권에 관한 소는 다음 각 호의 어느 하나에 해당하는 경우 법원에 제기할 수 있다.

1. 청구의 목적 또는 담보의 목적인 재산이 대한민국에 있는 경우
2. 압류할 수 있는 피고의 재산이 대한민국에 있는 경우. 다만, 분쟁이 된 사안이 대한민국과 아무런 관련이 없거나 근소한 관련만 있는 경우 또는 그 재산의 가액이 현저하게 적은 경우는 제외한다.

참고

제5조는 민사소송법 제11조(재산이 있는 곳의 특별재판적)에 대응하는 특별 관할에 대한 신설 규정

가. 대한민국 법원에 특별관할이 인정되는 경우

1) 청구의 목적 또는 담보의 목적인 재산이 대한민국에 있는 경우(제5조 제1호)

2) 압류할 수 있는 피고의 재산이 대한민국에 있는 경우(제5조 제2호 본문)

나. 대한민국 법원에 특별관할이 인정되지 않는 경우(제5조 제2호 단서)

압류할 수 있는 피고의 재산이 대한민국에 있으나, ① 분쟁이 된 사안이 대한민국과 아무런 관련이 없거나, ② 대한민국과 근소한 관련만 있는 경우 또는 ③ 그 재산의 가액이 현저하게 적은 경우

Ⅳ 관련사건의 관할

제6조 【관련사건의 관할】 ☆신설

① 상호 밀접한 관련이 있는 여러 개의 청구 가운데 하나에 대하여 법원에 국제재판관할이 있으면 그 여러 개의 청구를 하나의 소로 법원에 제기할 수 있다.

② 공동피고 가운데 1인의 피고에 대하여 법원이 제3조에 따른 일반관할을 가지는 때에는 그 피고에 대한 청구와 다른 공동피고에 대한 청구 사이에 밀접한 관련이 있어서 모순된 재판의 위험을 피할 필요가 있는 경우에만 공동피고에 대한 소를 하나의 소로 법원에 제기할 수 있다.

③ 다음 각 호의 사건의 주된 청구에 대하여 제56조부터 제61조까지의 규정에 따라 법원에 국제재판관할이 있는 경우에는 친권자·양육자 지정, 부양료 지급 등 해당 주된 청구에 부수되는 부수적 청구에 대해서도 법원에 소를 제기할 수 있다.

1. 혼인관계 사건
2. 친생자관계 사건
3. 입양관계 사건
4. 부모·자녀 간 관계 사건
5. 부양관계 사건
6. 후견관계 사건

④ 제3항 각 호에 따른 사건의 주된 청구에 부수되는 부수적 청구에 대해서만 법원에 국제재판관할이 있는 경우에는 그 주된 청구에 대한 소를 법원에 제기할 수 없다.

참고

제6조는 민사소송법 제25조(관련재판적)에 대응하는 신설 규정

국제사법 제6조에 따라 아래의 경우에는 대한민국 법원에 관할이 인정된다.

1. 소의 객관적 병합의 경우(제6조 제1항) : 상호 밀접한 관련이 있는 여러 개의 청구 가운데 하나에 대하여 법원에 국제재판관할이 있는 경우

2. 소의 주관적 병합의 경우(제6조 제2항)

① 공동피고 가운데 1인의 피고에 대하여 법원이 제3조에 따른 일반관할을 가지고 ② 그 피고에 대한 청구와 다른 공동피고에 대한 청구 사이에 밀접한 관련이 있어서 ③ 모순된 재판의 위험을 피할 필요가 있는 경우

3. 가사 사건의 부수적 청구에 대하여 관할이 인정되는 경우

가. 혼인관계 사건(제1호), 친생자관계 사건(제2호), 입양관계 사건(제3호), 부모·자녀 간 관계 사건(제4호), 부양관계 사건(제5호), 후견관계 사건(제6호)의 주된 청구에 대하여 제56조

부터 제61조까지의 규정에 따라 법원에 국제재판관할이 있는 경우, 이에 부수되는 친권자·양육자 지정, 부양료 지급 등 부수적 청구에 대하여도 법원에 관할이 인정된다(제6조 제3항).

나. 다만, 부수적 청구에 대해서만 법원에 국제재판관할이 있는 경우 그 주된 청구에 대한 소를 법원에 제기할 수 없다(제6조 제4항).

※ 제39조 제2항 : 제6조 제1항의 적용을 배제한 규정

제39조 【지식재산권 침해에 관한 소의 특별관할】
① 지식재산권 침해에 관한 소는 다음 각 호의 어느 하나에 해당하는 경우 법원에 제기할 수 있다. 다만, 이 경우 대한민국에서 발생한 결과에 한정한다.
1. 침해행위를 대한민국에서 한 경우
2. 침해의 결과가 대한민국에서 발생한 경우
3. 침해행위를 대한민국을 향하여 한 경우
② 제1항에 따라 소를 제기하는 경우 제6조 제1항을 적용하지 아니한다.

▷ 제39조 제2항은 동조 제1항이 '대한민국에서 지식재산권 침해의 결과가 발생한 경우'에 한하여 법원에 관할권을 인정하고 있음에도, 법원이 제6조 제1항을 적용하여 다른 국가에서 그 침해의 결과가 발생한 경우에까지 관할권을 행사하는 경우를 방지하기 위하여 지식재산권 침해에 관한 소에 대해서는 제6조 제1항의 적용이 배제됨을 명시하였다.

V 반소관할

12회

제7조 【반소관할】 ☆신실
본소에 대하여 법원에 국제재판관할이 있고 소송절차를 현저히 지연시키지 아니하는 경우 피고는 본소의 청구 또는 방어방법과 밀접한 관련이 있는 청구를 목적으로 하는 반소를 본소가 계속된 법원에 제기할 수 있다.

본소가 계속된 대한민국 법원에 반소에 대한 관할이 인정되기 위해서는 아래의 요건을 충족하여야 한다.

1) 본소에 대하여 대한민국 법원에 국제재판관할권이 있을 것
2) 소송절차를 현저히 지연시키지 아니할 것
3) 반소가 본소의 청구 또는 방어방법과 밀접한 관련이 있는 청구를 목적으로 할 것

Ⅵ 합의관할

1·4·9·12회

제8조 【합의관할】 ☆신설

① 당사자는 일정한 법률관계로 말미암은 소에 관하여 국제재판관할의 합의를 할 수 있다. 다만, 합의가 다음 각 호의 어느 하나에 해당하는 경우에는 효력이 없다.

1. 합의에 따라 국제재판관할을 가지는 국가의 법(준거법의 지정에 관한 법규를 포함한다)에 따를 때 그 합의가 효력이 없는 경우
2. 합의를 한 당사자가 합의를 할 능력이 없었던 경우
3. 대한민국의 법령 또는 조약에 따를 때 합의의 대상이 된 소가 합의로 정한 국가가 아닌 다른 국가의 국제재판관할에 전속하는 경우
4. 합의의 효력을 인정하면 소가 계속된 국가의 선량한 풍속이나 그 밖의 사회질서에 명백히 위반되는 경우

② 합의는 서면[전보, 전신, 팩스, 전자우편 또는 그 밖의 통신수단에 의하여 교환된 전자적 의사표시를 포함한다]으로 하여야 한다.

③ 합의로 정해진 관할은 전속적인 것으로 추정한다.

④ 합의가 당사자 간의 계약 조항의 형식으로 되어 있는 경우 계약 중 다른 조항의 효력은 합의 조항의 효력에 영향을 미치지 아니한다.

⑤ 당사자 간에 일정한 법률관계로 말미암은 소에 관하여 외국법원을 선택하는 전속적 합의가 있는 경우 법원에 그 소가 제기된 때에는 법원은 해당 소를 각하하여야 한다. 다만, 다음 각 호의 어느 하나에 해당하는 경우에는 그러하지 아니하다.

1. 합의가 제1항 각 호의 사유로 효력이 없는 경우
2. 제9조에 따라 변론관할이 발생하는 경우
3. 합의에 따라 국제재판관할을 가지는 국가의 법원이 사건을 심리하지 아니하기로 하는 경우
4. 합의가 제대로 이행될 수 없는 명백한 사정이 있는 경우

참고

제8조는 민사소송법 제29조(합의관할)에 대응하는 신설 규정

1. 국제재판관할 합의

가. 원칙적 유효(제8조 제1항 본문) : 당사자는 일정한 법률관계로 말미암은 소에 관하여 국제재판관할의 합의를 할 수 있다.

▷ 서면성 요건(제8조 제2항) : 합의는 서면으로 하여야 한다. 단, 이때 서면에는 전보, 전신, 팩스, 전자우편 또는 그 밖의 통신수단에 의하여 교환된 전자적 의사표시를 포함한다.

나. 합의의 효력이 없는 경우(제8조 제1항 단서)[6]

1) 합의에 따라 국제재판관할을 가지는 국가의 법에 따를 때 그 합의가 효력이 없는 경우

2) 합의를 한 당사자가 합의를 할 능력이 없었던 경우

3) 대한민국의 법령 또는 조약에 따를 때 합의의 대상이 된 소가 합의로 정한 국가가 아닌 다른 국가의 국제재판관할에 전속하는 경우

4) 합의의 효력을 인정하면 소가 계속된 국가의 선량한 풍속이나 그 밖의 사회질서에 명백히 위반되는 경우

2. 국제재판관할 합의의 효력(제8조 제3항)

합의로 정해진 관할은 전속적인 것으로 추정한다.

3. 계약상 관할 조항의 독립성(제8조 제4항)

국제재판관할의 합의는 당사자 간 분쟁이 생겼을 경우를 대비하여 관할을 정하는 것이므로, 제8조 제4항은 계약상 다른 조항에 따라 계약이 무효가 되었다고 하더라도, 관할 합의 조항까지 무효라고 보아서는 안 된다는 점에서 계약상 관할 합의 조항의 독립성을 명시하고 있다.

4. 외국법원을 전속관할로 하는 국제재판관할 합의가 있는 경우(제8조 제5항)

가. 원칙 : 법원에 그 소가 제기된 때에는 법원은 해당 소를 각하하여야 한다.

나. 예외 : 아래의 경우에는 제외한다.

1) 합의가 제8조 제1항 각 호의 사유로 효력이 없는 경우

2) 제9조에 따라 변론관할이 발생하는 경우

3) 합의에 따라 국제재판관할을 가지는 국가의 법원이 사건을 심리하지 아니하기로

---

6 종래 우리 대법원 판례(대법원 1997. 9. 9. 선고 96다20093 판결 등 참조)는 한국 법원이 국제재판관할을 가지는 사건에서 한국 법원의 관할을 배제하고 외국법원을 관할법원으로 하는 전속적 국제재판관할의 합의가 유효하기 위해서는 ① 당해 사건이 한국 법원의 전속관할에 속하지 아니하고, ② 지정된 외국법원이 그 외국법상 당해 사건에 대하여 관할권을 가져야 하고, ③ 당해 사건이 그 외국법원에 대하여 합리적인 관련성을 가져야 하고, ④ 전속적 관할합의가 현저하게 불합리하고 불공정한 경우에는 그 관할합의는 공서양속에 반하는 법률행위에 해당하는 점에서도 무효라고 판시하였다. 위 ③의 요건은 많은 비판을 받았는데 해석론상 이를 폐지해야 하고 입법론으로도 이를 요구하지 말아야 한다는 것이 유력한 견해였다. 개정안은 위 ③의 요건을 요구하지 않는다(석광현, 36면)

하는 경우

4) 합의가 제대로 이행될 수 없는 명백한 사정이 있는 경우

5. 적용 제외(제13조)

제13조 【적용 제외】 ☆신설

제24조, 제56조부터 제59조까지, 제61조, 제62조, 제76조 제4항 및 제89조에 따라 국제재판관할이 정하여지는 사건에는 제8조 및 제9조를 적용하지 아니한다.

당사자의 의사와 무관하게 법원의 개입이 필요한 사건들에 대하여 당사자들이 합의를 통하여 관할을 확대하는 것을 방지하기 위하여 법 제13조는 제24조(실종선고 등 사건의 특별관할), 제56조(혼인관계에 관한 사건의 특별관할), 제57조(친생자관계에 관한 사건의 특별관할), 제58조(입양관계에 관한 사건의 특별관할), 제59조(부모·자녀 간의 법률관계 등에 관한 사건의 특별관할), 제61조(후견에 관한 사건의 특별관할), 제62조(가사조정사건의 관할), 제76조 제4항(유언에 관한 사건의 특별관할), 제89조(선박소유자등의 책임제한사건의 관할)에는 제8조 국제재판관할 합의 규정의 적용을 배제하고 있다.

Ⅶ 변론관할

제9조 【변론관할】 ☆신설

피고가 국제재판관할이 없음을 주장하지 아니하고 본안에 대하여 변론하거나 변론준비기일에서 진술하면 법원에 그 사건에 대한 국제재판관할이 있다.

참고

제9조는 민사소송법 제30조(변론관할)에 대응하는 신설 규정

1. 피고가 국제재판관할이 없음을 주장하지 아니하고 본안에 대하여 변론하거나 변론준비기일에서 진술하면, 당사자 또는 분쟁이 된 사안과 법정지인 대한민국 사이에 실질적 관련성이 없다 하더라도 법원에 그 사건에 대한 국제재판관할이 있다.[7]

---

7 대법원 2014. 4. 10. 선고 2012다7571 판결 참조.

2. 적용 제외

제13조 【적용 제외】 ☆신설

제24조, 제56조부터 제59조까지, 제61조, 제62조, 제76조 제4항 및 제89조에 따라 국제재판관할이 정하여지는 사건에는 제8조 및 제9조를 적용하지 아니한다.

제24조(실종선고 등 사건의 특별관할), 제56조(혼인관계에 관한 사건의 특별관할), 제57조(친생자관계에 관한 사건의 특별관할), 제58조(입양관계에 관한 사건의 특별관할), 제59조(부모·자녀 간의 법률관계 등에 관한 사건의 특별관할), 제61조(후견에 관한 사건의 특별관할), 제62조(가사조정사건의 관할), 제76조 제4항(유언에 관한 사건의 특별관할), 제89조(선박소유자등의 책임제한사건의 관할)에는 제9조 변론관할 규정을 적용하지 아니한다.

Ⅷ 전속관할

제10조 【전속관할】 ☆신설

① 다음 각 호의 소는 법원에만 제기할 수 있다.
1. 대한민국의 공적 장부의 등기 또는 등록에 관한 소. 다만, 당사자 간의 계약에 따른 이전이나 그 밖의 처분에 관한 소로서 등기 또는 등록의 이행을 청구하는 경우는 제외한다.
2. 대한민국 법령에 따라 설립된 법인 또는 단체의 설립 무효, 해산 또는 그 기관의 결의의 유효 또는 무효에 관한 소
3. 대한민국에 있는 부동산의 물권에 관한 소 또는 부동산의 사용을 목적으로 하는 권리로서 공적 장부에 등기나 등록이 된 것에 관한 소
4. 등록 또는 기탁에 의하여 창설되는 지식재산권이 대한민국에 등록되어 있거나 등록이 신청된 경우 그 지식재산권의 성립, 유효성 또는 소멸에 관한 소
5. 대한민국에서 재판의 집행을 하려는 경우 그 집행에 관한 소

② 대한민국의 법령 또는 조약에 따른 국제재판관할의 원칙상 외국법원의 국제재판관할에 전속하는 소에 대해서는 제3조부터 제7조까지 및 제9조를 적용하지 아니한다.

③ 제1항 각 호에 따라 법원의 전속관할에 속하는 사항이 다른 소의 선결문제가 되는 경우에는 제1항을 적용하지 아니한다.

1. 대한민국 법원에 전속관할이 인정되는 경우(제10호 제1항)

가. 대한민국의 공적 장부의 등기 또는 등록에 관한 소(제1호)[8]

---

8 이때 공적 장부에는 부동산 등기부만이 아니라 법인등기부, 가족관계등록부와 선박등기부도 포함될 수 있다(석광현).

나. 대한민국 법령에 따라 설립된 법인 또는 단체의 설립 무효, 해산 또는 그 기관의 결의의 유효 또는 무효에 관한 소(제2호)

다. 대한민국에 있는 부동산의 물권에 관한 소 또는 부동산의 사용을 목적으로 하는 권리로서 공적 장부에 등기나 등록이 된 것에 관한 소(제3호)

라. 등록 또는 기탁에 의하여 창설되는 지식재산권이 대한민국에 등록되어 있거나 등록이 신청된 경우 그 지식재산권의 성립, 유효성 또는 소멸에 관한 소(제4호)

마. 대한민국에서 재판의 집행을 하려는 경우 그 집행에 관한 소(제5호)

2. 대한민국 법원에 전속관할이 인정되지 않는 경우

가. '대한민국의 공적 장부의 등기 또는 등록에 관한 소'이지만, 당사자 간의 계약에 따른 이전이나 그 밖의 처분에 관한 소로서 등기 또는 등록의 이행을 청구하는 경우(제10조 제1항 제1호 후단)

나. 제10조 제1항 각 호에 따라 법원의 전속관할에 속하는 사항이 다른 소의 선결문제가 되는 경우(제10조 제3항)

판례(대법원 2011. 4. 28. 선고 2009다19093 판결)

당해 사건이 외국 법원의 전속관할에 속하는지 여부와 관련하여 특허권은 등록국법에 의하여 발생하는 권리로서 법원은 다른 국가의 특허권 부여행위와 그 행위의 유효성에 대하여 판단할 수 없으므로 등록을 요하는 특허권의 성립에 관한 것이거나 유·무효 또는 취소 등을 구하는 소는 일반적으로 등록국 또는 등록이 청구된 국가 법원의 전속관할에 속하는 것으로 볼 수 있으나, 그 주된 분쟁 및 심리의 대상이 특허권의 성립, 유·무효 또는 취소와 관계없는 특허권 등을 양도하는 계약의 해석과 효력 유무일 뿐인 그 양도계약의 이행을 구하는 소는 등록국이나 등록이 청구된 국가 법원의 전속관할에 속하는 것으로 볼 수 없다.
갑이 을에게서, 을이 특허권자 또는 출원인으로 된 일본국 내 특허권 또는 특허출원과 그 특허발명들에 대응하는 일본국 외에서의 특허출원 및 등록된 특허권 일체와 관련한 모든 권리를 무상양도받기로 하는 계약을 체결하면서, 위 양도계약과 관련한 분쟁이 발생할 경우 관할법원을 대한민국 법원으로 하기로 약정한 사안에서, 위 양도계약에 기하여 특허권의 이전등록 또는 특허출원인 명의변경을 구하는 소는 주된 분쟁 및 심리의 대상이 위 양도계약의 해석 및 효력의 유무일 뿐 위 특허권의 성립, 유·무효 또는 취소를 구하는 것과 무관하므로 위 특허권의 등록국이나 출원국인 일본국 등 법원의 전속관할에 속한다고 볼 수 없고, 또한 대한민국법상 당사자 사이에 전속적 국제관할합의를 하는 것이 인정되고 당해 사건이 대한민국 법원과 합리적 관련성도 있으며, 달리 위 전속적 국제관할합의가 현저하게 불합리하거나 불공정하여 공서양속에 반한다고 볼 수 없으므로, 위 전속적 국제관할합의가 유효하다고 한 사례.

3. 대한민국의 법령 또는 조약에 따른 국제재판관할의 원칙상 외국법원의 국제재판관할에 전속하는 소에 대해서는 제3조(일반관할), 제4조(사무소·영업소 소재지 등의 특별관할), 제5조(재산소재지의 특별관할), 제6조(관련사건의 관할), 제7조(반소관할), 제9조(변론관할) 규정을 적용하지 아니한다(제10조 제2항).

Ⅸ 국제적 소송경합

12회

제11조 【국제적 소송경합】 ☆신설

① 같은 당사자 간에 외국법원에 계속 중인 사건과 동일한 소가 법원에 다시 제기된 경우에 외국법원의 재판이 대한민국에서 승인될 것으로 예상되는 때에는 법원은 직권 또는 당사자의 신청에 의하여 결정으로 소송절차를 중지할 수 있다. 다만, 다음 각 호의 어느 하나에 해당하는 경우에는 그러하지 아니하다.

1. 전속적 국제재판관할의 합의에 따라 법원에 국제재판관할이 있는 경우
2. 법원에서 해당 사건을 재판하는 것이 외국법원에서 재판하는 것보다 더 적절함이 명백한 경우

② 당사자는 제1항에 따른 법원의 중지 결정에 대해서는 즉시항고를 할 수 있다.

③ 법원은 대한민국 법령 또는 조약에 따른 승인 요건을 갖춘 외국의 재판이 있는 경우 같은 당사자 간에 그 재판과 동일한 소가 법원에 제기된 때에는 그 소를 각하하여야 한다.

④ 외국법원이 본안에 대한 재판을 하기 위하여 필요한 조치를 하지 아니하는 경우 또는 외국법원이 합리적인 기간 내에 본안에 관하여 재판을 선고하지 아니하거나 선고하지 아니할 것으로 예상되는 경우에 당사자의 신청이 있으면 법원은 제1항에 따라 중지된 사건의 심리를 계속할 수 있다.

⑤ 제1항에 따라 소송절차의 중지 여부를 결정하는 경우 소의 선후는 소를 제기한 때를 기준으로 한다.

1. 의의

국제적 소송경합이란 같은 당사자 간에 외국법원에 계속 중인 사건과 동일한 소가 법원에 다시 제기된 경우를 의미하고, 국내 사건에서 민사소송법이 중복제소금지조항을 두고 이를 규율하는 바와 같이, 국제적 분쟁에서도 동일한 소송물에 대하여 동일 당사자 간에 복수의 국가에서 소송이 제기될 가능성이 커지고 있어 개정법은 이러한 경우를 해결하기 위하여 제11조 규정을 신설하였다.

2. 법원의 소송절차 중지결정

가. 요건

같은 당사자 간에 외국법원에 계속 중인 사건과 동일한 소가 법원에 다시 제기된 경우 외국법원의 재판이 대한민국에서 승인될 것으로 예상되는 때에는 법원은 직권 또는 당사자의 신청에 의하여 결정으로 소송절차를 중지할 수 있다(제11조 제1항).

나. 소송절차 중지결정을 할 수 없는 경우(제11조 제1항 단서)

1) 전속적 국제재판관할의 합의에 따라 법원에 국제재판관할이 있는 경우

2) 법원에서 해당 사건을 재판하는 것이 외국법원에서 재판하는 것보다 더 적절함이 명백한 경우

3. 법원의 소송절차 중지결정에 대한 불복방법(제11조 제2항) : 즉시항고

4. 법원의 중지결정에도 심리가 계속되는 경우(제11조 제4항)

법원은 제11조 제1항에 따라 중지 결정을 하였음에도 1) 외국법원이 본안에 대한 재판을 하기 위하여 필요한 조치를 하지 아니하는 경우, 2) 외국법원이 합리적인 기간 내에 본안에 관하여 재판을 선고하지 아니하거나 선고하지 아니할 것으로 예상되는 경우에는 당사자의 신청으로 심리를 계속할 수 있다.

5. 소송절차의 중지 여부를 결정하는 소의 선후 기준(제11조 제5항) : 소를 제기한 때

6. 외국의 재판이 있는 경우(제11조 제3항)

대한민국 법령 또는 조약에 따른 승인 요건을 갖춘 외국의 재판이 있는 경우같은 당사자 간에 그 재판과 동일한 소가 법원에 제기되면 법원은 그 소를 각하하여야 한다.

X 국제재판관할권의 불행사

제12조【국제재판관할권의 불행사】 ☆신설

① 이 법에 따라 법원에 국제재판관할이 있는 경우에도 법원이 국제재판관할권을 행사하기에 부적절하고 국제재판관할이 있는 외국법원이 분쟁을 해결하기에 더 적절하다는 예외적인 사정이 명백히 존재할 때에는 피고의 신청에 의하여 법원은 본안에 관한 최초의 변론기일 또는 변론준비기일까지 소송절차를 결정으로 중지하거나 소를 각하할 수 있다. 다만, 당사자가 합의한 국제재판관할이 법원에 있는 경우에는 그러하지 아니하다.

② 제1항 본문의 경우 법원은 소송절차를 중지하거나 소를 각하하기 전에 원고에게 진술할 기회를 주어야 한다.

③ 당사자는 제1항에 따른 법원의 중지 결정에 대해서는 즉시항고를 할 수 있다.

1. 의의(예외적 사정에 의한 재판관할권 불행사)

법원은 대한민국 법원에 국제재판관할권이 있는 경우에도 엄격한 판단 하에 제12조 제1항이 규정하는 예외적 경우에 해당하면 소송절차를 중지하거나 소를 각하함으로써 법원이 관할권을 행사하지 아니할 수 있다.[9]

2. 국제재판관할권 불행사

가. 요건(제12조 제1항)

1) 국제사법에 따라 법원에 국제재판관할권이 있을 것

2) 외국에 국제재판관할이 있는 대체법정지가 있을 것

3) 법원이 국제재판관할권을 행사하기에 부적절하고 국제재판관할이 있는 외국법원이 분쟁을 해결하기에 더 적절하다는 예외적인 사정이 존재할 것

4) 예외적인 사정이 명백히 존재하는 경우일 것

5) 본안에 관한 최초 변론기일 이전의 피고의 신청이 있을 것

6) 법원이 당사자의 합의에 의하여 관할을 가지는 경우가 아닐 것

나. 행사

1) 법원은 결정 전 원고에게 진술할 기회를 주어야 하고(제12조 제2항),

2) 본안에 관한 최초의 변론기일 또는 변론준비기일까지 소송절차를 결정으로 중지하거나 소를 각하할 수 있다(제12조 제1항 본문).

다. 불복 방법(제12조 제3항)

당사자는 법원의 중지 결정에 대해서 즉시항고할 수 있다.

XI 보전처분의 관할

제14조 【보전처분의 관할】 ☆신설

① 보전처분에 대해서는 다음 각 호의 어느 하나에 해당하는 경우 법원에 국제재판관할이 있다.

1. 법원에 본안에 관한 국제재판관할이 있는 경우
2. 보전처분의 대상이 되는 재산이 대한민국에 있는 경우

② 제1항에도 불구하고 당사자는 긴급히 필요한 경우에는 대한민국에서만 효력을 가지는 보전처분을 법원에 신청할 수 있다.

---

9 국제사법이 규정하는 국제재판관할규칙에 따라 관할이 정하여지는 경우 법적 안정성이 제고될 수는 있겠으나, 구체적인 사건에서 국제재판관할 배분의 정의가 실현되지 아니한 경우를 해결하기 위하여 영미의 부적절한 법정지(forum non conveniens)의 법리를 도입하였다.

XII 비송사건의 관할

제15조【비송사건의 관할】 ☆신설

① 비송사건의 국제재판관할에 관하여는 성질에 반하지 아니하는 범위에서 제2조부터 제14조까지의 규정을 준용한다.

② 비송사건의 국제재판관할은 다음 각 호의 구분에 따라 해당 규정에서 정한 바에 따른다.

1. 실종선고 등에 관한 사건 : 제24조
2. 친족관계에 관한 사건 : 제56조부터 제61조까지
3. 상속 및 유언에 관한 사건 : 제76조
4. 선박소유자 등의 책임제한에 관한 사건 : 제89조

③ 제2항 각 호에서 규정하는 경우 외에 개별 비송사건의 관할에 관하여 이 법에 다른 규정이 없는 경우에는 제2조에 따른다.

제3절 준거법

I 개관

1. 준거법의 의의

준거법은 문제된 섭외적 법률관계에 적용되는 특정 국가의 실질사법을 의미하는 것으로, 한국법, 영국법 등 특정 국가의 실질사법이 준거법이 된다.

참고

국제사법의 용어

- 법정지법 : 소송이 계속된 법원이 소재하는 국가의 법률
- 본국법 : 법률관계의 당사자가 국적을 가지고 있는 국가의 법률

2. 국제사법에 따른 준거법 결정 및 적용의 단계

단계	내용	세부	조문
1단계	국제사법의 적용 여부	문제된 법률관계가 외국과 관련된 요소가 있는 법률관계인가	제1조
2단계	법률관계의 성질 결정	문제된 법률관계가 어떤 성질의 것인가	
3단계	국제사법 규정 결정	결정된 법률관계의 성질을 규율하는 국제사법 규정 결정	각칙
4단계	연결점 확정	문제된 섭외적 분쟁의 법률관계와 준거법을 연결해주는 요소의 확정	
5단계	준거법의 확정	적응 문제	
		선결 문제	
		준거법 지정의 예외	제21조
		반정	제22조
6단계	준거법의 적용	외국법의 적용	제18조
		준거법(외국법)의 범위	제19조
		외국법의 적용 제한	제20조 제23조

Ⅱ 법률관계의 성질 결정

1. 개요

국제사법을 적용하여 준거법을 정하기 위해서는 문제된 섭외적 분쟁의 법률관계가 어떤 성질의 것인지 결정되어야 한다.

2. 실체와 절차의 구별

가. 논의의 실익

문제가 되는 섭외적 분쟁의 법률관계가 실체의 문제인지 아니면 절차의 문제인지의 구별도 법률관계의 성질 결정 문제 중 하나인데, 이러한 논의가 필요한 이유는 실체문제인지, 절차문제인지에 따라 아래와 같이 적용되는 법을 달리하기 때문이다.

1) **법률관계가 실체문제인 경우** : 국제사법에 따라 정해지는 준거법에 따른다.

2) **법률관계가 절차문제인 경우** : 법정지법에 따른다.[10]

10 '절차는 법정지법에 따른다'는 법정지법원칙(lex fori principle)에 따라 법정지법을 따르게 되는데, 문제된 법률관계가 절차의 문제일 경우 법정지국 법원에서 외국의 절차법을 적용하는 것에 현실적인 어려움이 있을 뿐 아니라, 절차에 관한 법정지법 적용에 대한 신뢰보호가 필요하기 때문이다.

판례(대법원 2015. 5. 28. 선고 2012다104526,104533 판결)

외국적 요소가 있는 계약을 체결한 당사자에 대한 회생절차가 개시된 경우, 계약이 쌍방미이행 쌍무계약에 해당하여 관리인이 이행 또는 해제·해지를 선택할 수 있는지, 그리고 계약의 해제·해지로 인하여 발생한 손해배상채권이 회생채권인지는 **도산법정지법**인 채무자 회생 및 파산에 관한 법률에 따라 판단되어야 하지만, 계약의 해제·해지로 인한 손해배상의 범위에 관한 문제는 계약 자체의 효력과 관련된 실체법적 사항으로서 도산전형적인 법률효과에 해당하지 아니하므로 **국제사법에 따라 정해지는 계약의 준거법**이 적용된다.

나. 소송촉진 등에 관한 특례법상 법정이율의 법적 성질 4회

1) 섭외적 분쟁에 관하여 대한민국 법원에 소송이 계속 중이나 본래의 채권채무 관계를 규율하는 준거법이 외국법인 경우, 소송촉진 등에 관한 특례법상 법정이율의 법적 성질이 '절차의 문제'라면 법정지법인 대한민국법에 따라 법정이율이 적용되는 반면, '실체의 문제'라면 외국법인 준거법이 적용되어 법정이율을 적용할 수 없으므로 그 법적 성질이 무엇인지 문제된다.

2) 학설

가) 실체의 문제라는 견해

소송촉진 등에 관한 특례법상 법정이율에 관한 규정은 비록 소송촉진을 목적으로 소송절차에 의한 권리구제와 관련하여 적용되는 것이기는 하지만 그 실질은 금전채무의 불이행으로 인한 손해배상의 범위를 정하기 위한 것이므로 실체의 문제라는 견해이다.

나) 절차의 문제라는 견해

소송촉진 등에 관한 특례법상 법정이율에 관한 규정은 대한민국에서 소송촉진이라는 정책적 고려에서 부과되는 것이므로 법정지의 절차법이 적용되어야 한다는 견해이다.

3) 판례(실체의 문제라는 견해)

판례는 소송촉진 등에 관한 특례법상 법정이율에 관한 규정은 실체의 문제로서 본래의 채권채무관계의 준거법이 외국법인 경우에는 위 특례법 규정을 적용할 수 없다는 입장이다.

판례(대법원 2012. 10. 25. 선고 2009다77754 판결)

지연손해금은 채무의 이행지체에 대한 손해배상으로서 본래의 채무에 부수하여 지급되는 것이므로, 본래의 채권채무관계를 규율하는 준거법에 의하여 결정되어야 한다. 한편 소송촉진 등에 관한 특례법 제3조 제1항에서 정하는 법정이율에 관한 규정은 비록 소송촉진을 목적으로 소송절차에

의한 권리구제와 관련하여 적용되는 것이기는 하지만 절차법적인 성격을 가지는 것이라고만 볼 수는 없고 그 실질은 금전채무의 불이행으로 인한 손해배상의 범위를 정하기 위한 것이므로, 본래의 채권채무관계의 준거법이 외국법인 경우에는 특례법 규정을 적용할 수 없다고 해석함이 타당하다.

다. 담보권의 실행방법

9회

1) 담보권의 실행방법(선박우선특권의 실행기간, 경매 절차 등)이 실체의 문제인지, 절차의 문제로 법정지법이 적용되는지 여부가 문제된다.

2) 판례(절차의 문제라는 견해)

판례는 담보권의 실행방법은 절차의 문제로 법정지법에 따라야 한다는 입장이다.

판례(대법원 2011. 10. 13. 선고 2009다96625 판결)

국제사법 제60조 제1호는 해상에 관한 '선박의 소유권 및 저당권, 선박우선특권 그 밖의 선박에 관한 물권'은 선적국법에 의한다고 규정하고 있으므로 선박우선특권의 성립 여부는 선적국법에 의하여야 할 것이나, 선박우선특권[11]이 우리나라에서 실행되는 경우에 실행기간을 포함한 실행방법은 우리나라의 절차법에 의하여야 한다.

라. 상계의 문제

1) 영국법상 상계제도는 절차법적 제도로 보는 반면, 우리나라를 비롯한 대륙법계 국가에서는 실체법적 제도로 파악하고 있어, 상계제도의 법적 성질이 문제된다.

2) 판례는 상계의 요건과 효과에 관한 법률관계는 실체의 문제로 상계의 준거법에 의해 판단하여야 하고, 채권자가 대한민국의 민사집행법에 의하여 가압류명령 또는 채권압류명령 및 추심명령을 받아 채권집행을 한 경우에, 채권가압류명령 또는 채권압류명령을 받은 제3채무자가 채무자에 대한 반대채권을 가지고 상계로써 가압류채권자 또는 압류채권자에게 대항할 수 있는지는 절차의 문제로 법정지법에 의해 판단하여야 한다는 입장이다.

11 법정채권을 가지는 채권자가 선박과 그 속구와 부속물로부터 다른 채권자에 우선하여 변제를 받을 수 있는 해상법상의 담보권.

판례(대법원 2015. 1. 29. 선고 2012다108764 판결)

영국법상의 상계 제도는 보통법상 상계(legal set-off, 법률상 상계라고도 한다)와 형평법상 상계(equitable set-off)가 있는데, 그중 보통법상 상계는 양 채권 사이의 견련관계를 요구하지 않는 등 형평법상 상계와 비교하여 상계의 요건을 완화하고 있지만 소송상 항변권으로만 행사할 수 있어 절차법적인 성격을 가진다고 해석된다. 그러나 영국 보통법상 상계 역시 상계권의 행사에 의하여 양 채권이 대등액에서 소멸한다는 점에서는 실체법적인 성격도 아울러 가진다고 할 것이므로 상계의 요건과 효과에 관하여 준거법으로 적용될 수 있다. … 외국적 요소가 있는 채권들 사이에서의 상계의 요건과 효과에 관한 법률관계가 상계의 준거법에 따라 해석·적용된다고 하더라도, 채권자가 대한민국의 민사집행법에 의하여 가압류명령 또는 채권압류명령 및 추심명령을 받아 채권집행을 한 경우에, 채권가압류명령 또는 채권압류명령을 받은 제3채무자가 채무자에 대한 반대채권을 가지고 상계로써 가압류채권자 또는 압류채권자에게 대항할 수 있는지는 집행 절차인 채권가압류나 채권압류의 효력과 관련된 문제이므로, 특별한 사정이 없는 한 대한민국의 민사집행법 등에 의하여 판단함이 원칙이고 상계의 준거법에 의할 것은 아니다.

Ⅲ 연결점의 확정

1. 연결점의 개념 및 연결점 확정의 문제

연결점이란 문제된 섭외적 분쟁의 법률관계와 준거법을 연결해 주는 요소를 의미하고, 연결점의 확정은 국적, 일상거소 등 연결점의 개념이 국가마다 다르거나 이중국적, 무국적 등 연결점이 저촉하는 경우 연결점을 결정하는 문제를 의미하며, 국제사법은 연결점 확정과 관련하여 제16조(본국법), 제17조(일상거소지법) 규정을 두고 있다.

국제사법상 연결점 예시

조문	내용	연결점
28-①	사람의 행위능력은 그의 본국법에 따른다	국적
33-①	동산 및 부동산에 관한 물권 또는 등기하여야 하는 권리는 그 동산·부동산의 소재지법에 따른다	동산·부동산 소재지
40	지식재산권의 보호는 그 침해지법에 따른다	침해지
77	상속은 사망 당시 피상속인의 본국법에 따른다	국적
94	해상에 관한 다음 각 호의 사항은 선적국법에 따른다	선적국

준거법의 연결방법

연결방법	개념	예시 조문
누적적 연결방법	하나의 법률관계에 대하여 복수의 준거법이 누적적 또는 중복적으로 연결되는 경우 (예시 조문에서 혼인 외의 부모·자녀 관계의 성립은 자녀의 출생당시 어머니의 본국법과 자녀의 본국법의 요건을 모두 충족하여야 한다)	제68조 ① 혼인 외의 부모·자녀관계의 성립은 자녀의 출생 당시 어머니의 본국법에 따른다. 제71조【동의】제68조부터 제70조까지의 규정에 따른 부모·자녀관계의 성립에 관하여 자녀의 본국법이 자녀 또는 제3자의 승낙이나 동의 등을 요건으로 할 때에는 그 요건도 갖추어야 한다.
배분적 연결방법	하나의 법률관계에 대하여 두 가지의 준거법이 배분적 또는 결합적으로 연결되는 경우 (예시 조문에서 혼인의 성립요건은 각 당사자의 본국법에 각각 따라야 한다)	제63조【혼인의 성립】① 혼인의 성립요건은 각 당사자에 관하여 그 본국법에 따른다.
선택적 연결방법	하나의 법률관계에 대하여 준거법을 복수로 정하고, 그 중 하나의 준거법에서 정한 요건이 충족되는 경우 법률관계의 성립을 인정하는 경우 (예시 조문에서 법률행위의 방식은 행위의 준거법 또는 행위지법에 따르는 경우 효력을 인정한다)	제31조【법률행위의 방식】① 법률행위의 방식은 그 행위의 준거법에 따른다. ② 행위지법에 따라 한 법률행위의 방식은 제1항에도 불구하고 유효하다.
단계적 연결방법	하나의 법률관계에 대하여 연결되는 준거법을 단계적으로 순서를 정하여 연결하는 경우 (예시 조문에서 혼인의 일반적 효력에 대한 준거법은 1호부터 3호의 순서로 준거법이 정해진다)	제64조【혼인의 일반적 효력】혼인의 일반적 효력은 다음 각 호의 법의 순위에 따른다. 1. 부부의 동일한 본국법 2. 부부의 동일한 일상거소지법 3. 부부와 가장 밀접한 관련이 있는 곳의 법
보정적 연결방법	하나의 법률관계에 대하여 준거법을 단계적으로 순서를 정하여 연결하되, 1단계의 준거법에 따라 법률관계가 성립하지 않을 경우 2단계 준거법을, 2단계 준거법에 따라 법률관계가 성립하지 않을 경우 3단계 준거법을 따르는 경우이다. (예시조문에서 부양의 의무의 준거법은 부양권리자의 일상거소지법에 따라 부양을 받을 수 없는 경우 당사자의 공통 본국법을 따른다)	제73조【부양】① 부양의 의무는 부양권리자의 일상거소지법에 따른다. 다만, 그 법에 따르면 부양권리자가 부양의무자로부터 부양을 받을 수 없을 때에는 당사자의 공통 본국법에 따른다.

종속적 연결방법	하나의 법률관계에 대하여 그 법률관계의 근거가 되는 법률관계의 준거법에 따르는 경우 (예시조문에서 불법행위가 법률관계에 기하여 이루어진 경우 법률관계의 준거법에 따른다)	제52조 【불법행위】 ③ 가해자와 피해자 간에 존재하는 법률관계가 불법행위에 의하여 침해되는 경우에는 제1항 및 제2항에도 불구하고 그 법률관계의 준거법에 따른다.
임의적 연결방법	하나의 법률관계에 대하여 준거법을 당사자가 합의하에 임의적으로 연결하는 경우 (예시조문에서 채권계약은 당사자가 선택한 법에 의하도록 한다)	제45조 【당사자 자치】 ① 계약은 당사자가 명시적 또는 묵시적으로 선택한 법에 따른다. 다만, 묵시적인 선택은 계약내용이나 그 밖의 모든 사정으로부터 합리적으로 인정할 수 있는 경우로 한정한다.

2. 본국법

빈출

제16조 【본국법】 ① 당사자의 본국법에 따라야 하는 경우에 당사자가 둘 이상의 국적을 가질 때에는 그와 가장 밀접한 관련이 있는 국가의 법을 그 본국법으로 정한다. 다만, 국적 중 하나가 대한민국일 경우에는 대한민국 법을 본국법으로 한다.
② 당사자가 국적을 가지지 아니하거나 당사자의 국적을 알 수 없는 경우에는 그의 일상거소가 있는 국가의 법[이하 "일상거소지법"이라 한다]에 따르고, 일상거소를 알 수 없는 경우에는 그의 거소가 있는 국가의 법에 따른다.
③ 당사자가 지역에 따라 법을 달리하는 국가의 국적을 가질 경우에는 그 국가의 법 선택규정에 따라 지정되는 법에 따르고, 그러한 규정이 없는 경우에는 당사자와 가장 밀접한 관련이 있는 지역의 법에 따른다.

가. 의의

제16조는 당사자의 본국법이 준거법인 경우(당사자의 국적이 준거법과의 연결점인 경우) 당사자의 이중국적·무국적 등으로 연결점이 저촉할 때, 이를 해결하기 위한 조문이다.

나. 당사자가 둘 이상의 국적을 가지는 경우 '본국법'(제16조 제1항)

1) 원칙 : 가장 밀접한 관련이 있는 국가의 법

2) 국적 중 하나가 대한민국일 경우 : 대한민국법

다. 당사자가 국적을 가지지 아니하거나, 국적을 알 수 없는 경우 '본국법'(제16조 제2항)

1) 원칙 : 일상거소가 있는 국가의 법

2) 일상거소를 알 수 없는 경우 : 거소가 있는 국가의 법

라. 당사자가 지역에 따라 법을 달리하는 국가(불통일법 국가)의 국적을 가질 경우(제16조 제3항)

1) 원칙 : 불통일법 국가의 법 선택 규정에 따라 지정되는 법

2) 선택 규정이 없는 경우 : 당사자와 가장 밀접한 관련이 있는 지역의 법

3. 일상거소지법

제17조 【일상거소지법】
당사자의 일상거소지법에 따라야 하는 경우에 당사자의 일상거소를 알 수 없는 경우에는 그의 거소가 있는 국가의 법에 따른다.

법률관계와 준거법의 연결점이 '일상거소지'인 경우,[12] 당사자의 일상거소를 알 수 없는 경우에는 '거소'가 있는 국가의 법에 따른다.

Ⅳ 준거법의 확정

1. 적응 문제

가. 문제점

문제된 섭외적 분쟁의 법률관계에 해당하는 국제사법 규정이 2개 이상인 관계로 준거법이 2개 이상 지정되는 경우 또는 국제사법의 어느 규정에도 해당이 없어 준거법이 없는 경우, 각 발생하는 준거법의 모순과 준거법의 보완문제를 '적응 문제'라고 한다.

나. 해결방법

우리나라의 경우 이를 해결하는 국제사법상 규정이 없으므로 국제사법을 종합적으로 고찰하고 문제된 법률관계의 성질을 고려하여 합리적으로 해결할 수밖에 없다.[13]

2. 선결 문제

가. 문제점

문제된 법률관계의 결론이 그에 전제되는 법률관계에 따라 달라지는 경우가 있는데,

---

12 본래 속인법을 정하기 위해서 사용되는 연결점으로 국적과 함께 주소가 흔히 사용되었으나, '주소'의 개념은 각 국가마다 다를 수 있어 2001년 국제사법 개정시 '상거소'가 도입되었고, 2022년 개정시에는 그 용어를 '일상거소'로 변경하였다. 일상거소는 일정한 기간 동안 거주하며 생활의 근거가 된 장소를 의미하는 것으로 일상거소의 확정에는 정주의 의사 및 실제 거주 기간 등이 고려될 수 있다(신창섭, 104면).

13 서희원 「국제사법강의」, 119면.

이 경우 전제되는 법률관계를 어느 법에 의하여 해결할 것인가가 문제된다. 이때 문제된 법률관계를 '본문제'라고 하고, 전제되는 법률관계를 '선결문제'라고 한다.

참고

예시 - 2019년 제3차 모의고사 제3문

乙에게는 甲과 혼인 전 己와 사이에 출생한 丁이 있었는데 丁이 사망하자 乙은 丁의 상속재산(예금채권)을 보유하고 있는 戊은행을 상대로 관할권이 있는 대한민국 법원에 예금지급 청구소송을 제기하였다. 戊은행은 乙이 丁의 부(父)인지 불분명하다면서 예금지급을 거부하고 있다.

설문3. 乙이 戊은행을 상대로 제기한 예금지급청구소송이 인용되려면 어떠한 국제사법적 쟁점을 검토하여야 하는지 논하시오.

▷ 乙청구에 대한 판단을 하기 위해서는 먼저, 乙과 丁사이에 부자관계가 성립하는지 여부가 전제되어야 할 것이고, 이를 전제로 하여 상속문제가 판단되어야 한다. 즉, 이 경우 乙이 戊를 상대로 제기한 예금지급 청구소송은 상속문제로서 '본문제'이고, 戊가 다투는 바와 같이 乙과 丁사이 부자관계의 성립 여부는 인지의 문제로서 '선결문제'가 된다.

나. 문제의 해결(학설)

선결문제에 대하여는 국제사법이 정하고 있는 바가 없어 학설로써 해결하여야 한다.[14]

1) **법정지법설(법정지 국제사법설, 통설)** : 국제사법적 법률관계가 본문제이든 선결문제이든 법정지의 국제사법 규정에 의하여 규율되어야 한다는 입장

2) **본문제준거법설(준거법 소속국 국제사법설)** : 본문제의 준거법 소속국의 국제사법에 따라야 한다는 입장이다.

3) **실질법설(본문제 실질법설)** : 선결문제도 본문제의 준거법 소속국의 실질법에 따라야 한다는 입장이다.

4) **절충설** : 선결문제의 해결은 어느 한쪽 입장을 취할 것이 아니라 구체적인 상황에 따라 국제사법적 이익을 고려하여 해결하여야 한다는 입장이다.

3. 준거법 지정의 예외

3·9·11회

제21조 【준거법 지정의 예외】

① 이 법에 따라 지정된 준거법이 해당 법률관계와 근소한 관련이 있을 뿐이고, 그 법률관계와 가장 밀접한 관련이 있는 다른 국가의 법이 명백히 존재하는 경우에는 그 다른 국가의 법에 따른다.

② 당사자가 합의에 따라 준거법을 선택하는 경우에는 제1항을 적용하지 아니한다.

---

14 예시의 2019년 제3차 모의고사에서는, 학설을 제시하고 이에 따라 결론만 도출하게 출제되었다.

가. 의의

문제된 섭외적 분쟁에 국제사법 규정이 지정하는 준거법보다 더욱 밀접한 관련이 있는 다른 국가의 법이 존재하는 경우 예외적으로 그 법을 적용하는 것을 허용하는 규정이다.

나. 적용요건

1) 국제사법에 따라 지정된 준거법이 해당 법률관계와 근소한 관련이 있을 뿐일 것
2) 법률관계와 가장 밀접한 관련이 있는 다른 국가의 법이 명백히 존재할 것
3) 당사자가 합의에 따라 준거법을 선택하는 경우가 아닐 것

판례(대법원 2014. 7. 24. 선고 2013다34839 판결)

국제사법 제8조(개정 후 제21조) 제1항, 제60조(개정 후 제94조) 제1호, 제2호의 내용과 취지에 비추어 보면, 선원의 임금채권을 근거로 하는 선박우선특권의 성립 여부나 선박우선특권과 선박저당권 사이의 우선순위를 정하는 준거법은 원칙적으로 선적국법이라고 할 것이나, 선박이 편의치적이 되어 있어 그 선적만이 선적국과 유일한 관련이 있을 뿐이고, 실질적인 선박 소유자나 선박 운영회사의 국적과 주된 영업활동장소, 선박의 주된 항해지와 근거지, 선원들의 국적, 선원들의 근로계약에 적용하기로 한 법률, 선박저당권의 피담보채권을 성립시키는 법률행위가 이루어진 장소 및 그에 대하여 적용되는 법률, 선박경매절차가 진행되는 법원이나 경매절차에 참가한 이해관계인 등은 선적국이 아닌 다른 특정 국가와 밀접한 관련이 있어 앞서 본 법률관계와 가장 밀접한 관련이 있는 다른 국가의 법이 명백히 존재하는 경우에는 다른 국가의 법을 준거법으로 보아야 한다.

▷ 국제사법은 선박에 관한 법률관계 대부분에 관하여 '선적국법'을 준거법으로 규정하고 있으나, 선박을 편의치적한 경우(선박에 대한 법적용상 유리한 국가에 선적해두는 경우) 등에는 선적한 사실만이 선적국과 관련 있는 유일한 사항에 해당하는 바, 구체적 사안에 따라 예외조항(제21조)이 적용되는지 여부를 판단하여야 한다.

4. 외국법에 따른 대한민국 법의 적용(반정) 2회

제22조 【외국법에 따른 대한민국 법의 적용】

① 이 법에 따라 외국법이 준거법으로 지정된 경우에 그 국가의 법에 따라 대한민국 법이 적용되어야 할 때에는 대한민국의 법(준거법의 지정에 관한 법규는 제외한다)에 따른다.

② 다음 각 호의 어느 하나에 해당하는 경우에는 제1항을 적용하지 아니한다.

1. 당사자가 합의로 준거법을 선택하는 경우
2. 이 법에 따라 계약의 준거법이 지정되는 경우
3. 제73조에 따라 부양의 준거법이 지정되는 경우
4. 제78조 제3항에 따라 유언의 방식의 준거법이 지정되는 경우

5. 제94조에 따라 선적국법이 지정되는 경우
6. 그 밖에 제1항을 적용하는 것이 이 법의 준거법 지정 취지에 반하는 경우

가. 의의

문제된 섭외적 분쟁의 법률관계에 법정지의 국제사법은 외국법을 준거법으로 지정하고 있으나, 지정된 국가의 국제사법에 의하면 법정지법 또는 제3국법을 적용하도록 규정하고 있는 경우, 지정된 국가의 국제사법에 따라 법정지법 또는 제3국법을 준거법으로 지정하는 것을 의미한다.

참고

반정의 유형

- 직접반정 : A국 국제사법에 의하면 B국법이 준거법으로 지정되나, B국 국제사법에 의하면 A국법이 준거법으로 지정되는 경우, A국 법원에서 A국법을 준거법으로 적용하는 것
- 전정 : A국 국제사법에 의하면 B국법이 준거법으로 지정되나, B국 국제사법에 의하면 C국법이 준거법이 되는 경우, A국 법원에서 C국법을 준거법으로 적용하는 것
- 간접반정 : A국 국제사법에 의하면 B국법이 준거법으로 지정되나, B국 국제사법에 의하면 C국법이 준거법으로 지정되며, C국 국제사법에 의하면 A국의 실질법이 적용되는 경우, A국 법원이 A국법을 준거법으로 적용하는 것
- 이중반정 : A국 국제사법에 의하면 B국법이 준거법으로 지정되고, B국 국제사법에 의하면 A국법이 준거법으로 지정되나(직접반정의 경우와 동일하나) B국 국제사법에 직접반정을 인정하는 조항이 있는 경우, A국 법원이 B국법을 준거법으로 적용하는 것

나. 우리 국제사법상 반정

1) 직접반정

가) 원칙적 허용(제22조 제1항) : 국제사법에 따라 외국법이 준거법으로 지정되었으나, 지정된 국가의 국제사법 규정에 따라 대한민국법이 준거법으로 지정되는 경우 법원은 대한민국의 법(대한민국 국제사법 제외)을 따른다.

나) 예외적 불허(제22조 제2항) : 반정이 부당하게 확대되는 것을 방지하기 위하여 허용되지 않는 경우를 명문으로 규정하고 있다.

(1) 당사자가 합의로 준거법을 선택하는 경우(제1호)

(2) 이 법에 따라 계약의 준거법이 지정되는 경우(제2호)[15]

15 국제사법 제46조, 제47조 제2항·제3항, 제48조 제2항.

(3) 제73조에 따라 부양의 준거법이 지정되는 경우(제3호)

(4) 제78조 제3항에 따라 유언의 방식의 준거법이 지정되는 경우(제4호)

(5) 제94조에 따라 선적국법이 지정되는 경우(제5호)

(6) 그 밖에 제1항을 적용하는 것이 이 법의 준거법 지정 취지에 반하는 경우(제6호)

2) **전정** : 국제사법 제80조는 어음·수표의 행위능력의 경우 예외적으로 전정을 인정하고 있다.

第80조【행위능력】
① 환어음, 약속어음 및 수표에 의하여 채무를 부담하는 자의 능력은 그의 본국법에 따른다. 다만, 그 국가의 법이 다른 국가의 법에 따르도록 정한 경우에는 그 다른 국가의 법에 따른다.

3) **숨은 반정** : 국제사법 제22조 제1항을 유추적용하여 법정지 국제사법에 따라 외국법을 준거법으로 지정하였는데, 지정된 국가의 재판관할규정에 의하면 법정지가 관할권을 가지는 경우, 관할권 속에 준거법 지정에 관한 내용이 숨어있는 것으로 보아 법정지법이 준거법이 되는 경우를 의미한다.

판례(대법원 2006. 5. 26. 선고 2005므884 판결)

【판결요지】 미합중국 국적을 보유하고 대한민국에 거주하는 부부 쌍방이 모두 선택에 의한 주소(domicile of choice)를 대한민국에 형성한 상태에서 남편(원고)이 처(피고)를 상대로 대한민국 법원에 이혼, 친권자 및 양육자지정 청구의 소를 제기한 경우, 원·피고의 현재 주소(domicile)가 소속된 법정지의 법률이 준거법이 되어야 할 것이므로, '준거법 지정시의 반정'에 관한 국제사법 제9조 제1항을 유추적용한 '숨은 반정'의 법리에 따라 법정지법인 대한민국 민법을 적용해야 한다고 한 사례

【이유】
나아가 이 사건에 적용될 준거법에 관하여 보건대, 국제사법 제39조, 제37조 제1호에 의하면 이혼에 관하여는 부부의 동일한 본국법이 제1차적으로 적용되는데, 미국은 지역에 따라 법을 달리하는 국가이므로 국제사법 제3조 제3항에 따라서 미국 국적을 보유한 원·피고 사이의 이혼청구 사건 등에 대한 준거법을 결정함에 있어서는 종전 주소지를 관할하는 미주리 주의 법규정 등을 검토해야 할 것인데, 위 (1)항에서 살펴본 미주리 주의 법과 미국의 국제사법에 관한 일반원칙 등에 의하면 미국 국적을 보유한 원·피고가 모두 선택에 의한 주소(domicile of choice)를 대한민국에 형성한 상태에서 대한민국 법원에 제기된 이 사건 이혼, 친권자 및 양육자지정청구에 관해서는 원·피고의 현재 주소(domicile)가 소속된 법정지의 법률이 준거법이 되어야 할 것이므로, 결국 '준거법 지정시의 반정'에 관한 국제사법 제9조 제1항 등을 유추적용한 '숨은 반정'의 법리에 따라서 이 사건에 대해서는 이혼, 친권자 및 양육자지정 등을 규율하는 법정지법인 우리 민법을 적용하여야 한다.

V 준거법의 적용

1. 개요

법정지법인 내국법이 준거법인 경우 이를 적용하는 데에 달리 문제가 없을 것이나, 외국법이 준거법인 경우 외국법의 성질에 따른 적용의 문제, 외국법 흠결의 경우 등이 문제될 수 있고, 나아가 외국법이 대한민국 강행규정 또는 공서양속에 반하는 경우 그 적용 등이 문제 될 수 있어 우리 국제사법은 이에 대한 규정을 두고 있다.

2. 외국법의 적용

제18조【외국법의 적용】
법원은 이 법에 따라 준거법으로 정해진 외국법의 내용을 직권으로 조사·적용하여야 하며, 이를 위하여 당사자에게 협력을 요구할 수 있다.

가. 외국법에 대한 직권 조사·적용 의무(제18조)

외국법은 '사실이 아닌 법'이므로, 법원은 직권으로 조사하여 적용할 의무가 있다. 또한, 이를 위하여 당사자에게 협력을 요구할 수 있다.

판례(대법원 2019. 12. 24. 선고 2016다222712 판결)

외국적 요소가 있는 법률관계에 관하여 적용되는 준거법으로서의 외국법은 사실이 아니라 법으로서 법원은 직권으로 그 내용을 조사하고, 그러한 직권조사에도 불구하고 외국법의 내용을 확인할 수 없는 경우에 한하여 조리 등을 적용해야 한다.

나. 외국법의 해석과 적용의 기준

1) **원칙** : 준거법으로서 지정된 외국법은 본국에서 현실로 해석·적용되고 있는 의미·내용대로 해석·적용되어야 한다(대법원 2014. 12. 24. 선고 2014다27128 판결 참조).

판례(대법원 2010. 3. 25. 선고 2008다88375 판결)

섭외적 사건에 관하여 적용될 준거법인 외국법의 내용을 확정하고 그 의미를 해석함에 있어서는 그 외국법이 본국에서 현실로 해석·적용되고 있는 의미 또는 내용에 좇아야 하고, 소송과정에서 그 외국의 판례 등 해석기준에 관한 자료가 제출되지 아니하여 그 내용이 확인이 불가능한 경우에만 일반적인 법해석기준에 따라 법의 의미·내용을 확정할 수 있는 것이다.

2) 외국법의 흠결·불명의 경우 : 법원이 제18조 규정에 따라 직권조사 내지 당사자의 협력을 요구 등 모든 노력을 다하였으나, 외국법이 존재하지 아니하거나 외국법의 내용을 알 수 없는 경우, 판례는 내국법과 동일하게 법원에 관한 민사상 대원칙에 따라야 한다는 입장을 취하고 있다.

판례(대법원 2000. 6. 9. 선고 98다35037 판결)

소송과정에서 적용될 외국법규에 흠결이 있거나 그 존재에 관한 자료가 제출되지 아니하여 그 내용의 확인이 불가능한 경우 법원으로서는 법원(法源)에 관한 민사상의 대원칙에 따라 외국 관습법에 의할 것이고, 외국 관습법도 그 내용의 확인이 불가능하면 조리에 의하여 재판할 수밖에 없는 바, 그러한 조리의 내용은 가능하면 원래 적용되어야 할 외국법에 의한 해결과 가장 가까운 해결 방법을 취하기 위해서 그 외국법의 전체계적인 질서에 의해 보충 유추되어야 하고, 그러한 의미에서 그 외국법과 가장 유사하다고 생각되는 법이 조리의 내용으로 유추될 수도 있을 것이다.

3. 준거법(외국법)의 범위

제19조【준거법의 범위】
이 법에 따라 준거법으로 지정되는 외국법의 규정은 공법적 성격이 있다는 이유만으로 적용이 배제되지 아니한다.

4. 외국법의 적용 제한

가. 대한민국 법의 강행적 적용

제20조【대한민국 법의 강행적 적용】
입법목적에 비추어 준거법에 관계없이 해당 법률관계에 적용되어야 하는 대한민국의 강행규정[16]은 이 법에 따라 외국법이 준거법으로 지정되는 경우에도 적용한다.

판례(대법원 2024. 4. 25. 선고 2019다261558 판결)

손해배상 예정액이 부당히 과다한 경우에는 법원이 적당히 감액할 수 있다고 정한 민법 제398조 제2항은 법관의 재량에 의한 감액을 통해 당사자들의 계약에 개입하여 내용을 수정하는 권한을

16 당사자 합의에 의한 배제가 불가할 뿐만 아니라 준거법이 외국법이라도 그 적용을 배제할 수 없는 이른바 보편적 또는 국제적 강행규정을 의미하는 것으로 엄격히 해석하여야 한다(신창섭, 127면).
강행규정의 예시로는 대외무역법, 외국환거래법, 독점규제 및 공정거래에 관한 법률, 문화재보호법 등이 있다(석광현, 140면).

부여하는 규정이다. 이 규정은 그 입법 목적과 성격, 내용에 비추어 볼 때 준거법에 관계없이 해당 법률관계에 적용되어야 하는 구 국제사법 제7조(개정 후 제20조)의 국제적 강행규정이라고 볼 수 없다. 그리고 준거법인 영국법을 적용한 결과 손해배상 예정액을 별도로 감액할 수 없다고 하여 그 적용이 구 국제사법 제10조(개정 후 제23조)의 '대한민국의 선량한 풍속 그 밖의 사회질서에 명백히 위반되는 때'에 해당한다고 볼 수도 없다.

나. 사회질서에 반하는 외국법 규정

10회

제23조【사회질서에 반하는 외국법의 규정】
외국법에 따라야 하는 경우에 그 규정의 적용이 대한민국의 선량한 풍속이나 그 밖의 사회질서에 명백히 위반될 때에는 그 규정을 적용하지 아니한다.

1) **준거법인 외국법 규정이 사회질서에 반하는 경우** : 외국법 규정의 적용이 대한민국의 선량한 풍속이나 그 밖의 사회질서에 명백히 위반될 때에는 그 규정을 적용하지 아니한다.

2) **외국법 규정의 적용을 배제한 경우 준거법의 흠결** : 제23조에 따라 준거법인 외국법의 적용을 배제하여 준거법에 흠결이 생긴 경우, 판례는 내국법을 적용하여 준거법의 흠결을 보충하여야 한다는 입장이다.

판례(대법원 2012. 5. 24. 선고 2009다68620 판결)

이 사건에서 외국법인 일본법을 적용하게 되면, 위 원고들은 구 일본제철에 대한 채권을 피고에 대하여 주장하지 못하게 되는데, 위 1. 마.항에서 본 바와 같이 구 일본제철이 피고로 변경되는 과정에서 피고가 구 일본제철의 영업재산, 임원, 종업원을 실질적으로 승계하여 회사의 인적, 물적 구성에는 기본적인 변화가 없었음에도, 전후처리 및 배상채무 해결을 위한 일본 국내의 특별한 목적 아래 제정된 기술적 입법에 불과한 회사경리응급조치법과 기업재건정비법 등 일본 국내법을 이유로 구 일본제철의 대한민국 국민에 대한 채무가 면탈되는 결과로 되는 것은 대한민국의 공서양속에 비추어 용인할 수 없다.
일본법의 적용을 배제하고 당시의 대한민국 법률을 적용하여 보면, 구 일본제철이 위 1. 마.항에서 본 바와 같이 책임재산이 되는 자산과 영업, 인력을 제2회사에 이전하여 동일한 사업을 계속한 점 등에 비추어 구 일본제철과 피고는 그 실질에 있어서 동일성을 그대로 유지하고 있는 것으로 봄이 상당하여 법적으로는 동일한 회사로 평가하기에 충분하고, 일본국의 법률이 정한 바에 따라 구 일본제철이 해산되고 제2회사가 설립된 뒤 흡수합병의 과정을 거쳐 피고로 변경되는 등의 절차를 거쳤다고 하여 달리 볼 것은 아니다.

▷ 일제강점기에 국민징용령에 의하여 강제징용되어 일본국 회사인 일본제철 주식회사에서 강제노동에 종사한 대한민국 국민들이 신일본제철 주식회사를 상대로 국제법 위반 및 불법행위를 이유로 한 손해배상금의 지급을 구한 사안에서 일본법이 적용되는 경우 대한민국 국민에 대한 채무가 면탈되는 결과가 되어 대한민국의 선량한 풍속이나 그 밖의 사회질서에 명백히 위반되는 경우에 해당하므로 일본법의 적용을 배제하고 대한민국의 법률을 적용하여야 한다고 판시한 판결

제2장 사람

제1절 국제재판관할

I 실종선고 등 사건의 특별관할

제24조 【실종선고 등 사건의 특별관할】 ☆신설

① 실종선고에 관한 사건에 대해서는 다음 각 호의 어느 하나에 해당하는 경우 법원에 국제재판관할이 있다.

1. 부재자가 대한민국 국민인 경우
2. 부재자의 마지막 일상거소가 대한민국에 있는 경우
3. 부재자의 재산이 대한민국에 있거나 대한민국 법에 따라야 하는 법률관계가 있는 경우. 다만, 그 재산 및 법률관계에 관한 부분으로 한정한다.
4. 그 밖에 정당한 사유가 있는 경우

② 부재자 재산관리에 관한 사건에 대해서는 부재자의 마지막 일상거소 또는 재산이 대한민국에 있는 경우 법원에 국제재판관할이 있다.

1. 대한민국 법원에 특별관할이 인정되는 경우

가. 실종선고에 관한 사건(제24조 제1항)

1) 부재자가 대한민국 국민인 경우

2) 부재자의 마지막 일상거소가 대한민국에 있는 경우

3) 부재자의 재산이 대한민국에 있거나 대한민국 법에 따라야 하는 법률관계가 있는 경우(다만, 그 재산 및 법률관계에 관한 부분으로 한정)

4) 그 밖에 정당한 사유가 있는 경우

나. 부재자 재산관리에 관한 사건(제24조 제2항) : 부재자의 마지막 일상거소 또는 재산이 대한민국에 있는 경우

2. 합의관할·변론관할 규정의 적용 제외(제13조)

법 제24조에 의하여 특별관할이 인정되는 경우 제8조(합의관할), 제9조(변론관할) 규정은 적용되지 아니한다.

3. 비송사건의 경우(제15조 제2항 제1호)

제15조【비송사건의 관할】
② 비송사건의 국제재판관할은 다음 각 호의 구분에 따라 해당 규정에서 정한 바에 따른다.
1. 실종선고 등에 관한 사건 : 제24조

제15조는 실종사건 등에 관한 비송사건에도 소에 대한 국제재판관할이 적용된다고 규정하고 있는바, 국제재판관할 규칙이 비송사건에 대하여도 직접 적용된다.

Ⅱ 사원 등에 대한 소의 특별관할

제25조【사원 등에 대한 소의 특별관할】 ☆신설
법원이 제3조 제3항[17]에 따른 국제재판관할을 가지는 경우 다음 각 호의 소는 법원에 제기할 수 있다.
1. 법인 또는 단체가 그 사원 또는 사원이었던 사람에 대하여 소를 제기하는 경우로서 그 소가 사원의 자격으로 말미암은 것인 경우
2. 법인 또는 단체의 사원이 다른 사원 또는 사원이었던 사람에 대하여 소를 제기하는 경우로서 그 소가 사원의 자격으로 말미암은 것인 경우
3. 법인 또는 단체의 사원이었던 사람이 법인·단체의 사원에 대하여 소를 제기하는 경우로서 그 소가 사원의 자격으로 말미암은 것인 경우

제2절 준거법

Ⅰ 자연인

1. 권리능력

제26조【권리능력】
사람의 권리능력은 그의 본국법에 따른다.

17 **국제사법 제3조(일반관할)** ③ 주된 사무소·영업소 또는 정관상의 본거지나 경영의 중심지가 대한민국에 있는 법인 또는 단체와 대한민국 법에 따라 설립된 법인 또는 단체에 대한 소에 관하여는 법원에 국제재판관할이 있다.

2. 실종과 부재

제27조 【실종과 부재】 ★개정

① 실종선고 및 부재자 재산관리는 실종자 또는 부재자의 본국법에 따른다.
② 제1항에도 불구하고 외국인에 대하여 법원이 실종선고나 그 취소 또는 부재자 재산관리의 재판을 하는 경우에는 대한민국 법에 따른다.

3. 행위능력

제28조 【행위능력】

① 사람의 행위능력은 그의 본국법에 따른다. 행위능력이 혼인에 의하여 확대되는 경우에도 또한 같다.
② 이미 취득한 행위능력은 국적의 변경에 의하여 상실되거나 제한되지 아니한다.

가. 행위능력의 준거법

국제사법 제28조 제1항은 사람의 행위능력에 대한 준거법을 본국법으로 규정하고, 혼인에 의한 성년의제의 문제(행위능력이 혼인에 의하여 확대되는 경우)도 행위능력의 문제로 보아 본국법을 준거법으로 규정한다.

나. 거래보호

제29조 【거래보호】

① 법률행위를 한 사람과 상대방이 법률행위의 성립 당시 동일한 국가에 있는 경우에 그 행위자가 그의 본국법에 따르면 무능력자이더라도 법률행위가 있었던 국가의 법에 따라 능력자인 때에는 그의 무능력을 주장할 수 없다. 다만, 상대방이 법률행위 당시 그의 무능력을 알았거나 알 수 있었을 경우에는 그러하지 아니하다.
② 제1항은 친족법 또는 상속법의 규정에 따른 법률행위 및 행위지 외의 국가에 있는 부동산에 관한 법률행위에는 이를 적용하지 아니한다.

Ⅱ 법인

제30조 【법인 및 단체】

법인 또는 단체는 그 설립의 준거법에 따른다. 다만, 외국에서 설립된 법인 또는 단체가 대한민국에 주된 사무소가 있거나 대한민국에서 주된 사업을 하는 경우에는 대한민국 법에 따른다.

판례(대법원 2018. 8. 1. 선고 2017다246739 판결)

국제사법 제16조(개정 후 제30조) 본문은 "법인 또는 단체는 그 설립의 준거법에 의한다."라고 하여 법인의 준거법은 원칙적으로 설립 준거법을 기준으로 정하고 있다. 이 조항이 적용되는 사항을 제한하는 규정이 없는데, 그 적용 범위는 법인의 설립과 소멸, 조직과 내부관계, 기관과 구성원의 권리와 의무, 행위능력 등 법인에 관한 문제 전반을 포함한다고 보아야 한다. 따라서 법인의 구성원이 법인의 채권자에 대하여 책임을 부담하는지, 만일 책임을 부담한다면 그 범위는 어디까지인지 등에 관하여도 해당 법인의 설립 준거법에 따라야 한다.

▷ 제30조의 적용범위를 판시한 판결

제3장 법률행위

I 법률행위의 방식

제31조【법률행위의 방식】

① 법률행위의 방식은 그 행위의 준거법에 따른다.

② 행위지법에 따라 한 법률행위의 방식은 제1항에도 불구하고 유효하다.

③ 당사자가 계약체결 시 서로 다른 국가에 있을 때에는 그 국가 중 어느 한 국가의 법에서 정한 법률행위의 방식에 따를 수 있다.

④ 대리인에 의한 법률행위의 경우에는 대리인이 있는 국가를 기준으로 행위지법을 정한다.

⑤ 제2항부터 제4항까지의 규정은 물권이나 그 밖에 등기하여야 하는 권리를 설정하거나 처분하는 법률행위의 방식에는 적용하지 아니한다.

1. 개요

국제사법상 법률행위 문제는 방식의 문제와 실질의 문제로 구별되는데, '방식'의 문제는 법률행위의 형식적 성립요건을 의미하고, '실질'의 문제는 법률행위의 실질적 성립요건과 효력을 의미한다.

2. 적용 범위

가. 원칙적으로 모든 '법률행위'의 방식에 대하여 적용된다.

나. 적용이 제외되는 경우 : 물권이나 그 밖에 등기하여야 하는 권리를 설정하거나 처분하는 법률행위의 방식(제31조 제5항).

다. 국제사법 각칙이 방식에 대한 특칙을 두고 있는 아래의 경우에는 제31조에 우선하여 적용된다.

– 제47조 제3항 : 소비자계약의 방식

– 제63조 제2항 : 혼인의 방식

– 제78조 제3항 : 유언의 방식

– 제82조 제1항 : 어음과 수표행위의 방식

3. 준거법

가. 원칙(제31조 제1항) : 법률행위의 방식은 행위의 준거법에 따른다.

나. 보칙(제31조 제2항) : 행위지법에 따라 한 법률행위의 방식도 유효하다.

1) 계약체결 시 당사자가 다른 국가에 있는 경우(제31조 제3항) : 당사자가 있는 국가 중 어느 한 국가의 법에서 정한 법률행위의 방식에 따를 수 있다.

2) 대리의 경우(제31조 제4항) : 대리인에 의한 법률행위의 경우 대리인이 있는 국가를 기준으로 행위지법을 정한다.

Ⅱ 법률행위의 실질

1. 개요

법률행위의 실질은 법률행위의 문제에서 법률행위의 방식(형식적 성립요건)을 제외한 법률행위의 실질적 성립요건과 효력의 문제이다. 국제사법은 법률행위 실질에 공통하는 규정을 두고 있지는 아니하고, 법률행위의 성질에 따라 국제사법 각칙에 의해 준거법이 정하여진다.

2. 대리의 문제

12회

제32조 【임의대리】

① 본인과 대리인 간의 관계는 당사자 간의 법률관계의 준거법에 따른다.

② 대리인의 행위로 인하여 본인이 제3자에 대하여 의무를 부담하는지 여부는 대리인의 영업소가 있는 국가의 법에 따르며, 대리인의 영업소가 없거나 영업소가 있더라도 제3자가 알 수 없는 경우에는 대리인이 실제로 대리행위를 한 국가의 법에 따른다.

③ 대리인이 본인과 근로계약 관계에 있고, 그의 영업소가 없는 경우에는 본인의 주된 영업소를 그의 영업소로 본다.

④ 본인은 제2항 및 제3항에도 불구하고 대리의 준거법을 선택할 수 있다. 다만, 준거법의 선택은 대리권을 증명하는 서면에 명시되거나 본인 또는 대리인이 제3자에게 서면으로 통지한 경우에만 그 효력이 있다.

⑤ 대리권이 없는 대리인과 제3자 간의 관계에 관하여는 제2항을 준용한다.

가. 임의대리

1) 본인과 대리인 간의 관계(제32조 제1항) : 당사자 간의 법률관계(위임계약, 도급계약, 고용계약 등 본인이 대리인에게 대리권을 수여한 법률행위)의 준거법에 따른다.

2) 본인과 제3자(거래의 상대방)간의 관계

가) 당사자 자치의 인정(제32조 제4항) : 본인은 대리의 준거법을 선택할 수 있다. 다만, 준거법의 선택은 대리권을 증명하는 서면에 명시되거나 본인 또는 대리인이 제3자에게 서면으로 통지한 경우에만 그 효력이 있다.

나) 당사자의 선택이 없거나 서면 요건을 갖추지 못한 경우 : 대리인의 영업소가 있는 국가의 법(제32조 제2항)

- 대리인의 영업소가 없거나, 영업소가 있더라도 제3자가 알 수 없는 경우 : 대리인이 실제로 대리행위를 한 국가의 법
- 대리인이 본인과 근로계약 관계에 있고, 그의 영업소가 없는 경우 : 대리인이 실제로 대리행위를 한 국가의 법(제32조 제3항)

판례(대법원 1990. 4. 10. 선고 89다카20252 판결)

임의대리에 있어서 대리인 혹은 대리인으로 칭한 자와 거래를 한 상대방에 대하여 본인에게 거래당사자로서의 책임이 있는지의 여부는 거래의 안전 내지 상대방 보호를 위한 측면을 고려할 때 대리행위지법에 의하여 판단되어야 함이 상당하다고 하겠으므로 영국에서 한국회사인 을의 런던사무소책임자인 병이 을을 대리하여 영국회사인 갑과 사이에 중재계약을 체결한 경우에 있어서 위 병의 중재계약상의 대리행위에 관한 준거법은 대리 행위지법인 영국법이다.

▷ 본 판결에서 대법원은 대리인과 거래행위를 한 제3자로서는 본인과 대리인간의 수권관계에 대하여 알기 어렵다고 할 것이므로 거래의 안전 내지 상대방을 보호하기 위한 취지에서 대리행위지법에 의하여야 한다고 판시하였다. 제32조 규정의 취지도 이와 동일하다.

나. 무권대리·표현대리(제32조 제5항) : 무권대리인과 제3자간의 관계에 관하여는 본인과 제3자 간의 관계를 규정하는 제32조 제2항이 준용된다.

제4장 | 물권

※ 2022년 국제사법이 개정되면서 각론 각 장에 국제재판관할 규정이 신설되었으나, 제4장 물권에는 별도로 국제재판관할 규정이 신설되지 아니하였다.

I 물권

5회

제33조【물권】
① 동산 및 부동산에 관한 물권 또는 등기하여야 하는 권리는 그 동산·부동산의 소재지법에 따른다.
② 제1항에 규정된 권리의 취득·상실·변경은 그 원인된 행위 또는 사실의 완성 당시 그 동산·부동산의 소재지법에 따른다.

1. 적용범위

가. 물권

물권의 준거법 규정인 제33조는 물권의 종류, 내용, 효력 및 존속기간 등 물권의 모든 문제에 적용된다. 다만, 물권변동을 일으키는 물권행위의 원인행위인 채권행위에는 적용되지 않는다. 예컨대, 매매계약의 이행으로 부동산의 소유권이 이전되는 경우 소유권 이전에 인도·등기 등 별도의 법률행위를 필요로 하는 것인지 여부는 제33조에 의하지만, 매매계약의 유효여부 등은 채권의 문제로서 채권의 준거법 규정이 적용된다.

판례(대법원 2011. 4. 28. 선고 2010도15350 판결)

위 사실관계를 앞서 본 법리에 비추어 살펴보면, 위 리스계약상 리스이용자가 대한민국 국민인 경우 그 법률관계는 국제사법 제1조 소정의 "외국적 요소"가 있어 국제사법의 규정에 따라 준거법을 정하여야 할 것이다. 그런데 국제사법 제26조(개정 후 제46조)는 제1항에서 "외국적 요소가 있는 법률관계에서 당사자가 준거법을 선택하지 아니한 경우에 계약은 그 계약과 가장 밀접한 관련이 있는 국가의 법에 의하여야 한다"고 규정하고, 제2항 제2호에서 '이용계약'의 준거법은 물건 또는 권리를 이용하도록 하는 당사자의 계약체결 당시의 주된 사무소 등의 소재지법을 가장 밀접한 관련이 있는 법으로 추정하고 있다. 그렇다면 앞서 본 대로 리스계약의 당사자가 준거법을 선택하지 아니하였고 준거법의 결정에 있어서 달리 고려되어야 할 사정을 기록상 찾을 수 없는 이 사건에서 리스회사의 소재지법인 미국 캘리포니아주의 법이 위 리스계약과 가장 밀접한 관련이 있는 법으로서 준거법이 된다고 할 것이므로, 이에 따라 위 리스계약의 내용과 효력을 판단하여야 한다.

또한 리스이용자가 외국인인 경우에도 그 계약당사자나 행위지 모두가 우리나라와 아무런 관련이 없어 우리 민사법이 적용될 여지가 없으므로, 마찬가지로 리스계약 당사자의 소재지이자 리스계약이 행하여진 미국 캘리포니아주의 법에 좇아 위 리스계약의 내용과 효력을 판단하여야 할 것이다. 그런데 미국 캘리포니아주의 법에 따라 체결된 위 리스계약에 의하면, 이 사건 차량들의 소유권은 리스회사에 속하고, 리스이용자는 일정 기간 차량의 점유 · 사용의 권한을 이전받을 뿐이며, 피고인의 주장과 같이 위 리스계약을 환매특약부 매매 내지 소유권유보부 매매로 볼 것은 아니다.

▷ '리스이용자가 차량에 대한 소유권을 취득하였는지 여부'에 관한 문제를 '리스계약의 내용과 효력'에 관한 문제로 보아 채권의 준거법 규정을 적용하여 준거법을 결정한 판결

나. 등기하여야 하는 권리

등기하여야 하는 권리는 물권에 관한 권리로서 등기를 하면 물권과 동일하게 대항력 등이 생기는 권리를 의미한다.[18] 단, 등기하여야 하는 권리의 경우에도 물권적 효력 문제에 한하여만 제33조가 적용되고, 그 원인행위에는 발생 원인인 채권행위의 준거법에 따라야 한다.

2. 준거법

가. 물권 또는 등기하여야 하는 권리(제33조 제1항) : 동산·부동산의 소재지법

나. 물권 또는 등기하여야 하는 권리의 취득·상실·변경(제33조 제2항) : 원인된 행위 또는 사실[19]의 완성 당시 그 동산·부동산의 소재지법

Ⅱ 운송수단

제34조 【운송수단】
항공기에 관한 물권은 그 항공기의 국적이 소속된 국가의 법에 따르고, 철도차량에 관한 물권은 그 철도차량의 운행을 허가한 국가의 법에 따른다.

운송수단의 경우 계속된 이동으로 인하여 소재지를 특정하는 것이 불가능하다고 할 것이므로 물권에 관한 일반적인 준거법인 소재지법에 따를 수 없으므로 국제사법은 아래와 같이 운송수단의 준거법을 별도로 규정하고 있다.

---

18 석광현, 236면. 제33조의 적용대상인 등기하여야 하는 권리에는 본래 채권이지만 법률의 규정에 의해 등기하면 대항력이 생기고, 그 한도에서 물권적 효력을 갖는 권리로서 우리 민법상 부동산환매권이나 부동산임차권 등을 생각해볼 수 있다(신창섭, 228면).

19 시효, 무주물의 선점, 부합 등의 사실에 의한 물권의 취득·상실·변경의 경우가 해당될 수 있다.

1. **항공기에 관한 물권** : 항공기의 국적이 소속된 국가의 법(제34조 전단)

2. **철도차량에 관한 물권** : 철도차량의 운행을 허가한 국가의 법(제34조 후단)

3. **기타 운송수단**

가. 선박에 관한 물권 : 선적국법(제94조)

나. 자동차에 관한 물권 : 동산 소재지법(제33조)

Ⅲ 무기명증권

제35조 【무기명증권】
무기명증권에 관한 권리의 취득·상실·변경은 그 원인된 행위 또는 사실의 완성 당시 그 무기명증권의 소재지법에 따른다.

무기명 주식·사채·상품권 등 무기명증권은 그 취득·상실·변경이 동산과 동일하게 양도를 통하여 이루어지므로 국제사법은 일반 동산과 동일하게 취급하여 소재지법을 준거법으로 정하고 있다.

Ⅳ 이동 중인 물건

제36조 【이동 중인 물건】
이동 중인 물건에 관한 물권의 취득·상실·변경은 그 목적지가 속하는 국가의 법에 따른다.

Ⅴ 채권 등에 대한 약정담보물권

제37조 【채권 등에 대한 약정담보물권】
채권·주식, 그 밖의 권리 또는 이를 표창하는 유가증권을 대상으로 하는 약정담보물권은 담보대상인 권리의 준거법에 따른다. 다만, 무기명증권을 대상으로 하는 약정담보물권은 제35조에 따른다.

물건에 대한 약정담보물권(질권·저당권)은 제33조에 따라 동산·부동산의 소재지법에 따르는 반면, 채권·주식·그밖의 권리 또는 이를 표창하는 유가증권을 대상으로 하는 약정담보물권의 경우 제37조에 따라 담보대상인 권리의 준거법에 따른다. 다만, 채권 중 무기명증권을 대상으로 하는 약정담보물권(제37조 단서)에 대해서는 제35조가 적용된다.

제5장 | 지식재산권

제1절 국제재판관할

I 지식재산권 계약에 관한 소의 특별관할

제38조 【지식재산권 계약에 관한 소의 특별관할】 ☆신설
① 지식재산권의 양도, 담보권 설정, 사용허락 등의 계약에 관한 소는 다음 각 호의 어느 하나에 해당하는 경우 법원에 제기할 수 있다.
1. 지식재산권이 대한민국에서 보호되거나 사용 또는 행사되는 경우
2. 지식재산권에 관한 권리가 대한민국에서 등록되는 경우
② 제1항에 따른 국제재판관할이 적용되는 소에는 제41조를 적용하지 아니한다.

1. 지식재산권의 양도, 담보권 설정, 사용허락 등의 계약에 관한 소에서 대한민국 법원에 특별관할이 인정되는 경우(제38조 제1항)

가. 지식재산권이 대한민국에서 보호되거나 사용 또는 행사되는 경우

나. 지식재산권에 관한 권리가 대한민국에서 등록되는 경우

2. 관할의 배타적 적용(제38조 제2항)

제38조 제1항에 의하여 관할이 정해지는 경우 계약에 관한 소의 특별관할 규정인 제41조는 적용되지 아니한다.

※ 지식재산권에 관한 소의 전속관할 규정

제10조 【전속관할】 ① 다음 각 호의 소는 법원에만 제기할 수 있다.
4. 등록 또는 기탁에 의하여 창설되는 지식재산권이 대한민국에 등록되어 있거나 등록이 신청된 경우 그 지식재산권의 성립, 유효성 또는 소멸에 관한 소

▷ 대한민국에 등록이 되어 있거나 등록이 신청된 지식재산권의 성립, 유·무효, 취소 등에 관한 소는 제10조에 따라 전속관할이 인정되고, 지식재산권의 양도, 담보권 설정, 사용허락 등 지식재산권의 계약과 관련된 소의 경우 제38조에 따라 특별관할이 인정되며, 지식재산권 침해에 관한 소는 제39조에 따라 특별관할이 인정된다.

Ⅱ 지식재산권 침해에 관한 소의 특별관할 14회

제39조 【지식재산권 침해에 관한 소의 특별관할】 ☆신설

① 지식재산권 침해에 관한 소는 다음 각 호의 어느 하나에 해당하는 경우 법원에 제기할 수 있다. 다만, 이 경우 대한민국에서 발생한 결과에 한정한다.

1. 침해행위를 대한민국에서 한 경우
2. 침해의 결과가 대한민국에서 발생한 경우
3. 침해행위를 대한민국을 향하여 한 경우

② 제1항에 따라 소를 제기하는 경우 제6조 제1항을 적용하지 아니한다.

③ 제1항 및 제2항에도 불구하고 지식재산권에 대한 주된 침해행위가 대한민국에서 일어난 경우에는 외국에서 발생하는 결과를 포함하여 침해행위로 인한 모든 결과에 관한 소를 법원에 제기할 수 있다.

④ 제1항 및 제3항에 따라 소를 제기하는 경우 제44조를 적용하지 아니한다.

1. 지식재산권 침해에 관한 소에서 대한민국 법원에 특별관할이 인정되는 경우(제39조 제1항)

가. 1) 침해행위를 대한민국에서 한 경우, 2) 침해의 결과가 대한민국에서 발생한 경우, 3) 침해행위를 대한민국을 향하여 한 경우 중 하나에 해당할 것

나. 대한민국에서 발생한 결과에 대한 소에 해당할 것

2. 관련사건 관할 적용 배제(제39조 제2항)

지식재산권 침해에 관한 소가 제기된 경우 관련 사건에 대한 관할 규정인 제6조 제1항은 적용되지 아니한다. 제39조 제1항이 결과발생지가 대한민국인 경우에 한하여 소의 관할을 인정하는 것에 모순되게 제6조 제1항이 적용되어 관할이 인정되는 경우를 방지하기 위함이다.

3. 지식재산권에 대한 주된 침해행위가 대한민국에서 일어난 경우(제39조 제3항)

침해의 결과가 대한민국 외 다른 국가에서 발생한 경우 제39조 제1항 및 제2항에 따라 대한민국법원에는 관할이 인정되지 아니하는 것이 원칙이나, 지식재산권에 대한 주된

침해행위가 대한민국에서 일어난 경우에는 예외적으로 외국에서 발생하는 결과를 포함하여 침해행위로 인한 모든 결과에 관한 소를 대한민국 법원에 제기할 수 있다.

4. 관할의 배타적 적용(제39조 제4항)

지식재산권 침해는 불법행위의 성격을 가진다고 할 것이나, 지식재산권 침해에 관한 소에 제39조 제1항 및 제2항에 따라 관할이 인정되는 경우에는 불법행위에 관한 소의 특별관할 규정 적용이 배제된다.

제2절 준거법

5·14회

제40조 【지식재산권의 보호】
지식재산권의 보호는 그 침해지법에 따른다.

국제사법 제40조는 '지식재산권의 보호는 그 침해지법에 따른다'고 하여 지식재산권 침해에 대하여는 침해행위가 일어난 국가의 법에 따라야 한다는 침해지법주의를 수용하였다.

지식재산권의 침해는 기본적으로 불법행위의 성격을 가진다고 할 것이나, 지식재산권 보호와 관련하여 제40조에 별도의 규정을 두고 있는 이상 지식재산권 침해와 관련하여서는 제40조가 적용되고, 이를 불법행위의 준거법에 연결하여서는 아니 된다.[20]

판례(대법원 2004. 7. 22. 선고 2003다62910 판결)

국제사법 제24조(개정 후 제40조)에 의하면, 지적재산권의 침해로 인한 불법행위의 준거법은 그 침해지법이 된다 할 것이므로 일본 보따리상들의 일본에서의 일본 상표권 침해행위에 피고가 교사 또는 방조하였음을 이유로 하는 이 부분 손해배상청구의 당부는 침해지법인 일본 상표법 제37조 등의 해석에 따라야 할 것인데, 위조한 상표를 부착한 의류를 일본 보따리상들에게 대량으로 판매함으로써 일본에서의 일본 상표권 침해행위를 용이하게 하여 준 피고의 행위가 위 침해행위에 대한 방조가 될 수 있다 하더라도, 기록에 나타난 지적재산권에 관한 일본 법원의 해석론에

20 법무부, 87면.

비추어 보면, 속지주의 원칙을 채용하고 있는 일본 상표법하에서는 상표권이 등록된 나라의 영역 외에서 당해 상표권의 등록국에서의 침해행위를 유도하는 등 이에 관여하는 행위는 불법행위를 구성하지 아니하는 것으로 해석됨을 알 수 있으므로 이 부분 원심의 설시에 일부 적절하지 아니한 점은 있으나 피고의 공동불법행위책임의 성립을 인정하지 아니한 그 결론에 있어서는 정당하다 할 것이고 거기에 상고이유에서 주장하는 바와 같은 법리오해 및 심리미진 등의 위법이 있다고 할 수 없다.

판례(대법원 2015. 1. 15. 선고 2012다4763 판결)

직무발명에서 특허를 받을 권리의 귀속과 승계, 사용자의 통상실시권의 취득 및 종업원의 보상금 청구권에 관한 사항은 사용자와 종업원 사이의 고용관계를 기초로 한 권리의무 관계에 해당한다. 따라서 직무발명에 의하여 발생되는 권리의무는 비록 섭외적 법률관계에 관한 것이라도 성질상 등록이 필요한 특허권의 성립이나 유·무효 또는 취소 등에 관한 것이 아니어서, 속지주의의 원칙이나 이에 기초하여 지식재산권의 보호에 관하여 규정하고 있는 국제사법 제24조의 적용대상이라 할 수 없다. 직무발명에 대하여 각국에서 특허를 받을 권리는 하나의 고용관계에 기초하여 실질적으로 하나의 사회적 사실로 평가되는 동일한 발명으로부터 발생한 것이며, 당사자들의 이익보호 및 법적 안정성을 위하여 직무발명으로부터 비롯되는 법률관계에 대하여 고용관계 준거법 국가의 법률에 의한 통일적인 해석이 필요하다. 이러한 사정들을 종합하여 보면, 직무발명에 관한 섭외적 법률관계에 적용될 준거법은 발생의 기초가 된 근로계약에 관한 준거법으로서 국제사법 제28조(개정 후 제48조) 제1항, 제2항 등에 따라 정하여지는 법률이라고 봄이 타당하다. 그리고 이러한 법리는 실용신안에 관하여도 마찬가지로 적용된다.

▷ 직무발명에 기초한 특허권 및 실용신안권에 관하여 통상실시권을 취득하는지 여부에 관한 준거법은 지식재산권에 관한 준거법 규정이 아닌 근로계약에 관한 준거법이 적용된다고 판시한 판례

판례(대법원 2024. 5. 9. 선고 2020다250561 판결)

원고는 '피고가 이 사건 물적 분할에도 불구하고 소외 회사로부터 이 사건 각 저작물에 관한 중국 내 저작재산권을 승계하지 못하였다.'는 전제에서 주위적 청구를 하였다. 피고가 이 사건 물적 분할로 소외 회사의 중국 내 저작재산권을 승계하는지 여부는 외국적 요소가 있는 법률관계에 해당하므로 그 법률관계에 적용될 준거법을 정하여야 한다.

대한민국이 가입한 국제조약은 일반적으로 민법이나 상법 또는 국제사법보다 우선적으로 적용되고, 국제조약이 적용을 배제하거나 직접적으로 규정하고 있지 않는 사항에 대하여는 법정지의 국제사법에 따라 결정된 준거법이 적용된다(대법원 2022. 1. 13. 선고 2021다269388 판결 등 참조). 대한민국이 가입한 「문학적·예술적 저작물의 보호를 위한 베른협약」 (Berne Convention for the Protection of Literary and Artistic Works, 이하 '베른협약'이라 한다)은 저작권에 대한 보호의 범위와 구제의 방법 등에 관하여 규율하고 있으나 회사분할에 따른 저작권 승계 여부 등은 규정하고 있지 않으므로, 이러한 사항에 대하여는 법정지의 국제사법에 따라 결정된 준거법이 적용된다.

구 국제사법 제24조(개정 후 제40조)는 “지식재산권의 보호는 그 침해지법에 의한다.”라고 규정하여 보호국법주의를 채택하고 있다. 저작권의 성립과 내용, 저작권의 이전이 가능한지 여부, 저작권의 이전과 귀속에 어떠한 절차나 형식의 이행이 필요한지 여부 등은 저작권의 대세적인 효력이나 저작권 자체의 보호와 밀접하게 관련되어 있으므로, 특별한 사정이 없는 한 이러한 사항에 대하여는 구 국제사법 제24조(개정 후 제40조)에 따라 보호국법이 준거법으로 결정되어 적용된다. 한편 저작권 이전의 원인이 된 계약 등의 법률관계는 단지 그 목적물이 저작권일 뿐 성질상 저작권의 대세적인 효력이나 저작권 자체의 보호에 관한 것이 아니어서 구 국제사법 제24조(개정 후 제40조)에 따라 준거법을 결정할 수는 없고, 그 계약 등의 법률관계에 관하여 적용될 준거법을 별도로 결정하여야 한다.

▷ 원고가 피고를 상대로, 피고가 이 사건 물적 분할에 따라 이 사건 각 저작물에 관한 소외 회사의 저작재산권 지분을 승계하는 것에 대하여 원고가 동의하지 않았으므로 피고는 그 저작재산권자가 아님에도 제3자로 하여금 모바일 게임 개발 등에 이 사건 각 저작물을 이용할 수 있도록 허락함으로써 제3자와 공동으로 저작재산권(2차적 저작물작성권) 등 침해행위를 하였다고 주장한 사안에서 피고가 이 사건 물적 분할로 소외 회사의 이 사건 각 저작물에 관한 중국 내 저작재산권을 승계하는지에 대하여는 법정지인 대한민국의 국제사법에 따라 결정된 준거법이 적용되는데, 해당 사안은 저작권 이전의 원인이 된 계약 등의 법률관계에 관한 것으로 구 국제사법 제24조(개정 후 제40조)에 따라 준거법을 결정할 수는 없고, 법률관계에 관하여 적용될 준거법을 별도로 결정하여야 한다고 판시한 판결

제6장 | 채권

제1절 국제재판관할

I 계약에 관한 소의 특별관할

12회

제41조【계약에 관한 소의 특별관할】 ☆신설

① 계약에 관한 소는 다음 각 호의 어느 하나에 해당하는 곳이 대한민국에 있는 경우 법원에 제기할 수 있다.

1. 물품공급계약의 경우에는 물품인도지
2. 용역제공계약의 경우에는 용역제공지
3. 물품인도지와 용역제공지가 복수이거나 물품공급과 용역제공을 함께 목적으로 하는 계약의 경우에는 의무의 주된 부분의 이행지

② 제1항에서 정한 계약 외의 계약에 관한 소는 청구의 근거인 의무가 이행된 곳 또는 그 의무가 이행되어야 할 곳으로 계약당사자가 합의한 곳이 대한민국에 있는 경우 법원에 제기할 수 있다.

아래의 경우 **대한민국 법원**에 특별관할이 인정된다.

1. 물품공급계약·용역제공계약에 관한 소의 경우(제41조 제1항)

아래 가항 내지 다항의 이행지가 대한민국인 경우

가. 물품공급계약의 경우 물품인도지(제1호)

나. 용역제공계약의 경우 용역제공지(제2호)

다. 물품인도지와 용역제공지가 복수이거나, 물품공급과 용역제공을 함께 목적으로 하는 경우 의무의 주된 부분의 이행지(제3호)

2. 기타 계약에 관한 소의 경우(제41조 제2항)

청구의 근거인 의무가 이행된 곳 또는 그 의무가 이행되어야 할 곳으로 계약당사자가 합의한 곳이 대한민국에 있는 경우

Ⅱ 소비자계약의 관할

6·10·13회

제42조 【소비자계약의 관할】 ☆신설

① 소비자가 자신의 직업 또는 영업활동 외의 목적으로 체결하는 계약으로서 다음 각 호의 어느 하나에 해당하는 경우 대한민국에 일상거소가 있는 소비자는 계약의 상대방(직업 또는 영업활동으로 계약을 체결하는 자를 말한다. 이하 "사업자"라 한다)에 대하여 법원에 소를 제기할 수 있다.

1. 사업자가 계약체결에 앞서 소비자의 일상거소가 있는 국가(이하 "일상거소지국"이라 한다)에서 광고에 의한 거래 권유 등 직업 또는 영업활동을 행하거나 소비자의 일상거소지국 외의 지역에서 소비자의 일상거소지국을 향하여 광고에 의한 거래의 권유 등 직업 또는 영업활동을 행하고 그 계약이 사업자의 직업 또는 영업활동의 범위에 속하는 경우
2. 사업자가 소비자의 일상거소지국에서 소비자의 주문을 받은 경우
3. 사업자가 소비자로 하여금 소비자의 일상거소지국이 아닌 국가에 가서 주문을 하도록 유도한 경우

② 제1항에 따른 계약(이하 "소비자계약"이라 한다)의 경우에 소비자의 일상거소가 대한민국에 있는 경우에는 사업자가 소비자에 대하여 제기하는 소는 법원에만 제기할 수 있다.

③ 소비자계약의 당사자 간에 제8조에 따른 국제재판관할의 합의가 있을 때 그 합의는 다음 각 호의 어느 하나에 해당하는 경우에만 효력이 있다.

1. 분쟁이 이미 발생한 후 국제재판관할의 합의를 한 경우
2. 국제재판관할의 합의에서 법원 외에 외국법원에도 소비자가 소를 제기할 수 있도록 한 경우

1. 소비자계약의 범위(제42조 제1항 각호)

소비자가 자신의 직업 또는 영업활동 외의 목적으로 체결하는 계약으로서 다음 각 호의 어느 하나에 해당하는 경우

가. 사업자가 계약체결에 앞서 소비자의 일상거소가 있는 국가에서 광고에 의한 거래 권유 등 직업 또는 영업활동을 행하거나 소비자의 일상거소지국 외의 지역에서 소비자의 일상거소지국을 향하여 광고에 의한 거래의 권유 등 직업 또는 영업활동을 행하고 그 계약이 사업자의 직업 또는 영업활동의 범위에 속하는 경우(제1호)

나. 사업자가 소비자의 일상거소지국에서 소비자의 주문을 받은 경우(제2호)

다. 사업자가 소비자로 하여금 소비자의 일상거소지국이 아닌 국가에 가서 주문을 하도록 유도한 경우(제3호)

2. 소비자계약의 관할

국제사법 제42조는 사회·경제적 약자인 소비자를 보호하기 위하여 소비자계약의 관할에 대하여 아래와 같이 규정하고 있다.

가. 소비자가 사업자에 대하여 소를 제기하는 경우(제42조 제1항)

대한민국에 일상거소가 있는 소비자는 대한민국 법원에 소를 제기할 수 있다.

나. 사업자가 소비자에 대하여 소를 제기하는 경우(제42조 제2항)

소비자의 일상거소가 대한민국에 있는 경우 소는 대한민국 법원에만 제기할 수 있다(전속관할).

다. 관할 합의의 제한(제42조 제3항)

소비자계약의 재판관할 합의(제8조)는 사회·경제적 약자인 소비자에게 불리한 합의를 방지하기 위하여 아래의 경우에만 유효하다.

1) **사후적 합의** : 분쟁이 이미 발생한 후 국제재판관할합의를 한 경우

2) **소비자에게 유리한 추가적 합의** : 국제재판관할의 합의에서 법원 외에 외국법원에도 소비자가 소를 제기할 수 있도록 한 경우

Ⅲ 근로계약의 관할

1·7·11회

제43조 【근로계약의 관할】

① 근로자가 대한민국에서 일상적으로 노무를 제공하거나 최후로 일상적 노무를 제공한 경우에는 사용자에 대한 근로계약에 관한 소를 법원에 제기할 수 있다. 근로자가 일상적으로 대한민국에서 노무를 제공하지 아니하거나 아니하였던 경우에 사용자가 그를 고용한 영업소가 대한민국에 있거나 있었을 때에도 또한 같다.

② 사용자가 근로자에 대하여 제기하는 근로계약에 관한 소는 근로자의 일상거소가 대한민국에 있거나 근로자가 대한민국에서 일상적으로 노무를 제공하는 경우에는 법원에만 제기할 수 있다.

③ 근로계약의 당사자 간에 제8조에 따른 국제재판관할의 합의가 있을 때 그 합의는 다음 각 호의 어느 하나에 해당하는 경우에만 효력이 있다.

1. 분쟁이 이미 발생한 경우
2. 국제재판관할의 합의에서 법원 외에 외국법원에도 근로자가 소를 제기할 수 있도록 한 경우

1. 근로자가 사용자에 대하여 소를 제기하는 경우(제43조 제1항)

㉠ 근로자가 대한민국에서 일상적으로 노무를 제공하거나 최후로 일상적 노무를 제공한 경우 ㉡ 근로자가 일상적으로 대한민국에서 노무를 제공하지 아니하거나 아니하였던 경우에 사용자가 그를 고용한 영업소가 대한민국에 있거나 있었을 경우에는 대한민국 법원에 소를 제기할 수 있다.

2. 사용자가 근로자에 대하여 소를 제기하는 경우(제43조 제2항)

근로자의 일상거소가 대한민국에 있거나 근로자가 대한민국에서 일상적으로 노무를 제공하는 경우에는 대한민국 법원에만 제기할 수 있다(전속관할)

3. 관할합의의 제한(제43조 제3항)

근로계약의 재판관할 합의(제8조)는 사회·경제적 약자인 근로자에게 불리한 합의를 방지하기 위하여 아래의 경우에만 유효하다.

1) **사후적 합의** : 분쟁이 이미 발생한 후 국제재판관할합의를 한 경우

2) **소비자에게 유리한 추가적 합의** : 국제재판관할의 합의에서 법원 외에 외국법원에도 근로자가 소를 제기할 수 있도록 한 경우

Ⅳ 불법행위에 관한 소의 특별관할

6·8·12·13회

제44조【불법행위에 관한 소의 특별관할】
불법행위에 관한 소는 그 행위가 대한민국에서 행하여지거나 대한민국을 향하여 행하여지는 경우 또는 대한민국에서 그 결과가 발생하는 경우 법원에 제기할 수 있다. 다만, 불법행위의 결과가 대한민국에서 발생할 것을 예견할 수 없었던 경우에는 그러하지 아니하다.

국제사법 제44조에 따라 불법행위에 관한 소는 아래의 경우 대한민국 법원에 관할이 인정된다.

1. 불법행위가 대한민국에서 행하여진 경우
2. 불법행위가 대한민국을 향하여 행하여지는 경우
3. 불법행위의 결과가 대한민국에서 발생하였고, 그 결과가 대한민국에서 발생할 것을 예견할 수 있었던 경우

제2절 준거법

채권은 발생원인에 따라서 계약채권과 법정채권(사무관리·부당이득·불법행위 등 법률에 의하여 발생한 채권)으로 나누어지고, 국제사법상 채권의 준거법 규정은 이와 같은 채권의 분류에 따라 아래와 같은 구조로 규정되어 있다.

계약채권	제45조	당사자 자치
	제46조	준거법 결정시의 객관적 연결
	제47조	소비자 계약
	제48조	근로 계약
	제49조	계약의 성립 및 유효성
법정채권	제50조	사무관리
	제51조	부당이득
	제52조	불법행위
	제53조	준거법에 관한 사후적 합의
공통규정	제54조	채권의 양도 및 채무의 인수
	제55조	법률에 따른 채권의 이전

I 당사자가 준거법을 선택한 경우

빈출

제45조 【당사자 자치】

① 계약은 당사자가 명시적 또는 묵시적으로 선택한 법에 따른다. 다만, 묵시적인 선택은 계약내용이나 그 밖의 모든 사정으로부터 합리적으로 인정할 수 있는 경우로 한정한다.
② 당사자는 계약의 일부에 관하여도 준거법을 선택할 수 있다.
③ 당사자는 합의에 의하여 이 조 또는 제46조에 따른 준거법을 변경할 수 있다. 다만, 계약체결 후 이루어진 준거법의 변경은 계약 방식의 유효 여부와 제3자의 권리에 영향을 미치지 아니한다.
④ 모든 요소가 오로지 한 국가와 관련이 있음에도 불구하고 당사자가 그 외의 다른 국가의 법을 선택한 경우에 관련된 국가의 강행규정은 적용이 배제되지 아니한다.
⑤ 준거법 선택에 관한 당사자 간 합의의 성립 및 유효성에 관하여는 제49조를 준용한다.

1. 당사자 자치의 원칙(제45조 제1항)[21]

당사자는 준거법을 명시적으로 또는 묵시적으로 선택할 수 있다. 다만, 묵시적 선택의 경우 계약 내용이나 그 밖의 모든 사정으로부터 합리적으로 인정할 수 있는 경우에만 인정된다.

---

21 당사자가 특정 국가의 법률을 지정한 경우 그 지정은 실질법적 지정과 저촉법적 지정 두 가지로 구별될 수 있는데, 1) 실질법적 지정은 당사자가 계약 내용을 특정 국가의 법규나 관습을 원용하여 계약 내용을 보충하는 경우를 의미하고, 2) 저촉법적 지정은 당사자가 준거법을 지정하는 경우를 의미하며, 국제사법상 당사자 자치의 원칙이란 저촉법적 지정을 허용하는 것을 의미한다.

판례(대법원 2008. 2. 1. 선고 2006다71724 판결)

당사자의 의사에 의하여 준거법을 정함에 있어서는 당사자 사이에 준거법 선택에 관하여 명시적인 합의가 있는 경우에는 그에 의하여야 할 것이고, 그러한 명시적인 합의가 없는 경우에는 이 사건 합의에 포함되어 있는 준거법 이외의 다른 의사표시의 내용이나 소송행위를 통하여 나타난 당사자의 태도 등을 기초로 당사자의 묵시적 의사를 추정하여야 할 것이며, 그러한 묵시적 의사를 추정할 수 없는 경우에도 당사자의 국적, 주소 등 생활본거지, 이 사건 합의의 성립 배경과 그 경위, 기타 여러 가지 객관적 사정을 종합하여 볼 때 이 사건 합의 당시 당사자가 준거법을 지정하였더라면 선택하였을 것으로 판단되는 가정적 의사를 추정하여 준거법을 결정할 수 있다고 할 것이다.

판례(대법원 2022. 7. 28. 선고 2019다201662 판결)

구 국제사법 제25조(개정 후 제45조)는 당사자자치의 원칙에 따라 계약당사자가 명시적 또는 묵시적으로 계약에 적용할 준거법을 선택하도록 정하고 있다(제1항 본문). 따라서 계약상 채무의 준거법은 채무자가 채권자와 계약을 체결하면서 명시적 또는 묵시적으로 선택한 법이 된다. 다만 묵시적 선택은 계약내용 그 밖에 모든 사정으로부터 합리적으로 인정할 수 있는 경우로 제한되는데(같은 조 제1항 단서), 이는 계약의 준거법이 부당하게 확대되는 것을 방지하기 위한 것이다. 따라서 준거법에 관한 묵시적 선택을 인정할 때에는 계약내용을 기초로 하여 계약당사자의 국적이나 설립준거법, 주소나 본점소재지 등 생활본거지나 주된 영업활동지, 계약의 성립 배경과 그 경위 등 객관적 사정을 종합적으로 고려하여 신중하게 판단해야 한다.

中　略

위 주식대여계약에서 원고와 케이지파워 사이에 준거법 선택에 관한 명시적 합의는 없지만, 다음과 같은 계약내용, 계약당사자의 국적, 설립 준거법, 주소, 본점소재지를 비롯한 객관적 사정을 종합하면 위 주식대여계약에 관하여 적용할 준거법을 대한민국 법으로 정했다고 보는 것이 원고와 케이지파워의 묵시적 의사에 부합한다. 원고는 주식을 대여하면서 그 대가로 대한민국 법정통화인 원화를 기준으로 산정한 이자를 지급받기로 하였다. 위 주식대여계약서는 한국어로 작성되어 있고 국문계약서 이외에 다른 언어로 작성된 계약서는 존재하지 않는 것으로 보인다. 그 밖에 원고의 국적이 대한민국이고 그 주소도 대한민국에 있다. 케이지파워의 설립 준거법이 대한민국 법이고 그 본점소재지 또한 대한민국에 있다.

따라서 원고가 아이큐파워를 합병한 피고를 상대로 위 주식의 반환을 구하는 이 사건에서 원고와 피고 사이의 법률관계에 적용되는 법은 대한민국 법이 된다.

판례(대법원 2012. 10. 25. 선고 2009다77754 판결)

당사자가 계약의 준거법으로 지역에 따라 법을 달리하는 이른바 연방제국가의 어느 특정 지역의 법을 지정하지 않고 단순히 연방제국가의 법이라고만 약정한 경우, 선택된 법이 특정 지역의 법이 아니라 연방제국가의 법이라는 사정만으로 그러한 준거법 약정이 내용을 확정할 수 없는 것으로 당연 무효라고 보아서는 아니 되고 계약 문언, 계약 전후의 사정, 거래 관행 등 모든 사정을 고려하여 당사자가 그 국가의 어느 지역의 법을 지정한 것으로 합리적으로 인정되는지까지 살펴보아야 한다. 나아가 지역에 따라 법을 달리하는 연방제국가라고 하더라도, 어느 법률관계에 관하여 그 국가 전체에 통일적으로 적용되는 이른바 연방법이 존재한다면 적어도 그 법률관계에 관하여는 연방법이 적용되어 지역에 따라 법을 달리한다고 할 수는 없으므로, 당사자가 그 법률관계에 관한 준거법으로 연방제국가의 법을 준거법으로 선택한 약정은 그 국가의 연방법을 준거법으로 선택한 약정으로서 유효하다.

▷ 당사자가 지역에 따라 법을 달리하는 연방제 국가의 법을 준거법으로 정한 경우, 어느 법률관계에 관하여 그 국가 전체에 통일적으로 적용되는 이른바 연방법이 존재한다면 연방법을 그 법률관계의 준거법으로 선택한 약정으로서 유효하다고 판시한 판결

2. 준거법의 분할(제45조 제2항) 5·11회

분할 가능한 계약의 경우, 당사자는 계약의 일부에 관하여도 준거법을 선택할 수 있다. 이 경우 계약의 일부에 대해서는 선택한 법이 준거법이 되지만, 준거법 선택이 없는 부분에 대해서는 국제사법 제46조 제1항이 적용되어 계약과 가장 밀접한 관련이 있는 국가의 법이 준거법이 된다.

판례(대법원 2016. 6. 23. 선고 2015다5194 판결)[22]

국제사법 제25조(개정 후 제45조)는 제1항 본문 및 제2항에서, "계약은 당사자가 명시적 또는 묵시적으로 선택한 법에 의한다.", "당사자는 계약의 일부에 관하여도 준거법을 선택할 수 있다."라고 규정하고, 제26조 제1항에서 "당사자가 준거법을 선택하지 아니한 경우에 계약은 그 계약과 가장 밀접한 관련이 있는 국가의 법에 의한다."라고 규정하고 있다. 따라서 외국적 요소가 있는 계약에서 당사자가 계약의 일부에 관하여만 준거법을 선택한 경우에 그 해당 부분에 관하여는 당사자가 선택한 법이 준거법이 되지만, 준거법 선택이 없는 부분에 관하여는 계약과 가장 밀접한 관련이 있는 국가의 법이 준거법이 된다. … 이 사건 준거법 약관은 이 사건 보험계약 전부에 대한 준거법을 지정한 것이 아니라 보험자의 '책임' 문제에 한정하여 영국의 법률과 관습에 따르기로 한 것이므로 보험자의 책임에 관한 것이 아닌 사항에 관하여는 이 사건 보험계약과 가장 밀접한 관련이 있는 우리나라의 법이 적용된다고 할 것인데, 약관의 설명의무에 관한 사항은 약관의 내용이 계약 내용이 되는지 여부에 관한 문제로서 보험자의 책임에 관한 것이라고 볼 수 없으므로, 이에 관하여는 영국법이 아니라 우리나라의 약관규제법이 적용된다.

3. 준거법의 사후적 변경(제45조 제3항)

당사자는 합의에 의하여 당사자들이 제45조에 따라 선택한 준거법 또는 제46조에 따른 준거법을 변경할 수 있다. 다만, 계약체결 후 이루어진 준거법의 변경은 계약 방식의

22 제11회 변호사시험 기출.

유효 여부와 제3자의 권리에 영향을 미치지 아니한다.

4. 강행법규의 적용(제45조 제4항)

'모든 요소가 오로지 한 국가와 관련이 있음에도 불구하고 당사자가 그 외의 다른 국가의 법을 선택한 경우'에도 원칙적으로 당사자 자치를 인정하여 다른 국가의 법을 준거법으로 하는 것은 허용되나, 이 경우에도 악용되는 것을 방지하기 위하여 관련된 국가의 강행규정만큼은 적용을 배제할 수 없도록 규정하고 있다.

5. 준거법 합의의 성립 및 유효성의 준거법(제45조 제5항)

당사자간 준거법 합의의 성립 및 그 유효성에 대해서는 계약의 성립 및 유효성의 준거법 판단기준인 제49조 규정이 적용된다.

> **제49조【계약의 성립 및 유효성】** ① 계약의 성립 및 유효성은 그 계약이 유효하게 성립하였을 경우 이 법에 따라 적용되어야 하는 준거법에 따라 판단한다.
> ② 제1항에 따른 준거법에 따라 당사자의 행위의 효력을 판단하는 것이 모든 사정에 비추어 명백히 부당한 경우에는 그 당사자는 계약에 동의하지 아니하였음을 주장하기 위하여 그의 일상거소지법을 원용할 수 있다.

Ⅱ 당사자가 준거법을 선택하지 아니한 경우

빈출

> **제46조【준거법 결정 시의 객관적 연결】**
> ① 당사자가 준거법을 선택하지 아니한 경우에 계약은 그 계약과 가장 밀접한 관련이 있는 국가의 법에 따른다.
> ② 당사자가 계약에 따라 다음 각 호의 어느 하나에 해당하는 이행을 하여야 하는 경우에는 계약체결 당시 그의 일상거소가 있는 국가의 법(당사자가 법인 또는 단체인 경우에는 주된 사무소가 있는 국가의 법을 말한다)이 가장 밀접한 관련이 있는 것으로 추정한다. 다만, 계약이 당사자의 직업 또는 영업활동으로 체결된 경우에는 당사자의 영업소가 있는 국가의 법이 가장 밀접한 관련이 있는 것으로 추정한다.
> 1. 양도계약의 경우에는 양도인의 이행
> 2. 이용계약의 경우에는 물건 또는 권리를 이용하도록 하는 당사자의 이행
> 3. 위임·도급계약 및 이와 유사한 용역제공계약의 경우에는 용역의 이행
>
> ③ 부동산에 대한 권리를 대상으로 하는 계약의 경우에는 부동산이 있는 국가의 법이 가장 밀접한 관련이 있는 것으로 추정한다.

1. 가장 밀접한 관련지법 원칙(제46조 제1항)

당사자가 준거법을 선택하지 아니한 경우에 계약은 그 계약과 가장 밀접한 관련이 있는 국가의 법에 따른다.

판례(대법원 2011. 1. 27. 선고 2009다10249 판결)

국제사법 제26조(개정 후 제46조) 제1항은 외국적 요소가 있는 법률관계에서 당사자가 준거법을 선택하지 아니한 경우에 계약은 그 계약과 가장 밀접한 관련이 있는 국가의 법에 의하여야 한다고 규정하고, 제26조 제2항 제3호에서는 위임사무의 준거법은 위임사무 이행의무 당사자의 계약 체결 당시의 주된 사무소 등의 소재지법을 가장 밀접한 관련이 있는 법으로 추정하고 있다. 그런데 신용장에 기한 환어음 등을 매입하는 매입은행은 신용장 개설은행의 수권에 의하여 매입하긴 하지만, 이는 어디까지나 자기의 계산에 따라 독자적인 영업행위로서 매입하는 것이고 신용장 개설은행을 위한 위임사무의 이행으로서 신용장을 매입하는 것은 아니므로, 신용장 개설은행과 매입은행 사이의 신용장대금 상환의 법률관계에 관한 준거법의 결정에는 위임사무의 이행에 관한 준거법의 추정 규정인 국제사법 제26조(개정 후 제46조) 제2항 제3호를 적용할 수 없고, 환어음 등의 매입을 수권하고 신용장대금의 상환을 약정하여 신용장대금 상환의무를 이행하여야 하는 신용장 개설은행의 소재지법이 계약과 가장 밀접한 관련이 있는 국가의 법으로서 준거법이 된다.[23]

판례(대법원 2016. 12. 29. 선고 2013므4133 판결)

외국의 법률에 의하여 권리를 취득한 채권자가 우리나라에서 채권자취소권을 행사할 경우의 준거법에 관해서도 국제사법은 달리 정한 바가 없다. 그러므로 이때에도 법률관계와 가장 밀접한 관련이 있는 국가의 법이 준거법이 되어야 하는데, 채권자취소권의 행사에서 피보전권리는 단지 권리 행사의 근거가 될 뿐이고 취소 및 원상회복의 대상이 되는 것은 사해행위이며, 사해행위 취소가 인정되면 채무자와 법률행위를 한 수익자 및 이를 기초로 다시 법률관계를 맺은 전득자 등이 가장 직접적으로 이해관계를 가지게 되므로 거래의 안전과 제3자의 신뢰를 보호할 필요도 있다. 이러한 요소 등을 감안하면, **외국적 요소가 있는 채권자취소권의 행사에서 가장 밀접한 관련이 있는 국가의 법은 취소대상인 사해행위에 적용되는 국가의 법**이다.

▷ 러시아국 사람인 원고와 혼인하였다가 이혼한 소외자가 이혼 전 내연관계에 있는 피고와 서울 소재 아파트 매매계약을 체결하고 이를 원인으로 소유권이전등기를 한 것에 대하여 원고가 피고에게 매매계약에 대한 사해행위취소 및 원상회복으로 소유권이전등기의 말소등기절차의 이행을 구한 사안에서 채권자취소권의 성립과 효력에 관한 준거법은 사해행위취소의 대상인 이 사건 매매계약에 적용되는 준거법이 되어야 하고, 외국적 요소가 있는 계약의 당사자가 거기에 적용할 준거법을 선택하지 아니

23 신용장통일규칙에 의하면 신용장은 '표현에 관계없이 무역매매의 대금결제의 원활을 위하여 매수인의 거래은행이 그 지시에 따라 신용장을 개설하고 매도인인 수익자가 이에 명기된 제 조건에 일치한 서류를 제시하면 그 서류와 상환으로 직접 지급하거나, 신용장에 따라 발행된 환어음의 지급 또는 인수를 하거나, 혹은 타은행에 지급·인수 또는 매입을 할 수 있도록 수권 하는 모든 약속증서'로 정의된다.

한 경우에는 당해 계약과 가장 밀접한 관련이 있는 국가의 법이 준거법이 되고(국제사법 제46조 제1항), 특히 그 계약이 부동산에 관한 권리를 대상으로 하는 경우에는 부동산이 소재하는 국가의 법이 가장 밀접한 관련이 있는 것으로 추정하므로(국제사법 제46조 제3항), 결국 이 사건 아파트가 소재한 대한민국법이 이 사건 매매계약과 가장 밀접한 관련이 있는 것으로 추정된다고 판시한 판결[24]

판례(대법원 2024. 3. 12. 선고 2023다288772 판결)

[1] 우리나라가 가입한 국제조약은 일반적으로 민법이나 상법 또는 국제사법보다 우선적으로 적용된다. 중화인민공화국과 대한민국은 모두 '국제물품매매계약에 관한 국제연합 협약'(이하 '매매협약'이라 한다)에 가입하였으므로, 중화인민공화국과 대한민국 당사자 사이의 물품매매계약에 관하여는 매매협약 제1조 제1항에 따라 위 협약이 우선 적용된다. 다만 매매협약이 그 적용을 배제하거나 규율하고 있지 않은 사항에 해당하는 법률관계에 대해서는 법정지 국제사법에 따라 결정되는 준거법이 적용된다. 매매협약은 국제물품매매계약의 성립, 매도인과 매수인의 의무, 위험의 이전 및 손해배상 범위 등에 관하여 규율하고 있으나 당사자의 권리능력, 행위능력과 대리권 등 매매계약의 유효성에 영향을 미치는 사항에 관하여는 규율하고 있지 않다. 따라서 대리권의 수여, 존부, 내용 및 범위와 소멸 등 대리를 둘러싼 법률관계에 대해서는 법정지인 우리나라 국제사법에 따라 결정되는 준거법이 적용되어야 한다.
[2] 구 국제사법 제18조(개정 후 제32조) 제1항은 "본인과 대리인 간의 관계는 당사자 간의 법률관계의 준거법에 의한다."라고 규정하고 있다. 따라서 본인과 대리인 간에 위임계약 등의 법률관계가 존재하는 경우 대리인이 본인으로부터 대리권을 적법하게 수여받았는지는 그 위임계약 등에서 명시적 또는 묵시적으로 선택한 법에 따르고(구 국제사법 제25조(개정 후 제45조) 제1항), 준거법을 선택하지 아니한 경우에는 그 계약과 가장 밀접한 관련이 있는 국가의 법에 따른다. 한편 구 국제사법 제26조(개정 후 제46조) 제2항 제3호에 따르면, 위임계약이나 이와 유사한 용역제공계약의 경우에는 위임사무를 처리해야 하는 수임인이나 그 용역을 이행하는 자의 상거소지나 영업소(그 계약이 직업 또는 영업활동으로 체결된 경우)가 있는 국가의 법이 가장 밀접한 관련이 있는 것으로 추정된다.
따라서 본인과 대리인 간에 체결된 위임계약 등에서 명시적 또는 묵시적으로 선택된 법이 없다면, 법원으로서는 대리인이 본인으로부터 적법한 대리권을 수여받았는지를 판단하기 위해 그 대리인의 상거소지나 영업소가 어디인지를 심리·검토하여야 한다. 그리고 이와 같은 법리는 본인이 상대방과 체결한 매매계약이 '국제물품매매계약에 관한 국제연합 협약'의 적용대상이 되는 국제물품매매계약이라고 하더라도 마찬가지다.

24 2019년 10월 모의고사에서 유사한 사실관계가 동일한 쟁점으로 출제된 바 있다.

2. 가장 밀접한 관련지의 추정(제46조 제2항)

<table>
<tr><td rowspan="4">제46조
제2항</td><td>당사자가 ①~③의 이행을 하여야 하는 경우</td><td colspan="3">㉠~㉢이 가장 밀접한 관련이 있는 것으로 추정</td></tr>
<tr><td rowspan="3">① 양도계약의 경우에는 양도인의 이행
② 이용계약의 경우에는 물건 또는 권리를 이용하도록 하는 당사자의 이행
③ 위임·도급계약 및 이와 유사한 용역제공계약의 경우에는 용역의 이행</td><td>㉠</td><td>①~③ 계약이 당사자 직업·영업활동으로 체결된 경우</td><td>당사자의 영업소소재지법</td></tr>
<tr><td>㉡</td><td>자연인</td><td>계약체결 당시 당사자의 일상거소지법</td></tr>
<tr><td>㉢</td><td>법인·단체</td><td>주된 사무소 소재지법</td></tr>
<tr><td>제46조
제3항</td><td>부동산에 대한 권리를 대상으로 하는 계약의 경우</td><td colspan="3">부동산이 소재한 국가의 법이 가장 밀접한 관련이 있는 것으로 추정</td></tr>
</table>

Ⅲ 소비자계약

3·6·10회

제47조 【소비자계약】
① 소비자계약의 당사자가 준거법을 선택하더라도 소비자의 일상거소가 있는 국가의 강행규정에 따라 소비자에게 부여되는 보호를 박탈할 수 없다.
② 소비자계약의 당사자가 준거법을 선택하지 아니한 경우에는 제46조에도 불구하고 소비자의 일상거소지법에 따른다.
③ 소비자계약의 방식은 제31조 제1항부터 제3항까지의 규정에도 불구하고 소비자의 일상거소지법에 따른다.

국제사법 제47조는 소비자계약의 준거법에 대하여 사회경제적 약자인 소비자를 보호하기 위하여 아래와 같은 내용을 규정하고 있다.

1. 준거법을 선택한 경우(제47조 제1항)의 제한

당사자가 선택한 준거법에 따르되, 소비자 일상거소국의 강행규정에 따라 소비자에게 부여되는 보호를 박탈할 수 없다.

2. 준거법을 선택하지 아니한 경우(제47조 제2항)

국제사법 제46조에 우선하여 소비자의 일상거소지법이 준거법이 된다.

3. 소비자계약 방식의 준거법(제47조 제3항)

제47조 제3항에 따라 소비자의 일상거소지법에 따르고, 법률행위 방식에 적용되는 국제사법 제31조 제1항 내지 제3항은 적용되지 않는다.

> **참고**
>
> '소비자 계약의 준거법'에 대한 사례 답안을 작성할 경우, 소비자계약인지 여부(적용범위)에 대하여 제42조 제1항 각호에 따라 검토한 뒤 준거법에 대한 답안을 작성하여야 한다.[25]

Ⅳ 근로계약

1·7·8·9·11회

> **제48조【근로계약】**
> ① 근로계약의 당사자가 준거법을 선택하더라도 제2항에 따라 지정되는 준거법 소속 국가의 강행규정에 따라 근로자에게 부여되는 보호를 박탈할 수 없다.
> ② 근로계약의 당사자가 준거법을 선택하지 아니한 경우 근로계약은 제46조에도 불구하고 근로자가 일상적으로 노무를 제공하는 국가의 법에 따르며, 근로자가 일상적으로 어느 한 국가 안에서 노무를 제공하지 아니하는 경우에는 사용자가 근로자를 고용한 영업소가 있는 국가의 법에 따른다.

국제사법 제48조는 근로계약의 준거법에 대하여 사회경제적 약자인 근로자를 보호하기 위하여 아래와 같은 내용을 규정하고 있다.

1. 준거법을 선택한 경우(제48조 제1항)의 제한

근로계약의 당사자가 선택한 준거법에 따르되, 제48조 제2항에 따라 지정되는 준거법 소속 국가(㉮ 근로자가 일상적으로 노무를 제공하는 국가 또는 ㉯ 일상적으로 한 국가 안에서 노무를 제공하지 아니한 경우 사용자가 근로자를 고용한 영업소가 있는 국가)의 강행규정에 따라 근로자에게 부여되는 보호를 박탈할 수 없다.

2. 준거법을 선택하지 아니한 경우(제48조 제2항)

가. 근로자가 일상적으로 어느 한 국가 안에서 노무를 제공하는 경우 : 일상적으로 노무

---

25 제42조 제1항 각호가 규정하는 소비자계약의 범위는 개정 이전 본조에 규정되어 있었으나, 2022년 국제사법 개정시 소비자계약에 관한 관할 규정이 신설되면서 조항의 선후 관계에 따라 제42조 제1항 각호에 규정되었다.

를 제공하는 국가의 법

나. 근로자가 일상적으로 어느 한 국가 안에서 노무를 제공하지 아니하는 경우 : 사용자가 근로자를 고용한 영업소가 있는 국가의 법

판례(대법원 2007. 7. 12. 선고 2005다47939 판결)

선박우선특권에 의하여 담보되는 채권이 선원근로계약에 의하여 발생되는 임금채권인 경우 그 임금채권에 관한 사항은 선원근로계약의 준거법에 의하여야 하고, 선원근로계약에 관하여는 선적국을 선원이 일상적으로 노무를 제공하는 국가로 볼 수 있어 선원근로계약에 의하여 발생되는 임금채권에 관한 사항에 대하여는 특별한 사정이 없는 한 국제사법 제28조(개정후 제48조) 제2항에 의하여 선적국법이 준거법이 되므로, 결국 선원임금채권의 양도가능성, 채무자 및 제3자에 대한 채권양도의 효력과 선원임금채권의 대위에 관한 사항은 그 선원임금채권을 담보하는 선박우선특권에 관한 사항과 마찬가지로 선적국법에 의한다.

V 계약의 성립 및 유효성

5·11회

제49조【계약의 성립 및 유효성】

① 계약의 성립 및 유효성은 그 계약이 유효하게 성립하였을 경우 이 법에 따라 적용되어야 하는 준거법에 따라 판단한다.

② 제1항에 따른 준거법에 따라 당사자의 행위의 효력을 판단하는 것이 모든 사정에 비추어 명백히 부당한 경우에는 그 당사자는 계약에 동의하지 아니하였음을 주장하기 위하여 그의 일상거소지법을 원용할 수 있다.

1. 계약의 성립 및 유효성에 대한 준거법(제49조 제1항)

계약의 성립여부 및 계약이 유효한지 여부에 대한 분쟁인 경우[26] 계약이 유효하게 성립하였을 경우 그 법률관계에 적용되어야 하는 준거법에 따른다.

가. 계약 성립의 문제 : 계약의 실질적 성립요건(청약·승낙)에 관한 문제

(예) 청약과 승낙 의사의 합치, 타인의 권리가 매매의 목적으로 될 수 있는지 여부

나. 계약의 유효성 문제 : 계약의 실질적 유효성에 관한 문제

(예) 계약의 내용이 반사회적 법률행위로서 무효인 경우, 착오·사기·강박 등에 의한 의사표시의 하자가 있는 경우

26 다만, 국제사법이 계약의 성립 및 유효성과 관련된 사항에 별도의 규정을 두고 있는 경우(제26조 권리능력, 제28조 행위능력, 제32조 임의대리권 존재 등)에는 제49조 제1항이 적용되지 않는다.

2. 일상거소지법을 원용할 수 있는 경우(제49조 제2항)[27]

① 제49조 제1항에 따른 준거법에 따라 당사자의 행위의 효력을 판단하는 것이 모든 사정에 비추어 명백히 부당한 경우 ② 당사자는 계약에 동의하지 아니하였음을 주장하기 위하여, 즉 계약의 성립을 다투기 위하여 일상거소지법을 원용할 수 있다.

예컨대 청약에 대하여 상대방이 침묵하는 경우 이를 승낙으로 볼 것인지 여부에 대하여 제49조 제1항에 따라 제45조 또는 제46조에 의하여 계약에 적용될 준거법이 적용되어야 하는데, 계약의 준거법이 침묵을 승낙으로 보는 경우라고 할지라도 상대방의 일상거소지법에는 침묵을 승낙으로 보지 않는다면, 당사자는 일상거소지법을 원용하여 계약에 동의하지 않았음을 주장할 수 있다.[28]

Ⅵ 사무관리[29]

9회

제50조【사무관리】

① 사무관리는 그 관리가 행하여진 곳의 법에 따른다. 다만, 사무관리가 당사자 간의 법률관계에 근거하여 행하여진 경우에는 그 법률관계의 준거법에 따른다.

② 다른 사람의 채무를 변제함으로써 발생하는 청구권은 그 채무의 준거법에 따른다.

1. 사후적 합의가 있는 경우(제53조)

합의한 준거법(대한민국법)이 우선하여 적용된다.

제53조【준거법에 관한 사후적 합의】

당사자는 제50조부터 제52조까지의 규정에도 불구하고 사무관리·부당이득·불법행위가 발생한 후 합의에 의하여 대한민국 법을 그 준거법으로 선택할 수 있다. 다만, 그로 인하여 제3자의 권리에 영향을 미치지 아니한다.

2. 사후적 합의가 없는 경우

가. 원칙(제50조 제1항) : 사무관리가 행하여진 곳의 법이 준거법이 된다.

---

27 이 규정은 제49조 제1항이 계약의 성립과 유효성에 관해서 그 계약이 유효한 것을 전제로 적용될 법이 적용된다고 규정하고 있는 바, 위 규정에 따라 당사자 일방이 예측하지 못한 불이익을 당하지 않도록 하기 위한 것이다.

28 신창섭, 256면; 신창선·윤남선, 295면.

29 사무관리는 법률상 의무 없이 타인을 위하여 그 사무를 관리하는 행위를 의미한다.

나. 예외

1) 사무관리가 당사자 간의 법률관계에 근거하여 행하여진 경우(제50조 제1항 단서) : 법률관계의 준거법

2) 다른 사람의 채무를 변제함으로써 발생하는 청구권(제50조 제2항) : 채무의 준거법

Ⅶ 부당이득

제51조 【부당이득】
부당이득은 그 이득이 발생한 곳의 법에 따른다. 다만, 부당이득이 당사자 간의 법률관계에 근거한 이행으로부터 발생한 경우에는 그 법률관계의 준거법에 따른다.

1. 사후적 합의가 있는 경우(제53조)

합의한 준거법(대한민국법)이 우선하여 적용된다.

2. 사후적 합의가 없는 경우(제51조)

가. 원칙 : 부당이득이 발생한 곳의 법이 준거법이 된다.

나. 예외 : 부당이득이 당사자 간의 법률관계에 근거한 이행으로부터 발생한 경우 법률관계의 준거법이 적용된다.[30]

판례(대법원 2011. 5. 26. 선고 2009다15596 판결)

[1] 대한민국에 주소를 둔 갑이 인터넷 도메인이름 "hpweb.com"을 등록·사용하던 중 미국 캘리포니아주에 본사를 둔 을 회사가 미국에 등록되어 있던 "hp"로 구성된 자신의 상표 등에 대한 권리가 침해되었다는 이유로 인터넷주소 분쟁해결기관에 분쟁조정신청을 하여 도메인이름 등록을 이전받자, 갑이 을 회사에 부당이득을 원인으로 도메인이름 반환을 구한 사안에서, 이전등록으로 이득이 발생한 곳은 을 회사 본사 소재지인 미국 캘리포니아주이므로, 부당이득반환채권의 성립 및 효력에 관하여는 미국 캘리포니아주법이 준거법이 된다고 한 사례

[2] 대한민국에 주소를 둔 갑이 인터넷 도메인이름 "hpweb.com"을 등록·사용하던 중 미국에 본사를 둔 을 회사가 미국에 등록되어 있던 "hp"로 구성된 자신의 상표 등에 대한 권리가 침해되었다는 이유로 인터넷주소 분쟁해결기관에 분쟁조정신청을 하여 도메인이름 등록을 이전받자, 갑이 을 회사에 부당이득을 원인으로 도메인이름 반환을 구한 사안에서, 을 회사의 부

30 법률관계에 근거하여 금원을 지급하였으나, 금원 지급의 법률상 원인이 무효·취소되거나 계약이 해제되어 원상회복으로서 부당이득을 반환하여야 하는 경우에는 그 법률행위의 준거법을 따라야 한다.

당이득이 성립하는지를 판단하기 위해서는 을 회사에 도메인이름 사용금지를 구할 실체법적 권리가 있는지 먼저 살펴야 하는데, 이에 관하여는 구 섭외사법 규정에 따라 부당이득과는 별도로 준거법을 정해야 한다고 한 사례

판례(대법원 2015. 2. 26. 선고 2012다79866 판결)

가집행선고부 제1심판결에 기하여 금원을 지급하였다가 다시 상소심판결의 선고에 의해 가집행선고가 실효됨에 따라 금원의 수령자가 부담하게 되는 원상회복의무는 성질상 부당이득의 반환채무이지만, 이러한 원상회복의무는 가집행선고의 실효가 기왕에 소급하는 것이 아니기 때문에 본래부터 가집행이 없었던 것과 같은 원상으로 회복시키려는 공평의 관념에서 민사소송법이 인정한 법정채무이므로, 국제사법 제31조(개정 후 제51조) 단서에 정한 '부당이득이 당사자 간의 법률관계에 기하여 행하여진 이행으로부터 발생한 경우'에 해당한다고 볼 수 없다.

Ⅷ 불법행위

빈출

제52조 【불법행위】 ★개정

① 불법행위는 그 행위를 하거나 그 결과가 발생하는 곳의 법에 따른다.

② 불법행위를 한 당시 동일한 국가 안에 가해자와 피해자의 일상거소가 있는 경우에는 제1항에도 불구하고 그 국가의 법에 따른다.

③ 가해자와 피해자 간에 존재하는 법률관계가 불법행위에 의하여 침해되는 경우에는 제1항 및 제2항에도 불구하고 그 법률관계의 준거법에 따른다.

④ 제1항부터 제3항까지의 규정에 따라 외국법이 적용되는 경우에 불법행위로 인한 손해배상청구권은 그 성질이 명백히 피해자의 적절한 배상을 위한 것이 아니거나 그 범위가 본질적으로 피해자의 적절한 배상을 위하여 필요한 정도를 넘을 때에는 인정하지 아니한다.

1. 불법행위 준거법의 원칙(제52조 제1항) : 불법행위지법 또는 결과발생지법[31]

2. 단계적 연결

국제사법은 불법행위의 준거법에 대하여 다음의 순서에 따라 적용될 수 있도록 단계적으로 연결하여 규정하고 있다.

가. 사후적 합의가 있는 경우(제53조) : 합의한 준거법(대한민국법)이 우선하여 적용된다.

31 불법행위의 성격을 띠고 있으나, 국제사법이 특칙을 규정하고 있는 아래의 경우에는 제52조 제1항이 적용되지 아니한다.
- 선박충돌의 경우 : 제95조 적용
- 지식재산권 침해의 경우 : 제40조 적용

나. 사후적 합의가 없는 경우

1) 가해자와 피해자 간에 존재하는 법률관계가 불법행위에 의하여 침해되는 경우(제52조 제3항) : 그 법률관계의 준거법

2) 불법행위를 한 당시 동일한 국가 안에 가해자와 피해자의 일상거소가 있는 경우(제52조 제2항) : 가해자와 피해자의 공통의 일상거소지법

3) 그 밖의 경우(제52조 제1항) : 불법행위지법 또는 결과발생지법

판례(대법원 2012. 10. 25. 선고 2009다77754 판결)

국제사법 제32조(개정 후 제52조)는 제1항에서 "불법행위는 그 행위가 행하여진 곳의 법에 의한다."고 하여 불법행위의 준거법으로 불법행위지법 원칙을 규정하면서도, 나아가 제3항에서 "가해자와 피해자 간에 존재하는 법률관계가 불법행위에 의하여 침해되는 경우에는 제1항 및 제2항의 규정에 불구하고 그 법률관계의 준거법에 의한다."고 규정한다. 따라서 가해자와 피해자 간에 존재하는 법률관계가 불법행위에 의하여 침해되는 경우에 불법행위에 대한 준거법은 불법행위지법이 아니라 그 침해되는 법률관계의 준거법이 우선적으로 적용된다. 원심은 위의 법리에 따라, 피고가 이 사건 연료공급계약에 따라 공급한 이 사건 연료가 선박의 연료유로 사용하기에 부적법하여 피고의 불법행위에 해당한다는 원고의 청구원인 주장에 관하여 이 사건 연료공급계약 법률관계의 준거법인 미국 해사법이 적용된다고 판단하였다.

3. 외국법 적용 시 불법행위로 인한 손해배상청구권의 제한(제52조 제4항)

국제사법에 따라 외국법이 준거법이 되는 경우, 불법행위로 인한 손해배상청구권은 그 성질이 명백히 피해자의 적절한 배상을 위한 것이 아니거나 그 범위가 본질적으로 피해자의 적절한 배상을 위하여 필요한 정도를 넘을 때에는 인정하지 아니한다.[32]

Ⅸ 준거법에 관한 사후적 합의

빈출

제53조【준거법에 관한 사후적 합의】
당사자는 제50조부터 제52조까지의 규정에도 불구하고 사무관리·부당이득·불법행위가 발생한 후 합의에 의하여 대한민국 법을 그 준거법으로 선택할 수 있다. 다만, 그로 인하여 제3자의 권리에 영향을 미치지 아니한다.

당사자가 ① 사후적으로(사무관리·부당이득·불법행위가 발생한 후) ② 대한민국 법을 준거법으로 합의한 경우, 대한민국 법이 각 규정에 우선하여 준거법이 된다.

32 징벌적 손해배상이 인정되는 외국법이 적용되는 경우, 배상액을 제한하기 위한 규정이라고 해석된다. 이 경우 제52조 제4항이 아니더라도 사안에 따라 법원은 제23조 공서양속 규정을 적용하여 손해배상액을 제한할 수도 있을 것이다.

▌법정채권(사무관리·부당이득·불법행위)의 준거법 결정 순서 정리

<table>
<tr><td rowspan="3">사무관리</td><td rowspan="5">준거법
(대한민국법)
사후합의</td><td colspan="2">원칙</td><td colspan="2">사무관리행위지법</td></tr>
<tr><td colspan="2">법률관계에 근거한 경우</td><td colspan="2">법률관계 준거법</td></tr>
<tr><td colspan="2">다른 사람의 채무를 변제함으로써
발생한 청구권</td><td colspan="2">채무의 준거법</td></tr>
<tr><td rowspan="2">부당이득</td><td colspan="2">원칙</td><td colspan="2">부당이득 발생지법</td></tr>
<tr><td colspan="2">법률관계에 근거한 경우</td><td colspan="2">법률관계 준거법</td></tr>
<tr><td rowspan="2">불법행위</td><td></td><td>법률관계
준거법</td><td colspan="2">가해자·피해자
공통 일상거소지법</td><td>불법행위지법
결과발생지법</td></tr>
<tr><td>1단계</td><td>2단계</td><td colspan="2">3단계</td><td>4단계</td></tr>
</table>

X 채권의 양도 및 채무의 인수

2·10회

제54조【채권의 양도 및 채무의 인수】

① 채권의 양도인과 양수인 간의 법률관계는 당사자 간의 계약의 준거법에 따른다. 다만, 채권의 양도가능성, 채무자 및 제3자에 대한 채권양도의 효력은 양도되는 채권의 준거법에 따른다.

② 채무인수에 관하여는 제1항을 준용한다.

1. 채권의 양도의 준거법(제54조 제1항)

가. **채권 양도인과 양수인의 법률관계** : 당사자 간의 계약의 준거법

나. **채권의 양도가능성, 채무자 및 제3자에 대한 채권양도의 효력**[33] : 양도되는 채권의 준거법

※ 제54조 제1항 규정은 모든 채권의 양도에 적용된다고 할 것이나, 무기명채권은 제35조에 따라 무기명증권의 소재지법에 따르게 되므로 본 조항은 무기명채권의 양도에 대해서는 적용되지 아니한다.

판례(대법원 2024. 10. 25. 선고 2022다243550 판결)

[1] 외국적 요소가 있는 보험계약에서 보험자가 보험계약에 따라 피보험자에게 보험금을 지급하고 피보험자의 제3자에 대한 권리를 취득하는지 여부를 둘러싼 법률관계는 피보험자와 보험자 사이의 법률관계인 보험계약의 준거법에 따른다[구 국제사법 제35조(개정 후 제55조) 제1항 참조].

33 채권양도의 효력을 채무자 또는 이중양수인 등 제3자에게 대항하기 위하여 채무자에 대한 통지나 승낙을 요하는지 여부 등은 제54조 제1항 단서에 따라 양도되는 채권의 준거법에 따른다.

[2] 채권의 양도인과 양수인 사이의 채권양도에 관한 법률관계에 외국적 요소가 있는 경우에는 당사자 사이의 채권양도계약의 준거법에 따라 그 계약의 성립과 유효성을 판단한다[구 국제사법 제29조(개정 후 제49조) 제1항, 제34조(개정 후 제54조) 제1항 참조]. 보험자가 피보험자로부터 그의 제3자에 대한 권리를 양수하는 법률관계에 외국적 요소가 있는 경우에는 보험자와 피보험자 사이의 채권양도계약의 준거법에 따라 그 계약의 성립과 유효성을 판단한다.

▷ 보험자와 피보험자 사이의 채권양도에 관한 법률관계는, 손해가 제3자의 행위로 인하여 발생한 경우에 보험금을 지급한 보험자가 제3자에 대한 보험계약자 또는 피보험자의 권리를 취득하는 법률관계와는 그 법적 성질을 달리하므로, 두 법률관계의 준거법이 반드시 일치하여야 하는 것은 아니다.

2. 채무의 인수의 준거법(제54조 제2항)

채권 양도에 대한 규정을 준용한다.

가. **채무자와 채무인수인의 법률관계** : 당사자 간의 계약의 준거법

나. **채무의 인수가능성, 채권자 및 제3자에 대한 채무인수의 효력** : 인수되는 채권의 준거법

판례(대법원 2017. 10. 26. 선고 2015다42599 판결)

[1] 제3자가 외국의 법률이 준거법인 책임보험계약의 피보험자에 대하여 대한민국 법률에 의하여 손해배상청구권을 갖게 되어 우리나라에서 보험자에 대한 직접청구권을 행사할 경우의 준거법을 정하는 기준에 관하여 국제사법에는 직접적인 규정이 없다. 책임보험계약에서 보험자와 제3자 사이의 직접청구권에 관한 법률관계는 법적 성질이 법률에 의하여 보험자가 피보험자의 제3자인 피해자에 대한 손해배상채무를 병존적으로 인수한 관계에 해당한다.

[2] 국제사법 제34조(개정 후 제54조)는 채권양도 및 채무인수의 법률관계를 동일하게 취급하여, 채권의 양도가능성, 채무자 및 제3자에 대한 채권양도의 효력은 양도되는 채권의 준거법에 의하도록 규정하고(제1항), 채무인수에 대하여도 이를 준용하고 있다(제2항). 또한 국제사법 제35조는 법률에 의한 채권의 이전에 관하여, 이전의 원인이 된 구채권자와 신채권자 사이의 법률관계의 준거법에 의하지만, 만약 이러한 법률관계가 존재하지 아니하는 경우에는 채권양도 및 채무인수의 경우와 마찬가지로 이전되는 채권의 준거법에 의하도록 규정하고 있다. 이에 비추어 보면, 채무인수 및 법률에 의한 채권의 이전에 관하여 이전되는 채무·채권의 준거법에 의하도록 한 국제사법 제34조 및 제35조(개정 후 제55조)의 기준은 법률에 의한 채무의 인수의 경우에도 참작함이 타당하다.
그런데 보험자가 피보험자의 손해배상채무를 병존적으로 인수하게 되는 원인은, 피보험자가 제3자에 대하여 손해배상채무를 부담하는 것과는 별개로, 기초가 되는 보험자와 피보험자 사이의 법률관계인 책임보험계약에 관하여 제3자의 보험자에 대한 직접청구권을 인정하는 법 규정이 존재하기 때문이다. 그리고 제3자 직접청구권이 인정되는 경우에 보험자가 제3자에 대하여 부담하는 구체적인 책임의 범위와 내용은 책임보험계약에 따라 정해질 수밖에 없고, 책임보험계약에 따라 보험자와 피보험자가 부담하는 권리의무도 변경된다. 위와 같은 사정들

을 종합하여 보면, 외국적 요소가 있는 책임보험계약에서 제3자 직접청구권의 행사에 관한 법률관계에 대하여는 기초가 되는 책임보험계약에 적용되는 국가의 법이 가장 밀접한 관련이 있다고 보이므로, 그 국가의 법이 준거법으로 된다고 해석함이 타당하다.

판례(대법원 1991. 12. 10. 선고 90다9728 판결)

위 "가"항의 독점판매권계약에 있어 소외 을회사의 계약상 지위를 피고 병회사가 인수함이 허용되는지 또는 그 요건과 효과가 어떠한지에 대하여 인수된 계약 자체의 준거법인 독일의 실질법으로서 독일 민법이 적용된다고 한 사례

▷ 계약인수[34]의 허용여부와 요건 및 효과에 대해서는 인수된 계약 자체의 준거법이 적용된다고 판시한 판결

판례(대법원 2022. 7. 28. 선고 2019다201662 판결)

국제사법 제32조(개정 후 제52조)는 제1항에서 "불법행위는 그 행위가 행하여진 곳의 법에 의한다."고 하여 불법행위의 준거법으로 불법행위지법 원칙을 규정하면서도, 나아가 제3항에서 "가해자와 피해자 간에 존재하는 법률관계가 불법행위에 의하여 침해되는 경우에는 제1항 및 제2항의 규정에 불구하고 그 법률관계의 준거법에 의한다."고 규정한다. 따라서 가해자와 피해자 간에 존재하는 법률관계가 불법행위에 의하여 침해되는 경우에 불법행위에 대한 준거법은 불법행위지법이 아니라 그 침해되는 법률관계의 준거법이 우선적으로 적용된다. 원심은 위의 법리에 따라, 피고가 이 사건 연료공급계약에 따라 공급한 이 사건 연료가 선박의 연료유로 사용하기에 부적법하여 피고의 불법행위에 해당한다는 원고의 청구원인 주장에 관하여 이 사건 연료공급계약 법률관계의 준거법인 미국 해사법이 적용된다고 판단하였다.

XI 법률에 따른 채권의 이전 6·8·9회

제55조 【법률에 따른 채권의 이전】

① 법률에 따른 채권의 이전은 그 이전의 원인이 된 구(舊)채권자와 신(新)채권자 간의 법률관계의 준거법에 따른다. 다만, 이전되는 채권의 준거법에 채무자 보호를 위한 규정이 있는 경우에는 그 규정이 적용된다.

② 제1항과 같은 법률관계가 존재하지 아니하는 경우에는 이전되는 채권의 준거법에 따른다.

1. 구채권자와 신채권자 간의 법률관계가 존재하는 경우(제55조 제1항)

채권 이전의 원인이 된 구채권자와 신채권자 간의 법률관계의 준거법에 따른다. 예컨대, 보증인이 보증계약에 따라 채무를 변제한 경우 보증인(신 채권자)이 채권자(구 채권자)의 권리를 대위하는지 여부는 보증계약의 준거법에 따른다.

34 계약인수는 계약당사자의 지위를 이전하는 법률행위이다. 국제사법에 이에 대한 명문 규정은 두고 있지 않다.

다만, 이전되는 채권의 준거법에 채무자 보호를 위한 규정이 있는 경우에는 그 규정이 적용된다(제55조 제1항 단서).

2. 구채권자와 신채권자 간의 법률관계가 존재하지 않는 경우(제55조 제2항)

채권 이전의 원인이 된 구채권자와 신채권자 간의 법률관계가 없는 경우에는 이전되는 채권의 준거법에 따른다. 예컨대 제3자가 의무가 없음에도 임의로 변제하는 경우에는 제3자(신 채권자)와 채권자(구 채권자)사이에 아무런 법률관계가 없으므로 이전되는 채권의 준거법에 따른다.

판례(대법원 2007. 7. 12. 선고 2005다39617 판결)

[1] 선박우선특권은 일정한 채권을 담보하기 위하여 법률에 의하여 특별히 인정된 권리로서 일반적으로 그 피담보채권과 분리되어 독립적으로 존재하거나 이전되기는 어려우므로, 선박우선특권이 유효하게 이전되는지 여부는 그 선박우선특권이 담보하는 채권의 이전이 인정되는 경우에 비로소 논할 수 있는 것인바, 국제사법 제60조(개정 후 제94조) 제1호, 제2호에서 선적국법에 의하도록 규정하고 있는 사항은 선박우선특권의 성립 여부, 일정한 채권이 선박우선특권에 의하여 담보되는지 여부, 선박우선특권이 미치는 대상의 범위, 선박우선특권의 순위 등으로서 <u>선박우선특권에 의하여 담보되는 채권 자체의 대위에 관한 사항은 포함되어 있지 않다고 해석되므로, 그 피담보채권의 임의대위에 관한 사항은 특별한 사정이 없는 한 국제사법 제35조(개정 후 제55조) 제2항에 의하여 그 피담보채권의 준거법에 의하여야 한다.</u>

[2] 선박우선특권에 의하여 담보되는 채권이 선원근로계약에 의하여 발생되는 임금채권인 경우 그 임금채권에 관한 사항은 선원근로계약의 준거법에 의하여야 하고, 선원근로계약에 관하여는 선적국을 선원이 일상적으로 노무를 제공하는 국가로 볼 수 있어 선원근로계약에 의하여 발생하는 임금채권에 관한 사항에 대하여는 특별한 사정이 없는 한 국제사법 제28조(개정 후 제48조) 제2항에 의하여 선적국법이 준거법이 되므로, 결국 선원임금채권의 대위에 관한 사항은 그 선원임금채권을 담보하는 선박우선특권에 관한 사항과 마찬가지로 선적국법에 의한다.

판례(대법원 2024. 7. 25. 선고 2019다256501 판결)

손해가 제3자의 행위로 인하여 발생한 경우에 보험금을 지급한 보험자가 제3자에 대한 보험계약자 또는 피보험자의 권리를 취득하는 법률관계는 그 법적 성질이 법률에 의한 채권의 이전에 해당한다. 구 국제사법 제35조(개정 후 제55조) 제1항 본문은 "법률에 의한 채권의 이전은 그 이전의 원인이 된 구채권자와 신채권자간의 법률관계의 준거법에 의한다."라고 규정하고 있으므로, 법률에 의하여 채권이 이전되는지 여부를 둘러싼 법률관계는 그 이전의 원인이 된 구채권자와 신채권자 사이의 법률관계의 준거법에 따른다.

이러한 구 국제사법 제35조(개정 후 제55조) 제1항 규정에 의하면, 외국적 요소가 있는 보험계약에서 보험자가 보험계약에 따라 피보험자에게 보험금을 지급하고 피보험자의 제3자에 대한 권리를 취득하는지 여부를 둘러싼 법률관계는 피보험자와 보험자 사이의 법률관계인 보험계약의 준거법에 따른다.

제7장 친족

제1절 국제재판관할

I 혼인관계에 관한 사건의 특별관할 3·14회

제56조【혼인관계에 관한 사건의 특별관할】 ☆신설

① 혼인관계에 관한 사건에 대해서는 다음 각 호의 어느 하나에 해당하는 경우 법원에 국제재판관할이 있다.

1. 부부 중 한쪽의 일상거소가 대한민국에 있고 부부의 마지막 공동 일상거소가 대한민국에 있었던 경우
2. 원고와 미성년 자녀 전부 또는 일부의 일상거소가 대한민국에 있는 경우
3. 부부 모두가 대한민국 국민인 경우
4. 대한민국 국민으로서 대한민국에 일상거소를 둔 원고가 혼인관계 해소만을 목적으로 제기하는 사건의 경우

② 부부 모두를 상대로 하는 혼인관계에 관한 사건에 대해서는 다음 각 호의 어느 하나에 해당하는 경우 법원에 국제재판관할이 있다.

1. 부부 중 한쪽의 일상거소가 대한민국에 있는 경우
2. 부부 중 한쪽이 사망한 때에는 생존한 다른 한쪽의 일상거소가 대한민국에 있는 경우
3. 부부 모두가 사망한 때에는 부부 중 한쪽의 마지막 일상거소가 대한민국에 있었던 경우
4. 부부 모두가 대한민국 국민인 경우

1. 혼인관계에 관한 사건(제56조 제1항)[35]

혼인관계에 관한 사건에 대해서는 아래의 경우 대한민국 법원에 국제재판관할이 인정된다.

가. 부부 중 한쪽의 일상거소가 대한민국에 있고 부부의 마지막 공동 일상거소가 대한민국에 있었던 경우(제1호)

나. 원고와 미성년 자녀 전부 또는 일부의 일상거소가 대한민국에 있는 경우(제2호)

---

35 가사사건은 사람의 신분과 생활에 중대한 영향을 미치므로 재산사건과 비교하여 원고의 구제에도 더 유념하여야 한다는 취지에서 제56조 제1항 1, 2, 4호는 일종의 원고관할을 채택한 것이다(석광현, 68면).

다. 부부 모두가 대한민국 국민인 경우(제3호)

라. 대한민국 국민으로서 대한민국에 일상거소를 둔 원고가 혼인관계 해소만을 목적으로 제기하는 사건의 경우(제4호)

판례(대법원 2021. 2. 4. 선고 2017므12552 판결) - 개정 이전 판례

[1] 국제재판관할권에 관한 국제사법 제2조는 가사사건에도 마찬가지로 적용된다. 따라서 가사사건에 대하여 대한민국 법원이 재판관할권을 가지려면 대한민국이 해당 사건의 당사자 또는 분쟁이 된 사안과 실질적 관련이 있어야 한다. 그런데 가사사건은 일반 민사사건과 달리 공동생활의 근간이 되는 가족과 친족이라는 신분관계에 관한 사건이거나 신분관계와 밀접하게 관련된 재산, 권리, 그 밖의 법률관계에 관한 사건으로서 사회생활의 기본토대에 중대한 영향을 미친다. 가사사건에서는 피고의 방어권 보장뿐만 아니라 해당 쟁점에 대한 재판의 적정과 능률, 당사자의 정당한 이익 보호, 가족제도와 사회질서의 유지 등 공적 가치를 가지는 요소도 고려할 필요가 있다. 따라서 가사사건에서 '실질적 관련의 유무'는 국내법의 관할 규정뿐만 아니라 당사자의 국적이나 주소 또는 상거소, 분쟁의 원인이 되는 사실관계가 이루어진 장소(예를 들어 혼인의 취소나 이혼 사유가 발생한 장소, 자녀의 양육권이 문제 되는 경우 자녀가 생활하는 곳, 재산분할이 주요 쟁점인 경우 해당 재산의 소재지 등), 해당 사건에 적용되는 준거법, 사건 관련 자료(증인이나 물적 증거, 준거법 해석과 적용을 위한 자료, 그 밖의 소송자료 등) 수집의 용이성, 당사자들 소송 수행의 편의와 권익보호의 필요성, 판결의 실효성 등을 종합적으로 고려하여 판단하여야 한다.

[2] 재판상 이혼과 같은 혼인관계를 다투는 사건에서 대한민국에 당사자들의 국적이나 주소가 없어 대한민국 법원에 국내법의 관할 규정에 따른 관할이 인정되기 어려운 경우라도 이혼청구의 주요 원인이 된 사실관계가 대한민국에서 형성되었고(부부의 국적이나 주소가 해외에 있더라도 부부의 한쪽이 대한민국에 상당 기간 체류함으로써 부부의 별거상태가 형성되는 경우 등) 이혼과 함께 청구된 재산분할사건에서 대한민국에 있는 재산이 재산분할대상인지 여부가 첨예하게 다투어지고 있다면, 피고의 예측가능성, 당사자의 권리구제, 해당 쟁점의 심리 편의와 판결의 실효성 차원에서 대한민국과 해당 사안 간의 실질적 관련성을 인정할 여지가 크다.

2. 부부 모두를 상대로 하는 혼인관계에 관한 사건(제56조 제2항)

제3자가 부부 모두를 상대로 하는 혼인관계에 관한 사건은 아래의 경우 대한민국 법원에 관할이 인정된다. 예컨대, 제3자가 부부 모두를 상대로 혼인무효·이혼무효의 소를 제기하는 경우 이 본 규정에 해당한다.

가. 부부 중 한쪽의 일상거소가 대한민국에 있는 경우(제1호)

나. 부부 중 한쪽이 사망한 때에는 생존한 다른 한쪽의 일상거소가 대한민국에 있는 경우(제2호)

다. 부부 모두가 사망한 때에는 부부 중 한쪽의 마지막 일상거소가 대한민국에 있었던

경우(제3호)

라. 부부 모두가 대한민국 국민인 경우(제4호)

3. 적용제외 규정(제13조)

제56조에 의하여 국제재판관할이 정하여지는 사건에는 제13조 규정에 따라 합의관할(제8조), 변론관할(제9조)이 인정되지 아니한다.

제13조 【적용 제외】 제24조, 제56조부터 제59조까지, 제61조, 제62조, 제76조 제4항 및 제89조에 따라 국제재판관할이 정하여지는 사건에는 제8조 및 제9조를 적용하지 아니한다.

제13조는 가사사건의 특수성을 참작하여 국제사법상 친족에 관한 사건 중 부양에 관한 사건의 관할 규정(제60조)을 제외하고, 모든 사건에 합의관할, 변론관할 규정의 적용을 배제한다. 이에 원칙적으로 부양에 관한 사건에 합의관할, 변론관할이 인정되기는 하나, 그 규정에서 별도로 각 관할을 제한하고 있다.

4. 관련사건의 관할

가. 혼인관계 사건의 주된 청구에 대하여 제56조에 따라 대한민국 법원에 국제재판관할이 인정되는 경우, 이에 부수되는 청구에 대하여도 법원에 소를 제기할 수 있다(제6조 제3항).

나. 단, 부수적 청구에 대해서만 법원에 국제재판관할이 있는 경우 그 주된 청구에 대한 소를 법원에 제기할 수 없다(제6조 제4항).

제6조 【관련사건의 관할】 ③ 다음 각 호의 사건의 주된 청구에 대하여 제56조부터 제61조까지의 규정에 따라 법원에 국제재판관할이 있는 경우에는 친권자·양육자 지정, 부양료 지급 등 해당 주된 청구에 부수되는 부수적 청구에 대해서도 법원에 소를 제기할 수 있다.

1. 혼인관계 사건
2. 친생자관계 사건
3. 입양관계 사건
4. 부모·자녀 간 관계 사건
5. 부양관계 사건
6. 후견관계 사건

④ 제3항 각 호에 따른 사건의 주된 청구에 부수되는 부수적 청구에 대해서만 법원에 국제재판관할이 있는 경우에는 그 주된 청구에 대한 소를 법원에 제기할 수 없다.

가사사건에서 주된 청구에 대하여 관할이 인정되는 경우, 친권자·양육자 지정, 부양료 지급 등 해당 주된 청구에 부수되는 부수적 청구에 대해서도 관할이 인정된다. 그러나 부수적 청구에 대해서만 법원에 관할이 있는 경우 주된 청구에 대한 관할이 인정되지는 아니한다.

Ⅱ 친생자관계에 관한 사건의 특별관할

제57조 【친생자관계에 관한 사건의 특별관할】 ☆신설

친생자관계의 성립 및 해소에 관한 사건에 대해서는 다음 각 호의 어느 하나에 해당하는 경우 법원에 국제재판관할이 있다.

1. 자녀의 일상거소가 대한민국에 있는 경우
2. 자녀와 피고가 되는 부모 중 한쪽이 대한민국 국민인 경우

Ⅲ 입양관계에 관한 사건의 특별관할

제58조 【입양관계에 관한 사건의 특별관할】 ☆신설

① 입양의 성립에 관한 사건에 대해서는 양자가 되려는 사람 또는 양친이 되려는 사람의 일상거소가 대한민국에 있는 경우 법원에 국제재판관할이 있다.

② 양친자관계의 존부확인, 입양의 취소 또는 파양(罷養)에 관한 사건에 관하여는 제57조를 준용한다.

Ⅳ 부모·자녀 간의 법률관계 등에 관한 사건의 특별관할

제59조 【부모·자녀 간의 법률관계 등에 관한 사건의 특별관할】 ☆신설

미성년인 자녀 등에 대한 친권, 양육권 및 면접교섭권에 관한 사건에 대해서는 다음 각 호의 어느 하나에 해당하는 경우 법원에 국제재판관할이 있다.

1. 자녀의 일상거소가 대한민국에 있는 경우
2. 부모 중 한쪽과 자녀가 대한민국 국민인 경우

Ⅴ 부양에 관한 사건의 관할

제60조 【부양에 관한 사건의 관할】 ☆신설

① 부양에 관한 사건에 대해서는 부양권리자의 일상거소가 대한민국에 있는 경우 법원에 국제재판관할이 있다.

② 당사자가 부양에 관한 사건에 대하여 제8조에 따라 국제재판관할의 합의를 하는 경우 다음 각 호의 어느 하나에 해당하면 합의의 효력이 없다.

1. 부양권리자가 미성년자이거나 피후견인인 경우. 다만, 해당 합의에서 미성년자이거나 피후견인인 부양권리자에게 법원 외에 외국법원에도 소를 제기할 수 있도록 한 경우는 제외한다.
2. 합의로 지정된 국가가 사안과 아무런 관련이 없거나 근소한 관련만 있는 경우

③ 부양에 관한 사건이 다음 각 호의 어느 하나에 해당하는 경우에는 제9조를 적용하지 아니한다.

1. 부양권리자가 미성년자이거나 피후견인인 경우
2. 대한민국이 사안과 아무런 관련이 없거나 근소한 관련만 있는 경우

1. 부양에 관한 사건에서 대한민국 법원에 관할이 인정되는 경우(제60조 제1항) : 부양권리자의 일상거소가 대한민국에 있는 경우

2. 부양에 관한 사건의 관할 합의(제60조 제2항)

가. 원칙적 허용 : 부양에 관한 사건도 제8조에 따라 관할을 합의할 수 있다.

나. 예외적 제한

1) 부양권리자가 미성년자이거나 피후견인인 경우

단, 미성년자이거나 피후견인인 부양권리자에게 추가적 관할을 인정하는 합의의 경우는 유효(해당 합의에서 미성년자이거나 피후견인인 부양권리자에게 법원 외에 외국법원에도 소를 제기할 수 있도록 한 경우)

2) 합의로 지정된 국가가 사안과 아무런 관련이 없거나 근소한 관련만 있는 경우

3. 부양에 관한 사건의 변론관할(제60조 제3항)

가. 원칙적 허용 : 부양에 관한 사건도 제9조가 적용되어 변론관할이 인정된다.

나. 예외적 제한

1) 부양권리자가 미성년자이거나 피후견인인 경우

2) 대한민국이 사안과 아무런 관련이 없거나 근소한 관련만 있는 경우

Ⅵ 후견에 관한 사건의 특별관할

제61조 【후견에 관한 사건의 특별관할】 ☆신설

① 성년인 사람의 후견에 관한 사건에 대해서는 다음 각 호의 어느 하나에 해당하는 경우 법원에 국제재판관할이 있다.

1. 피후견인(피후견인이 될 사람을 포함한다. 이하 같다)의 일상거소가 대한민국에 있는 경우

2. 피후견인이 대한민국 국민인 경우
3. 피후견인의 재산이 대한민국에 있고 피후견인을 보호하여야 할 필요가 있는 경우

② 미성년자의 후견에 관한 사건에 대해서는 다음 각 호의 어느 하나에 해당하는 경우 법원에 국제재판관할이 있다.
1. 미성년자의 일상거소가 대한민국에 있는 경우
2. 미성년자의 재산이 대한민국에 있고 미성년자를 보호하여야 할 필요가 있는 경우

Ⅶ 가사조정사건의 관할

제62조 【가사조정사건의 관할】 ☆신설

제56조부터 제61조까지의 규정에 따라 법원에 국제재판관할이 있는 사건의 경우에는 그 조정사건에 대해서도 법원에 국제재판관할이 있다.

Ⅷ 비송사건

제15조 【비송사건의 관할】 ② 비송사건의 국제재판관할은 다음 각 호의 구분에 따라 해당 규정에서 정한 바에 따른다.
2. 친족관계에 관한 사건 : 제56조부터 제61조까지

제15조는 친족관계에 관한 비송사건에도 소에 대한 국제재판관할이 적용된다고 규정하고 있는바, 국제재판관할 규칙이 비송사건에 대하여도 직접 적용된다.

제2절 준거법

Ⅰ 혼인

1. 혼인의 성립

6·14회

제63조 【혼인의 성립】

① 혼인의 성립요건은 각 당사자에 관하여 그 본국법에 따른다.

② 혼인의 방식은 혼인을 한 곳의 법 또는 당사자 중 한쪽의 본국법에 따른다. 다만, 대한민국에서 혼인을 하는 경우에 당사자 중 한쪽이 대한민국 국민인 때에는 대한민국 법에 따른다.

가. 혼인의 성립요건(실질적 성립요건, 제63조 제1항) : "각" 당사자에 관하여 그 본국법에 따른다.[36]

혼인의 실질적 성립요건과 관련해서는 혼인의 연령, 혼인의사의 부존재,[37] 사기·강박에 의한 혼인, 중혼의 금지, 근친혼 등의 문제가 있을 수 있다.

제63조 제1항에 따라 혼인의 성립요건에 관한 문제에 본국법이 지정될 경우, 본국법이 중혼·근친혼을 인정하는 등 공서양속에 위반되는 문제가 발생할 수 있으므로, 공서양속에 위반되는 경우 국제사법 제23조 규정에 따라 그 규정을 적용하지 아니하여야 한다.

나. 혼인의 방식(형식적 성립요건, 제63조 제2항) : 혼인을 한 곳의 법(혼인거행지법) 또는 당사자 중 한쪽의 본국법에 따른다. 다만, 대한민국에서 혼인을 하는 경우에 당사자 중 한쪽이 대한민국 국민인 때에는 대한민국 법에 따른다. 형식적 성립요건과 관련해서는 혼인신고 여부 등이 문제 될 수 있다.

판례(대법원 2019. 12. 27. 선고 2018두55418 판결)

국제사법에 의하면, 혼인의 성립요건은 각 당사자에 관하여 그 본국법에 의하고(제36조(개정 후 제63조) 제1항), 혼인의 방식은 혼인거행지법 또는 당사자 일방의 본국법에 의한다(제36조(개정 후 제63조) 제2항 본문). 이 규정은 우리나라 사람들 사이 또는 우리나라 사람과 외국인 사이의 혼인이 외국에서 거행되는 경우 그 혼인의 방식, 즉 형식적 성립요건은 그 혼인거행지의 법에 따라 정하여야 한다는 취지이고, 그 나라의 법이 정하는 방식에 따른 혼인절차를 마친 경우에는 혼인이 유효하게 성립하는 것이고 별도로 우리나라의 법에 따른 혼인신고를 하지 않더라도 혼인의 성립에 영향이 없으며, 당사자가 「가족관계의 등록 등에 관한 법률」 제34조, 제35조에 의하여 혼인신고를 한다 하더라도 이는 창설적 신고가 아니라 이미 유효하게 성립한 혼인에 관한 보고적 신고에 불과하다.

판례(대법원 2022. 1. 27. 선고 2017므1224 판결)

국제사법 제36조(개정 후 제63조) 제1항은 "혼인의 성립요건은 각 당사자에 관하여 그 본국법에 의한다."라고 정하고 있다. 따라서 대한민국 국민과 베트남 국민 사이에 혼인의 성립요건을 갖추었는지를 판단하는 준거법은 대한민국 국민에 관해서는 대한민국 민법, 베트남 국민에 관해서는 베트남 혼인 · 가족법이다.
대한민국 민법 제815조 제1호는 당사자 사이에 혼인의 합의가 없는 때에는 그 혼인을 무효로 한다고 정하고 있고, 베트남 혼인 · 가족법 제8조 제1항은 남녀의 자유의사에 따라 혼인을 결정하도록 정하고 있다. 따라서 대한민국 국민에게만 혼인의 의사가 있고 상대방인 베트남 국민과 혼인의

36 배분적 연결방법.

37 민법상 혼인 무효사유에 해당한다.

합의가 없는 때에는 대한민국 민법과 베트남 혼인·가족법 어느 법에 따르더라도 혼인의 성립요건을 갖추었다고 볼 수 없다.
국제사법 제36조(개정 후 제63조) 제1항은 실체법적인 혼인의 성립요건을 판단하기 위한 준거법을 정한 것이고, 성립요건을 갖추지 못한 혼인의 해소에 관한 쟁송 방법이나 쟁송 이후의 신분법적 효과까지 규율하고 있는 것은 아니다. 따라서 대한민국 국민이 당사자 사이에 혼인의 합의가 없어 혼인이 성립되지 않았음을 이유로 혼인의 해소를 구하는 소송에 관하여 법원은 대한민국 민법에 따라 혼인무효 여부를 판단할 수 있다.

2. 혼인의 일반적 효력

13회

第64조 【혼인의 일반적 효력】 혼인의 일반적 효력은 다음 각 호의 법의 순위에 따른다.
1. 부부의 동일한 본국법
2. 부부의 동일한 일상거소지법
3. 부부와 가장 밀접한 관련이 있는 곳의 법

1. 제64조 혼인의 일반적 효력의 적용범위 : 제64조는 제65조가 규정하는 부부재산제와 제73조 부부간의 부양문제를 제외한 혼인과 관련한 모든 효력에 대하여 적용된다.

2. 혼인의 일반적 효력에 대한 준거법(단계적 연결)

가. 1순위 : 부부의 동일한 본국법

나. 2순위(부부의 동일한 본국법이 없는 경우) : 부부의 동일한 일상거소지법

다. 3순위(부부의 동일한 일상거소지법이 없는 경우) : 부부와 가장 밀접한 관련이 있는 곳의 법

참고

'동일한' 본국법 vs '공통의' 본국법

- 문제점 : 제64조 제1호는 부부의 '동일한' 본국법이라고 규정하는 반면 제73조 제1항은 당사자의 '공통' 본국법에 따른다고 규정하고 있는데, 이는 준거법 지정 시 당사자 중 일방이 이중국적자인 경우에 그 의미에 차이가 발생한다.
- '동일한' 본국법의 경우, 이중국적자의 제16조 제1항[38]에 따라 정해지는 본국법이 다른 당사자의 본국법이 일치할 때 준거법으로 지정될 수 있는 반면, '공통의' 본국법은 이중국적자의 국적 중 하나가 다른 당사자의 본국법과 일치하면 지정되게 된다.

38 **제16조(본국법)** ① 당사자의 본국법에 따라야 하는 경우에 당사자가 둘 이상의 국적을 가질 때에는 그와 가장 밀접한 관련이 있는 국가의 법을 그 본국법으로 정한다. 다만, 국적 중 하나가 대한민국일 경우에는 대한민국 법을 본국법으로 한다.

Ⅱ 부부재산제

제65조 【부부재산제】

① 부부재산제에 관하여는 제64조를 준용한다.

② 부부가 합의에 의하여 다음 각 호의 어느 하나에 해당하는 법을 선택한 경우 부부재산제는 제1항에도 불구하고 그 법에 따른다. 다만, 그 합의는 날짜와 부부의 기명날인 또는 서명이 있는 서면으로 작성된 경우에만 그 효력이 있다.

1. 부부 중 한쪽이 국적을 가지는 법
2. 부부 중 한쪽의 일상거소지법
3. 부동산에 관한 부부재산제에 대해서는 그 부동산의 소재지법

③ 대한민국에서 행한 법률행위 및 대한민국에 있는 재산에 관하여는 외국법에 따른 부부재산제로써 선의의 제3자에게 대항할 수 없다. 이 경우 외국법에 따를 수 없을 때에 제3자와의 관계에서 부부재산제는 대한민국 법에 따른다.

④ 제3항에도 불구하고 외국법에 따라 체결된 부부재산계약을 대한민국에서 등기한 경우에는 제3자에게 대항할 수 있다.

1. 부부재산제의 준거법[39]

가. 부부가 아래 1) 내지 3)에 해당하는 법을 선택하기로 날짜와 부부의 기명날인 또는 서명이 있는 합의 서면을 작성한 경우(제65조 제2항) 그 선택한 준거법

1) 부부 중 한쪽이 국적을 가지는 법

2) 부부 중 한쪽의 일상거소지법

3) 부동산에 관한 부부재산제에 대해서는 그 부동산의 소재지법

나. 혼인의 일반적 효력에 관한 제64조 준용(제65조 제1항)

부부의 동일한 본국법 → 부부의 동일한 일상거소지법 → 부부와 가장 밀접한 관련이 있는 곳의 법

2. 내국거래 보호(부부재산제의 준거법이 외국법인 경우)

가. 원칙(제65조 제3항) : 대한민국에서 행한 법률행위 및 대한민국에 있는 재산에 관하여는 외국법에 따른 부부재산제로써 선의의 제3자에게 대항할 수 없다. 이 경우 외국법에 따를 수 없을 때에 제3자와의 관계에서 부부재산제는 대한민국법에 따른다.

나. 예외(제65조 제4항) : 외국법에 따라 체결된 부부재산계약을 대한민국에서 등기한 경우 제3자에게 대항할 수 있다.

39 부부 일방의 가사행위로부터 발생한 채무문제, 부부의 법적재산제의 문제(별산제, 관리공통제, 일반공유제, 소득공유제, 동산공유제 중 어느 제도를 채택하고 있는지) 등이 해당된다(신창섭, 310, 312면).

Ⅲ 이혼

3·13회

제66조 【이혼】

이혼에 관하여는 제64조를 준용한다. 다만, 부부 중 한쪽이 대한민국에 일상거소가 있는 대한민국 국민인 경우 이혼은 대한민국 법에 따른다.

이혼의 준거법에 혼인의 일반적 효력의 준거법 규정인 제64조를 준용하되, 부부 중 한쪽이 대한민국에 일상거소가 있는 대한민국 국민인 경우 대한민국법에 따른다.

이혼의 준거법은 이혼의 허용여부, 이혼 사유, 이혼의 방법과 방식 및 이혼의 효력 등 이혼과 관련된 모든 문제에 적용된다.

판례(대법원 2021. 3. 25. 선고 2020므14763 판결)

베트남 국민 갑과 대한민국 국민 을은 혼인신고를 마친 법률상 부부인데, 갑이 을을 상대로 을의 계속된 폭행 등으로 혼인이 파탄되었다고 주장하며 이혼 등을 구한 사안에서, 을은 대한민국 국민으로서 대한민국에 상거소를 두고 있으므로 국제사법 제39조(개정 후 제66조) 단서에 따라 이혼에 관한 준거법은 대한민국 민법인데, 을이 반복적으로 갑에게 폭력을 행사하였고 폭력 행사의 정도도 무거우며 당사자의 혼인계속의사 유무, 파탄의 원인에 관한 당사자의 책임 유무와 경중, 혼인생활의 기간, 자녀의 유무, 당사자의 연령 등 갑과 을의 혼인관계에 관한 여러 사정을 두루 고려하면 갑과 을은 더 이상 을의 폭력 행사 이전의 관계로 회복될 수 없다고 보이는 등 제반 사정에 비추어 을의 행위는 갑에 대한 부당한 대우에 해당할 뿐만 아니라, 갑과 을의 혼인관계는 을의 폭력 행사 이래 그 바탕이 되어야 할 애정과 신뢰가 상실되어 회복할 수 없을 정도로 파탄되었으므로 민법 제840조 제3호 또는 제6호의 재판상 이혼사유에 해당하는데도, 갑에게 을의 폭력 행사를 유발한 책임이 있다는 등의 이유로 갑의 이혼 청구를 배척한 원심판결에 법리오해 등의 잘못이 있다.

Ⅳ 부모·자녀 관계

1. 부모·자녀 관계의 성립

가. 혼인 중의 부모·자녀관계

제67조 【혼인 중의 부모·자녀관계】

① 혼인 중의 부모·자녀관계의 성립은 자녀의 출생 당시 부부 중 한쪽의 본국법에 따른다.
② 제1항의 경우에 남편이 자녀의 출생 전에 사망한 때에는 남편의 사망 당시 본국법을 그의 본국법으로 본다.

국제사법 제67조는 '혼인 중의 부모·자녀 관계의 성립은 자녀의 출생 당시 부부 중 한쪽의 본국법에 따른다'고 하여 준거법을 선택적으로 연결하고 있고, 남편이 자녀의 출생 전 사망한 경우에는 남편의 사망 당시 본국법을 그의 본국법으로 간주한다.

또한, 친자관계의 성립은 친자관계를 부인하지 아니할 것을 전제하는 것이므로 친생부인의 문제에도 제67조가 적용된다.

나. 혼인 외의 부모·자녀관계

제68조 【혼인 외의 부모·자녀관계】
① 혼인 외의 부모·자녀관계의 성립은 자녀의 출생 당시 어머니의 본국법에 따른다. 다만, 아버지와 자녀 간의 관계의 성립은 자녀의 출생 당시 아버지의 본국법 또는 현재 자녀의 일상거소지법에 따를 수 있다.

② 인지는 제1항에서 정하는 법 외에 인지 당시 인지자의 본국법에 따를 수 있다.
③ 제1항의 경우에 아버지가 자녀의 출생 전에 사망한 때에는 사망 당시 본국법을 그의 본국법으로 보고, 제2항의 경우에 인지자가 인지 전에 사망한 때에는 사망 당시 본국법을 그의 본국법으로 본다.

1) 혼인 외의 부모·자녀 관계 성립의 준거법

혼인 외의 부모·자녀 관계 성립의 준거법 규정을 표로 정리하면 아래 표기재와 같다.

	준거법(제68조 제1항)	
혼인 외 부모·자녀 관계의 성립	자녀의 출생 당시 어머니의 본국법	
아버지와 자녀 간의 관계의 성립	자녀의 출생 당시 아버지의 본국법	아버지가 자녀출생 전 사망시 사망 당시 본국법 (제68조 제3항)
	현재 자녀의 일상거소지법	

2) 인지의 준거법(제68조 제2항) : 제68조 제1항에서 정하는 법 또는 인지 당시 인지자의 본국법에 따를 수 있다.

단, 인지자가 인지 전에 사망한 때에는 사망 당시 본국법을 그의 본국법으로 본다(제68조 제3항).

※ 인지 방식의 준거법 : 법률행위 방식의 준거법인 제31조에 따른다.

판례(대법원 1988. 2. 23. 선고 86다카737 판결)

섭외사법 제20조(국제사법 개정 후 제68조) 제1항, 제2항에 의하여 인지의 요건과 효력은 부의 본국법에 의하되 인지의 방식은 법률행위 방식에 관한 같은 법 제10조(국제사법 개정 후 제31조)에 따라야 할 것인즉, 같은 조 제1항에는 법률행위의 방식은 그 행위의 효력을 정한 법에 의한다고 규정하고 제2항에는 행위지법에 의하여 한 법률행위의 방식은 전항의 규정에 불구하고 이를 유효로 한다고 규정하고 있으므로, 외국에서 하는 한국인의 인지는 한국법이 정한 방식에 따라 외국에 주재하는 한국의 재외공관의 장에게 인지신고를 할 수도 있고 행위지인 외국법이 정하는 방식에 따라 그 나라 호적공무원에게 인지신고를 할 수도 있다.

다. 혼인 외의 출생자[40]

제69조 【혼인 외의 출생자】
① 혼인 외의 출생자가 혼인 중의 출생자로 그 지위가 변동되는 경우에 관하여는 그 요건인 사실의 완성 당시 아버지 또는 어머니의 본국법 또는 자녀의 일상거소지법에 따른다.
② 제1항의 경우에 아버지 또는 어머니가 그 요건인 사실이 완성되기 전에 사망한 때에는 아버지 또는 어머니의 사망 당시 본국법을 그의 본국법으로 본다.

라. 입양 및 파양

제70조 【입양 및 파양】
입양 및 파양은 입양 당시 양부모의 본국법에 따른다.

입양의 성립요건 및 효력에 대해서는 제70조가 적용되나, 입양의 방식에 대해서는 제31조가 적용된다.

마. 자 등의 동의

제71조 【동의】
제68조부터 제70조까지의 규정에 따른 부모·자녀관계의 성립에 관하여 자녀의 본국법이 자녀 또는 제3자의 승낙이나 동의 등을 요건으로 할 때에는 그 요건도 갖추어야 한다.

혼인 외의 부모·자녀관계(제68조), 혼인 외의 출생자(제69조), 입양 및 파양(제70조)에 따른

40 국제사법 개정전에는 제69조를 '준정'으로 규정하였다. 우리 민법상 인정되는 '준정'은 법률상 혼인관계가 없는 부모사이에 출생한자가 그 부모의 혼인을 원인으로 하여 혼인 중의 출생자의 신분을 취득하는 것이다(민법 제855조 제2항).

부모·자녀관계의 성립에 관하여 자녀의 본국법이 자녀 또는 제3자의 승낙이나 동의 등을 요건으로 할 때에는 그 요건도 갖추어야 한다. 이를 누적적 연결이라고 한다.

2. 부모·자녀 간의 법률관계(효력의 문제)

제72조【부모·자녀 간의 법률관계】
부모·자녀 간의 법률관계는 부모와 자녀의 본국법이 모두 동일한 경우에는 그 법에 따르고, 그 외의 경우에는 자녀의 일상거소지법에 따른다.

국제사법 제68조 내지 제70조는 부모·자녀 관계의 성립에 대한 준거법 규정이고, 제72조는 부모·자녀 관계가 성립한 후 부모·자녀 관계에서 발생하는 법률관계에 적용되는 규정이다. 대표적으로 친권의 문제가 있다.

V 부양

3회

제73조【부양】
① 부양의 의무는 부양권리자의 일상거소지법에 따른다. 다만, 그 법에 따르면 부양권리자가 부양의무자로부터 부양을 받을 수 없을 때에는 당사자의 공통 본국법에 따른다.
② 대한민국에서 이혼이 이루어지거나 승인된 경우에 이혼한 당사자 간의 부양의무는 제1항에도 불구하고 그 이혼에 관하여 적용된 법에 따른다.
③ 방계혈족 간 또는 인척 간의 부양의무와 관련하여 부양의무자는 부양권리자의 청구에 대하여 당사자의 공통 본국법에 따라 부양의무가 없다는 주장을 할 수 있으며, 그러한 법이 없을 때에는 부양의무자의 일상거소지법에 따라 부양의무가 없다는 주장을 할 수 있다.
④ 부양권리자와 부양의무자가 모두 대한민국 국민이고, 부양의무자가 대한민국에 일상거소가 있는 경우에는 대한민국 법에 따른다.

1. 부양 의무의 준거법(제73조 제1항) : 부양권리자의 일상거소지법

다만, 부양권리자의 일상거소지법에 따르면 부양권리자가 부양의무자로부터 부양을 받을 수 없을 때에는 당사자의 공통 본국법에 따른다. 따라서 당사자의 일방 또는 쌍방이 복수의 국적을 가진 경우에 국적 중 공통되는 것이 있으면 그 국가의 법이 공통 본국법이 된다.[41]

41 공통 본국법과 동일한 본국법의 차이에 대해서는 앞서 제64조 혼인의 일반적 효력에서 살펴보았다.

판례(대법원 2023. 10. 31.자 2023스643 결정)

가. 외국적 요소가 있는 법률관계에 관하여 적용되는 준거법으로서의 외국법은 사실이 아니라 법으로서 법원은 직권으로 그 내용을 조사하여야 한다(대법원 1990. 4. 10. 선고 89다카20252 판결, 대법원 2019. 12. 24. 선고 2016다222712 판결 등 참조). 따라서 외국적 요소가 있는 사건이라면 준거법과 관련한 주장이 없더라도 법원으로서는 적극적으로 석명권을 행사하여 당사자에게 의견을 진술할 수 있는 기회를 부여하거나 필요한 자료를 제출하게 하는 등 그 법률관계에 적용될 국제협약 또는 국제사법에 따른 준거법에 관하여 심리, 조사할 의무가 있다.

나. 국제사법 제73조 제1항은 “부양의 의무는 부양권리자의 일상거소지법에 따른다. 다만 그 법에 따르면 부양권리자가 부양의무자로부터 부양을 받을 수 없을 때에는 당사자의 공통 본국법에 따른다.”라고 규정한다. 또한 같은 조 제4항은 “부양권리자와 부양의무자가 모두 대한민국 국민이고, 부양의무자가 대한민국에 일상거소가 있는 경우에는 대한민국 법에 따른다.”라고 규정한다. 국제사법 부칙 제3조는 “이 법 시행 전에 생긴 사항에 적용되는 준거법에 대해서는 종전의 규정에 따른다. 다만 이 법 시행 전후에 계속되는 법률관계에 대해서는 이 법 시행 이후의 법률관계에 대해서만 이 법의 규정을 적용한다.”라고 규정하고 있는데, 구 국제사법(2022. 1. 4. 법률 제18670호로 전부 개정되기 전의 것, 이하 ‘구 국제사법’이라 한다) 제46조는 위에서 살펴본 부양의무의 준거법에 관하여 현행 국제사법 제73조와 동일하게 규정하고 있었다. 한편 국적법 제3조 제1항, 제2항에 따르면 외국인으로서 대한민국 국민인 부 또는 모에 의하여 인지된 자는 법무부장관에게 신고한 때에 대한민국 국적을 취득한다.

다. 기록에 의하면, 필리핀 국적의 청구인은 대한민국 국적의 상대방에 대하여 그들 사이에 혼인 외의 자로 출생한 사건본인의 인지에 따른 과거 및 장래 양육비를 구하고 있는데, 원심은 그중 인지판결 확정 이후의 양육비 청구를 인용하고, 그 이전의 양육비 청구를 기각하였다. 이와 같은 당사자의 주장과 원심의 판단은 모두 대한민국 민법이 적용되는 것을 전제로 하고 있다.

그런데 위에서 살펴본 국제사법 규정에 따르면 부양의무는 부양권리자인 사건본인의 일상거소지법에 따르고, 만약 그에 의하면 부양을 받을 수 없는 경우에 공통 본국법에 따르도록 되어 있으며(국제사법 제73조 제1항, 구 국제사법 제46조 제1항), 부양권리자인 사건본인과 부양의무자인 상대방이 모두 대한민국 국민이면서 부양의무자인 상대방의 일상거소가 대한민국일 경우에만 대한민국 법이 적용된다. 즉 부양권리자인 사건본인의 일상거소지가 대한민국이거나, 사건본인이 국적법에 따라 대한민국 국적을 취득하였을 경우 등에만 대한민국 법이 적용되는 것이다.

라. 그런데도 원심은 당연히 대한민국 민법이 적용되는 것을 전제로 상대방의 부양의무에 관해서 판단하였을 뿐, 그에 앞서 이 사건에 적용되는 준거법에 관하여 심리하거나 직권으로 조사하였다고 볼 만한 자료를 기록상 찾아볼 수 없다. 위와 같은 원심의 판단에는 직권조사사항인 준거법에 관한 국제사법 법률을 위반하여 재판에 영향을 미친 잘못이 있다.

2. 이혼한 당사자 간 부양의무의 준거법(제73조 제2항)

대한민국에서 이혼이 이루어지거나 승인된 경우 제1항에도 불구하고 그 이혼에 관하여 적용된 법에 따른다.

3. 방계혈족 간 또는 인척 간의 부양의무(제73조 제3항)

부양의무자는 부양권리자의 청구에 대하여 당사자의 공통 본국법에 따라 부양의무가 없다는 주장을 할 수 있으며, 그러한 법이 없을 때에는 부양의무자의 일상거소지법에 따라 부양의무가 없다는 주장을 할 수 있다.

4. 대한민국법 적용의 특례(제73조 제4항)

부양권리자와 부양의무자가 모두 대한민국 국민이고, 부양의무자가 대한민국에 일상거소가 있는 경우 대한민국 법에 따른다.

5. 반정의 배제(제22조)

국제사법 제22조 제2항 제3호는 제73조 규정에 의하여 부양의 준거법이 지정되는 경우 반정을 인정하지 않는다.

제22조 【외국법에 따른 대한민국 법의 적용】
① 이 법에 따라 외국법이 준거법으로 지정된 경우에 그 국가의 법에 따라 대한민국 법이 적용되어야 할 때에는 대한민국의 법(준거법의 지정에 관한 법규는 제외한다)에 따른다.
② 다음 각 호의 어느 하나에 해당하는 경우에는 제1항을 적용하지 아니한다.
3. 제73조에 따라 부양의 준거법이 지정되는 경우

Ⅵ 그 밖의 친족관계

제74조 【그 밖의 친족관계】
친족관계의 성립 및 친족관계에서 발생하는 권리의무에 관하여 이 법에 특별한 규정이 없는 경우에는 각 당사자의 본국법에 따른다.

Ⅶ 후견

제75조 【후견】 ★개정
① 후견은 피후견인의 본국법에 따른다.
② 법원이 제61조에 따라 성년 또는 미성년자인 외국인의 후견사건에 관한 재판을 하는 때에는 제1항에도 불구하고 다음 각 호의 어느 하나에 해당하는 경우 대한민국 법에 따른다.
1. 피후견인의 본국법에 따른 후견개시의 원인이 있더라도 그 후견사무를 수행할 사람이 없거나, 후견사무를 수행할 사람이 있더라도 후견사무를 수행할 수 없는 경우
2. 대한민국에서 후견개시의 심판(임의후견감독인선임 심판을 포함한다)을 하였거나 하는 경우

3. 피후견인의 재산이 대한민국에 있고 피후견인을 보호하여야 할 필요가 있는 경우

국제사법은 제75조 제1항에서 후견의 준거법을 원칙적으로 피후견인의 본국법으로 정하되, 제2항에서 대한민국 법원이 관할권(제61조 후견에 관한 사건의 특별관할)을 가지고 외국인의 후견 사건에 관한 재판을 하는 경우 대한민국 법이 적용되는 특례를 둠으로써 한국에 거주하는 피후견인을 신속하고 적절히 보호할 수 있도록 하고 있다.

제8장 상속

제1절 국제재판관할

제76조 【상속 및 유언에 관한 사건의 관할】 ☆신설

① 상속에 관한 사건에 대해서는 다음 각 호의 어느 하나에 해당하는 경우 법원에 국제재판관할이 있다.

1. 피상속인의 사망 당시 일상거소가 대한민국에 있는 경우. 피상속인의 일상거소가 어느 국가에도 없거나 이를 알 수 없고 그의 마지막 일상거소가 대한민국에 있었던 경우에도 또한 같다.
2. 대한민국에 상속재산이 있는 경우. 다만, 그 상속재산의 가액이 현저하게 적은 경우에는 그러하지 아니하다.

② 당사자가 상속에 관한 사건에 대하여 제8조에 따라 국제재판관할의 합의를 하는 경우에 다음 각 호의 어느 하나에 해당하면 합의의 효력이 없다.

1. 당사자가 미성년자이거나 피후견인인 경우. 다만, 해당 합의에서 미성년자이거나 피후견인인 당사자에게 법원 외에 외국법원에도 소를 제기하는 것을 허용하는 경우는 제외한다.
2. 합의로 지정된 국가가 사안과 아무런 관련이 없거나 근소한 관련만 있는 경우

③ 상속에 관한 사건이 다음 각 호의 어느 하나에 해당하는 경우에는 제9조를 적용하지 아니한다.

1. 당사자가 미성년자이거나 피후견인인 경우
2. 대한민국이 사안과 아무런 관련이 없거나 근소한 관련만 있는 경우

④ 유언에 관한 사건은 유언자의 유언 당시 일상거소가 대한민국에 있거나 유언의 대상이 되는 재산이 대한민국에 있는 경우 법원에 국제재판관할이 있다.

⑤ 제1항에 따라 법원에 국제재판관할이 있는 사건의 경우에는 그 조정사건에 관하여도 법원에 국제재판관할이 있다.

I 상속에 관한 사건의 특별관할

1. 대한민국 법원에 관할이 인정되는 경우(제76조 제1항)

가. 피상속인의 사망 당시 일상거소가 대한민국에 있는 경우

나. 피상속인의 일상거소가 어느 국가에도 없거나 이를 알 수 없고 그의 마지막 일상거소가 대한민국에 있었던 경우

다. 대한민국에 상속재산이 있는 경우(상속재산의 가액이 현저하게 적은 경우 제외)

※ 조정사건에 관하여도 동일하게 관할이 인정된다(제76조 제5항).

2. 상속에 관한 사건의 관할 합의(제76조 제2항)

가. 원칙적 허용 : 상속에 관한 사건도 제8조에 따라 관할을 합의할 수 있다.

나. 예외적 제한

1) 당사자가 미성년자이거나 피후견인인 경우

단, 미성년자이거나 피후견인인 부양권리자에게 추가적 관할을 인정하는 합의의 경우는 유효(해당 합의에서 미성년자이거나 피후견인인 부양권리자에게 법원 외에 외국법원에도 소를 제기할 수 있도록 한 경우)

2) 합의로 지정된 국가가 사안과 아무런 관련이 없거나 근소한 관련만 있는 경우

3. 상속에 관한 사건의 변론 관할(제76조 제3항)

가. 원칙적 허용 : 상속에 관한 사건도 제9조가 적용되어 변론관할이 인정된다.

나. 예외적 제한

1) 부양권리자가 미성년자이거나 피후견인인 경우

2) 대한민국이 사안과 아무런 관련이 없거나 근소한 관련만 있는 경우

Ⅱ 유언에 관한 사건의 특별관할

1. 대한민국 법원에 관할이 인정되는 경우(제76조 제4항)

가. 유언자의 유언 당시 일상거소가 대한민국에 있는 경우

나. 유언의 대상이 되는 재산이 대한민국에 있는 경우

2. 합의관할, 변론관할 규정의 적용 제외(제13조)

국제사법 제13조에 따라 제76조 제4항에 의해 국제재판관할이 정하여 지는 유언에 관한 사건은 합의관할(제8조), 변론관할(제9조) 규정을 적용하지 아니한다.

제2절 준거법

Ⅰ 상속 6회

제77조 【상속】

① 상속은 사망 당시 피상속인의 본국법에 따른다.

② 피상속인이 유언에 적용되는 방식에 의하여 명시적으로 다음 각 호의 어느 하나에 해당하는 법을 지정할 때에는 상속은 제1항에도 불구하고 그 법에 따른다.

1. 지정 당시 피상속인의 일상거소지법. 다만, 그 지정은 피상속인이 사망 시까지 그 국가에 일상거소를 유지한 경우에만 효력이 있다.
2. 부동산에 관한 상속에 대해서는 그 부동산의 소재지법

1. 상속의 준거법(제77조 제1항) : 사망 당시 피상속인의 본국법

상속개시의 원인과 시기, 상속인의 범위, 상속능력, 상속결격사유, 상속의 승인 및 포기, 상속분 등에 대하여 적용된다. 다만, 상속인이 되기 위한 요건으로서 피상속인과 친자관계가 있는지 여부 등은 선결문제로 해결되어야 한다.

2. 당사자 자치의 허용(제77조 제2항)

피상속인이 유언에 적용되는 방식(제78조 제3항)에 의하여 명시적으로 아래의 경우 중 어느 하나에 해당하는 법을 지정한 경우 제1항에 우선하여 적용된다.

가. 지정 당시 피상속인의 일상거소지법. 다만, 그 지정은 피상속인이 사망 시까지 그 국가에 일상거소를 유지한 경우에만 효력이 있다.

나. 부동산에 관한 상속의 경우 그 부동산의 소재지법

Ⅱ 유언 2회

제78조 【유언】

① 유언은 유언 당시 유언자의 본국법에 따른다.

② 유언의 변경 또는 철회는 그 당시 유언자의 본국법에 따른다.

③ 유언의 방식은 다음 각 호의 어느 하나의 법에 따른다.

1. 유언자가 유언 당시 또는 사망 당시 국적을 가지는 국가의 법
2. 유언자의 유언 당시 또는 사망 당시 일상거소지법

3. 유언 당시 행위지법
4. 부동산에 관한 유언의 방식에 대해서는 그 부동산의 소재지법

1. 유언의 준거법(제78조 제1항)

가. **유언자의 본국법주의** : 유언 당시 유언자의 본국법에 따른다.

나. **적용범위** : 제78조는 유언 자체의 성립과 효력의 문제에 적용되고, 인지, 후견인의 지정, 유증 등 유언의 실질적 내용에 대한 문제는 그 내용인 법률관계의 준거법에 따라야 한다.

2. 유언의 변경 또는 철회의 준거법(제78조 제2항)

변경·철회 당시 유언자의 본국법

3. 유언의 방식

가. **선택적 연결(제78조 제3항)** : 유언의 방식에 대한 준거법은 아래 1) 내지 4) 중 어느 하나의 법에 따른다.

1) 유언자가 유언 당시 또는 사망 당시 국적을 가지는 국가의 법
2) 유언자의 유언 당시 또는 사망 당시 일상거소지법
3) 유언 당시 행위지법
4) 부동산에 관한 유언의 방식에 대해서는 그 부동산의 소재지법

나. **반정의 불허(제22조 제2항 제4호)** : 유언의 방식의 준거법이 제78조 제3항에 따라 지정되는 경우 반정이 적용되지 아니한다.

제22조 【외국법에 따른 대한민국 법의 적용】
① 이 법에 따라 외국법이 준거법으로 지정된 경우에 그 국가의 법에 따라 대한민국 법이 적용되어야 할 때에는 대한민국의 법(준거법의 지정에 관한 법규는 제외한다)에 따른다.
② 다음 각 호의 어느 하나에 해당하는 경우에는 제1항을 적용하지 아니한다.
4. 제78조 제3항에 따라 유언의 방식의 준거법이 지정되는 경우

제9장 어음·수표

제1절 국제재판관할

제79조 【어음·수표에 관한 소의 특별관할】 ☆신설
어음·수표에 관한 소는 어음·수표의 지급지가 대한민국에 있는 경우 법원에 제기할 수 있다.

제2절 준거법

I 어음·수표 행위능력

제80조 【행위능력】
① 환어음, 약속어음 및 수표에 의하여 채무를 부담하는 자의 능력은 그의 본국법에 따른다. 다만, 그 국가의 법이 다른 국가의 법에 따르도록 정한 경우에는 그 다른 국가의 법에 따른다.
② 제1항에 따르면 능력이 없는 자라 할지라도 다른 국가에서 서명을 하고 그 국가의 법에 따라 능력이 있을 때에는 그 채무를 부담할 수 있는 능력이 있는 것으로 본다.

1. 어음·수표 행위능력의 준거법

가. 원칙(제80조 제1항 본문) : 어음·수표에 의하여 채무를 부담하는 자의 본국법

나. 반정·전정의 허용

1) 반정(제22조 제1항) : 국제사법에 따라 외국법이 준거법으로 지정된 경우 그 국가의 국제사법에 따라 대한민국 법이 적용되어야 할 때에는 대한민국법에 따른다.

2) 전정(제80조 제1항 단서)[42] : 우리 국제사법에 의하여 채무를 부담하는 자의 본국

42 우리 국제사법상 '전정'은 어음·수표의 행위능력에만 유일하게 인정된다.

법이 지정되었는데, 그 국가의 국제사법이 제3국가의 법에 따르도록 정한 경우, 제3국가의 법을 준거법으로 적용한다.

2. 행위지법의 보충적 적용(제80조 제2항)

국제사법 제80조 제1항에 따르면 어음·수표의 행위능력이 없는 자라고 할지라도 행위지법에 따라 행위능력이 있을 때는 그 채무를 부담할 수 있는 능력이 있는 것으로 본다.

Ⅱ 수표지급인의 자격

제81조 【수표지급인의 자격】

① 수표지급인이 될 수 있는 자의 자격은 지급지법에 따른다.

② 지급지법에 따르면 지급인이 될 수 없는 자를 지급인으로 하여 수표가 무효인 경우에도 동일한 규정이 없는 다른 국가에서 한 서명으로부터 생긴 채무의 효력에는 영향을 미치지 아니한다.

Ⅲ 어음·수표 행위의 방식

제82조 【방식】

① 환어음·약속어음의 어음행위 및 수표행위의 방식은 서명지법에 따른다. 다만, 수표행위의 방식은 지급지법에 따를 수 있다.

② 제1항에서 정한 법에 따를 때 행위가 무효인 경우에도 그 후 행위지법에 따라 행위가 적법한 때에는 그 전 행위의 무효는 그 후 행위의 효력에 영향을 미치지 아니한다.

③ 대한민국 국민이 외국에서 한 환어음·약속어음의 어음행위 및 수표행위의 방식이 행위지법에 따르면 무효인 경우에도 대한민국 법에 따라 적법한 때에는 다른 대한민국 국민에 대하여 효력이 있다.

1. 어음행위 및 수표행위 방식의 준거법

<table>
<tr><th>구분 〈법률행위의 방식〉</th><th>준거법</th></tr>
<tr><td>어음행위의 방식</td><td rowspan="2">서명지법(제82조 제1항 본문)</td></tr>
<tr><td rowspan="2">수표행위의 방식</td></tr>
<tr><td>지급지법(제82조 제1항 단서)</td></tr>
</table>

2. 어음·수표행위의 독립성(第82조 第2항)

第82조 第1항에 의하여 어음·수표행위가 무효인 경우에도 그 후 행위가 행위지법에 의하여 적법한 경우에는 그 전 행위의 무효는 후 행위의 효력에 영향을 미치지 아니한다.

3. 대한민국 국민의 어음·수표행위 보호(第83조 第3항)

대한민국 국민이 외국에서 한 환어음·약속어음의 어음행위 및 수표행위의 방식이 행위지법에 따르면 무효인 경우에도 대한민국 법에 따라 적법한 때에는 다른 대한민국 국민에 대하여 효력이 있다.

판례(대법원 2008. 9. 11. 선고 2007다74683 판결)

국제사법 제53조 제1항 전문은 "환어음, 약속어음 및 수표행위의 방식은 서명지법에 의한다"라고 규정하는 한편 같은 조 제3항에서 "대한민국 국민이 외국에서 행한 환어음, 약속어음 및 수표행위의 방식이 행위지법에 의하면 무효인 경우에도 대한민국 법에 의하여 적법한 때에는 다른 대한민국 국민에 대하여 효력이 있다"라고 규정하고 있으므로, 대한민국 법인인 신용장 매입은행과 대한민국 법인인 신용장 개설은행 사이에서 외국에서 이루어진 환어음의 인수 방식에 대하여는 우리나라 어음법도 준거법이 될 수 있다.

Ⅳ 어음·수표 행위의 효력

第83조【효력】

① 환어음의 인수인과 약속어음의 발행인의 채무는 지급지법에 따르고, 수표로부터 생긴 채무는 서명지법에 따른다.

② 제1항에 규정된 자 외의 자의 환어음·약속어음에 의한 채무는 서명지법에 따른다.

③ 환어음, 약속어음 및 수표의 상환청구권을 행사하는 기간은 모든 서명자에 대하여 발행지법에 따른다.

Ⅴ 원인채권의 취득

第84조【원인채권의 취득】

어음의 소지인이 그 발행의 원인이 되는 채권을 취득하는지 여부는 어음의 발행지법에 따른다.

Ⅵ 일부인수 및 일부지급

제85조 【일부인수 및 일부지급】
① 환어음의 인수를 어음 금액의 일부로 제한할 수 있는지 여부 및 소지인이 일부지급을 수락할 의무가 있는지 여부는 지급지법에 따른다.
② 약속어음의 지급에 관하여는 제1항을 준용한다.

Ⅶ 권리의 행사·보전을 위한 행위의 방식

제86조 【권리의 행사·보전을 위한 행위의 방식】
환어음, 약속어음 및 수표에 관한 거절증서의 방식, 그 작성기간 및 환어음, 약속어음 및 수표상의 권리의 행사 또는 보전에 필요한 그 밖의 행위의 방식은 거절증서를 작성하여야 하는 곳 또는 그 밖의 행위를 행하여야 하는 곳의 법에 따른다.

※ 거절증서 : 어음·수표에 대해서 지급·인수가 거절되었을 때, 발행인, 배서인 등에게 상환청구권을 행사하기 위하여 작성하는 증서를 의미한다.

Ⅷ 어음·수표의 상실·도난

제87조 【상실·도난】
환어음, 약속어음 및 수표의 상실 또는 도난의 경우에 수행하여야 하는 절차는 지급지법에 따른다.

Ⅸ 수표의 지급지법

제88조 【수표의 지급지법】
수표에 관한 다음 각 호의 사항은 수표의 지급지법에 따른다.

1. 수표가 일람출급(一覽出給)이 필요한지 여부, 일람 후 정기출급으로 발행할 수 있는지 여부 및 선일자수표(先日字手標)의 효력
2. 제시기간
3. 수표에 인수, 지급보증, 확인 또는 사증을 할 수 있는지 여부 및 그 기재의 효력
4. 소지인이 일부지급을 청구할 수 있는지 여부 및 일부지급을 수락할 의무가 있는지 여부
5. 수표에 횡선을 표시할 수 있는지 여부 및 수표에 "계산을 위하여"라는 문구 또는 이와 동일한 뜻이 있는 문구의 기재의 효력. 다만, 수표의 발행인 또는 소지인이 수표면에 "계산을 위하여"라는 문구 또는 이와 동일한 뜻이 있는 문구를 기재하여 현금의 지급을 금지한 경우에 그 수표

가 외국에서 발행되고 대한민국에서 지급하여야 하는 것은 일반횡선수표의 효력이 있다.

6. 소지인이 수표자금에 대하여 특별한 권리를 가지는지 여부 및 그 권리의 성질
7. 발행인이 수표의 지급위탁을 취소할 수 있는지 여부 및 지급정지를 위한 절차를 수행할 수 있는지 여부
8. 배서인, 발행인, 그 밖의 채무자에 대한 상환청구권 보전을 위하여 거절증서 또는 이와 동일한 효력을 가지는 선언이 필요한지 여부

제10장 | 해상

제1절 국제재판관할

I 선박소유자등의 책임제한사건의 관할

제89조【선박소유자등의 책임제한사건의 관할】 ☆신설

선박소유자·용선자(傭船者)·선박관리인·선박운항자, 그 밖의 선박사용인(이하 "선박소유자등"이라 한다)의 책임제한사건에 대해서는 다음 각 호의 어느 하나에 해당하는 곳이 대한민국에 있는 경우에만 법원에 국제재판관할이 있다.

1. 선박소유자등의 책임제한을 할 수 있는 채권(이하 "제한채권"이라 한다)이 발생한 선박의 선적(船籍)이 있는 곳
2. 신청인인 선박소유자등에 대하여 제3조에 따른 일반관할이 인정되는 곳
3. 사고발생지(사고로 인한 결과 발생지를 포함한다)
4. 사고 후 사고선박이 최초로 도착한 곳
5. 제한채권에 의하여 선박소유자등의 재산이 압류 또는 가압류된 곳(압류에 갈음하여 담보가 제공된 곳을 포함한다. 이하 "압류등이 된 곳"이라 한다)
6. 선박소유자등에 대하여 제한채권에 근거한 소가 제기된 곳

◇ 민사소송법에는 특별재판적이 없으나, '선박소유자 등의 책임제한절차에 관한 법률[43]'에는 토지관할 규칙을 두고 있는 것을 고려하여 국제사법 개정안은 선박소유

---

43 ○ 선박소유자 등의 책임제한절차에 관한 법률 제1조(목적) : 이 법은 「상법」 제769조부터 제776조까지의 규정에 따른 선박소유자 등의 책임제한의 절차에 관하여 필요한 사항을 규정함을 목적으로 한다.

○ 상법 제769조(선박소유자의 유한책임) : 선박소유자는 청구원인의 여하에 불구하고 다음 각 호의 채권에 대하여 제770조에 따른 금액의 한도로 그 책임을 제한할 수 있다. 다만, 그 채권이 선박소유자 자신의 고의 또는 손해발생의 염려가 있음을 인식하면서 무모하게 한 작위 또는 부작위로 인하여 생긴 손해에 관한 것인 때에는 그러하지 아니하다.

1. 선박에서 또는 선박의 운항에 직접 관련하여 발생한 사람의 사망, 신체의 상해 또는 그 선박 외의 물건의 멸실 또는 훼손으로 인하여 생긴 손해에 관한 채권
2. 운송물, 여객 또는 수하물의 운송의 지연으로 인하여 생긴 손해에 관한 채권
3. 제1호 및 제2호 외에 선박의 운항에 직접 관련하여 발생한 계약상의 권리 외의 타인의 권리의 침해로 인하여 생긴 손해에 관한 채권
4. 제1호부터 제3호까지의 채권의 원인이 된 손해를 방지 또는 경감하기 위한 조치에 관한 채권 또

자 등의 책임제한사건의 관할을 규정한다.

1. 대한민국 법원에 관할이 인정되는 경우(제89조)

아래 가 내지 바의 어느 하나에 해당하는 곳이 대한민국에 있는 경우

가. 선박소유자등의 책임제한을 할 수 있는 채권(이하 "제한채권"이라 한다)이 발생한 선박의 선적(船籍)이 있는 곳

나. 신청인인 선박소유자등에 대하여 제3조에 따른 일반관할이 인정되는 곳

다. 사고발생지(사고로 인한 결과 발생지를 포함한다)

라. 사고 후 사고선박이 최초로 도착한 곳

마. 제한채권에 의하여 선박소유자등의 재산이 압류 또는 가압류된 곳(압류에 갈음하여 담보가 제공된 곳을 포함한다. 이하 "압류 등이 된 곳"이라 한다)

바. 선박소유자등에 대하여 제한채권에 근거한 소가 제기된 곳

2. 비송사건(제15조)

제89조는 해상사건에 특유한 비송사건인 책임제한사건에 관한 국제재판관할 규정이고, 제15조가 적용된다.

3. 합의관할, 변론관할의 적용 배제(제13조)

제13조에 따라 선박소유자 등의 책임제한 사건의 관할에 대해서는 합의관할(제8조), 변론관할(제9조)이 적용되지 아니한다.

는 그 조치의 결과로 인하여 생긴 손해에 관한 채권

○ 상법 제774조(책임제한을 할 수 있는 자의 범위)

① 다음 각 호의 어느 하나에 해당하는 자는 이 절의 규정에 따라 선박소유자의 경우와 동일하게 책임을 제한할 수 있다.

1. 용선자·선박관리인 및 선박운항자
2. 법인인 선박소유자 및 제1호에 규정된 자의 무한책임사원
3. 자기의 행위로 인하여 선박소유자 또는 제1호에 규정된 자에 대하여 제769조 각 호에 따른 채권이 성립하게 한 선장·해원·도선사, 그 밖의 선박소유자 또는 제1호에 규정된 자의 사용인 또는 대리인

Ⅱ 선박 또는 항해에 관한 소의 특별관할

제90조【선박 또는 항해에 관한 소의 특별관할】 ☆신설
선박소유자등에 대한 선박 또는 항해에 관한 소는 선박이 압류 등이 된 곳이 대한민국에 있는 경우 법원에 제기할 수 있다.

선박소유자·용선자·선박관리인·선박운항자, 그 밖의 선박사용인에 대한 선박 또는 항해에 관한 소[44]는 선박이 압류 또는 가압류된 곳(압류에 갈음하여 담보가 제공된 곳을 포함)이 대한민국에 있는 경우 대한민국법원에 특별관할을 인정한다.

Ⅲ 공동해손[45]에 관한 소의 특별관할

제91조【공동해손에 관한 소의 특별관할】 ☆신설
공동해손(共同海損)에 관한 소는 다음 각 호의 어느 하나에 해당하는 곳이 대한민국에 있는 경우 법원에 제기할 수 있다.
1. 선박의 소재지
2. 사고 후 선박이 최초로 도착한 곳
3. 선박이 압류등이 된 곳

Ⅳ 선박충돌에 관한 소의 특별관할

제92조【선박충돌에 관한 소의 특별관할】 ☆신설
선박의 충돌이나 그 밖의 사고에 관한 소는 다음 각 호의 어느 하나에 해당하는 곳이 대한민국에 있는 경우 법원에 제기할 수 있다.
1. 가해 선박의 선적지 또는 소재지
2. 사고 발생지
3. 피해 선박이 사고 후 최초로 도착한 곳
4. 가해 선박이 압류등이 된 곳

---

44 '선박에 관한 소'는 선박 자체를 목적으로 하거나 선박에 기인하는 권리관계의 소를 말한다. 이는 선박 자체에 관한 소이므로 그 매매대금, 임대료 등의 지급을 구하는 소는 여기에 포함되지 않는다. 한편, 민사소송법(제13조)의 해석상 '항해에 관한 소'는 선박을 항해에 제공하는 것에 의하여 생기는 일체의 권리의무관계에 관한 소이다(석광현, 85면).

45 **상법 제865조(공동해손의 요건)** 선박과 적하의 공동위험을 면하기 위한 선장의 선박 또는 적하에 대한 처분으로 인하여 생긴 손해 또는 비용은 공동해손으로 한다.

V 해난구조[46]에 관한 소의 특별관할

제93조 【해난구조에 관한 소의 특별관할】 ☆신설

해난구조에 관한 소는 다음 각 호의 어느 하나에 해당하는 곳이 대한민국에 있는 경우 법원에 제기할 수 있다

1. 해난구조가 있었던 곳
2. 구조된 선박이 최초로 도착한 곳
3. 구조된 선박이 압류등이 된 곳

제2절 준거법

I 해상

8·9회

제94조 【해상】 해상에 관한 다음 각 호의 사항은 선적국법에 따른다.

1. 선박의 소유권 및 저당권, 선박우선특권, 그 밖의 선박에 관한 물권
2. 선박에 관한 담보물권의 우선순위
3. 선장과 해원(海員)의 행위에 대한 선박소유자의 책임범위
4. 선박소유자등이 책임제한을 주장할 수 있는지 여부 및 그 책임제한의 범위
5. 공동해손
6. 선장의 대리권

1. 선적국법주의(제94조)

해상에 관한 제94조 제1호 내지 제6호의 사항은 선적국법에 따른다.

※ 편의치적의 경우

선적국은 선박의 등록국을 의미하고, 따라서 국제사법 규정에 따라 준거법이 선적국법인 경우 선박이 등록된 국가의 법이 준거법이 된다.

그런데 법적용상 이점 내지 세재상 혜택 등을 누리기 위하여 선박을 편의치적한 경우, 선박의 등록국은 선적만이 유일한 관련이라고 할 것이므로 준거법지정의 예외(제21조)가 문제된다.

---

46 **상법 제882조(해난구조의 요건)** 항해선 또는 그 적하 그 밖의 물건이 어떠한 수면에서 위난에 조우한 경우에 의무 없이 이를 구조한 자는 그 결과에 대하여 상당한 보수를 청구할 수 있다. 항해선과 내수항행선 간의 구조의 경우에도 또한 같다.

판례(대법원 2014. 11. 27.자 2014마1099 결정)

선박우선특권[47]의 성립 여부와 일정한 채권이 선박우선특권에 의하여 담보되는지 여부 및 선박우선특권이 미치는 대상의 범위는 국제사법 제60조(개정 후 제94조) 제1호에 따라 선적국(선적국)의 법, 즉 선박소유자가 선박의 등기·등록을 한 곳이 속한 국가의 법이 준거법이 되는 것이고, 이러한 법리는 선박이 나용선등록제도에 따라 선적국이 아닌 국가에 나용선등록이 되어 있는 경우에도 마찬가지이다.

2. 반정의 불허(제22조 제2항 제5호)

제22조 【외국법에 따른 대한민국 법의 적용】
① 이 법에 따라 외국법이 준거법으로 지정된 경우에 그 국가의 법에 따라 대한민국 법이 적용되어야 할 때에는 대한민국의 법(준거법의 지정에 관한 법규는 제외한다)에 따른다.
② 다음 각 호의 어느 하나에 해당하는 경우에는 제1항을 적용하지 아니한다.
5. 제94조에 따라 선적국법이 지정되는 경우

Ⅱ 선박충돌

9회

제95조 【선박충돌】
① 개항(開港)·하천 또는 영해에서의 선박충돌에 관한 책임은 그 충돌지법에 따른다.
② 공해에서의 선박충돌에 관한 책임은 각 선박이 동일한 선적국에 속하는 경우에는 그 선적국법에 따르고, 각 선박이 선적국을 달리하는 경우에는 가해선박의 선적국법에 따른다.

Ⅲ 해난구조

9회

제96조 【해난구조[48]】
해난구조로 인한 보수청구권은 그 구조행위가 영해에서 있는 경우에는 행위지법에 따르고, 공해에서 있는 때에는 구조한 선박의 선적국법에 따른다.

---

47 법정채권을 가지는 채권자가 선박과 그 속구와 부속물로부터 다른 채권자에 우선하여 변제를 받을 수 있는 해상법상의 담보권.

48 **상법 제882조(해난구조의 요건)** 항해선 또는 그 적하 그 밖의 물건이 어떠한 수면에서 위난에 조우한 경우에 의무 없이 이를 구조한 자는 그 결과에 대하여 상당한 보수를 청구할 수 있다. 항해선과 내수항행선 간의 구조의 경우에도 또한 같다.

부칙 〈법률 제18670호, 2022. 1. 4.〉

제1조【시행일】
이 법은 공포 후 6개월이 경과한 날부터 시행한다.

제2조【계속 중인 사건의 관할에 관한 경과조치】
이 법 시행 당시 법원에 계속 중인 사건의 관할에 대해서는 종전의 규정에 따른다.

제3조【준거법 적용에 관한 경과조치】
이 법 시행 전에 생긴 사항에 적용되는 준거법에 대해서는 종전의 규정에 따른다. 다만, 이 법 시행 전후에 계속(繼續)되는 법률관계에 대해서는 이 법 시행 이후의 법률관계에 대해서만 이 법의 규정을 적용한다.

02부

국제물품매매계약에 관한 국제연합 협약

국제물품매매계약에 관한 국제연합 협약

(United Nations Convention on Contracts for the International Sale of Goods)

[발효일 1988. 1. 1] [다자조약, 제1711호, 2005. 2. 28]

◇ 국제물품매매계약에 관한 국제연합 협약의 성립

> 협약 전문(前文)
>
> 이 협약의 당사국은, 신국제경제질서의 수립에 관하여 국제연합총회의 제6차 특별회의에서 채택된 결의의 광범한 목적에 유념하고, 평등과 상호이익을 기초로 한 국제거래의 발전이 국가간의 우호관계를 증진하는 중요한 요소임을 고려하며, 국제물품매매계약을 규율하고 상이한 사회적·경제적 및 법적 제도를 고려한 통일규칙을 채택하는 것이 국제거래상의 법적 장애를 제거하는 데 기여하고 국제거래의 발전을 증진하는 것이라는 견해 하에, 다음과 같이 합의하였다.

국제물품매매계약에 관한 국제연합 협약[1]은 '국제물품매매계약을 규율하는 통일규칙'으로 1980년 UN이 비엔나에서 개최한 외교회의에서 채택하여 1988. 1. 1. 발효되었고, 우리나라는 2004. 2. 17. 가입하여 2005. 3. 1. 발효되었다. 현재는 미국, 중국, EU, 러시아 등 주요 무역국 대부분이 가입하여 국제거래의 상당 부분이 이 협약의 적용을 받고 있다.

◇ 국제물품매매계약에 관한 국제연합 협약의 성격

협약은 국제물품매매계약을 규율하는 통일법이자 국제물품매매계약에 적용되는 실체법이고, 민법과 상법의 특별법으로서의 지위를 가진다.

1 본서에서는 이를 '협약'이라고만 칭한다.

◇ 국제물품매매계약에 관한 국제연합 협약의 조문구조

편		장		절		조문
1	적용 범위와 총칙	1	적용범위			1~6
		2	총칙			7~13
2	계약의 성립					14~24
3	물품의 매매	1	총칙			25~29
		2	매도인의 의무			30
				1	물품의 인도와 서류의 교부	31~34
				2	물품의 적합성과 제3자의 권리주장	35~44
				3	매도인의 계약 위반에 대한 구제	45~52
		3	매수인의 의무			53
				1	대금의 지급	54~59
				2	인도의 수령	60
				3	매수인의 계약 위반에 대한 구제	61~65
		4	위험의 이전			66~70
		5	매도인과 매수인의 의무에 공통되는 규정	1	이행이전의 계약위반과 분할인도계약	71~73
				2	손해배상액	74~77
				3	이자	78
				4	면책	79~80
				5	해제의 효력	81~84
				6	물품의 보관	85~88
4	최종규정					89~101

1

적용범위와 총칙

제1장 | 적용범위

제1절 협약의 적용요건 빈출

제1조

(1) 이 협약은 다음의 경우에, 영업소가 서로 다른 국가에 있는 당사자 간의 물품매매계약에 적용된다.
  (가) 해당 국가가 모두 체약국인 경우, 또는
  (나) 국제사법 규칙에 의하여 체약국법이 적용되는 경우

(2) 당사자가 서로 다른 국가에 영업소를 가지고 있다는 사실은, 계약으로부터 또는 계약체결 전이나 그 체결시에 당사자간의 거래나 당사자에 의하여 밝혀진 정보로부터 드러나지 아니하는 경우에는 고려되지 아니한다.

(3) 당사자의 국적 또는 당사자나 계약의 민사적·상사적 성격은 이 협약의 적용 여부를 결정하는 데에 고려되지 아니한다.

Ⅰ 협약 적용의 공통요건(제1조 제1항)

협약은 ① 영업소가 서로 다른 국가에 있는 당사자 간의(국제성), ② 물품 ③ 매매계약에 대하여 ④ 협약 제6조에 따른 협약 적용 배제 합의가 없는 경우에 적용된다.

1. 국제성

협약의 적용대상인 물품매매계약은 '영업소가 서로 다른 국가에 있는 당사자 간의 계약'이어야 하고, 이때 당사자가 이러한 국제성을 인식할 가능성이 있어야 한다.

가. 영업소

영업소란 '일정 기간 지속적으로 활동하며 일정 부분에 대해 독자적 권한을 가진 영업장소'로 당사자가 하나의 영업소를 가진 경우, 국제성 판단에 있어 당사자의 영업소를 곧바로 특정하면 되지만, 영업소가 둘 이상이거나 영업소를 가지고 있지 아니한 경우에는 제10조에 따라 영업소를 특정한 뒤 국제성 및 국제성에 대한 인식가능성을 판단하여야 한다.

제10조 이 협약의 적용상
(가) 당사자 일방이 둘 이상의 영업소를 가지고 있는 경우에는, 계약체결 전이나 그 체결시에 당사자 쌍방에 알려지거나 예기된 상황을 고려하여 계약 및 그 이행과 가장 밀접한 관련이 있는 곳이 영업소로 된다.
(나) 당사자 일방이 영업소를 가지고 있지 아니한 경우에는 그의 상거소를 영업소로 본다.

나. 국제성의 인식가능성(제1조 제2항) : 계약으로부터 또는 계약 체결 전이나 그 체결시에 당사자 간의 거래나 당사자에 의하여 밝혀진 정보로부터 '당사자가 서로 다른 국가에 영업소를 가지고 있다는 사실'이 드러나지 아니하는 경우, 협약이 적용됨을 예상할 수 없었던 당사자의 신뢰를 보호하기 위하여 국제성이 인정되지 않는다.

2. 물품성

협약이 적용되는 매매계약은 '물품'에 관한 것이어야 한다.[2]

3. 매매계약

가. 협약의 적용 대상

1) 협약은 물품 '매매계약'에 대하여 적용된다(제1조).
2) 제조물공급계약의 경우(제3조 제1항)

제3조
(1) 물품을 제조 또는 생산하여 공급하는 계약은 이를 매매로 본다. 다만, 물품을 주문한 당사자가 그 제조 또는 생산에 필요한 재료의 중요한 부분을 공급하는 경우에는 그러하지 아니하다.

물품을 제조 또는 생산하여 공급하는 계약은 매매로 보지만, 물품을 주문한 당사자가 제조 또는 생산에 필요한 재료의 중요한 부분을 공급하는 경우에는 매매계약으로 보지 아니한다.

2 물품에 대해서는 협약이 정의된 바가 없으므로, 제7조 제1항의 해석원칙에 따라 독자적으로 해석되어야 할 것이다. 다만, 물품이란 보통 유체물인 동산을 말하고, 따라서 부동산이나 권리(채권, 지식재산권)에 대한 매매에는 협약이 적용되지 아니한다(법무부, 15면).

나. 협약이 적용되지 않는 경우

1) 협약 적용이 제외되는 매매(제2조)

제2조
이 협약은 다음의 매매에는 적용되지 아니한다.
(가) 개인용·가족용 또는 가정용으로 구입된 물품의 매매
다만, 매도인이 계약체결 전이나 그 체결시에 물품이 그와 같은 용도로 구입된 사실을 알지 못하였고, 알았어야 했던 것도 아닌 경우에는 그러하지 아니하다.
(나) 경매에 의한 매매
(다) 강제집행 그 밖의 법령에 의한 매매
(라) 주식, 지분, 투자증권, 유통증권 또는 통화의 매매
(마) 선박, 소선(小船), 부선(浮船), 또는 항공기의 매매
(바) 전기의 매매

2) 물품을 주문한 당사자가 제조 또는 생산에 필요한 재료의 중요한 부분을 공급하는 제조물공급계약의 경우(제3조 제1항 단서)

물품을 주문한 당사자가 제조 또는 생산에 필요한 재료의 중요한 부분을 공급하는 경우에는 '도급'적 성격이 강하므로 매매계약으로 보지 아니한다.

이때 재료의 '중요한' 부분이 어느 정도를 의미하는가는 분명하지 아니하나, 일반적으로 물품을 만들기 위해 제공되어야 하는 재료의 '실질적 부분'인지 및 양 당사자가 제공하는 재료의 가치를 비교하여 정하여야 하며, 판단시점은 계약체결시로 본다.[3]

3) 노무 또는 그 밖의 서비스 공급계약(제3조 제2항)

제3조
(2) 이 협약은 물품을 공급하는 당사자의 의무의 주된 부분이 노무 그 밖의 서비스의 공급에 있는 계약에는 적용되지 아니한다.

노무 또는 그 밖의 서비스(용역) 공급을 주된 부분으로 하는 물품공급계약에는 협약이 적용되지 않으나, 물품공급을 주된 내용으로 하는 매매계약이라면 노무 또는 서비스(용역) 공급을 포함하더라도 협약이 적용된다.

이때 '주된' 부분이 어느 정도를 의미하는가는 분명하지 아니하나, 양 당사자가 이행하는 의무의 가치 및 당사자 이익을 고려하여 정하며, 그 비율이 50%를 넘을 때 주된 부분에 해당하는 것으로 본다.

---

3 법무부, 24면,

4. 협약 적용을 배제하는 합의가 없을 것(제6조)

협약이 적용되기 위해서는 당사자 간에 협약 적용을 배제하기로 하는 합의가 없어야 한다.

제6조
당사자는 이 협약의 적용을 배제할 수 있고, 제12조에 따를 것을 조건으로 하여 이 협약의 어떠한 규정에 대하여도 그 적용을 배제하거나 효과를 변경할 수 있다.

가. 협약 적용 배제 합의

당사자는 합의에 의하여 협약의 적용을 배제할 수 있고, 배제의 의사는 명시적인 경우뿐만 아니라 묵시적인 경우에도 인정된다.

다만, '협약 배제의 의사를 명시하지 아니하고, 합의로 준거법을 지정하는 것'만으로는 협약 배제 합의로 인정되기 어렵다.[4]

나. 협약 일부 규정에 대한 적용 배제 및 효과 변경

당사자들은 협약의 적용 자체를 배제하는 합의뿐만 아니라 일부 규정의 적용만을 배제하거나 그 효과를 변경하는 합의를 할 수 있다.

다만, 이때에도 제12조와 같은 강행규정은 배제하거나 변경할 수 없다.[5]

즉, 매매계약의 체결 또는 입증에 서면을 요구하는 체약국(제96조에 따라 유보선언을 한 체약국)에 영업소를 가지고 있는 경우, 매매계약, 합의에 의한 매매계약의 변경이나 종료, 청약·승낙 그 밖의 의사표시를 서면 이외의 방법으로 할 수 있도록 허용하는 이 협약 제11조, 제29조 또는 제2편이 적용되지 아니하고, 이를 배제하거나 효과를 변경하는 것으로 합의할 수 없다.

---

4 묵시적 배제가 인정되기 위해서는 그러한 당사자 의사가 분명해야 할 것이다. 예컨대, CISG에 대한 명시적인 배제없이 당사자간의 합의로 준거법만을 지정하는 경우에는 CISG에 대한 묵시적인 배제가 인정될 가능성이 있을 것이다. 특히, 그 지정된 준거법이 비체약국의 법인 경우에 그렇다. 그러나, 지정된 준거법이 체약국의 법인 경우에는 CISG의 적용을 배제한다는 당사자간의 의사가 보이지 않는 한 CISG의 적용은 배제 되지 않고 오히려 적용된다고 보는 것이 옳다. CISG 역시 체약국법의 일부이기 때문이다(법무부, 24면).

5 이 점에 대하여 제6조는 '제12조에 따를 것을 조건으로 하여' 협약 규정의 적용을 배제하거나 효과를 변경할 수 있다고 규정하고 있는 것이다.

제12조
매매계약, 합의에 의한 매매계약의 변경이나 종료, 청약·승낙 그 밖의 의사표시를 서면 이외의 방법으로 할 수 있도록 허용하는 이 협약 제11조, 제29조 또는 제2편은 당사자가 이 협약 제96조에 따라 유보선언을 한 체약국에 영업소를 가지고 있는 경우에는 적용되지 아니한다. 당사자는 이 조를 배제하거나 그 효과를 변경할 수 없다.

제96조
그 국가의 법률상 매매계약의 체결 또는 입증에 서면을 요구하는 체약국은 제12조에 따라 매매계약, 합의에 의한 매매계약의 변경이나 종료, 청약, 승낙 기타의 의사표시를 서면 이외의 방법으로 하는 것을 허용하는 이 협약 제11조, 제29조 또는 제2편의 어떠한 규정도 당사자 일방이 그 국가에 영업소를 가지고 있는 경우에는 적용하지 아니한다는 취지의 선언을 언제든지 행할 수 있다.

5. 당사자의 국적 또는 당사자나 계약의 민사적·상사적 성격은 이 협약의 적용 여부를 결정하는 데에 고려되지 아니한다(제1조 제3항).

Ⅱ 장소적 적용요건(직접적용·간접적용) 빈출

1. **직접적용**(제1조 제1항 가호)

가. 해당 국가가 모두 체약국인 경우 협약이 직접 적용된다.

나. 단, 제92조와 제93조에 따른 유보선언을 한 국가이면, 유보선언이 적용되는 편에 의하여 규율되는 사항에 대하여는 체약국으로 보지 아니한다. 즉, 일방의 국가가 협약 제92조 제1항에 따라 협약 제2편(계약의 성립) 또는 제3편(물품의 매매)에 구속되지 아니한다는 선언을 한 경우, 그 국가는 제2편, 제3편에 규율되는 사항에 관하여는 체약국으로 보지 아니하므로 협약이 직접 적용될 수 없다.

제92조
(1) 체약국은 서명, 비준, 수락, 승인 또는 가입시에 이 협약 제2편 또는 제3편에 구속되지 아니한다는 취지의 선언을 할 수 있다.
(2) 제1항에 따라 이 협약 제2편 또는 제3편에 관하여 유보선언을 한 체약국은, 그 선언이 적용되는 편에 의하여 규율되는 사항에 관하여는 이 협약 제1조 제1항에서 말하는 체약국으로 보지 아니한다.

판례(대법원 2024. 3. 12. 선고 2023다288772 판결)

우리나라가 가입한 국제조약은 일반적으로 민법이나 상법 또는 국제사법보다 우선적으로 적용된다. 중화인민공화국과 대한민국은 모두 '국제물품매매계약에 관한 국제연합 협약'(이하 '매매협약'이라 한다)에 가입하였으므로, 중화인민공화국과 대한민국 당사자 사이의 물품매매계약에 관하여는 매매협약 제1조 제1항에 따라 위 협약이 우선 적용된다. 다만 매매협약이 그 적용을 배제하거나 규율하고 있지 않은 사항에 해당하는 법률관계에 대해서는 법정지 국제사법에 따라 결정되는 준거법이 적용된다. 매매협약은 국제물품매매계약의 성립, 매도인과 매수인의 의무, 위험의 이전 및 손해배상 범위 등에 관하여 규율하고 있으나 당사자의 권리능력, 행위능력과 대리권 등 매매계약의 유효성에 영향을 미치는 사항에 관하여는 규율하고 있지 않다. 따라서 대리권의 수여, 존부, 내용 및 범위와 소멸 등 대리를 둘러싼 법률관계에 대해서는 법정지인 우리나라 국제사법에 따라 결정되는 준거법이 적용되어야 한다.

2. **간접적용**(제1조 제1항 나호)

가. 영업소가 소재하는 두 국가가 모두 체약국이 아니거나 한 국가만 체약국인 경우에는 협약이 적용될 수 없으므로 법정지 국제사법에 따라 준거법을 정하게 되는데, 법정지의 국제사법 규칙에 의하여 지정된 준거법이 체약국법인 경우, 협약이 간접 적용된다.

예컨대, 매도인(영업소 : 체약국A 소재)이 매수인(영업소 : 비체약국B 소재)을 상대로 A국에 물품대금청구의 소를 제기하였는데, A국 국제사법 규정에 따라 체약국인 A국법이 적용되는 경우 협약이 간접적용된다.

나. 단, 국제사법 규정에 따라 지정된 체약국이 협약 제95조에 따라 유보선언을 한 경우 협약이 간접적용될 수 없다.

제95조
어떤 국가든지 비준서, 수락서, 승인서 또는 가입서를 기탁할 때, 이 협약 제1조 제1항 (나)호에 구속되지 아니한다는 취지의 선언을 행할 수 있다.

다. 따라서 협약이 간접 적용되기 위해서는 ① 영업소가 소재하는 두 국가가 모두 체약국이 아니거나 한 국가만 체약국일 것, ② 법정지 국제사법에 의하여 체약국법이 적용되는 경우일 것, ③ 그 체약국이 제95조에 의한 유보를 하지 않았을 것의 요건을 충족하여야 한다.

제2절 협약의 적용 배제

Ⅰ 계약의 유효성 및 물품 소유권에 대한 계약의 효력에 대한 적용 배제

제4조
이 협약은 매매계약의 성립 및 그 계약으로부터 발생하는 매도인과 매수인의 권리의무만을 규율한다. 이 협약에 별도의 명시규정이 있는 경우를 제외하고, 이 협약은 특히 다음과 관련이 없다.
(가) 계약이나 그 조항 또는 관행의 유효성
(나) 매매된 물품의 소유권에 관하여 계약이 미치는 효력

Ⅱ 제조물책임에 대한 적용 배제

제5조
이 협약은 물품으로 인하여 발생한 사람의 사망 또는 상해에 대한 매도인의 책임에는 적용되지 아니한다.

제5조에 따라 ① 물품으로 인하여 발생한 ② 사람의 사망 또는 상해에 대한 매도인의 책임 즉, 제조물책임에는 협약이 적용되지 않는다.

이때 인적 손해의 피해자는 매수인에 한정되지 않으며 제3자도 포함된다.[6]

한편, 협약의 적용을 배제하는 것을 '인적 손해'에 대한 매도인의 책임에 한정하고 있으므로 '물적 손해'에 대해서는 협약이 적용된다고 보아야 한다.

---

6 매수인이 구입한 물품을 다시 최종소비자가 구입하여 소비하던 중 그 물품에 의해 생명·신체의 침해가 발생하였고, 이 손해를 배상해 준 매수인이 구상권을 행사하여 매도인에게 자기의 재산손해에 대한 배상을 청구하는 경우에도 이것은 인적손해로 보아 협약이 적용되지 않는다(법무부, 21면).

제2장 | 총칙

I 협약의 해석

제7조

(1) 이 협약의 해석에는 그 국제적 성격 및 적용상의 통일과 국제거래상의 신의 준수를 증진할 필요성을 고려하여야 한다.

(2) 이 협약에 의하여 규율되는 사항으로서 협약에서 명시적으로 해결되지 아니하는 문제는, 이 협약이 기초하고 있는 일반원칙,[7] 그 원칙이 없는 경우에는 국제사법 규칙에 의하여 적용되는 법에 따라 해결되어야 한다.

판례(대법원 2025. 3. 27. 선고 2021다242185 판결)

우리나라가 가입한 국제조약은 일반적으로 민법이나 상법 또는 국제사법보다 우선적으로 적용된다. 국제물품매매계약에 관한 국제연합 협약[United Nations Convention on Contracts for the International Sale of Goods(Vienna, 1980)(“CISG”), 이하 ‘매매협약’이라 하고, 조문에 달리 표시가 없으면 매매협약의 조문을 의미한다] 제1조 제1항에 따르면 매매협약은 해당 국가가 모두 체약국인 경우(제1호) 또는 국제사법 규칙에 따라 체약국법이 적용되는 경우(제2호)에 영업소가 다른 국가에 소재한 당사자 간의 물품매매계약에 적용되고, 제3조 제1항에서는 물품을 제조 또는 생산하여 공급하는 계약도 매매로 본다고 규정하고 있다.

매매협약은, 협약의 목적에 비추어 당사자의 진술과 그 밖의 행위는 상대방이 그 당사자의 의도를 알았거나 모를 수 없었던 경우에는 그 당사자의 의도에 따라 해석되어야 하고(제8조 제1항), 위 조항의 적용이 없을 경우 당사자의 진술 그 밖의 행위는 상대방과 동일한 부류의 합리적인 사람이 동일한 상황에서 이해하였을 바에 따라 해석되어야 하며(제8조 제2항), 당사자의 의도나 합리적인 사람이 이해하였을 바를 결정할 때에는 당사자들의 협상, 당사자들 사이 확립된 관행 및 관례, 후속 행위 등 관련된 모든 사정을 적절히 고려하여야 한다고 정한다(제8조 제3항).

한편 매매협약에 따라 규율되지만 매매협약에서 명시적으로 해결되지 아니하는 사항(이른바 ‘내적흠결’을 말한다)에 해당하는 법률관계에 대해서는 매매협약이 기초하고 있는 일반원칙의 적용이 우선적으로 고려되어야 하고, 그러한 일반원칙이 없는 경우 비로소 법정지 국제사법에 따라 결정된 준거법이 적용된다(제7조 제2항). 매매협약이 그 적용을 배제하거나 규율하고 있지 않은 사항(이른바 ‘외적흠결’을 말한다)에 해당하는 법률관계에 대해서는 법정지 국제사법에 따라 결정되는 준거법이 적용된다.

---

7 흔히 제시되는 일반원칙은 다음과 같다. 당사자 의사의 우선(제6조), 신의칙(제7조), 관행의 존중(제9조), 의사표시나 행태의 객관적 해석(제8조), 방식의 자유(제11조), 계약유지의 우선(제47조 내지 제49조, 제51조, 제63조, 제64조), 신뢰보호(제16조 제2항, 제29조 제2항), 입증 원칙(제79조 제1항) 등이다(법무부, 28면).

Ⅱ 당사자의 진술·행위의 해석

제8조

(1) 이 협약의 적용상, 당사자의 진술 그 밖의 행위는 상대방이 그 당사자의 의도를 알았거나 모를 수 없었던 경우에는 그 의도에 따라 해석되어야 한다.

(2) 제1항이 적용되지 아니하는 경우에 당사자의 진술 그 밖의 행위는, 상대방과 동일한 부류의 합리적인 사람이 동일한 상황에서 이해하였을 바에 따라 해석되어야 한다.

(3) 당사자의 의도 또는 합리적인 사람이 이해하였을 바를 결정함에 있어서는 교섭, 당사자간에 확립된 관례, 관행 및 당사자의 후속 행위를 포함하여 관련된 모든 사항을 적절히 고려하여야 한다.

Ⅲ 관행 및 관례의 구속력

제9조

(1) 당사자는 합의한 관행과 당사자간에 확립된 관례에 구속된다.

(2) 별도의 합의가 없는 한, 당사자가 알았거나 알 수 있었던 관행으로서 국제거래에서 당해 거래와 동종의 계약을 하는 사람에게 널리 알려져 있고 통상적으로 준수되고 있는 관행은 당사자의 계약 또는 그 성립에 묵시적으로 적용되는 것으로 본다.

Ⅳ 계약 방식의 자유 5회

제11조

매매계약은 서면에 의하여 체결되거나 입증될 필요가 없고, 방식에 관한 그 밖의 어떠한 요건도 요구되지 아니한다. 매매계약은 증인을 포함하여 어떠한 방법에 의하여도 입증될 수 있다.

협약 제11조는 계약 방식 자유의 원칙을 규정하고, 입증의 경우에도 그 형태 및 수단에 제한이 없음을 규정하고 있다.

단, 협약 제11조는 강행규정이 아니므로 제6조가 규정하는 당사자 자치 원칙에 따라 적용의 배제가 가능하다. 따라서 당사자는 제11조의 적용을 배제하고 서면에 의하여 계약을 체결하는 것으로 합의하는 것이 가능하다.

Ⅴ 제96조 유보선언의 효과 5회

제12조

매매계약, 합의에 의한 매매계약의 변경이나 종료, 청약·승낙 그 밖의 의사표시를 서면 이외의 방법으로 할 수 있도록 허용하는 이 협약 제11조, 제29조 또는 제2편은 당사자가 이 협약 제96조에 따라 유보선언을 한 체약국에 영업소를 가지고 있는 경우에는 적용되지 아니한다. 당사자는 이 조를 배제하거나 그 효과를 변경할 수 없다.

1. 협약 제96조

제96조
그 국가의 법률상 매매계약의 체결 또는 입증에 서면을 요구하는 체약국은 제12조에 따라 매매계약, 합의에 의한 매매계약의 변경이나 종료, 청약, 승낙 기타의 의사표시를 서면 이외의 방법으로 하는 것을 허용하는 이 협약 제11조, 제29조 또는 제2편의 어떠한 규정도 당사자 일방이 그 국가에 영업소를 가지고 있는 경우에는 적용하지 아니한다는 취지의 선언을 언제든지 행할 수 있다.

국가의 법률상 매매계약의 체결 또는 입증에 서면을 요구하는 체약국은 협약 제96조에 따른 유보선언을 할 수 있다.

2. 협약 제96조 유보선언의 효과(제12조 1문)

당사자가 이 협약 제96조에 따라 유보선언을 한 체약국에 영업소를 가지고 있는 경우, 협약 제12조에 따라 매매계약, 합의에 의한 매매계약의 변경이나 종료, 청약·승낙 그 밖의 의사표시를 서면 이외의 방법으로 할 수 있도록 허용하는 이 협약 제11조, 제29조 또는 제2편은 적용되지 아니한다.

따라서 제96조 유보선언에 의하여 적용이 배제되는 경우, 적용이 배제된 규정이 정하고 있는 방식의 문제에는 법정지의 국제사법에 의해 지정된 준거법에 따라 해결된다.

3. 강행규정(제12조 2문)

협약은 원칙적으로 임의 규정이라고 할 것이나, 제12조 제2문은 '당사자는 이 조를 배제하거나 그 효과를 변경할 수 없다'고 하여 제12조가 강행규정임을 명시하고 있다.

Ⅵ 서면의 범위

제13조
이 협약의 적용상 『서면』에는 전보와 텔렉스가 포함된다.

02

계약의 성립

제1장 | 청약

I 청약의 요건

1·13회

제14조

(1) 1인 또는 그 이상의 특정인에 대한 계약체결의 제안은 충분히 확정적이고, 승낙시 그에 구속된다는 청약자의 의사가 표시되어 있는 경우에 청약이 된다. 제안이 물품을 표시하고, 명시적 또는 묵시적으로 수량과 대금을 지정하거나 그 결정을 위한 조항을 두고 있는 경우에, 그 제안은 충분히 확정적인 것으로 한다.

(2) 불특정 다수인에 대한 제안은 제안자가 반대 의사를 명확히 표시하지 아니하는 한, 단지 청약의 유인으로 본다.

협약상 '청약'은 ① 1인 또는 그 이상의 특정인에 대한 계약 체결의 제안이 ② 충분히 확정적이고 ③ 승낙시 그에 구속된다는 청약자의 의사가 표시되어 있는 경우에 성립한다.

1. 특정인에 대한 의사표시

청약은 1인 또는 그 이상의 특정인에게 계약체결의 제안이 이루어진 경우 성립하고, 불특정 다수인에 대한 계약체결의 제안은 제안자가 반대 의사를 명확히 표시하지 아니하는 한 단지 청약의 유인으로 본다(제14조 제2항).[8]

2. 내용의 확정성

청약의 내용은 충분히 확정적이어야 하는데, 확정성의 기준에 대해서는 협약 제14조 제1항 제2문이 '제안이 물품을 표시하고, 명시적 또는 묵시적으로 수량과 대금을 지정하거나 그 결정을 위한 조항을 두고 있는 경우에, 그 제안은 충분히 확정적인 것으로 한다'고 하여 ① 목적물의 특정 ② 수량과 ③ 대금의 지정에 대한 내용이 있는지 여부를 기준으로 청약의 내용이 확정적인지를 판단한다고 정하고 있다.

8 즉, 불특정인에 대한 제안이라도 청약자가 청약의 유인이 아닌 청약임을 명확히 표시하면(제안자의 반대 의사 표시) '청약'으로 본다.

◇ 협약 제14조와 제55조의 관계

협약 제14조 제1항 제2문은 '청약은 명시적 또는 묵시적으로 대금을 지정하거나 그 결정을 위한 조항을 두고 있어야 한다'고 규정하는 반면, 제55조는 '계약이 유효하게 성립되었으나 그 대금을 명시적 또는 묵시적으로 정하고 있지 아니하거나 이를 정하기 위한 조항을 두지 아니한 경우에는, 당사자는 반대의 표시가 없는 한, 계약 체결시에 당해 거래와 유사한 상황에서 매도되는 그러한 종류의 물품에 대하여 일반적으로 청구되는 대금을 묵시적으로 정한 것으로 본다'고 규정하여 그 내용이 서로 모순되는 문제가 있다.[9]

위 규정의 해석에 대하여 견해가 대립하나, 제14조를 임의 규정으로 이해하고, 제14조가 임의규정인 이상 당사자 간에 가격을 정하지 않았더라도 계약을 성립시키고자 의도한 경우 계약은 유효하게 성립되었으므로 이때 가격을 정하는 문제에 대해 제55조가 적용된다고 해석하는 견해가 유력하다.[10]

3. 승낙 시 구속된다는 청약자의 의사 표시

청약에는 승낙자가 승낙을 하면 그에 구속된다는 청약자의 의사가 표시되어야 한다.

Ⅱ 청약의 효력발생시기와 회수

13회

제15조
(1) 청약은 상대방에게 도달한 때에 효력이 발생한다.
(2) 청약은 철회될 수 없는 것이더라도, 회수의 의사표시가 청약의 도달 전 또는 그와 동시에 상대방에게 도달하는 경우에는 회수될 수 있다.

1. 청약의 효력발생시기(제15조 제1항)

청약은 상대방에게 도달한 때에 효력이 발생한다.

2. 청약의 회수(제15조 제2항)

청약의 의사표시가 도달하기 전에 또는 도달함과 동시에 청약 회수의 의사표시가 도달

9 제14조 제1항에 따르면 대금이 명시적 또는 묵시적으로 지정되지 아니한 경우에 청약이 성립하지 않으므로 계약 역시 성립하지 아니하여야 하는데, 제55조는 대금이 명시적 또는 묵시적으로 정하고 있지 아니하거나 이를 정하기 위한 조항을 두지 아니한 경우에도 계약이 유효하게 성립된다는 것을 전제하고 있기 때문이다.

10 법무부, 44면.

하는 경우 청약은 회수되어 효력이 없고, 이는 청약이 철회될 수 없는 경우에도 동일하다.[11]

청약이 상대방에게 도달함으로써 효력이 발생한 이후에는 '회수'는 불가능하고, 제16조에 따른 '철회'만이 가능하다.

Ⅲ 청약의 철회

8회

제16조

(1) 청약은 계약이 체결되기까지는 철회될 수 있다. 다만, 상대방이 승낙의 통지를 발송하기 전에 철회의 의사표시가 상대방에게 도달되어야 한다.

(2) 그러나 다음의 경우에는 청약은 철회될 수 없다.

(가) 승낙기간의 지정 그 밖의 방법으로 청약이 철회될 수 없음이 청약에 표시되어 있는 경우, 또는

(나) 상대방이 청약이 철회될 수 없음을 신뢰하는 것이 합리적이고, 상대방이 그 청약을 신뢰하여 행동한 경우

1. 청약의 철회(제16조 제1항)

청약자는 청약의 의사표시가 상대방에게 도달한 이후부터 계약 체결 전까지 철회할 수 있다. 다만, 청약이 철회되기 위해서는 철회의 의사표시가 상대방이 승낙의 통지를 발송하기 전 상대방에게 도달하여야 한다.

2. 청약 철회의 제한(제16조 제2항)

아래의 경우에 청약은 철회될 수 없다.

가. 승낙 기간의 지정 그 밖의 방법으로 청약이 철회될 수 없음이 청약에 표시되어 있는 경우

나. 상대방이 청약이 철회될 수 없음을 신뢰하는 것이 합리적이고, 상대방이 그 청약을 신뢰하여 행동한 경우

Ⅳ 청약의 거절

제17조

청약은 철회될 수 없는 것이더라도, 거절의 의사표시가 청약자에게 도달한 때에는 효력을 상실한다.

---

11 즉, 철회될 수 없는 청약의 경우도 회수는 가능한 것이다.

제2장 | 승낙

I 승낙의 방법과 효력발생시기

9·10·11·13회

제18조

(1) 청약에 대한 동의를 표시하는 상대방의 진술 그 밖의 행위는 승낙이 된다. 침묵 또는 부작위는 그 자체만으로 승낙이 되지 아니한다.

(2) 청약에 대한 승낙은 동의의 의사표시가 청약자에게 도달하는 시점에 효력이 발생한다. 동의의 의사표시가 청약자가 지정한 기간 내에, 기간의 지정이 없는 경우에는 청약자가 사용한 통신수단의 신속성 등 거래의 상황을 적절히 고려하여 합리적인 기간 내에 도달하지 아니하는 때에는, 승낙은 효력이 발생하지 아니한다. 구두의 청약은 특별한 사정이 없는 한 즉시 승낙되어야 한다.

(3) 청약에 의하여 또는 당사자간에 확립된 관례나 관행의 결과로 상대방이 청약자에 대한 통지없이, 물품의 발송이나 대금지급과 같은 행위를 함으로써 동의를 표시할 수 있는 경우에는, 승낙은 그 행위가 이루어진 시점에 효력이 발생한다. 다만, 그 행위는 제2항에서 정한 기간 내에 이루어져야 한다.

1. **승낙의 개념**(제18조 제1항)

승낙은 청약에 대한 동의로 상대방에게 표시되어야 하고 그 표시가 전달되어야 하는데, 표시의 방법은 진술뿐만 아니라 행위에 의하여도 할 수 있다. 따라서 진술이 아닌 물품의 발송, 대금 지급, 물품의 수령, 신용장의 개설 등의 행위도 동의의 표시로서 승낙이 된다.

그러나 침묵 또는 부작위는 동의가 표시된 사실이 없는 것이므로 그 자체만으로 승낙이 되지 아니한다.

2. **승낙의 효력발생**(제18조 제2항) : **도달주의**

가. 청약에 대한 승낙은 동의의 의사표시가 청약자에게 도달하는 시점에 효력이 발생하고, 승낙이 효력을 발생하는 시점에 계약이 성립된다(제23조).

나. 승낙이 아래의 기간 내에 도달하지 아니한 경우에는 승낙의 효력이 발생하지 않는다.

1) 청약자가 지정한 기간이 있는 경우 : 그 지정한 기간 내

2) 기간의 지정이 없는 경우 : 청약자가 사용한 통신수단의 신속성 등 거래의 상황을

적절히 고려하여 합리적인 기간 내

3) **구두 청약의 경우** : 즉시(단, 특별한 사정이 있는 경우 예외로 한다)

3. 행위에 의한 승낙(제18조 제3항) : 도달을 요구하지 않는 승낙

아래의 요건을 갖춘 경우 승낙자는 청약자에 대한 통지 없이, 물품의 발송이나 대금 지급과 같은 행위를 함으로써 동의를 표시할 수 있고, 이때 승낙은 그 행위가 이루어진 시점에 효력이 발생한다.

가. 행위를 함으로써 동의를 표시할 수 있다는 점을 청약이 인정하고 있거나 당사자 간에 확립된 관례나 관행의 결과로 인정될 것

나. 제18조 제2항이 정하는 기간 내에 행위가 이루어질 것

Ⅱ 변경된 승낙

빈출

제19조

(1) 승낙을 의도하고 있으나, 부가, 제한 그 밖의 변경을 포함하는 청약에 대한 응답은 청약에 대한 거절이면서 또한 새로운 청약이 된다.

(2) 승낙을 의도하고 있고, 청약의 조건을 실질적으로 변경하지 아니하는 부가적 조건 또는 상이한 조건을 포함하는 청약에 대한 응답은 승낙이 된다. 다만, 청약자가 부당한 지체 없이 그 상위(相違)에 구두로 이의를 제기하거나 그러한 취지의 통지를 발송하는 경우에는 그러하지 아니하다. 청약자가 이의를 제기하지 아니하는 경우에는 승낙에 포함된 변경이 가하여진 청약 조건이 계약 조건이 된다.

(3) 특히 대금, 대금지급, 물품의 품질과 수량, 인도의 장소와 시기, 당사자 일방의 상대방에 대한 책임범위 또는 분쟁해결에 관한 부가적 조건 또는 상이한 조건은 청약 조건을 실질적으로 변경하는 것으로 본다.

1. 변경된 승낙[12]

원칙적으로, 승낙을 의도하고 있으나 부가, 제한 그 밖의 변경을 포함하는 청약에 대한 응답은 '변경된 승낙'으로서 청약에 대한 거절이자 새로운 청약이 된다.

---

12 청약자와 승낙자가 서로 다른 내용의 약관을 제시하거나 또는 청약의 내용과 다른 약관을 승낙자가 부가하는 경우에 소위 약관의 충돌이 있게 된다. 그러나 이 문제 역시 계약성립의 일반적인 문제라는 이유로 CISG에서 특별히 규정하지 않았으므로 변경된 승낙의 문제로서 제19조에 의해 해결될 것이다(법무부, 55면).

2. 청약의 조건을 실질적으로 변경하지 아니하는 변경된 승낙의 경우

가. 원칙 : 승낙을 의도하고 있고, 청약의 조건을 실질적으로 변경하지 아니하는 부가적 조건 또는 상이한 조건을 포함하는 청약에 대한 응답은 청약에 대한 '승낙'으로 보아, 승낙에 포함된 변경이 가하여진 청약조건을 계약조건으로 한 계약이 성립한다.

나. 예외 : 청약자가 부당한 지체없이 그 불일치에 대해 구두로 이의를 제기하거나 그러한 취지의 통지를 발송하는 경우 승낙이 되지 아니하여 계약이 성립하지 않는다.

3. 청약 조건을 실질적으로 변경하는 것으로 추정하는 경우(제19조 제3항)

대금, 대금지급, 물품의 품질과 수량, 인도의 장소와 시기, 당사자 일방의 상대방에 대한 책임범위 또는 분쟁해결에 관한 부가적 조건 또는 상이한 조건은 청약 조건을 실질적으로 변경하는 것으로 본다.

단, 제19조 제3항의 열거는 '추정'되는 경우의 예시에 해당할 뿐이므로 청약조건을 실질적으로 변경하는 경우에 해당하는지 여부는 사안에 따라 판단되어야 한다.

Ⅲ 승낙기간의 산정방법

제20조

(1) 청약자가 전보 또는 서신에서 지정한 승낙기간은 전보가 발송을 위하여 교부된 시점 또는 서신에 표시되어 있는 일자, 서신에 일자가 표시되지 아니한 경우에는 봉투에 표시된 일자로부터 기산한다. 청약자가 전화, 텔렉스 그 밖의 동시적 통신수단에 의하여 지정한 승낙기간은 청약이 상대방에게 도달한 시점으로부터 기산한다.

(2) 승낙기간 중의 공휴일 또는 비영업일은 기간의 계산에 산입한다. 다만, 기간의 말일이 청약자의 영업소 소재지의 공휴일 또는 비영업일에 해당하여 승낙의 통지가 기간의 말일에 청약자에게 도달될 수 없는 경우에는, 기간은 그 다음의 최초 영업일까지 연장된다.

청약자가 승낙 기간을 지정한 경우, 그 기간 내에 승낙의 의사표시가 도달하여야 승낙의 효력이 발생하는바, 제20조는 승낙기간의 산정 방법에 대하여 규정하고 있다.

한편, 앞서 살핀 바와 같이 청약자가 승낙 기간을 지정하지 아니한 경우에는 청약자가 사용한 통신수단의 신속성 등 거래의 상황을 적절히 고려하여 합리적인 기간 내에 구두 청약의 경우 특별한 사정이 있는 경우를 제외하고는 즉시 승낙이 이루어져야 승낙의 효력이 발생한다(제18조).

1. 승낙기간의 기산일(제20조 제1항)

가. **청약자가 전보 또는 서신에서 승낙기간을 지정한 경우** : 전보가 발송을 위하여 교부된 시점 또는 서신에 표시되어 있는 일자, 서신에 일자가 표시되지 아니한 경우에는 봉투에 표시된 일자로부터 기산

나. **청약자가 전화, 텔렉스 그 밖의 동시적 통신수단에 의하여 승낙기간을 지정한 경우** : 청약이 상대방에게 도달한 시점으로부터 기산

2. 공휴일·비영업일의 산입(제20조 제2항)

승낙기간 중의 공휴일 또는 비영업일은 기간의 계산에 산입한다. 다만, 기간의 말일이 청약자의 영업소 소재지의 공휴일 또는 비영업일에 해당하여 승낙의 통지가 기간의 말일에 청약자에게 도달될 수 없는 경우에는 그 다음의 최초 영업일까지 연장된다.

Ⅳ 연착된 승낙

제21조
(1) 연착된 승낙은 청약자가 상대방에게 지체 없이 승낙으로서 효력을 가진다는 취지를 구두로 통고하거나 그러한 취지의 통지를 발송하는 경우에는 승낙으로서의 효력이 있다.
(2) 연착된 승낙이 포함된 서신 그 밖의 서면에 의하여, 전달이 정상적이었다면 기간 내에 청약자에게 도달되었을 상황에서 승낙이 발송되었다고 인정되는 경우에는, 그 연착된 승낙은 승낙으로서의 효력이 있다. 다만, 청약자가 상대방에게 지체 없이 청약이 실효되었다는 취지를 구두로 통고하거나 그러한 취지의 통지를 발송하는 경우에는 그러하지 아니하다.

1. 원칙

연착된 승낙은 원칙적으로 승낙으로서 효력이 없다.

2. 예외

아래의 경우에는 예외적으로 승낙으로서의 효력이 있다.

가. 청약자가 상대방에게 지체 없이 승낙으로서 효력을 가진다는 취지를 구두로 통고하거나 그러한 취지의 통지를 발송하는 경우(제21조 제1항)

이때 승낙의 효력은 연착된 승낙의 도달 시에 발생하며, 따라서 계약도 도달시점에 성립하게 된다.

나. 연착된 승낙이 포함된 서신 그 밖의 서면에 의하여, 전달이 정상적이었다면 기간 내에 청약자에게 도달되었을 상황에서 승낙이 발송되었다고 인정되는 경우(제21조 제2항 본문)

단, 청약자가 상대방에게 지체 없이 청약이 실효되었다는 취지를 구두로 통고하거나 그러한 취지의 통지를 발송하는 경우 승낙으로서 효력이 없다(제21조 제2항 단서).

V 승낙의 회수

> **제22조**
> 승낙은 그 효력이 발생하기 전 또는 그와 동시에 회수의 의사표시가 청약자에게 도달하는 경우에는 회수될 수 있다.

승낙은 청약자에게 도달하기 전 또는 도달과 동시에 회수의 의사표시가 청약자에게 도달하는 경우 승낙이 회수되어 승낙의 효력이 없다.

다만, 효력 발생 후 철회가 인정되는 청약과는 달리 승낙은 효력발생시점에 계약이 성립하게 되므로 승낙의 철회는 인정되지 아니한다.

제3장 | 계약의 성립

Ⅰ 계약의 성립시기

제23조
계약은 청약에 대한 승낙이 이 협약에 따라 효력을 발생하는 시점에 성립된다.

계약은 청약에 대한 승낙이 제18조 제2항, 제3항에 따라 효력을 발생하는 시점에 성립된다.

참고

제18조

(2) 청약에 대한 승낙은 동의의 의사표시가 청약자에게 도달하는 시점에 효력이 발생한다. 동의의 의사표시가 청약자가 지정한 기간 내에, 기간의 지정이 없는 경우에는 청약자가 사용한 통신수단의 신속성 등 거래의 상황을 적절히 고려하여 합리적인 기간 내에 도달하지 아니하는 때에는, 승낙은 효력이 발생하지 아니한다. 구두의 청약은 특별한 사정이 없는 한 즉시 승낙되어야 한다.

(3) 청약에 의하여 또는 당사자간에 확립된 관례나 관행의 결과로 상대방이 청약자에 대한 통지없이, 물품의 발송이나 대금지급과 같은 행위를 함으로써 동의를 표시할 수 있는 경우에는, 승낙은 그 행위가 이루어진 시점에 효력이 발생한다. 다만, 그 행위는 제2항에서 정한 기간 내에 이루어져야 한다.

Ⅱ 의사표시의 도달

제24조
이 협약 제2편의 적용상, 청약, 승낙 그 밖의 의사표시는 상대방에게 구두로 통고된 때 또는 그 밖의 방법으로 상대방 본인, 상대방의 영업소나 우편주소에 전달된 때, 상대방이 영업소나 우편주소를 가지지 아니한 경우에는 그의 상거소에 전달된 때에 상대방에게 "도달"된다.

03

물품의 매매

제1장 총칙
제2장 매도인의 의무
제3장 매수인의 의무
제4장 위험의 이전
제5장 매도인과 매수인의 의무에 공통되는 규정

제1장 | 총칙

I 본질적 계약위반

빈출

제25조
당사자 일방의 계약위반은, 그 계약에서 상대방이 기대할 수 있는 바를 실질적으로 박탈할 정도의 손실을 상대방에게 주는 경우에 본질적인 것으로 한다. 다만, 위반 당사자가 그러한 결과를 예견하지 못하였고, 동일한 부류의 합리적인 사람도 동일한 상황에서 그러한 결과를 예견하지 못하였을 경우에는 그러하지 아니하다.

1. 본질적 계약위반의 요건

계약 위반으로 인하여 ① 계약의 상대방이 기대할 수 있는 바를 실질적으로 박탈할 정도의 손실을 상대방에게 주었고, ② 계약 위반 당사자가 그 결과를 예견하거나 예견할 수 있었던 경우에는 본질적 계약위반이 된다.

가. 본질적 계약 위반(제25조 본문)

당사자 일방의 계약위반은 그 계약에서 상대방이 기대할 수 있는 바를 실질적으로 박탈할 정도의 손실을 상대방에게 주는 경우 본질적 계약 위반에 해당하는데, 이때 계약 위반은 반드시 주된 의무의 위반일 필요는 없고, 부수적인 의무의 위반도 본질적 계약위반이 될 수 있다.

따라서 계약위반이 본질적인지 여부는 그 의무가 주된 의무인지 부수적인 의무인지에 따라 결정되는 것이 아니라, 구체적인 사안에 따라 위반의 정도(고의·과실 여부), 의무의 위반이 계약 전체의 목적 달성에 미치는 영향, 계약 위반으로 인한 피해 등을 종합적으로 고려하여 판단되어야 한다.

일반적으로 양 당사자의 종국적 의무 불이행·이행거절, 물품의 중대한 부적합 또는 물품에 대해 제3자의 권리주장이 있는 경우, 매수인의 경우 명백한 대금지급거절, 매수인의 신용장 개설 거절 등은 본질적 계약위반이 된다.[13]

판례(대법원 2013. 11. 28. 선고 2011다103977 판결)

'국제물품매매계약에 관한 국제연합 협약'(United Nations Convention on Contracts for the International Sale of Goods, 이하 '협약'이라고만 한다)에 의하면, 매수인은 계약과 협약에 따라 물품대금을 지급할 의무가 있고(제53조), 매수인의 대금지급의무에는 그 지급을 위하여 계약 또는 법령에서 정한 조치를 취하고 절차를 따르는 것이 포함된다(제54조). 그리고 당사자 일방의 계약위반이 그 계약에서 상대방이 기대할 수 있는 바를 실질적으로 박탈할 정도의 손실을 상대방에게 주는 경우 이는 본질적인 계약위반이 되며(제25조), 매도인은 계약 또는 협약상 매수인의 의무 불이행이 본질적인 계약위반으로 되는 경우 계약을 해제할 수 있다[제64조 제1항 제(가)호]. 따라서 <u>협약이 준거법으로 적용되는 국제물품매매계약에서 당사자가 대금의 지급을 신용장에 의하기로 한 경우 매수인은 계약에서 합의된 조건에 따라 신용장을 개설할 의무가 있고, 매수인이 단순히 신용장의 개설을 지체한 것이 아니라 계약에서 합의된 조건에 따른 신용장의 개설을 거절한 경우 이는 계약에서 매도인이 기대할 수 있는 바를 실질적으로 박탈하는 것으로서 협약 제25조가 규정한 본질적인 계약위반에 해당하므로, 매도인은 계약을 해제할 수 있다.</u>

나. 계약 위반자의 예견가능성(제25조 단서)

계약 위반자가 '계약체결 시' 그 결과를 예견했거나, 예견하지 못하였다고 하더라도 동일한 부류의 합리적인 사람이 동일한 상황에서 그러한 결과를 예견할 수 있었을 경우에는 본질적 계약위반이 인정된다.

2. 본질적 계약위반의 효과

본질적 계약위반은 계약위반자에 대한 계약해제권(제49조 제1항 가호, 제64조 제1항 가호), 대체물인도청구권(제46조 제2항)등을 행사할 수 있는 요건이 된다.

Ⅱ 계약해제의 의사표시

빈출

제26조
계약해제의 의사표시는 상대방에 대한 통지로 행하여진 경우에만 효력이 있다.

제26조는 계약의 해제는 본질적 계약위반이라는 해제사유가 발생하였을 때, 상대방에 대한 통지로 해제의 의사표시를 하여야만 계약해제가 이루어질 수 있음을 규정하고 있다.

13 물론 이 경우에도 구체적 사안에 따라 판단하여야 한다.

Ⅲ 통신 전달 중 지연·오류, 통신의 부도달

제27조
이 협약 제3편에 별도의 명시규정이 있는 경우를 제외하고, 당사자가 이 협약 제3편에 따라 상황에 맞는 적절한 방법으로 통지, 청구 그 밖의 통신을 한 경우에, 당사자는 통신의 전달 중에 지연이나 오류가 있거나 또는 통신이 도달되지 아니하더라도 그 통신을 주장할 권리를 상실하지 아니한다.

당사자가 이 협약 제3편에 따라 상황에 맞는 적절한 방법으로 통지, 청구 그 밖의 통신을 한 경우, 당사자는 통지가 지연되거나 도달하지 않은 경우에도 제 때 도달한 것으로 주장할 수 있다.

Ⅳ 법원의 특정이행 판결에 대한 재량권

제28조
당사자 일방이 이 협약에 따라 상대방의 의무이행을 요구할 수 있는 경우에도, 법원은 이 협약이 적용되지 아니하는 유사한 매매계약에 관하여 자국법에 따라 특정이행을 명하는 판결을 하여야 하는 경우가 아닌 한, 특정이행을 명하는 판결을 할 의무가 없다.

Ⅴ 계약의 변경·종료

제29조
(1) 계약은 당사자의 합의만으로 변경 또는 종료될 수 있다.
(2) 서면에 의한 계약에 합의에 의한 변경 또는 종료는 서면에 의하여야 한다는 규정이 있는 경우에, 다른 방법으로 합의 변경 또는 합의 종료될 수 없다. 다만, 당사자는 상대방이 자신의 행동을 신뢰한 한도까지는 그러한 규정을 원용할 수 없다.

1. 원칙

계약의 변경·종료에도 계약 방식의 자유 원칙(제11조)이 적용되어 당사자의 합의만으로 변경 또는 종료될 수 있는 것이 원칙이다.

2. 예외

가. ① 서면에 의한 계약에 ② 합의에 의한 변경 또는 종료는 서면에 의하여야 한다는 규정이 있는 경우에는 당사자 간의 구두 합의만으로는 계약을 변경·종료할 수 없다.

나. 다만, 상대방이 서면에 의하지 않고도 계약이 변경·종료가 합의된 것으로 인정될 만한 자신의 행동을 신뢰한 경우, 그 한도까지는 계약의 변경·종료 합의가 서면 방식에 의하여 함을 원용할 수 없다.

제2장 | 매도인의 의무

제30조
매도인은 계약과 이 협약에 따라 물품을 인도하고, 관련 서류를 교부하며 물품의 소유권을 이전하여야 한다.

제30조는 1) 물품인도의무 2) 서류교부의무 3) 소유권 이전 의무를 매도인의 의무로서 규정하고 있다. 다만, 소유권 이전의 방식 등은 국가마다 상이하므로 협약은 소유권 이전 의무만을 매도인의 의무로 규정하고 있을 뿐 소유권 이전자체의 문제에 대해서는 규율하지 아니한다(제4조 나호[14]).[15] 또한, 제30조는 매도인의 의무 중 중요한 의무 일부만을 나타낸 규정이다.

제1절 물품의 인도와 서류의 교부

I 물품의 인도

1. 물품인도의무

제31조
매도인이 물품을 다른 특정한 장소에서 인도할 의무가 없는 경우에, 매도인의 인도의무는 다음과 같다.
(가) 매매계약에 물품의 운송이 포함된 경우에는, 매수인에게 전달하기 위하여 물품을 제1운송인에게 교부하는 것.

---

14 **협약 제4조** : 이 협약은 매매계약의 성립 및 그 계약으로부터 발생하는 매도인과 매수인의 권리의무만을 규율한다. 이 협약에 별도의 명시규정이 있는 경우를 제외하고, 이 협약은 특히 다음과 관련이 없다.
(가) 계약이나 그 조항 또는 관행의 유효성
(나) 매매된 물품의 소유권에 관하여 계약이 미치는 효력

15 따라서 이 점에 대해서는 국제사법에 따라 지정되는 준거법에 의하여야 한다.

(나) (가)호에 해당되지 아니하는 경우로서 계약이 특정물에 관련되거나 또는 특정한 재고품에서 인출되는 불특정물이나 제조 또는 생산되는 불특정물에 관련되어 있고, 당사자 쌍방이 계약 체결시에 그 물품이 특정한 장소에 있거나 그 장소에서 제조 또는 생산되는 것을 알고 있었던 경우에는, 그 장소에서 물품을 매수인의 처분 하에 두는 것.

(다) 그 밖의 경우에는, 계약 체결시에 매도인이 영업소를 가지고 있던 장소에서 물품을 매수인의 처분 하에 두는 것.

가. 특정한 장소에서 물품을 인도할 의무가 있는 경우

당사자 간 합의에 따라 매도인이 물품을 다른 특정한 장소에서 인도할 의무가 있는 경우 매도인은 그 특정한 장소에서 물품을 인도하여야 한다.

참고

인코텀즈(Incoterms)

- 대부분의 국제물품매매계약에서는 당사자의 의사 특히 인코텀즈(Incoterms)에 의하여 특정 장소에서 인도할 의무를 약정한다. 인코텀즈(Incoterms)는 변호사시험의 출제범위는 아니나, 제11회 변호사시험에서 인도장소와 관련 'FOB 부산항(Incoterms 2020)'이라고 출제되기도 한 바, 인코텀즈의 기본개념에 대해서는 개괄적으로나마 알 필요가 있다.
- 인코텀즈(Incoterms)는 국제상업회의소(ICC)가 주관하여 작성한 무역조건에 대한 국제규칙으로(무역조건의 해석에 관한 규칙(international rules for the interpretation of trade terms)의 약칭이다), 11가지의 정형거래규칙을 E, F, C, D의 4개 그룹으로 구분하여 매도인과 매수인의 의무를 규정하고 있고, 매매계약에서 인코텀즈의 조건을 채택하는 경우 협약에 우선하여 매매당사자를 구속한다.
- 이 중 FOB, CIF 등의 조건이 가장 흔히 사용되는데, FOB(본선인도조건)는 매도인이 운송할 선박의 갑판상에서 물품을 인도할 때 위험이 이전된다는 규칙이고, CIF(운임·보험료 포함조건)는 FOB에서 운임과 보험료에 대한 비용을 매도인이 지불하는 조건에 대한 규칙으로, FOB와 위험이전시기는 동일하나 지정된 목적항까지 물품을 운반하는데 필요한 운임을 부담하고, 매수인을 위한 보험계약의 체결 및 보험료를 부담하는 거래 조건이다.
- 예컨대, 제11회 변호사시험에서 제시된 바와 같이 매매당사자가 인도장소에 대하여 'FOB 부산항(Incoterms 2020)'이라고 약정을 하였다면, 매도인이 부산항에서 매수인이 지정한 선박에 물품을 인도하였다면 물품인도의무를 다한 것이 되고, 선박에서 인도할 때까지 모든 위험과 비용은 매도인이 부담하되, 인도 이후에는 위험이 이전되어 책임을 부담하지 않게 된다.

나. 특정한 장소에서 물품을 인도할 의무가 없는 경우

당사자 간 합의가 없는 경우 매도인의 물품인도의무는 협약 제31조에 따른다.

1) 매매계약에 물품의 운송이 포함된 경우(제31조 가호) : 매도인은 매수인에게 전달하기 위하여 물품을 제1운송인에게 교부하면 물품인도 의무를 다하게 된다.

2) 매매계약에 물품의 운송이 포함되지 아니한 경우

가) 계약이 특정물에 관련되거나 또는 특정한 재고품에서 인출되는 불특정물이나 제조 또는 생산되는 불특정물에 관련되어 있고, 당사자 쌍방이 계약 체결시에 그 물품이 특정한 장소에 있거나 그 장소에서 제조 또는 생산되는 것을 알고 있었던 경우(제31조 나호) : 매도인은 그 장소에서 물품을 매수인의 처분 하에 두면 인도의무를 다하게 된다.

나) 그 밖의 경우(제31조 다호) : 매도인은 계약 체결시에 매도인이 영업소를 가지고 있던 장소에서 물품을 매수인의 처분 하에 두면 인도의무를 다하게 된다.

2. 물품인도에 부수하는 의무

제32조

(1) 매도인이 계약 또는 이 협약에 따라 물품을 운송인에게 교부한 경우에, 물품이 하인(荷印), 선적서류 그 밖의 방법에 의하여 그 계약의 목적물로서 명확히 특정되어 있지 아니한 때에는, 매도인은 매수인에게 물품을 특정하는 탁송통지를 하여야 한다.

(2) 매도인이 물품의 운송을 주선하여야 하는 경우에, 매도인은 상황에 맞는 적절한 운송수단 및 그 운송에서의 통상의 조건으로, 지정된 장소까지 운송하는 데 필요한 계약을 체결하여야 한다.

(3) 매도인이 물품의 운송에 관하여 부보(附保)할 의무가 없는 경우에도, 매도인은 매수인의 요구가 있으면 매수인이 부보하는데 필요한 모든 가능한 정보를 매수인에게 제공하여야 한다.

제32조는 매도인의 인도 의무에 부수하는 의무를 규정하고 있다. 매도인이 이를 위반한 경우 원칙적으로 제45조 이하의 모든 구제수단이 인정된다.[16]

가. 탁송통지의무(제32조 제1항)

1) 매도인이 계약 또는 이 협약에 따라 물품을 운송인에게 교부하였으나, 하인(荷印)[17] 또는 선하증권에 의하여 목적물이 특정되지 아니한 경우 매도인은 매수인에게 물품을 특정하는 탁송통지를 하여야 한다.

2) 목적물이 특정되지 아니하는 경우 매수인에게 위험이 이전하지 않는다(제67조 제2항, 제69조 제3항).

---

16 협약은 의무의 종류로서 주된 의무와 부수적 의무를 구별하지 아니하고 일률적으로 계약 의무로 규정하고 있고, 다만 그 위반이 본질적인지 아닌지에 따라서만 구별하고 있기 때문에, 제32조는 매도인 인도의무와 관련한 부수적인 의무라고 할 것이나 이를 위반한 경우 원칙적으로 제45조 이하의 모든 구제수단이 인정되는 것이다.

17 화물 구분을 위하여 외부포장에 기입하는 목적지, 수량, 용적, 중량 등에 대한 표식.

제67조
(2) 제1항에도 불구하고 위험은 물품이 하인(荷印), 선적서류, 매수인에 대한 통지 그 밖의 방법에 의하여 계약상 명확히 특정될 때까지 매수인에게 이전하지 아니한다.
제69조
(3) 불특정물에 관한 계약의 경우에, 물품은 계약상 명확히 특정될 때까지 매수인의 처분하에 놓여지지 아니한 것으로 본다.

나. 운송계약을 체결할 의무(제32조 제2항)

매도인이 물품의 운송을 주선하여야 하는 경우, 매도인은 상황에 맞는 적절한 운송수단 및 그 운송에서의 통상의 조건으로, 지정된 장소까지 운송하는 데 필요한 계약을 체결하여야 한다.

다. 보험정보 제공 의무(제32조 제3항)

매도인이 물품의 운송에 관하여 보험계약을 체결할 의무[18]가 없는 경우에도 매도인은 매수인의 요구가 있으면 매수인이 보험을 체결하는데 필요한 모든 가능한 정보를 매수인에게 제공하여야 한다.

3. 물품의 인도시기

제33조
매도인은 다음의 시기에 물품을 인도하여야 한다.
(가) 인도기일이 계약에 의하여 지정되어 있거나 확정될 수 있는 경우에는 그 기일
(나) 인도기간이 계약에 의하여 지정되어 있거나 확정될 수 있는 경우에는 그 기간 내의 어느 시기. 다만, 매수인이 기일을 선택하여야 할 사정이 있는 경우에는 그러하지 아니하다.
(다) 그 밖의 경우에는 계약 체결 후 합리적인 기간 내

Ⅱ 서류의 교부

5회

제34조
매도인이 물품에 관한 서류를 교부하여야 하는 경우에, 매도인은 계약에서 정한 시기, 장소 및 방식에 따라 이를 교부하여야 한다. 매도인이 교부하여야 할 시기 전에 서류를 교부한 경우에는, 매도인은 매수인에게 불합리한 불편 또는 비용을 초래하지 아니하는 한, 계약에서 정한 시기까지 서류상의 부적합을 치유할 수 있다. 다만, 매수인은 이 협약에서 정한 손해배상을 청구할 권리를 보유한다.

18 부보(附保)할 의무.

1. 매도인의 서류교부의무(제34조 1문)

매도인이 물품에 관한 서류를 교부하여야 하는 경우에, 매도인은 계약에서 정한 시기, 장소 및 방식에 따라 이를 교부하여야 한다. 이때 서류에는 선하증권, 창고증권, 화물상환증 외에도 수출입허가서, 원산지증명서, 보험서류 등 매수인에게 필요한 모든 서류가 포함된다.

2. 매도인의 서류부적합 치유권(제34조 2문)

가. 매도인이 교부하여야 할 시기 전에 서류를 교부한 경우에는, 매도인은 매수인에게 불합리한 불편 또는 비용을 초래하지 아니하는 한, 계약에서 정한 시기까지 서류상의 부적합을 치유할 수 있다.

나. 손해배상(제34조 3문) : 매수인은 매도인이 서류의 부적합을 치유하였다 하더라도 그로부터 발생된 손해가 있는 경우 협약이 규정하는 손해배상을 청구할 수 있다.

제2절 물품의 적합성과 제3자의 권리주장

I 물품의 적합성

1. 물품적합성의 기준

빈출

제35조

(1) 매도인은 계약에서 정한 수량, 품질 및 종류에 적합하고, 계약에서 정한 방법으로 용기에 담겨지거나 포장된 물품을 인도하여야 한다.

(2) 당사자가 달리 합의한 경우를 제외하고, 물품은 다음의 경우에 계약에 적합하지 아니한 것으로 한다.

(가) 동종 물품의 통상 사용목적에 맞지 아니한 경우,

(나) 계약 체결시 매도인에게 명시적 또는 묵시적으로 알려진 특별한 목적에 맞지 아니한 경우. 다만, 그 상황에서 매수인이 매도인의 기술과 판단을 신뢰하지 아니하였거나 또는 신뢰하는 것이 불합리하였다고 인정되는 경우에는 그러하지 아니하다.

(다) 매도인이 견본 또는 모형으로 매수인에게 제시한 물품의 품질을 가지고 있지 아니한 경우.

(라) 그러한 물품에 대하여 통상의 방법으로, 통상의 방법이 없는 경우에는 그 물품을 보존하고 보호하는 데 적절한 방법으로 용기에 담겨지거나 포장되어 있지 아니한 경우.

(3) 매수인이 계약 체결시에 물품의 부적합을 알았거나 또는 모를 수 없었던 경우에는, 매도인은 그 부적합에 대하여 제2항의 (가)호 내지 (라)호에 따른 책임을 지지 아니한다.

참고

물품적합성은 제35조 제1항, 제2항의 적합성을 모두 요구하므로 매도인이 물품적합의무를 위반한 것인지 여부를 판단할 때에는 제35조 제1항, 제2항을 모두 검토하여야 한다.

가. 주관적 물품적합성(제35조 제1항)

매도인은 계약에서 정한 수량, 품질 및 종류에 적합하고, 계약에서 정한 방법으로 용기에 담겨지거나 포장된 물품을 인도하여야 한다.

나. 객관적 물품적합성(제35조 제2항)

제2항은 계약상 물품에 대한 합의가 없는 경우, 물품 적합성을 판단하는 기준을 보충적으로 제시하고 있다. 따라서 매도인은 계약상 물품에 대하여 정하지 아니한 경우에도 제2항에서 규정하는 아래의 객관적 기준에 적합한 물품을 인도하여야 할 의무를 부담하며, 그 기준을 충족하지 아니할 경우 물품부적합에 대한 책임을 부담한다.

1) 동종 물품의 통상 사용목적에 적합할 것

2) 계약체결시 매도인에게 명시적 또는 묵시적으로 알려진 특별한 목적에 적합할 것

다만, 매수인이 매도인의 기술과 판단을 신뢰하지 아니하였거나 또는 신뢰하는 것이 불합리하였다고 인정되는 경우에는 매수인이 물품이 특별한 목적에 부적합함을 이유로 부적합성을 주장할 수 없다.

3) 매도인이 견본 또는 모형으로 매수인에게 제시한 물품의 품질에 부합할 것

4) 포장이 물품에 대한 통상의 방법으로, 통상의 방법이 없는 경우에는 그 물품을 보존하고 보호하는 데 적절한 방법으로 용기에 담겨지거나 포장되어질 것

다. 매수인의 인식(제35조 제3항)

매수인이 계약 체결시에 물품의 부적합을 알았거나 또는 모를 수 없었던 경우 매수인은 매도인에게 물품의 부적합에 대한 책임을 물을 수 없다.

2. 위험의 이전과 매도인의 물품부적합에 대한 책임 빈출

제36조

(1) 매도인은 위험이 매수인에게 이전하는 때에 존재하는 물품의 부적합에 대하여, 그 부적합이 위험 이전 후에 판명된 경우라도, 계약과 이 협약에 따라 책임을 진다.

(2) 매도인은 제1항에서 정한 때보다 후에 발생한 부적합이라도 매도인의 의무위반에 기인하는 경우에는 그 부적합에 대하여 책임을 진다. 이 의무위반에는 물품이 일정기간 통상의 목적이나 특별한 목적에 맞는 상태를 유지한다는 보증 또는 특정한 품질이나 특성을 유지한다는 보증에 위반한 경우도 포함된다.

가. 원칙(제36조 제1항)

매도인은 위험이 이전되기 전 존재하는 물품 부적합에 대하여만 책임이 있다.

다만, 물품부적합에 대한 인식여부는 무관하므로 물품 부적합이 위험이 이전되기 전 객관적으로 존재하였다면, 위험 이전 후에 판명된 경우에도 매도인에게 물품부적합에 따른 책임이 있다.

나. 예외(제36조 제2항)

매도인은 위험이 이전된 후 발생한 물품부적합이라도 아래의 경우에 해당하면 물품부적합에 대한 책임이 있다.

1) 물품 부적합이 매도인의 의무위반에 기인하는 경우

2) 물품이 일정기간 통상의 목적이나 특별한 목적에 맞는 상태를 유지한다는 보증 또는 특정한 품질이나 특성을 유지한다는 보증에 위반한 경우

3. 매도인의 물품부적합 치유권

제37조
매도인이 인도기일 전에 물품을 인도한 경우에는, 매수인에게 불합리한 불편 또는 비용을 초래하지 아니하는 한, 매도인은 그 기일까지 누락분을 인도하거나 부족한 수량을 보충하거나 부적합한 물품에 갈음하여 물품을 인도하거나 또는 물품의 부적합을 치유할 수 있다. 다만, 매수인은 이 협약에서 정한 손해배상을 청구할 권리를 보유한다.

가. 매도인의 물품부적합 치유권(제37조 제1문)

매도인이 이행기 이전 물품을 인도하고, 매수인이 이를 수령하였으나, 불완전하게 이행된 경우 매도인은 인도기일까지 1) 누락분 인도, 2) 부족분 보충, 3) 대체물 인도, 4) 부적합 제거 등의 방법을 통하여 이를 추완 할 수 있다.

나. 추완권 행사의 효과

매도인이 추완을 통하여 물품의 부적합을 치유한 경우 매수인은 제45조 이하의 구제수단을 행사할 수 없다. 다만, 매수인은 이로 인하여 발생한 손해의 배상은 청구할 수 있다(제37조 제2문).

4. 매수인의 물품검사의무와 부적합통지

빈출

가. 매수인의 물품검사의무

제38조
(1) 매수인은 그 상황에서 실행가능한 단기간 내에 물품을 검사하거나 검사하게 하여야 한다.
(2) 계약에 물품의 운송이 포함되는 경우에는, 검사는 물품이 목적지에 도착한 후까지 연기될 수 있다.
(3) 매수인이 검사할 합리적인 기회를 가지지 못한 채 운송중에 물품의 목적지를 변경하거나 물품을 전송(轉送)하고, 매도인이 계약 체결시에 그 변경 또는 전송의 가능성을 알았거나 알 수 있었던 경우에는, 검사는 물품이 새로운 목적지에 도착한 후까지 연기될 수 있다.

매수인은 아래의 기간에 물품을 검사할 의무를 부담한다. 다만, 매수인이 이러한 물품검사의무를 이행하지 않았다고 하여 어떠한 책임을 부담하거나, 매도인이 검사의무 이행을 청구할 수 있는 것은 아니고, 아래의 기간 내에 물품검사의무를 이행하지 아니함으로써 발견가능한 물품부적합을 발견하지 못하여 부적합을 통지(제39조)하지 아니한 경우 그에 대한 책임을 부담할 뿐이다.

1) **원칙(제38조 제1항)** : 그 상황에서 실행가능한 단기간 내

2) **계약에 물품의 운송이 포함되는 경우(송부매매의 경우, 제38조 제2항)** : 물품이 목적지에 도착한 후까지

3) **목적지 변경 또는 재송부시(제38조 제3항)** : ① 매수인이 검사할 합리적인 기회를 가지지 못한 채 운송 중 목적지가 변경되거나 도착한 물품을 재송부하고, ② 매도인이 계약 체결시에 그 변경 또는 전송의 가능성을 알았거나 알 수 있었던 경우 '물품이 새로운 목적지에 도착한 후'까지 연기

나. 물품 부적합의 통지

제39조
(1) 매수인이 물품의 부적합을 발견하였거나 발견할 수 있었던 때로부터 합리적인 기간 내에 매도인에게 그 부적합한 성질을 특정하여 통지하지 아니한 경우에는, 매수인은 물품의 부적합을 주장할 권리를 상실한다.
(2) 매수인은 물품이 매수인에게 현실로 교부된 날부터 늦어도 2년 내에 매도인에게 제1항의 통지를 하지 아니한 경우에는, 물품의 부적합을 주장할 권리를 상실한다. 다만, 이 기간 제한이 계약상의 보증기간과 양립하지 아니하는 경우에는 그러하지 아니하다.

1) **물품 부적합의 통지(제39조)** : 매수인은 아래의 기간 내에 물품의 부적합한 성질을 특정하여 통지하여야 한다.

가) 매수인이 물품의 부적합을 발견하였거나 발견할 수 있었던 때로부터 합리적인 기간 내

나) 제척기간 : 물품이 매수인에게 현실로 교부된 날부터 늦어도 2년 내

다만, 계약상의 보증기간이 2년을 넘는 경우 그 보증기간에 의한다.

2) 물품 부적합을 통지하지 않은 경우

가) 원칙(제39조) : 매수인은 물품의 부적합을 주장할 권리를 상실한다.

나) 예외

(1) 매도인 악의·중과실[19]의 경우(제40조) : 매도인은 매수인이 물품 부적합을 주장할 권리를 상실하였다고 주장할 수 없다.

제40조
물품의 부적합이 매도인이 알았거나 모를 수 없었던 사실에 관한 것이고, 매도인이 매수인에게 이를 밝히지 아니한 경우에는, 매도인은 제38조와 제39조를 원용할 수 없다.

(2) 매수인이 통지하지 아니한 합리적인 이유가 있는 경우(제44조)[20] : 매수인은 모든 권리를 상실하는 것이 아니고, 대금감액권(제50조), 이익상실을 제외한 손해배상청구권(제74조)이 인정된다.

제44조
제39조 제1항과 제43조 제1항에도 불구하고, 매수인은 정하여진 통지를 하지 못한 데에 합리적인 이유가 있는 경우에는 제50조에 따라 대금을 감액하거나 이익의 상실을 제외한 손해배상을 청구할 수 있다.

Ⅱ 제3자의 권리주장

1. 매도인의 권리적합의무 3회

가. 제3자의 권리나 권리주장이 없는 물품을 인도할 의무

제41조
매수인이 제3자의 권리나 권리주장의 대상이 된 물품을 수령하는 데 동의한 경우를 제외하고, 매도인은 제3자의 권리나 권리주장의 대상이 아닌 물품을 인도하여야 한다. 다만, 그러한 제3자의 권리나 권리주장이 공업소유권 그 밖의 지적재산권에 기초하는 경우에는, 매도인의 의무는 제42조에 의하여 규율된다.

---

19 제40조의 모를 수 없었을 때란 중과실로 모른 경우를 의미한다(법무부, 112면).

20 예컨대, 매수인이 물품에 대한 전문지식이 부족하여 하자를 인식하지 못하거나 그 심각성을 인식하지 못하여서 하자를 통지하지 않은 경우가 이에 해당할 것이다(법무부, 120면).

1) 매도인의 권리적합의무

가) **원칙** : 매도인은 제3자의 권리 또는 권리 주장이 없는 물품을 인도할 의무를 부담한다. 이를 위반한 경우 매수인은 제45조 이하의 구제수단을 행사할 수 있다.

나) **예외** : 매수인이 제3자의 권리나 권리 주장의 대상이 된 물품을 수령하는데 동의한 경우에는 예외적으로 매도인에게 그에 대한 책임이 없다.

2) 제3자의 권리

이때 권리에는 소유권, 점유권, 질권 등 물권뿐만 아니라 임차권 등 채권적 권리도 포함된다.

다만, 제3자의 권리나 권리주장이 공업소유권 그 밖의 지적재산권에 기초하는 경우에는, 매도인의 의무는 제41조가 아닌 제42조에 의하여 규율된다.

나. 공업소유권 그 밖의 지적재산권에 기초한 제3자의 권리나 권리 주장이 없는 물품을 인도할 의무

제42조

(1) 매도인은, 계약 체결시에 자신이 알았거나 모를 수 없었던 공업소유권 그 밖의 지적재산권에 기초한 제3자의 권리나 권리주장의 대상이 아닌 물품을 인도하여야 한다. 다만, 제3자의 권리나 권리주장이 다음 국가의 법에 의한 공업소유권 그 밖의 지적재산권에 기초한 경우에 한한다.

(가) 당사자 쌍방이 계약 체결시에 물품이 어느 국가에서 전매되거나 그 밖의 방법으로 사용될 것을 예상하였던 경우에는, 물품이 전매되거나 그 밖의 방법으로 사용될 국가의 법

(나) 그 밖의 경우에는 매수인이 영업소를 가지는 국가의 법

(2) 제1항의 매도인의 의무는 다음의 경우에는 적용되지 아니한다.

(가) 매수인이 계약 체결시에 그 권리나 권리주장을 알았거나 모를 수 없었던 경우

(나) 그 권리나 권리주장이 매수인에 의하여 제공된 기술설계, 디자인, 방식 그 밖의 지정에 매도인이 따른 결과로 발생한 경우

제42조는 제3자가 주장하는 권리 또는 권리주장의 기초가 공업소유권 그밖의 지적재산권(특허권, 저작권, 실용신안권, 상표권 등을 포함)인 경우 특칙을 규정함으로써 제41조가 규정하는 일반적인 권리부적합의 경우보다 매도인의 책임을 완화하고 있다.

1) 요건(제42조 제1항)

가) 매도인이 '계약체결 시' 제3자의 권리나 권리주장에 대하여 알았거나 모를 수 없었던 경우일 것(매도인의 악의·중과실의 경우)

나) 제3자의 권리나 권리주장이 다음 국가의 법에 의한 공업소유권 그 밖의 지적재산권에 기초한 경우일 것

(1) 당사자 쌍방이 계약 체결시에 물품이 어느 국가에서 전매되거나 그 밖의 방법으

로 사용될 것을 예상하였던 경우에는, 물품이 전매되거나 그 밖의 방법으로 사용될 국가의 법

(2) 그 밖의 경우에는 매수인이 영업소를 가지는 국가의 법

2) 매도인 책임이 배제되는 경우(제42조 제2항)

가) 매수인이 계약 체결시에 그 권리나 권리주장을 알았거나 모를 수 없었던 경우

나) 그 권리나 권리주장이 매수인에 의하여 제공된 기술설계, 디자인, 방식 그 밖의 지정에 매도인이 따른 결과로 발생한 경우

2. 매수인의 권리부적합 통지의무

제43조

(1) 매수인이 제3자의 권리나 권리주장을 알았거나 알았어야 했던 때로부터 합리적인 기간 내에 매도인에게 제3자의 권리나 권리주장의 성질을 특정하여 통지하지 아니한 경우에는, 매수인은 제41조 또는 제42조를 원용할 권리를 상실한다.

(2) 매도인이 제3자의 권리나 권리주장 및 그 성질을 알고 있었던 경우에는 제1항을 원용할 수 없다.

가. 권리부적합 통지의무(제43조 제1항) : 매수인은 제3자의 권리나 권리주장을 알았거나 알았어야 했던 때로부터 합리적인 기간 내에 매도인에게 제3자의 권리나 권리주장의 성질을 특정하여 통지하여야 한다.

나. 권리의 부적합을 통지하지 않은 경우

1) 원칙 : 매수인은 제41조, 제42조에 따라 권리의 부적합에 기해 주장할 수 있는 권리를 상실한다.

2) 예외

가) 매도인이 악의인 경우(제43조 제2항) : 매도인이 제3자의 권리나 권리주장 및 그 성질을 알고 있었던 경우에는 매수인이 권리부적합을 통지하지 아니하여 권리부적합을 주장할 권리를 상실하였다고 주장할 수 없다. 따라서 매수인은 통지의무를 이행하지 아니한 경우에도 권리부적합에 대하여 주장할 수 있는 권리를 주장할 수 있다.

나) 매수인이 통지하지 아니한 합리적인 이유가 있는 경우(제44조) : 매수인은 모든 권리를 상실하는 것이 아니고, 대금감액권(제50조), 이익상실을 제외한 손해배상청구권(제74조)이 인정된다.

제44조
제39조 제1항과 제43조 제1항에도 불구하고, 매수인은 정하여진 통지를 하지 못한 데에 합리적인 이유가 있는 경우에는 제50조에 따라 대금을 감액하거나 이익의 상실을 제외한 손해배상을 청구할 수 있다.

제3절 매도인의 계약위반에 대한 구제

I 매도인의 계약위반에 대한 매수인의 구제수단 개괄

빈출

제45조
(1) 매도인이 계약 또는 이 협약상의 의무를 이행하지 아니하는 경우에 매수인은 다음을 할 수 있다.
(가) 제46조 내지 제52조에서 정한 권리의 행사
(나) 제74조 내지 제77조에서 정한 손해배상의 청구
(2) 매수인이 손해배상을 청구하는 권리는 다른 구제를 구하는 권리를 행사함으로써 상실되지 아니한다.
(3) 매수인이 계약위반에 대한 구제를 구하는 경우에, 법원 또는 중재판정부는 매도인에게 유예기간을 부여할 수 없다.

1. 매수인의 구제수단(제45조 제1항, 제2항)[21]

매도인이 계약 또는 협약상 의무를 이행하지 아니하는 경우 매수인에게는 협약 제46조 내지 제52조에서 정한 권리의 행사와 제74조 내지 제77조에서 정한 손해배상의 청구가 인정되고, 손해배상청구는 다른 권리와 중복하여 행사할 수 있다. 이를 정리하면 다음의 표와 같다.

21 협약에서 채무불이행 또는 계약위반은 과실을 요구하지 않는다. 지체, 불능, 불완전이행의 구별을 하지 않고, 주된 의무 위반인지 부수적 의무의 위반인지의 구별도, 권리하자와 물건하자간의 구별도 하지 않으며, 원칙적으로 통일적인 구제수단을 인정한다(법무부, 122면).

<table>
<tr><th colspan="4">규정</th><th>매수인의 권리</th><th>본질적 위반 여부(제25조)</th></tr>
<tr><td rowspan="11">제45조 제1항 (가)호</td><td rowspan="3">제46조</td><td colspan="2">제1항</td><td>의무이행청구권</td><td>×</td></tr>
<tr><td colspan="2">제2항</td><td>대체물인도청구권</td><td>○</td></tr>
<tr><td colspan="2">제3항</td><td>부적합치유청구권</td><td>×</td></tr>
<tr><td colspan="3">제47조</td><td>부가기간지정권</td><td>×</td></tr>
<tr><td colspan="2" rowspan="2">제49조 제1항</td><td>가호</td><td rowspan="2">계약해제권</td><td>○</td></tr>
<tr><td>나호
(부가기간)</td><td>×</td></tr>
<tr><td colspan="3">제50조</td><td>대금감액권</td><td>×</td></tr>
<tr><td rowspan="2">제51조
(물품일부
불인도
부적합)</td><td colspan="2">제1항</td><td>일부 부분에 대한
제46조~제50조 권리</td><td>×</td></tr>
<tr><td colspan="2">제2항</td><td>전체에 대한
계약해제권</td><td>○</td></tr>
<tr><td rowspan="2">제52조</td><td colspan="2">제1항
(이행기전 인도)</td><td>수령거절권</td><td>×</td></tr>
<tr><td colspan="2">제2항
(초과인도)</td><td>수령거절권</td><td>×</td></tr>
<tr><td rowspan="2">제45조 제1항 (나)호</td><td colspan="3">제74조~제77조</td><td>손해배상청구권</td><td></td></tr>
<tr><td colspan="3">제45조 제2항</td><td>손해배상청구권은
다른 구제수단과 중복행
사 가능</td><td></td></tr>
</table>

2. 법원의 유예기간 부여 불허(제45조 제3항)

매수인이 계약위반에 대한 구제를 구하는 경우, 법원 또는 중재판정부는 매도인에게 유예기간을 부여할 수 없다.

Ⅱ 매수인의 이행청구권

제46조

(1) 매수인은 매도인에게 의무의 이행을 청구할 수 있다. 다만, 매수인이 그 청구와 양립하지 아니하는 구제를 구한 경우에는 그러하지 아니하다.

(2) 물품이 계약에 부적합한 경우에, 매수인은 대체물의 인도를 청구할 수 있다. 다만, 그 부적합이 본질적 계약위반을 구성하고, 그 청구가 제39조의 통지와 동시에 또는 그 후 합리적인 기간 내에 행하여진 경우에 한한다.

(3) 물품이 계약에 부적합한 경우에, 매수인은 모든 상황을 고려하여 불합리한 경우를 제외하고, 매도인에게 수리에 의한 부적합의 치유를 청구할 수 있다. 수리 청구는 제39조의 통지와 동시에 또는 그 후 합리적인 기간 내에 행하여져야 한다.

1. **의무이행청구권**(제46조 제1항)

매수인은 매도인이 의무를 이행하지 아니한 경우 그 의무의 이행을 청구할 수 있다. 그러나 그 청구와 양립하지 아니하는 구제를 구한 경우, 예컨대 계약해제권이나 대금감액권을 행사하는 경우에는 의무이행청구를 할 수 없다.

2. **대체물인도청구권**(제46조 제2항) 2·7·9·13회

물품이 계약에 부적합한 경우에, 매수인은 대체물의 인도를 청구할 수 있으나 아래의 요건을 갖춘 경우 매수인은 대체물의 인도를 청구할 수 있다.

가. 물품이 계약에 부적합한 경우일 것

나. 물품의 부적합이 본질적 계약위반을 구성할 것

다. 청구가 제39조의 통지와 동시에 또는 그 후 합리적인 기간 내에 행하여진 경우일 것

라. 매수인이 물품을 수령한 상태와 실질적으로 동일한 상태로 그 물품을 반환할 수 있는 경우일 것(단, 제82조 제2항 각호에 해당하는 사유가 있는 경우 예외로 한다)

제82조

(1) 매수인이 물품을 수령한 상태와 실질적으로 동일한 상태로 그 물품을 반환할 수 없는 경우에는, 매수인은 계약을 해제하거나 매도인에게 대체물을 청구할 권리를 상실한다.

(2) 제1항은 다음의 경우에는 적용되지 아니한다.

(가) 물품을 반환할 수 없거나 수령한 상태와 실질적으로 동일한 상태로 반환할 수 없는 것이 매수인의 작위 또는 부작위에 기인하지 아니한 경우

(나) 물품의 전부 또는 일부가 제38조에 따른 검사의 결과로 멸실 또는 훼손된 경우

(다) 매수인이 부적합을 발견하였거나 발견하였어야 했던 시점 전에, 물품의 전부 또는 일부가 정상적인 거래과정에서 매각되거나 통상의 용법에 따라 소비 또는 변형된 경우

3. 수리에 의한 부적합 치유청구권(제46조 제3항)

물품이 계약에 부적합한 경우에, 매수인은 매도인에게 수리에 의한 부적합의 치유를 청구할 수 있으나, 아래의 요건을 갖추어야 한다.

가. 모든 상황을 고려하여 수리에 의한 부적합 치유의 청구가 불합리한 경우가 아닐 것

나. 수리 청구가 물품부적합의 통지(제39조)와 동시에 또는 그 후 합리적인 기간 내에 행하여졌을 것

Ⅲ 부가기간지정권

4·5회

제47조
(1) 매수인은 매도인의 의무이행을 위하여 합리적인 부가기간을 정할 수 있다.
(2) 매도인으로부터 그 부가기간 내에 이행을 하지 아니하겠다는 통지를 수령한 경우를 제외하고, 매수인은 그 기간 중 계약위반에 대한 구제를 구할 수 없다. 다만, 매수인은 이행지체에 대한 손해배상을 청구할 권리를 상실하지 아니한다.

1. 합리적인 부가기간의 지정

매수인은 매도인의 의무이행을 위하여 합리적인 부가기간을 정할 수 있는데, 이때 의무의 이행에는 본래 매도인이 부담하는 의무 외에도 제46조 제2항에 따른 대체물인도청구에 따른 의무, 제46조 제3항에 따른 수리에 의한 부적합 치유의무도 포함된다.

부가기간을 설정하는 표시는 명시적으로 뿐만 아니라 묵시적으로도 가능하지만, 그 설정된 기간은 분명해야 한다. 또한 합리적인 기간의 설정은 인도의 범위와 난이도, 그리고 본래의 인도기간, 불이행의 원인, 지체의 결과 등 상황에 따라 달라질 수 있다.[22]

2. 부가기간지정권 행사의 효과

가. 부가기간 중 다른 구제수단의 행사 불가(제47조 제2항)

매수인은 부가 기간 중 계약위반에 대한 구제를 구할 수 없다. 다만, 매도인으로부터 그 부가기간 내에 이행을 하지 아니하겠다는 통지를 수령한 경우에는 다른 구제수단의 행사가 가능하고, 이행지체에 대한 손해배상을 청구할 권리는 별도로 행사가 가능하다.

22 법무부, 127면.

나. 계약해제권(제49조 제1항 나호)

매수인이 매도인의 물품인도의무 불이행에 대하여 합리적인 부가기간을 정하였음에도 이를 이행하지 아니하거나, 이행하지 아니하겠다고 선언한 경우 매수인은 매도인의 물품 인도의무가 본질적 계약위반에 해당하는지와 무관하게 계약해제권을 행사할 수 있다.

단, 이는 매도인의 인도불이행에 매수인이 부가기간을 지정한 경우에 한하여 인정되는 권리이다.

제49조

(1) 매수인은 다음의 경우에 계약을 해제할 수 있다.

(나) 인도 불이행의 경우에는, 매도인이 제47조 제1항에 따라 매수인이 정한 부가기간 내에 물품을 인도하지 아니하거나 그 기간 내에 인도하지 아니하겠다고 선언한 경우.

Ⅳ 매도인의 불이행 치유권(추완권)

제48조

(1) 제49조를 따를 것을 조건으로, 매도인은 인도기일 후에도 불합리하게 지체하지 아니하고 매수인에게 불합리한 불편 또는 매수인의 선급 비용을 매도인으로부터 상환받는 데 대한 불안을 초래하지 아니하는 경우에는, 자신의 비용으로 의무의 불이행을 치유할 수 있다. 다만, 매수인은 이 협약에서 정한 손해배상을 청구할 권리를 보유한다.

(2) 매도인이 매수인에게 이행의 수령 여부를 알려 달라고 요구하였으나 매수인이 합리적인 기간 내에 그 요구에 응하지 아니한 경우에는, 매도인은 그 요구에서 정한 기간 내에 이행을 할 수 있다. 매수인은 그 기간중에는 매도인의 이행과 양립하지 아니하는 구제를 구할 수 없다.

(3) 특정한 기간 내에 이행을 하겠다는 매도인의 통지는 매수인이 그 결정을 알려야 한다는 제2항의 요구를 포함하는 것으로 추정한다.

(4) 이 조 제2항 또는 제3항의 매도인의 요구 또는 통지는 매수인에 의하여 수령되지 아니하는 한 그 효력이 발생하지 아니한다.

1. 매도인의 불이행치유권의 행사요건(제48조 제1항 본문)

매도인의 아래의 요건을 충족하는 경우 자신의 비용으로 의무의 불이행을 치유할 수 있다.

가. 제49조에 따를 것(계약의 위반이 본질적이어서 매수인이 계약해제권을 행사하는 경우가 아닐 것) : 매도인의 불이행 치유권은 제49조에 따를 것을 조건으로 인정되므로, 계약의 위반이 본질적이어서 매수인이 계약해제권을 행사하는 경우 매도인은 제48조에 따른 불이행치유권을 행사할 수 없다.

나. 인도기일 후에도 불합리하게 지체하지 아니할 것

다. 매수인에게 불합리한 불편 또는 매수인의 선급 비용을 매도인으로부터 상환받는 데 대한 불안을 초래하지 아니할 것

2. 매수인의 손해배상청구권 보유(제48조 제1항 단서)

매수인은 매도인의 불이행치유권행사로 인하여 발생한 손해의 배상을 청구할 수 있다.

3. 매도인의 불이행 치유 통지

매도인이 불이행을 치유하기 위하여 그 뜻을 통지하였으나 매수인으로부터 응답이 없는 경우 매도인은 제48조 제2항 내지 제4항이 규정하는 바에 따라 불이행을 치유할 수 있다.

가. **요건** : 매도인이 매수인에게 이행의 수령 여부를 알려 달라고 요구하였으나 매수인이 합리적인 기간 내에 그 요구에 응하지 아니한 경우(제48조 제2항)

1) **매도인이 '특정한 기간 내에 이행을 하겠다'고 통지한 경우** : 명시적으로 표시하지 아니하였더라도 매수인이 그 이행의 수령여부를 알려야 한다는 요구를 포함하는 것으로 추정한다(제48조 제3항).

2) 매도인의 통지 및 요구는 매수인이 수령하여야 효력이 발생한다(제48조 제4항).

나. **효과** : 매도인은 그 요구에서 정한 기간 내에 이행할 수 있고, 매수인은 그 기간 중 매도인의 이행과 양립하지 아니하는 구제수단을 행사할 수 없다.

V 매수인의 계약해제권

빈출

제49조

(1) 매수인은 다음의 경우에 계약을 해제할 수 있다.
  (가) 계약 또는 이 협약상 매도인의 의무 불이행이 본질적 계약위반으로 되는 경우
  (나) 인도 불이행의 경우에는, 매도인이 제47조 제1항에 따라 매수인이 정한 부가기간 내에 물품을 인도하지 아니하거나 그 기간 내에 인도하지 아니하겠다고 선언한 경우.

(2) 그러나 매도인이 물품을 인도한 경우에는, 매수인은 다음의 기간 내에 계약을 해제하지 아니하는 한 계약해제권을 상실한다.
  (가) 인도지체의 경우, 매수인이 인도가 이루어진 것을 안 후 합리적인 기간 내
  (나) 인도지체 이외의 위반의 경우, 다음의 시기로부터 합리적인 기간 내
    ① 매수인이 그 위반을 알았거나 또는 알 수 있었던 때

② 매수인이 제47조 제1항에 따라 정한 부가기간이 경과한 때 또는 매도인이 그 부가기간 내에 의무를 이행하지 아니하겠다고 선언한 때.
③ 매도인이 제48조 제2항에 따라 정한 부가기간이 경과한 때 또는 매수인이 이행을 수령하지 아니하겠다고 선언한 때

1. 계약해제의 요건

가. 본질적 계약위반(제49조 제1항 가호) : 계약 또는 이 협약상 매도인의 의무불이행이 본질적 계약 위반이 되는 경우 매수인은 계약해제권을 행사할 수 있다.

본질적 계약위반인지 여부는 제25조 규정에 따라 ① 당사자 일방의 계약위반이 계약에서 상대방에게 기대할 수 있는 바를 실질적으로 박탈할 정도의 손실을 상대방에게 주고 ② 위반 당사자가 그러한 결과를 예견하였거나, 동일한 부류의 합리적인 사람이라면 동일한 상황에서 그러한 결과를 예견할 수 있었던 경우에 본질적인 것으로 한다.

제25조
당사자 일방의 계약위반은, 그 계약에서 상대방이 기대할 수 있는 바를 실질적으로 박탈할 정도의 손실을 상대방에게 주는 경우에 본질적인 것으로 한다. 다만, 위반 당사자가 그러한 결과를 예견하지 못하였고, 동일한 부류의 합리적인 사람도 동일한 상황에서 그러한 결과를 예견하지 못하였을 경우에는 그러하지 아니하다.

나. 부가기간의 경과(제49조 제1항 나호) : 매수인이 매도인의 의무이행을 위하여 제47조 제1항에 따라 부가기간을 정하였으나 그 기간 내에 매도인이 물품을 인도하지 아니하거나, 인도하지 아니하겠다고 선언한 경우 매수인은 계약해제권을 행사할 수 있다.

2. 계약해제권의 상실(해제권 행사의 기간)

매수인은 아래의 기간 내 계약을 해제하지 않으면 계약해제권을 상실한다.

가. 인도지체의 경우 : 매수인이 인도가 이루어진 것을 안 후 합리적인 기간 내

나. 인도지체 이외의 위반의 경우 : 아래 1) 내지 3)으로부터 합리적인 기간 내

1) 매수인이 그 위반을 알았거나 또는 알 수 있었던 때

2) 매수인이 제47조 제1항에 따라 정한 부가기간이 경과한 때 또는 매도인이 그 부가기간 내에 의무를 이행하지 아니하겠다고 선언한 때

3) 매도인이 제48조 제2항에 따라 정한 부가기간이 경과한 때 또는 매수인이 이행을 수령하지 아니하겠다고 선언한 때

Ⅵ 대금감액권

빈출

제50조
물품이 계약에 부적합한 경우에, 대금의 지급 여부에 관계없이 매수인은 현실로 인도된 물품이 인도시에 가지고 있던 가액이 계약에 적합한 물품이 그때에 가지고 있었을 가액에 대하여 가지는 비율에 따라 대금을 감액할 수 있다. 다만, 매도인이 제37조나 제48조에 따라 의무의 불이행을 치유하거나 매수인이 동 조항에 따라 매도인의 이행 수령을 거절한 경우에는 대금을 감액할 수 없다.

1. 대금감액권의 행사요건

① 매도인이 물품을 인도하였으나 물품이 계약에 부적합한 경우 ② 매수인은 대금감액의 의사를 표시함으로써[23] 대금감액권을 행사할 수 있다.

대금감액권은 대금의 지급여부와 관계없이 인정되므로 대금을 지급한 경우 뿐만 아니라 대금을 아직 지급하지 아니한 경우에도 행사할 수 있다.

2. 대금감액의 산정

현실로 인도된 물품이 인도시에 가지고 있던 가액이 계약에 적합한 물품이 그때에 가지고 있었을 가액에 대하여 가지는 비율에 따라 대금을 감액할 수 있다.

$$\frac{\text{현실로 인도된 부적합한 물품의 가격}}{\text{계약에 적합한 물품이 가지고 있었을 가액}} \times \text{계약물품가격}$$

3. 대금감액권의 제한(제50조 단서)

1) 매도인이 제37조나 제48조에 따라 의무의 불이행을 치유하거나, 2) 제37조나 제48조에 따른 매도인의 추완을 매수인이 수령 거절한 경우에는 대금을 감액할 수 없다.

Ⅶ 물품의 일부 불이행 및 일부 부적합

6·8·10회

제51조
(1) 매도인이 물품의 일부만을 인도하거나 인도된 물품의 일부만이 계약에 적합한 경우에, 제46조 내지 제50조는 부족 또는 부적합한 부분에 적용된다.
(2) 매수인은 인도가 완전하게 또는 계약에 적합하게 이루어지지 아니한 것이 본질적 계약위반으로 되

23 대금감액권은 매수인의 일방적인 의사표시에 의하여 행사되는 형성권으로 의사표시를 요하며, 의사표시는 발신주의(제27조) 원칙에 따른다.

는 경우에 한하여 계약 전체를 해제할 수 있다.

1. 원칙(제51조 제1항) : 일부 불이행·부적합 부분에 대한 해제

매도인이 물품의 일부만을 인도하거나 인도된 물품의 일부만이 계약에 적합한 경우에, 부족 또는 부적합한 부분에 대해서만 의무이행청구(제46조 제1항), 대체물인도청구(제46조 제2항), 수리에 의한 부적합 치유청구(제46조 제3항), 부가기간 지정권(제47조), 매도인의 추완권(제48조), 계약해제권(제49조), 대금감액청구권(제50조) 규정이 적용된다.

2. 예외(제51조 제2항) : 계약 전체를 해제할 수 있는 경우

매수인은 인도가 완전하게 또는 계약에 적합하게 이루어지지 아니한 것이 본질적 계약위반으로 되는 경우에 한하여 계약 전체를 해제할 수 있다.

※ 구별 : 분할인도에 대해서는 제73조가 규정하고 있다.

제73조

(1) 물품을 분할하여 인도하는 계약에서 어느 분할부분에 관한 당사자 일방의 의무 불이행이 그 분할부분에 관하여 본질적 계약위반이 되는 경우에는, 상대방은 그 분할부분에 관하여 계약을 해제할 수 있다.

(2) 어느 분할부분에 관한 당사자 일방의 의무 불이행이 장래의 분할부분에 대한 본질적 계약위반의 발생을 추단하는 데에 충분한 근거가 되는 경우에는, 상대방은 장래에 향하여 계약을 해제할 수 있다. 다만, 그 해제는 합리적인 기간 내에 이루어져야 한다.

(3) 어느 인도에 대하여 계약을 해제하는 매수인은, 이미 행하여진 인도 또는 장래의 인도가 그 인도와의 상호 의존관계로 인하여 계약 체결시에 당사자 쌍방이 예상했던 목적으로 사용될 수 없는 경우에는, 이미 행하여진 인도 또는 장래의 인도에 대하여도 동시에 계약을 해제할 수 있다.

Ⅷ 이행기 전 인도 및 초과인도

제52조

(1) 매도인이 이행기 전에 물품을 인도한 경우에, 매수인은 이를 수령하거나 거절할 수 있다.

(2) 매도인이 계약에서 정한 것보다 다량의 물품을 인도한 경우에, 매수인은 초과분을 수령하거나 이를 거절할 수 있다. 매수인이 초과분의 전부 또는 일부를 수령한 경우에는 계약대금의 비율에 따라 그 대금을 지급하여야 한다.

1. 이행기 전 인도(제52조 제1항)

매도인이 이행기 전에 물품을 인도한 경우에, 매수인은 이를 수령하거나 거절할 수 있다.

2. 초과인도(제52조 제2항)

매도인이 계약에서 정한 것보다 다량의 물품을 인도한 경우에, 매수인은 초과분을 수령하거나 이를 거절할 수 있다.

다만, 매수인이 초과분의 전부 또는 일부를 수령한 경우에는 그 대금을 지급하여야 하는데, 이때 대금은 '계약대금'의 비율에 따라 지급한다.

제3장 | 매수인의 의무

제53조
매수인은 계약과 이 협약에 따라, 물품의 대금을 지급하고 물품의 인도를 수령하여야 한다.

제53조는 1) 물품대금 지급의무 2) 물품의 인도를 수령할 의무를 매수인의 의무로써 규정하고 있고, 이는 매도인의 의무를 규정한 제30조에 대응하는 규정이다.

제1절 대금의 지급

I 대금지급의무 10회

제54조
매수인의 대금지급의무에는 그 지급을 위하여 계약 또는 법령에서 정한 조치를 취하고 절차를 따르는 것이 포함된다.

제54조는 매수인의 대금지급의무(제53조)를 보충하는 규정으로, 매수인의 대금지급의무에는 그 지급을 위하여 계약 또는 법령에서 정한 조치를 취하고 절차를 따르는 것이 포함된다고 규정한다. 이때 지급을 위하여 계약이 정한 조치로는 신용장 개설신청, 은행의 보증 등이 있을 수 있고, 법령이 정한 조치로는 외환법상의 송금규정 등이 해당된다.[24]

매수인이 제54조 규정에 따른 대금지급의무를 위반하는 경우, 계약위반에 해당하므로 매도인은 제61조 이하 구제수단을 모두 행사할 수 있다.

24 법무부, 142면.

판례(대법원 2013. 11. 28. 선고 2011다103977 판결)

'국제물품매매계약에 관한 국제연합 협약'(United Nations Convention on Contracts for the International Sale of Goods, 이하 '협약'이라고만 한다)에 의하면, 매수인은 계약과 협약에 따라 물품대금을 지급할 의무가 있고(제53조), 매수인의 대금지급의무에는 그 지급을 위하여 계약 또는 법령에서 정한 조치를 취하고 절차를 따르는 것이 포함된다(제54조). 그리고 당사자 일방의 계약위반이 그 계약에서 상대방이 기대할 수 있는 바를 실질적으로 박탈할 정도의 손실을 상대방에게 주는 경우 이는 본질적인 계약위반이 되며(제25조), 매도인은 계약 또는 협약상 매수인의 의무 불이행이 본질적인 계약위반으로 되는 경우 계약을 해제할 수 있다[제64조 제1항 제(가)호]. 따라서 협약이 준거법으로 적용되는 국제물품매매계약에서 당사자가 대금의 지급을 신용장에 의하기로 한 경우 매수인은 계약에서 합의된 조건에 따라 신용장을 개설할 의무가 있고, 매수인이 단순히 신용장의 개설을 지체한 것이 아니라 계약에서 합의된 조건에 따른 신용장의 개설을 거절한 경우 이는 계약에서 매도인이 기대할 수 있는 바를 실질적으로 박탈하는 것으로서 협약 제25조가 규정한 본질적인 계약위반에 해당하므로, 매도인은 계약을 해제할 수 있다.

Ⅱ 대금의 결정

1. 대금에 대하여 정함이 없는 경우

제55조
계약이 유효하게 성립되었으나 그 대금을 명시적 또는 묵시적으로 정하고 있지 아니하거나 이를 정하기 위한 조항을 두지 아니한 경우에는, 당사자는 반대의 표시가 없는 한, 계약 체결시에 당해 거래와 유사한 상황에서 매도되는 그러한 종류의 물품에 대하여 일반적으로 청구되는 대금을 묵시적으로 정한 것으로 본다.

당사자가 물품매매계약시 그 대금에 대하여 정하지 아니한 경우 '계약체결시'를 기준으로 그 거래와 유사한 상황에서 매도되는 물품에 대한 일반적 대금을 묵시적으로 정한 것으로 본다.

다만, 제14조가 청약의 성립요건으로 대금의 지정을 규정하고 있어, 대금의 정함이 없는 경우에도 계약이 성립할 수 있는지 여부에 대하여 제14조와 제55조의 관계가 문제되는데, 청약 부분에서 이미 살핀 바와 같이 제14조를 임의규정으로 보고 당사자 합의에 의해 가격을 정하지 아니한 경우에는 계약이 성립할 수 있다고 보는 견해가 타당하다고 할 것이다. 따라서 이 견해에 따르면 제55조는 당사자간 합의에 의하여 가격을 정하지 않았음에도 계약이 유효하게 성립된 경우에 적용되는 규정이라고 봄이 합리적이다.

2. 대금이 물품의 중량에 의해 정해지는 경우

제56조
대금이 물품의 중량에 따라 정하여지는 경우에, 의심이 있는 때에는 순중량에 의하여 대금을 결정하는 것으로 한다.

Ⅲ 대금지급방법

1. 대금지급장소

제57조
(1) 매수인이 다른 특정한 장소에서 대금을 지급할 의무가 없는 경우에는, 다음의 장소에서 매도인에게 이를 지급하여야 한다.
  (가) 매도인의 영업소, 또는
  (나) 대금이 물품 또는 서류의 교부와 상환하여 지급되어야 하는 경우에는 그 교부가 이루어지는 장소
(2) 매도인은 계약 체결후에 자신의 영업소를 변경함으로써 발생하는 대금지급에 대한 부수비용의 증가액을 부담하여야 한다.

가. 당사자간에 대금지급장소에 대한 합의가 있는 경우

매수인은 그 합의에 따라 정하여진 특정한 장소에서 대금을 지급할 의무가 있다.

나. 대금지급장소에 대한 합의가 없는 경우

제57조 제1항 규정에 따라 아래의 장소에서 매도인에게 대금을 지급하여야 한다.

1) 대금이 물품 또는 서류의 교부와 상환하여 지급되어야 하는 경우(제57조 제1항 나호) : 그 교부가 이루어지는 장소

2) 그렇지 않은 경우(제57조 제1항 가호) : 매도인의 영업소

3) 매도인이 계약체결 후 영업소를 변경한 경우 : 매수인에게 자신의 영업소를 변경함으로써 발생하는 대금 지급에 대한 부수비용의 증가액을 부담하여야 한다.

2. 대금지급시기

제58조
(1) 매수인이 다른 특정한 시기에 대금을 지급할 의무가 없는 경우에는, 매수인은 매도인이 계약과 이 협약에 따라 물품 또는 그 처분을 지배하는 서류를 매수인의 처분하에 두는 때에 대금을 지급하여야 한다. 매도인은 그 지급을 물품 또는 서류의 교부를 위한 조건으로 할 수 있다.

(2) 계약에 물품의 운송이 포함되는 경우에는, 매도인은 대금의 지급과 상환하여서만 물품 또는 그 처분을 지배하는 서류를 매수인에게 교부한다는 조건으로 물품을 발송할 수 있다.
(3) 매수인은 물품을 검사할 기회를 가질 때까지는 대금을 지급할 의무가 없다. 다만, 당사자간에 합의된 인도 또는 지급절차가 매수인이 검사 기회를 가지는 것과 양립하지 아니하는 경우에는 그러하지 아니하다.

가. 당사자 간에 대금지급시기에 대한 합의가 있는 경우

매수인은 그 합의에 따라 정하여진 시기에 대금을 지급할 의무가 있다.

나. 당사자 간에 대금지급시기에 대한 합의가 없는 경우

1) 원칙(제58조 제1항 제1문) : 매도인이 계약·협약에 따라 물품 또는 그 처분을 지배하는 서류를 매수인의 처분하에 두는 때에 대금을 지급하여야 한다. 이 경우 매수인이 현실적으로 이를 수령하지 않았거나, 수령을 거절하였다고 하더라도 대금지급의 시기는 매도인이 물품·처분을 지배하는 서류를 매수인의 처분하에 두는 때 도래한 것이다.

2) 예외 : 동시이행의 경우

가) 매도인은 대금의 지급을 물품 또는 서류의 교부를 위한 조건으로 할 수 있다(제58조 제1항 제2문).

나) 계약에 물품의 운송이 포함된 경우 매도인은 대금의 지급과 상환하여서만 물품 또는 그 처분을 지배하는 서류를 매수인에게 교부한다는 조건으로 물품을 발송할 수 있다(제58조 제2항).

다. 매수인의 물품검사권(제58조 제3항)

매수인은 물품을 검사할 기회를 가질 때까지는 대금을 지급할 의무가 없다. 다만, 당사자 간에 합의된 인도 또는 지급절차가 매수인이 검사 기회를 가지는 것과 양립하지 아니하는 경우에는 매수인의 검사할 기회 없이 대금지급의 시기가 도래한다.

라. 확정기일 지급(제59조)

제59조
매수인은 계약 또는 이 협약에서 지정되거나 확정될 수 있는 기일에 대금을 지급하여야 하며, 이 경우 매도인의 입장에서는 어떠한 요구를 하거나 절차를 따를 필요가 없다.

1) 매수인은 계약·협약에서 지정되거나 확정될 수 있는 기일에 대금을 지급하여야 한다.

2) 매도인의 대금지급요구 또는 최고 등을 필요로 하지 않으므로 그 지정된 일자에 이행을 하지 아니하는 경우 계약위반이 되고, 매도인은 제61조 이하의 구제수단을 행사

할 수 있다. 이때 매도인으로부터 지급요구 또는 최고 등이 없었다는 것은 유효한 항변이 될 수 없다.

제2절 인도의 수령

제60조
매수인의 수령의무는 다음과 같다.
(가) 매도인의 인도를 가능하게 하기 위하여 매수인에게 합리적으로 기대될 수 있는 모든 행위를 하는 것, 및
(나) 물품을 수령하는 것

I 매수인의 수령의무

제60조는 매수인이 물품을 수령하는 것 외에도 매도인의 인도를 가능하게 하기 위하여 매수인에게 합리적으로 기대될 수 있는 모든 행위를 하는 것을 매수인의 수령의무로 규정하고 있다. 후자에는 수령장소지정, 수입허가를 득하는 것, 운송수단을 제공하는 것 등이 해당된다고 할 것이다.

II 수령의무 불이행의 경우

1. 원칙

매수인이 제60조가 규정하는 수령의무를 이행하지 아니하는 경우 원칙적으로 매도인은 매수인의 의무위반에 대하여 제61조 이하의 구제수단을 행사할 수 있다.

2. 매수인에게 수령거절권이 있는 경우

매도인은 수령의무위반에 기한 구제수단을 행사할 수 없다.

구체적으로, 매수인은 매도인이 이행기전에 인도하거나 계약에서 정한 수량을 초과하여 인도하는 경우(제52조), 매도인의 본질적 계약위반으로 매수인이 계약을 해제한 경우(제64조 제1항 가호) 등에는 수령을 거절할 수 있다.

제3절 매수인의 계약위반에 대한 구제

I 매수인의 계약위반에 대한 매도인의 구제수단 개괄

제61조

(1) 매수인이 계약 또는 이 협약상의 의무를 이행하지 아니하는 경우에 매도인은 다음을 할 수 있다.

(가) 제62조 내지 제65조에서 정한 권리의 행사

(나) 제74조 내지 제77조에서 정한 손해배상의 청구

(2) 매도인이 손해배상을 청구하는 권리는 다른 구제를 구하는 권리를 행사함으로써 상실되지 아니한다.

(3) 매도인이 계약위반에 대한 구제를 구하는 경우에, 법원 또는 중재판정부는 매수인에게 유예기간을 부여할 수 없다.

1. 매도인의 구제수단

매수인이 계약 또는 협약상 의무를 이행하지 아니하는 경우 매도인에게는 협약 제64조 내지 제65조에서 정한 권리의 행사와, 제74조 내지 제77조에서 정한 손해배상의 청구가 인정되고, 손해배상청구는 다른 권리와 중복하여 행사할 수 있다. 제61조는 매도인의 계약위반에 대한 매수인의 구제수단을 규정한 제45조에 대응하는 규정이며, 이를 정리하면 아래의 표와 같다.

<table>
<tr><th colspan="3">규정</th><th>매도인의 권리</th><th>본질적 위반 여부(제25조)</th></tr>
<tr><td rowspan="5">제61조 제1항 (가)호</td><td colspan="2">제62조</td><td>의무이행청구권</td><td>×</td></tr>
<tr><td colspan="2">제63조</td><td>부가기간지정권</td><td>×</td></tr>
<tr><td rowspan="2">제64조 제1항</td><td>가호</td><td rowspan="2">계약해제권</td><td>○</td></tr>
<tr><td>나호
(부가기간)</td><td>×</td></tr>
<tr><td colspan="2">제65조</td><td>물품명세지정권</td><td>×</td></tr>
<tr><td rowspan="2">제61조 제1항 (나)호</td><td colspan="2">제74조～제77조</td><td>손해배상청구권</td><td></td></tr>
<tr><td colspan="2">제61조 제2항</td><td>손해배상청구권은
다른 구제수단과 중복행사
가능</td><td></td></tr>
</table>

2. 법원의 유예기간 부여 불허(제61조 제3항)

매도인이 계약위반에 대한 구제를 구하는 경우, 법원 또는 중재판정부는 매도인에게 유예기간을 부여할 수 없다.

Ⅱ 의무이행청구권

제62조
매도인은 매수인에게 대금의 지급, 인도의 수령 또는 그 밖의 의무의 이행을 청구할 수 있다. 다만, 매도인이 그 청구와 양립하지 아니하는 구제를 구한 경우에는 그러하지 아니하다.

매도인은 매수인에게 대금지급의무, 인도의 수령의무 그 밖에 매수인이 부담하는 의무의 이행을 청구할 수 있다. 다만, 이 경우에도 계약해제권 및 부가기간지정권을 행사한 경우와 같이 의무이행과 양립할 수 없는 구제수단을 행사한 경우에는 의무의 이행을 청구할 수 없다.

Ⅲ 부가기간지정권

제63조
(1) 매도인은 매수인의 의무이행을 위하여 합리적인 부가기간을 정할 수 있다.
(2) 매수인으로부터 그 부가기간 내에 이행을 하지 아니하겠다는 통지를 수령한 경우를 제외하고, 매도인은 그 기간 중 계약위반에 대한 구제를 구할 수 없다. 다만, 매도인은 이행지체에 대한 손해배상을 청구할 권리를 상실하지 아니한다.

1. 합리적인 부가기간의 지정(제63조 제1항)

제63조 제1항의 매도인의 부가기간 지정권은 제47조에 규정된 매수인의 부가기간 지정권에 대응하는 규정으로, 매도인은 매수인의 의무이행을 위하여 합리적인 부가기간을 정할 수 있다.

2. 부가기간지정권 행사의 효과

가. 부가기간 중 다른 구제수단의 행사 불가(제63조 제2항)

매도인은 부가기간 중 계약위반에 대한 구제를 구할 수 없다. 다만, 매수인으로부터 그 부가기간 내에 이행을 하지 아니하겠다는 통지를 수령한 경우에는 다른 구제수단의 행사가 가능하고, 이행지체에 대한 손해배상을 청구할 권리는 이와 별도로 행사가 가능하다.

나. 계약해제권(제64조 제1항 나호)

매도인이 매수인의 대금지급의무, 물품수령의무 등 의무의 불이행에 대하여 합리적인 부가기간을 지정하였음에도 이를 이행하지 아니하거나 그 기간 내에 그러한 의무를 이행하지 아니하겠다고 선언한 경우 매도인은 매수인의 의무불이행이 본질적 계약위반에 해당하는지와 무관하게 계약해제권을 행사할 수 있다.

제64조
(1) 매도인은 다음의 경우에 계약을 해제할 수 있다.
(나) 매수인이 제63조 제1항에 따라 매도인이 정한 부가기간 내에 대금지급 또는 물품수령 의무를 이행하지 아니하거나 그 기간 내에 그러한 의무를 이행하지 아니하겠다고 선언한 경우.

Ⅳ 계약해제권

제64조
(1) 매도인은 다음의 경우에 계약을 해제할 수 있다.
(가) 계약 또는 이 협약상 매수인의 의무 불이행이 본질적 계약위반으로 되는 경우
(나) 매수인이 제63조 제1항에 따라 매도인이 정한 부가기간 내에 대금지급 또는 물품수령 의무를 이행하지 아니하거나 그 기간 내에 그러한 의무를 이행하지 아니하겠다고 선언한 경우
(2) 그러나 매수인이 대금을 지급한 경우에는, 매도인은 다음의 기간 내에 계약을 해제하지 아니하는 한 계약해제권을 상실한다.
(가) 매수인의 이행지체의 경우, 매도인이 이행이 이루어진 것을 알기 전
(나) 매수인의 이행지체 이외의 위반의 경우, 다음의 시기로부터 합리적인 기간 내
① 매도인이 그 위반을 알았거나 또는 알 수 있었던 때
② 매도인이 제63조 제1항에 따라 정한 부가기간이 경과한 때 또는 매수인이 그 부가기간 내에 의무를 이행하지 아니하겠다고 선언한 때

1. 계약해제의 요건

가. 본질적 계약위반(제64조 제1항 가호) : 계약 또는 이 협약상 매수인의 의무 불이행이 본질적 계약위반으로 되는 경우 매도인은 계약해제권을 행사할 수 있다. 본질적 계약위반인지 여부는 제25조 규정에 따라 ① 당사자 일방의 계약위반이 계약에서 상대방에게 기대할 수 있는 바를 실질적으로 박탈할 정도의 손실을 상대방에게 주고 ② 위반 당사자가 그러한 결과를 예견하였거나, 동일한 부류의 합리적인 사람이라면 동일한 상황에서 그

러한 결과를 예견할 수 있었던 경우에 본질적인 것으로 한다.

제25조
당사자 일방의 계약위반은, 그 계약에서 상대방이 기대할 수 있는 바를 실질적으로 박탈할 정도의 손실을 상대방에게 주는 경우에 본질적인 것으로 한다. 다만, 위반 당사자가 그러한 결과를 예견하지 못하였고, 동일한 부류의 합리적인 사람도 동일한 상황에서 그러한 결과를 예견하지 못하였을 경우에는 그러하지 아니하다.

나. 부가기간의 경과(제64조 제1항 나호) : 매도인이 매수인의 의무이행을 위하여 제63조 제1항에 따라 부가기간을 정하였으나 그 기간 내에 매수인이 대금지급 또는 물품수령의무를 이행하지 아니하거나 그 기간 내에 그러한 의무를 이행하지 아니하겠다고 선언한 경우 매도인은 계약해제권을 행사할 수 있다.

1) 대금지급의무 : 제54조에 따라 대금지급의무에는 대금지급을 위하여 계약 또는 법령에서 정한 조치를 취하고 절차를 따르는 것이 포함된다.

2) 물품수령의무 : 제60조에 따라 물품을 수령하는 것 외에도 매도인의 인도를 가능하게 하기 위하여 합리적으로 기대될 수 있는 모든행위가 포함된다.

3) 그 밖의 의무 : 제64조 제1항 나호는 '대금지급 또는 물품수령의무'라고 한정하고 있으므로, 위 1), 2)의 의무 이외에는 그 의무이행을 위하여 매도인이 부가기간을 지정하고, 지정된 부가기간 내 매수인이 의무를 이행하지 아니한 경우에도 계약해제권이 인정되지 않는다.

2. 계약해제권의 상실(해제권 행사의 기간)

매도인은 아래의 기간 내 계약을 해제하지 않으면 계약해제권을 상실한다.

가. 매수인의 이행지체의 경우(제64조 제2항 가호) : 매도인이 매수인의 이행이 이루어진 것을 알기 전까지

나. 매수인의 이행지체 외 위반의 경우(제64조 제2항 나호) : 1) 매도인이 그 위반을 알았거나 또는 알 수 있었던 때, 2) 매도인이 제63조 제1항에 따라 정한 부가기간이 경과한 때 또는 매수인이 그 부가기간 내에 의무를 이행하지 아니하겠다고 선언한 때로부터 합리적인 기간 내

V 물품명세지정권

제65조

(1) 계약상 매수인이 물품의 형태, 규격 그 밖의 특징을 지정하여야 하는 경우에, 매수인이 합의된 기일 또는 매도인으로부터 요구를 수령한 후 합리적인 기간 내에 그 지정을 하지 아니한 경우에는, 매도인은 자신이 보유하는 다른 권리를 해함이 없이, 자신이 알고 있는 매수인의 필요에 따라 스스로 지정할 수 있다.

(2) 매도인은 스스로 지정하는 경우에 매수인에게 그 상세한 사정을 통고하고, 매수인이 그와 다른 지정을 할 수 있도록 합리적인 기간을 정하여야 한다. 매수인이 그 통지를 수령한 후 정하여진 기간 내에 다른 지정을 하지 아니하는 경우에는, 매도인의 지정이 구속력을 가진다.

1. 물품명세지정권의 행사요건(제65조 제1항)

① 계약상 매수인이 물품의 형태, 규격 그 밖의 특징을 지정하여야 하는 경우일 것(가격이나 물품 수량을 정하도록 남겨 놓은 경우에는 적용되지 않는다.)

② 매수인이 합의된 기일 또는 매도인으로부터 요구를 수령한 후 합리적인 기간 내에 그 지정을 하지 아니한 경우일 것

③ 자신이 알고 있는 매수인의 필요에 따라 지정할 것

2. 매도인 지정의 구속력 발생(제65조 제2항)

매도인이 매수인에게 지정의 상세한 사정을 통고하고, 매수인이 그와 다른 지정을 할 수 있도록 합리적인 기간을 정하였음에도 매수인이 그 통지를 수령한 후 정하여진 기간 내에 다른 지정을 하지 아니하는 경우에 비로소 매도인의 지정이 구속력을 가진다.

제4장 | 위험의 이전

물품매매계약에서 '위험'이란 계약 체결 후 당사자의 귀책 사유 없이 물품이 멸실 또는 훼손되는 경우를 의미하고, '위험의 이전'이란 이러한 위험이 발생한 경우 당사자 중 어느 쪽에 그 위험을 부담시킬 것인가의 문제이다.

I 위험이전의 효과

5·10·12회

제66조
위험이 매수인에게 이전된 후에 물품이 멸실 또는 훼손되더라도 매수인은 대금지급의무를 면하지 못한다. 다만, 그 멸실 또는 훼손이 매도인의 작위 또는 부작위로 인한 경우에는 그러하지 아니하다.

1. 원칙(제66조 본문) : 대가위험의 이전

위험이 매수인에게 이전된 후 물품이 멸실 또는 훼손된 경우, 매수인은 물품을 보유하지 못하더라도 매도인에게 대금을 지급하여야 한다. 즉, 위험이 이전됨으로써 대가위험은 매수인에게 이전한다.

2. 예외(제66조 단서)

위험이 매수인에게 이전된 후 물품이 멸실·훼손되었더라도 그 멸실·훼손이 매도인의 작위 또는 부작위로 인한 경우에는 매수인은 대금지급의무를 부담하지 아니한다. 다만, 여기서의 '작위 또는 부작위'는 반드시 계약위반행위일 것을 요하지 않는다.[25]

25 안강현, 81면.

Ⅱ 위험이전의 시기 5·10·11회

1. 운송을 포함한 물품매매계약의 경우

제67조

(1) 매매계약에 물품의 운송이 포함되어 있고, 매도인이 특정한 장소에서 이를 교부할 의무가 없는 경우에, 위험은 매매계약에 따라 매수인에게 전달하기 위하여 물품이 제1운송인에게 교부된 때에 매수인에게 이전한다. 매도인이 특정한 장소에서 물품을 운송인에게 교부하여야 하는 경우에는, 위험은 그 장소에서 물품이 운송인에게 교부될 때까지 매수인에게 이전하지 아니한다. 매도인이 물품의 처분을 지배하는 서류를 보유할 권한이 있다는 사실은 위험의 이전에 영향을 미치지 아니한다.

(2) 제1항에도 불구하고 위험은 물품이 하인(荷印), 선적서류, 매수인에 대한 통지 그 밖의 방법에 의하여 계약상 명확히 특정될 때까지 매수인에게 이전하지 아니한다.

가. 물품이 특정된 경우

1) 매도인이 특정한 장소에서 물품을 교부할 의무가 없는 경우(제67조 제1항 1문) : 물품을 전달하기 위하여 물품이 제1운송인에게 교부된 때 위험이 이전한다.

2) 매도인이 특정한 장소에서 물품을 교부하여야 하는 경우(제67조 제1항 2문) : 그 장소에서 물품이 운송인에게 교부될 때까지 매수인에게 이전하지 아니한다.

3) 운송을 포함한 물품매매계약에서 위험이 이전되는 경우 매도인이 물품의 처분을 지배하는 서류를 갖고 있다는 사실은 그 위험 이전에 영향을 미치지 않는다(제67조 제1항 3문).[26]

나. 물품이 특정되지 않은 경우(제67조 제2항)

물품이 하인(荷印), 선적서류, 매수인에 대한 통지 그 밖의 방법에 의하여 계약상 명확히 특정되지 아니하면, 특정될 때까지 위험이 매수인에게 이전하지 않는다.[27]

---

26 운송이 포함된 국제물품매매계약에서 매도인이 물품을 운송인에게 교부한 후에도 물품의 처분을 지배하는 서류를 갖고 있는 경우가 일반적이기 때문에 제67조 제1항 제3문은 이러한 경우에도 위험이전에 대한 규정이 그대로 적용된다는 점을 명시하고 있다.

27 예컨대, 매도인이 같은 종류, 모델의 TV 수백대를 여러 매수인을 위해 함께 운송하는 경우, 운송중에 물품이 멸실되었다고 하더라도 물품이 명확히 특정되지 아니하였으므로 매수인은 제67조 제2항 규정에 따라 위험을 부담하지 않는다. 따라서 실제 거래에서 매도인은 선적서류 등에 물품을 표시하고, 통지를 발송(특정의 통지는 제27조에 따라 발송으로 효력이 발생하므로)하는 등으로 물품을 특정하게 된다.

2. 운송 중 물품이 매매된 경우

제68조
운송중에 매도된 물품에 관한 위험은 계약 체결시에 매수인에게 이전한다. 다만, 특별한 사정이 있는 경우에는, 위험은 운송계약을 표창하는 서류를 발행한 운송인에게 물품이 교부된 때부터 매수인이 부담한다. 그럼에도 불구하고, 매도인이 매매계약의 체결시에 물품이 멸실 또는 훼손된 것을 알았거나 알았어야 했고, 매수인에게 이를 밝히지 아니한 경우에는, 그 멸실 또는 훼손은 매도인의 위험으로 한다.

가. 원칙 : 운송 중에 매도된 물품의 위험은 아래의 시기에 매수인에게 이전한다.

1) 일반적인 경우(제68조 제1문) : 계약체결시

2) 특별한 사정이 있는 경우(제68조 제2문) : 운송계약을 표창하는 서류(예컨대 선하증권)를 발행한 운송인에게 물품이 교부된 때

나. 예외(제68조 제3문) : 매도인이 매매계약의 체결시에 물품이 멸실 또는 훼손된 것을 알았거나 알았어야 했고, 매수인에게 이를 밝히지 아니한 경우에는, 매도인이 위험을 부담한다.

참고

운송 중 물품이 매매되었으나 물품이 특정되지 아니한 경우
제68조는 제67조나 제69조와 달리 특정에 대한 언급이 없으나 물품이 명확히 특정되어야 매수인에게 위험이 이전할 수 있다는 것은 일반원칙으로 이해되므로 언급이 없더라도 동일하게 해석하는 것이 타당하다(법무부 159면).

3. 운송을 포함하지 않는 매매계약의 경우

제69조
(1) 제67조와 제68조가 적용되지 아니하는 경우에, 위험은 매수인이 물품을 수령한 때, 매수인이 적시에 이를 수령하지 아니한 경우에는 물품이 매수인의 처분 하에 놓여지고 매수인이 이를 수령하지 아니하여 계약을 위반하는 때에 매수인에게 이전한다.
(2) 매수인이 매도인의 영업소 이외의 장소에서 물품을 수령하여야 하는 경우에는, 위험은 인도기일이 도래하고 물품이 그 장소에서 매수인의 처분 하에 놓여진 것을 매수인이 안 때에 이전한다.
(3) 불특정물에 관한 계약의 경우에, 물품은 계약상 명확히 특정될 때까지 매수인의 처분하에 놓여지지 아니한 것으로 본다.

가. 매도인의 영업소에서 물품을 인도하는 경우(제69조 제1항) : 아래의 시기에 위험이 이전된다.

1) 물품을 적시에 수령한 경우 : 매수인이 물품을 수령한 때

2) 물품의 수령을 지체하는 경우 : 물품이 매수인의 처분하에 놓여지고 매수인이 이를 수령하지 아니하여 계약을 위반하는 때

나. 매도인의 영업소 외의 장소에서 물품을 인도하는 경우(제69조 제2항) : 위험은 ① 인도기일이 도래하고 ② 물품이 그 장소에서 매수인의 처분 하에 놓여진 것을 ③ 매수인이 안 때에 이전한다.

Ⅲ 계약위반과 위험부담의 관계

제70조
매도인이 본질적 계약위반을 한 경우에는, 제67조, 제68조 및 제69조는 매수인이 그 위반을 이유로 구할 수 있는 구제를 방해하지 아니한다.

매도인이 본질적 계약위반을 한 경우 제67조, 제68조, 제69조에 따라 매수인에게 그 위험이 이전되었다고 하더라도 매수인은 매도인의 계약위반에 대하여 계약해제권(제49조 제1항), 대체물인도청구권(제46조 제2항), 손해배상청구권(제45조 제1항 나호) 등의 구제수단을 행사할 수 있다.

제5장 | 매도인과 매수인의 의무에 공통되는 규정

제1절 이행기 전의 계약위반과 분할인도계약

I 이행기 전의 계약위반

1. 의무이행정지권

제71조

(1) 당사자는 계약체결 후 다음의 사유로 상대방이 의무의 실질적 부분을 이행하지 아니할 것이 판명된 경우에는, 자신의 의무 이행을 정지할 수 있다.
(가) 상대방의 이행능력 또는 신용도의 중대한 결함
(나) 계약의 이행 준비 또는 이행에 관한 상대방의 행위

(2) 제1항의 사유가 명백하게 되기 전에 매도인이 물품을 발송한 경우에는, 매수인이 물품을 취득할 수 있는 증권을 소지하고 있더라도 매도인은 물품이 매수인에게 교부되는 것을 저지할 수 있다. 이 항은 매도인과 매수인간의 물품에 관한 권리에 대하여만 적용된다.

(3) 이행을 정지한 당사자는 물품의 발송 전후에 관계없이 즉시 상대방에게 그 정지를 통지하여야 하고, 상대방이 그 이행에 관하여 적절한 보장을 제공한 경우에는 이행을 계속하여야 한다.

가. 이행정지권(제71조 제1항) 11·13회

당사자는 계약체결 후 ① 상대방의 이행능력 또는 신용도의 중대한 결함이나 ② 계약의 이행 준비 또는 이행에 관한 상대방의 행위로 상대방이 의무의 실질적 부분을 이행하지 아니할 것이 판명된 경우에는, 자신의 의무 이행을 정지할 수 있다.

다만, 실제로 계약위반이 존재할 필요는 없고, 의무의 실질적 부분을 이행하지 아니할 것에 대한 가능성이 판명된 경우 이행정지권을 행사할 수 있다.

나. 운송정지권(제71조 제2항)

1) 요건 : 상대방의 이행능력 또는 신용도의 중대한 결함이나 계약의 이행 준비 또는 이행에 관한 상대방의 행위로 상대방이 의무의 실질적 부분을 이행하지 아니할 것이 명백하게 되기 전 매수인이 물품을 취득할 수 있는 증권을 소지하고 있더라도 매도인은 물

품이 매수인에게 교부되는 것을 저지할 수 있다.

2) **적용 범위** : 매도인과 매수인간의 물품에 관한 권리에 대하여만 적용된다.

매도인은 매수인으로부터 제3자에게 물품의 소유권이 이전된 경우에는 행사할 수 없고, 매도인은 이 권리를 매수인이 아닌 운송인, 창고업자에게 행사할 수 없다.

3) **효과** : 매도인이 운송정지권을 행사하였음에도 매수인이 물품을 수령하면 이는 매도인의 운송정지권 침해로서 계약위반이 된다.

다. 이행정지권과 운송정지권의 행사(제71조 제3항)

1) 이행정지권·운송정지권을 행사한 당사자는 즉시 상대방에게 그 정지를 통지하여야 한다.

2) 상대방이 그 이행에 관하여 적절한 보장을 제공한 경우에는 이행을 계속하여야 한다.

2. 계약해제권

8·9·11·12회

제72조

(1) 계약의 이행기일 전에 당사자 일방이 본질적 계약위반을 할 것이 명백한 경우에는, 상대방은 계약을 해제할 수 있다.
(2) 시간이 허용하는 경우에는, 계약을 해제하려고 하는 당사자는 상대방이 이행에 관하여 적절한 보장을 제공할 수 있도록 상대방에게 합리적인 통지를 하여야 한다.
(3) 제2항의 요건은 상대방이 그 의무를 이행하지 아니하겠다고 선언한 경우에는 적용되지 아니한다.

가. 이행기 전 계약해제권 행사의 요건(제72조 제1항)

계약의 이행기일 전에 당사자 일방이 본질적 계약위반을 할 것이 명백한 경우에는, 상대방은 계약을 해제할 수 있다. 이때 본질적 계약위반에 대해서는 제25조가 적용된다.

제25조

당사자 일방의 계약위반은, 그 계약에서 상대방이 기대할 수 있는 바를 실질적으로 박탈할 정도의 손실을 상대방에게 주는 경우에 본질적인 것으로 한다. 다만, 위반 당사자가 그러한 결과를 예견하지 못하였고, 동일한 부류의 합리적인 사람도 동일한 상황에서 그러한 결과를 예견하지 못하였을 경우에는 그러하지 아니하다.

나. 통지의무

1) **원칙(제72조 제2항)** : 시간이 허용하는 경우, 계약을 해제하려고 하는 당사자는 상대방이 이행에 관하여 적절한 보장을 제공할 수 있도록 상대방에게 합리적인 통지를 하

여야 한다.

2) 예외(제72조 제3항) : 상대방이 그 의무를 이행하지 아니하겠다고 선언한 경우에는 통지할 필요가 없다.

3) 한편, 계약해제권을 행사하고자 하는 당사자가 제72조 제1항 통지를 함에 따라 이행에 관하여 적절한 보장을 제공하는 경우에는 해제권이 소멸된다.

Ⅱ 분할인도계약

빈출

제73조

(1) 물품을 분할하여 인도하는 계약에서 어느 분할부분에 관한 당사자 일방의 의무 불이행이 그 분할부분에 관하여 본질적 계약위반이 되는 경우에는, 상대방은 그 분할부분에 관하여 계약을 해제할 수 있다.

(2) 어느 분할부분에 관한 당사자 일방의 의무 불이행이 장래의 분할부분에 대한 본질적 계약위반의 발생을 추단하는 데에 충분한 근거가 되는 경우에는, 상대방은 장래에 향하여 계약을 해제할 수 있다. 다만, 그 해제는 합리적인 기간 내에 이루어져야 한다.

(3) 어느 인도에 대하여 계약을 해제하는 매수인은, 이미 행하여진 인도 또는 장래의 인도가 그 인도와의 상호 의존관계로 인하여 계약 체결시에 당사자 쌍방이 예상했던 목적으로 사용될 수 없는 경우에는, 이미 행하여진 인도 또는 장래의 인도에 대하여도 동시에 계약을 해제할 수 있다.

제73조는 분할인도계약의 해제에 대하여 규정하고 있는데, 분할인도계약은 하나의 계약 안에 최소한 2회 이상 서로 다른 시기에 물품을 나누어 인도하는 내용의 물품매매계약을 의미한다.

1. 분할 부분에 대한 해제(제73조 제1항)

어느 분할 부분에 관한 당사자 일방의 의무 불이행이 그 분할 부분에 관하여 본질적 계약위반이 되는 경우, 상대방은 그 분할 부분에 대해서만 계약을 해제할 수 있다.

2. 장래 분할 부분에 대한 해제(제73조 제2항)

어느 분할 부분에 관한 당사자 일방의 의무 불이행이 장래의 분할 부분에 대한 본질적 계약위반의 발생을 추단하는 데에 충분한 근거가 되는 경우, 상대방은 장래에 향하여 계약을 해제할 수 있다. 다만, 그 해제는 합리적인 기간 내에 이루어져야 한다.

3. 과거 인도 부분 및 장래 인도 부분에 대한 해제(제73조 제3항)

매수인이 ① 어느 인도에 대하여 계약을 해제하고자 하고, ② 해제하고자 하는 인도와 이미 행하여진 인도 또는 장래의 인도가 상호 의존관계로 인하여 계약 체결시에 당사자 쌍방이 예상했던 목적으로 사용될 수 없는 경우에 매수인은 이미 행하여진 인도 또는 장래의 인도에 대하여도 동시에 계약을 해제할 수 있다.

제73조 제1항 및 제2항이 양 당사자 모두에게 적용되는 반면, 제3항은 매수인에게만 인정된다.

제2절 손해배상액

매수인의 매도인에 대한 손해배상청구권의 근거는 제45조 제1항 나호가, 매도인의 매수인에 대한 손해배상청구권의 근거는 제61조 제1항 나호가 규정하고 있고,[28] 본 절에서는 손해배상이 인정되는 경우 손해산정에 대한 내용을 정하고 있다.

I 계약위반에 대한 손해배상

빈출

제74조

당사자 일방의 계약위반으로 인한 손해배상액은 이익의 상실을 포함하여 그 위반의 결과 상대방이 입은 손실과 동등한 금액으로 한다. 그 손해배상액은 위반 당사자가 계약 체결시에 알았거나 알 수 있었던 사실과 사정에 비추어, 계약위반의 가능한 결과로서 발생할 것을 예견하였거나 예견할 수 있었던 손실을 초과할 수 없다.

---

28 **매수인 → 매도인 손해배상청구(제45조)**

(1) 매도인이 계약 또는 이 협약상의 의무를 이행하지 아니하는 경우에 매수인은 다음을 할 수 있다.
(나) 제74조 내지 제77조에서 정한 손해배상의 청구
(2) 매수인이 손해배상을 청구하는 권리는 다른 구제를 구하는 권리를 행사함으로써 상실되지 아니한다.

매도인 → 매수인 손해배상청구(제61조)

(1) 매수인이 계약 또는 이 협약상의 의무를 이행하지 아니하는 경우에 매도인은 다음을 할 수 있다.
(나) 제74조 내지 제77조에서 정한 손해배상의 청구
(2) 매도인이 손해배상을 청구하는 권리는 다른 구제를 구하는 권리를 행사함으로써 상실되지 아니한다.

1. 완전배상의 원칙

계약을 위반한 당사자 일방은 원칙적으로 상대방에게 이익의 상실을 포함하여 그 위반의 결과 상대방이 입은 손실을 전부 배상하여야 한다.

2. 배상범위의 제한

단, 위반 당사자가 계약 체결 시 계약위반으로 발생할 수 있다고 예견하였거나 예견할 수 있었던 손실을 초과할 수는 없다.

Ⅱ 계약해제에 의한 손해배상

1. 대체거래가 있었던 경우 손해배상액 산정

빈출

제75조
계약이 해제되고 계약해제 후 합리적인 방법으로, 합리적인 기간 내에 매수인이 대체물을 매수하거나 매도인이 물품을 재매각한 경우에, 손해배상을 청구하는 당사자는 계약대금과 대체거래대금과의 차액 및 그 외에 제74조에 따른 손해액을 배상받을 수 있다.

가. 제75조의 적용요건

1) 계약이 해제되었을 것

2) 합리적인 방법으로, 합리적인 기간 내에 매수인이 대체물을 매수하거나 매도인이 물품을 재매각하는 대체거래가 이루어졌을 것

나. 손해의 산정

대체거래자는 1) 계약대금과 대체거래대금과의 차액과 2) 그 외에 제74조에 따른 손해액에 대하여 손해배상을 청구할 수 있다. 2)의 손해액에는 지체손해나 보관비용, 대체거래에 의한 운송비용 등이 해당할 수 있다.

2. 시가에 의한 손해배상액 산정

제76조
(1) 계약이 해제되고 물품에 시가가 있는 경우에, 손해배상을 청구하는 당사자는 제75조에 따라 구입 또는 재매각하지 아니하였다면 계약대금과 계약해제시의 시가와의 차액 및 그 외에 제74조에 따른 손해액을 배상받을 수 있다. 다만, 손해배상을 청구하는 당사자가 물품을 수령한 후에 계약을 해제한 경우에는, 해제시의 시가에 갈음하여 물품 수령시의 시가를 적용한다.

(2) 제1항의 적용상, 시가는 물품이 인도되었어야 했던 장소에서의 지배적인 가격, 그 장소에 시가가 없는 경우에는 물품 운송비용의 차액을 적절히 고려하여 합리적으로 대체할 수 있는 다른 장소에서의 가격을 말한다.

가. 제76조의 적용요건(제76조 제1항 본문)

1) 계약이 해제되었을 것

2) 물품에 시가가 있을 것

3) 제75조에 해당하는 대체거래가 없었을 것

나. 손해의 산정 : 손해배상을 청구하는 당사자는 아래 1), 2)의 금원을 손해액으로 하여 손해배상을 청구할 수 있다.

1) 계약대금과 시가와의 차액

가) 시가의 기준시점 : 원칙적으로 계약 해제시의 시가를 기준으로 하되, 손해배상을 청구하는 당사자가 물품을 수령한 후에 계약을 해제한 경우에는, 예외적으로 해제시 시가에 갈음하여 물품 수령시의 시가를 적용한다.

나) 시가의 기준장소 : 물품이 인도되었어야 했던 장소에서의 지배적인 가격, 그 장소에 시가가 없는 경우에는 물품 운송비용의 차액을 적절히 고려하여 합리적으로 대체할 수 있는 다른 장소에서의 가격

2) 그 외에 제74조에 따른 손해액

Ⅲ 손실경감의무

3회

제77조
계약위반을 주장하는 당사자는 이익의 상실을 포함하여 그 위반으로 인한 손실을 경감하기 위하여 그 상황에서 합리적인 조치를 취하여야 한다. 계약위반을 주장하는 당사자가 그 조치를 취하지 아니한 경우에는, 위반 당사자는 경감되었어야 했던 손실액만큼 손해배상액의 감액을 청구할 수 있다.

1. 합리적인 조치(제77조 제1문)

계약위반을 주장하는 당사자는 이익의 상실을 포함하여 그 위반으로 인한 손실을 경감하기 위하여 그 상황에서 합리적인 조치를 취하여야 한다.

예컨대 계약이 해제된 경우 손해를 경감시키기 위하여 합리적인 대체거래를 하는 일(제75조), 물품을 합리적인 방법으로 보관하는 일, 물품에 하자가 발생한 경우 확대손해를 막기 위하여 조치를 취하는 일 등이 이에 해당된다.

2. 손실경감의무를 이행하지 않은 경우(제77조 제2문)

계약위반을 주장하는 당사자가 그 조치를 취하지 아니한 경우에는, 위반 당사자는 경감되었어야 했던 손실액만큼 손해배상액의 감액을 청구할 수 있다.

단, 이 규정은 손해배상청구권에만 적용되며, 다른 구제수단을 행사하는 것에는 영향을 주지 아니한다.

판례(대법원 2023. 9. 27. 선고 2021다255655 판결)

[1] 국제물품매매계약에 관한 국제연합 협약(United Nations Convention on Contracts for the International Sale of Goods 1980, 이하 'CISG'라고 한다) 제77조에서 규정한 손해경감의무는 계약위반을 주장하는 당사자가 손실 경감을 위한 합리적인 조치를 취하지 아니한 경우 위반 당사자는 경감되어야 했던 손실액만큼 손해배상액의 감액을 청구할 수 있다는 점에서 책임제한과 유사한 측면이 있지만 전체 손해액의 일정비율을 감액하는 책임제한과 동일하다고 보기는 어렵다.
CISG에는 위 제77조 외에 책임제한과 관련된 구체적인 규정이 존재하지 않아 책임제한과 관련된 규율에 흠결이 존재하고, 이는 내적흠결에 해당한다. CISG 제7조 제2항에 따라 내적흠결에 해당하는 경우 CISG가 기초하고 있는 일반원칙이 우선적으로 고려되어야 하고, 그러한 일반원칙이 없는 경우 비로소 계약상 준거법이 적용된다.
CISG 제77조는 회피할 수 있었던 손해는 배상받을 수 없다는 취지로 규정하고 있고, CISG 제79조, 제80조는 의무위반이 위반자가 통제할 수 없는 외부적 사정이나 상대방의 행위에 기인한 경우 위반자가 면책된다는 취지로 규정하고 있다. 이와 같은 CISG 조문들의 목적과 취지 등을 종합하면, 공평의 원칙 등에 기초하여 당사자들의 이해관계를 조정하려는 손해분담의 원칙은 CISG 일반원칙에 해당한다고 볼 수 있으므로, CISG에 책임제한에 관한 내적흠결이 존재하더라도 손해의 공평한 부담에 관한 CISG 일반원칙에 따라 책임제한이 가능하다.

[2] 국제물품매매계약에 관한 국제연합 협약(United Nations Convention on Contracts for the International Sale of Goods 1980) 제74조는 계약위반으로 인하여 상대방이 입은 이익의 상실 등 일체를 손해배상액으로 삼으면서도, 계약위반자가 계약체결 당시 알았거나 알 수 있었던 사실과 사정에 비추어 예견하였거나 예견할 수 있었던 손실로 손해의 범위를 제한하고 있다. 이때 예견가능성은 계약위반자 자신뿐만 아니라 그와 동일한 상황에 있었던 동일한 부류의 합리적인 사람을 기준으로 하되, 계약체결 경위와 과정, 계약 내용 등을 종합적으로 고려하여 판단하여야 한다.

제3절 이자

제78조
당사자가 대금 그 밖의 연체된 금액을 지급하지 아니하는 경우에, 상대방은 제74조에 따른 손해배상청구권을 해함이 없이, 그 금액에 대한 이자를 청구할 수 있다.

1. 이자청구권의 발생

당사자가 대금 그 밖의 연체된 금원을 지급하지 아니하는 경우 그 금액에 대한 이자를 청구할 수 있고, 1) 대금지급의무, 2) 비용상환채무, 3) 감액된 대금반환채무 등이 이에 해당된다.

또한 제74조는 이자청구권이 손해배상청구권과 별개라는 점을 명시하고 있으므로 이자를 청구하고도 여전히 손해가 남아 있다면 손해배상청구도 가능하다.

2. 이자청구권의 발생시점

이자청구권은 금전채무의 이행기의 만기시점으로 1) 대금지급 채무는 이행기, 2) 비용상환채무는 청구권발생시가 된다.

◇ 계약해제로 인한 대금상환채무에 대해서는 제84조 제1항이 별도로 규정하고 있고, 계약해제로 인한 대금상환채무는 대금을 지급받은 날로부터 이자가 계산된다(제84조 제1항).

제4절 면책

I 손해배상책임이 면책되는 경우 1·6·12회

제79조
(1) 당사자는 그 의무의 불이행이 자신이 통제할 수 없는 장애에 기인하였다는 것과 계약 체결시에 그 장애를 고려하거나 또는 그 장애나 그로 인한 결과를 회피하거나 극복하는 것이 합리적으로 기대될 수 없었다는 것을 증명하는 경우에는, 그 의무불이행에 대하여 책임이 없다.

(2) 당사자의 불이행이 계약의 전부 또는 일부의 이행을 위하여 사용한 제3자의 불이행으로 인한 경우에는, 그 당사자는 다음의 경우에 한하여 그 책임을 면한다.
(가) 당사자가 제1항의 규정에 의하여 면책되고, 또한
(나) 당사자가 사용한 제3자도 그에게 제1항이 적용된다면 면책되는 경우
(3) 이 조에 규정된 면책은 장애가 존재하는 기간 동안에 효력을 가진다.
(4) 불이행 당사자는 장애가 존재한다는 것과 그 장애가 자신의 이행능력에 미치는 영향을 상대방에게 통지하여야 한다. 불이행 당사자가 장애를 알았거나 알았어야 했던 때로부터 합리적인 기간 내에 상대방이 그 통지를 수령하지 못한 경우에는, 불이행 당사자는 불수령으로 인한 손해에 대하여 책임이 있다.
(5) 이 조는 어느 당사자가 이 협약에 따라 손해배상 청구권 이외의 권리를 행사하는 것을 방해하지 아니한다.

1. 면책 대상 청구권(제79조 제5항)

제79조 제5항은 '이 조는 어느 당사자가 이 협약에 따라 손해배상청구권 이외의 권리를 행사하는 것을 방해하지 아니한다'고 하여 제79조에 따라 면책되는 권리가 손해배상청구권에 한함을 명시하였다. 따라서 본조에 의한 면책사유가 있더라도 손해배상청구권 외의 이행청구권, 대금감액권, 계약해제권 등 계약위반으로 인한 권리는 면책되지 아니한다.

2. 면책의 사유

가. 통제할 수 없는 장애에 기인한 채무불이행(제79조 제1항)의 경우

의무를 불이행한 당사자는 ① 그 의무의 불이행이 자신이 통제할 수 없는 장애(자연재해, 전쟁 등)에 기인하였다는 것과 ② '계약 체결시'에 그 장애를 고려하거나 또는 그 장애나 그로 인한 결과를 회피하거나 극복하는 것이 합리적으로 기대될 수 없었다는 것을 증명하는 경우 손해배상책임이 면책된다.

나. 당사자가 사용한 제3자의 불이행으로 인한 채무불이행(제79조 제2항)[29]의 경우

당사자의 불이행이 계약의 전부 또는 일부의 이행을 위하여 사용한 제3자의 불이행으로 인한 경우에는 ① 당사자가 제79조 제1항의 규정에 의하여 면책되고, ② 동시에 당사자가 사용한 제3자도 제79조 제1항의 면책 요건을 갖춘 경우 손해배상책임이 면책된다.

---

29 채무자는 자신의 이행보조자의 불이행에 대하여 제1항에 의해 원칙적으로 모든 책임을 진다. 그러나 그 이행보조자가 채무자의 계약의무를 이행하는 독립적인 제3자인 경우에는 제2항이 적용된다(법무부, 196면).

3. 면책의 효력(第79조 第3항)

면책은 장애가 존재하는 기간 동안에 효력을 가진다. 따라서 장애 사유가 소멸한 경우의 불이행은 면책되지 아니하므로 장애 사유가 해소되면 다시 이행할 의무를 부담한다.

4. 장애발생 통지의무(第79조 第4항)

의무불이행 당사자는 1) 장애가 존재한다는 것과 2) 그 장애가 자신의 이행능력에 미치는 영향을 상대방에게 통지하여야 한다. 이때 통지는 상대방에게 도달되어야 하고, 불이행 당사자가 장애를 알았거나 알았어야 했던 때로부터 합리적인 기간 내에 상대방이 그 통지를 수령하지 못한 경우, 불이행 당사자는 불수령으로 인한 손해에 대하여 면책되지 않는다.

Ⅱ 계약위반 책임이 면책되는 경우

11·12회

第80조
당사자는 상대방의 불이행이 자신의 작위 또는 부작위에 기인하는 한, 상대방의 불이행을 주장할 수 없다.

第80조는 채권자의 귀책사유로 인하여 발생한 의무불이행에 대해 채무자가 불이익을 받아서는 안 된다는 신의성실의 원칙을 나타내고 있다.

본인의 행위로 인하여 상대방이 의무를 불이행함으로써 계약을 위반하게 된 경우, 그 불이행에 대한 구제수단을 행사할 수 없고, 상대방은 第80조에 의하여 면책된다.

第79조가 면책 대상 청구권을 손해배상청구권에 한정하고 있는 것과 달리 第80조의 면책대상 청구권은 손해배상청구권 뿐만 아니라 이행청구권, 대금감액권, 계약해제권 등 계약 위반과 관련한 채권에 모두 적용된다.

제5절 해제의 효력

Ⅰ 계약의 해제와 원상회복 5회

제81조
(1) 계약의 해제는 손해배상의무를 제외하고 당사자 쌍방을 계약상의 의무로부터 면하게 한다. 해제는 계약상의 분쟁해결조항 또는 해제의 결과 발생하는 당사자의 권리의무를 규율하는 그 밖의 계약조항에 영향을 미치지 아니한다.
(2) 계약의 전부 또는 일부를 이행한 당사자는 상대방에게 자신이 계약상 공급 또는 지급한 것의 반환을 청구할 수 있다. 당사자 쌍방이 반환하여야 하는 경우에는 동시에 반환하여야 한다.

1. 급부의무의 면제(제81조 제1항)

계약이 해제된 경우 당사자 쌍방이 부담하는 계약상 의무는 면제된다. 다만, 계약위반자의 손해배상의무는 여전히 존재한다. 또한, 계약의 해제로 계약상 의무는 면제되지만, 그 해제는 계약상의 분쟁해결조항 또는 해제 후 당사자의 권리의무에 대하여 정한 계약조항에는 영향을 미치지 아니한다.

2. 원상회복(제81조 제2항)

계약의 전부 또는 일부를 이행한 당사자는 상대방에게 자신이 계약상 공급 또는 지급한 것의 반환을 청구할 수 있고, 당사자 쌍방이 반환하여야 하는 경우에는 동시에 반환하여야 한다.

이때 당사자는 자신이 공급·지급한 것 외에도 그 이행으로 발생한 이자 및 수익 전부를 반환하여야 한다(제84조).

Ⅱ 매수인의 계약해제권 및 대체물인도청구권의 상실 3·7·8·12·13회

제82조
(1) 매수인이 물품을 수령한 상태와 실질적으로 동일한 상태로 그 물품을 반환할 수 없는 경우에는, 매수인은 계약을 해제하거나 매도인에게 대체물을 청구할 권리를 상실한다.
(2) 제1항은 다음의 경우에는 적용되지 아니한다.
(가) 물품을 반환할 수 없거나 수령한 상태와 실질적으로 동일한 상태로 반환할 수 없는 것이 매수인의 작위 또는 부작위에 기인하지 아니한 경우

(나) 물품의 전부 또는 일부가 제38조에 따른 검사의 결과로 멸실 또는 훼손된 경우
(다) 매수인이 부적합을 발견하였거나 발견하였어야 했던 시점 전에, 물품의 전부 또는 일부가 정상적인 거래과정에서 매각되거나 통상의 용법에 따라 소비 또는 변형된 경우

매수인이 매도인의 계약위반으로 계약해제권 또는 대체물인도청구권을 보유하고 있으나, 물품을 수령한 상태와 실질적으로 동일한 상태로 그 물품을 반환할 수 없는 경우가 문제된다.

1. 원칙

가. 계약해제권·대체물인도청구권의 상실(제82조 제1항) : 매수인이 물품을 수령한 상태와 실질적으로 동일한 상태로 그 물품을 반환할 수 없는 경우에는, 매수인은 계약을 해제하거나 매도인에게 대체물을 청구할 권리를 상실한다.

나. 그 밖의 구제권 보유(제83조) : 매수인이 물품을 반환하지 못하여 계약해제권 및 대체물인도청구권을 상실하는 경우에도 그 밖의 대금감액권, 손해배상청구권, 이행청구권 등의 권리는 상실하지 아니하고 보유한다.

제83조
매수인은, 제82조에 따라 계약해제권 또는 대체물인도청구권을 상실한 경우에도, 계약과 이 협약에 따른 그 밖의 모든 구제권을 보유한다.

2. 예외(제82조 제2항)

아래의 경우에는 예외적으로 계약해제권, 대체물인도청구권을 상실하지 않는다.

가. 물품을 반환할 수 없거나 수령한 상태와 실질적으로 동일한 상태로 반환할 수 없는 것이 매수인의 작위 또는 부작위에 기인하지 아니한 경우

나. 물품의 전부 또는 일부가 제38조에 따른 검사의 결과로 멸실 또는 훼손된 경우

다. 매수인이 부적합을 발견하였거나 발견하였어야 했던 시점 전에, 물품의 전부 또는 일부가 정상적인 거래과정에서 매각되거나 통상의 용법에 따라 소비 또는 변형된 경우

Ⅲ 계약 해제시 반환의무 범위

4회

제84조

(1) 매도인은 대금을 반환하여야 하는 경우에, 대금이 지급된 날부터 그에 대한 이자도 지급하여야 한다.

(2) 매수인은 다음의 경우에는 물품의 전부 또는 일부로부터 발생된 모든 이익을 매도인에게 지급하여야 한다.

(가) 매수인이 물품의 전부 또는 일부를 반환하여야 하는 경우

(나) 물품의 전부 또는 일부를 반환할 수 없거나 수령한 상태와 실질적으로 동일한 상태로 전부 또는 일부를 반환할 수 없음에도 불구하고, 매수인이 계약을 해제하거나 매도인에게 대체물의 인도를 청구한 경우

1. 매도인의 반환범위(제84조 제1항)

매도인은 매수인에게 대금을 반환하여야 하는 경우 대금이 지급된 날부터 그에 대한 이자도 지급하여야 한다.

2. 매수인의 반환범위(제84조 제2항)

가. 매수인이 물품의 전부 또는 일부를 반환하여야 하는 경우 매수인은 물품의 전부 또는 일부로부터 발생된 모든 이익을 매도인에게 지급하여야 한다. 이때 이익은 사용이익을 의미한다.

나. 물품의 전부 또는 일부를 반환할 수 없거나 수령한 상태와 실질적으로 동일한 상태로 전부 또는 일부를 반환할 수 없음에도 불구하고, 매수인이 계약을 해제하거나 매도인에게 대체물의 인도를 청구한 경우에도 매수인은 그 물품으로부터 생긴 모든 이익을 반환하여야 한다.

제6절 물품의 보관

본 절에서 규정하는 매도인과 매수인의 물품보관의무는 물품의 소유권이나 위험이 누구에게 있든 상관없이 물품이 사실상 자기의 책임영역에 존재하는 경우에는 그가 물품을 보관하여야 한다는 것으로, 신의성실원칙에 따라 인정되는 의무이다.

Ⅰ 매도인의 물품보관의무

3회

제85조
매수인이 물품 인도의 수령을 지체하거나 또는 대금지급과 물품 인도가 동시에 이루어져야 함에도 매수인이 대금을 지급하지 아니한 경우로서, 매도인이 물품을 점유하거나 그 밖의 방법으로 그 처분을 지배할 수 있는 경우에는, 매도인은 물품을 보관하기 위하여 그 상황에서 합리적인 조치를 취하여야 한다. 매도인은 매수인으로부터 합리적인 비용을 상환 받을 때까지 그 물품을 보유할 수 있다.

① 매수인이 물품 인도의 수령을 지체하거나 또는 대금지급과 물품 인도가 동시에 이루어져야 함에도 매수인이 대금을 지급하지 아니하였고 ② 매도인이 물품을 점유하거나 그 밖의 방법으로 그 처분을 지배할 수 있는 경우 매도인에게 그 물품의 보관의무가 부여된다.

이 경우 매도인은 물품을 보관하기 위하여 그 상황에서 합리적인 조치를 취하여야 하고, 매수인으로부터 합리적인 비용을 상환 받을 때까지 그 물품을 보유할 수 있다.

Ⅱ 매수인의 물품보관의무

8회

제86조
(1) 매수인이 물품을 수령한 후 그 물품을 거절하기 위하여 계약 또는 이 협약에 따른 권리를 행사하려고 하는 경우에는, 매수인은 물품을 보관하기 위하여 그 상황에서 합리적인 조치를 취하여야 한다. 매수인은 매도인으로부터 합리적인 비용을 상환받을 때까지 그 물품을 보유할 수 있다.
(2) 매수인에게 발송된 물품이 목적지에서 매수인의 처분하에 놓여지고, 매수인이 그 물품을 거절하는 권리를 행사하는 경우에, 매수인은 매도인을 위하여 그 물품을 점유하여야 한다. 다만, 대금 지급 및 불합리한 불편이나 경비소요없이 점유할 수 있는 경우에 한한다. 이 항은 매도인이나 그를 위하여 물품을 관리하는 자가 목적지에 있는 경우에는 적용되지 아니한다. 매수인이 이 항에 따라 물품을 점유하는 경우에는, 매수인의 권리와 의무에 대하여는 제1항이 적용된다.

1. 매수인의 보관의무(제86조 제1항)

① 매수인이 물품을 수령하였으나 ② 그 물품을 거절하기 위한 권리를 정당하게 행사하고자 하는 경우 매수인은 물품을 보관하기 위하여 그 상황에서 합리적인 조치를 취하여야 할 의무가 있다. 이때 ②의 물품거절권은 계약해제(제49조)나 대체물인도청구(제46조 제2항) 뿐만 아니라 일부인도(제51조), 이행기전인도 및 초과인도(제52조)에서도 나올 수 있다.

또한 이 경우 매수인은 매도인으로부터 합리적인 비용을 상환받을 때까지 그 물품을 보유할 수 있다.

2. **잠정적 점유의무**(제86조 제2항)

① 매수인에게 발송된 물품이 목적지에서 매수인의 처분하에 놓여지고, ② 매수인이 그 물품을 거절하는 권리를 행사하는 경우 ③ 매수인이 대금 지급 및 불합리한 불편이나 경비소요 없이 점유할 수 있는 때에 한하여 매수인은 매도인을 위하여 물품을 점유하여야 한다.

이에 따라 매수인이 물품을 점유한 후에는 매수인은 제86조 제1항이 규정하는 바와 같이 보관하기 위한 합리적인 조치를 취하여야 하고, 매도인으로부터 합리적인 비용을 상환받을 때까지 물품을 보유하여야 한다.

다만, 이는 매도인이나 그를 위하여 물품을 관리하는 자가 목적지에 있는 경우에는 적용되지 아니한다.

Ⅲ 창고임치

제87조
물품을 보관하기 위한 조치를 취하여야 하는 당사자는 그 비용이 불합리하지 아니하는 한, 상대방의 비용으로 물품을 제3자의 창고에 임치할 수 있다.

Ⅳ 매각

제88조
(1) 제85조 또는 제86조에 따라 물품을 보관하여야 하는 당사자는 상대방이 물품을 점유하거나 반환받거나 또는 대금이나 보관비용을 지급하는 데 불합리하게 지체하는 경우에는, 상대방에게 매각의사를 합리적으로 통지하는 한, 적절한 방법으로 물품을 매각할 수 있다.
(2) 물품이 급속히 훼손되기 쉽거나 그 보관에 불합리한 경비를 요하는 경우에는, 제85조 또는 제86조에 따라 물품을 보관하여야 하는 당사자는 물품을 매각하기 위하여 합리적인 조치를 취하여야 한다. 이 경우에 가능한 한도에서 상대방에게 매각의사가 통지되어야 한다.
(3) 물품을 매각한 당사자는 매각대금에서 물품을 보관하고 매각하는 데 소요된 합리적인 비용과 동일한 금액을 보유할 권리가 있다. 그 차액은 상대방에게 반환되어야 한다.

1. **자조매각권**(제88조 제1항)

물품 보관의무가 있는 당사자는 상대방이 물품을 점유하거나 반환받거나 또는 대금이나 보관비용을 지급하는 데 불합리하게 지체하는 경우 적절한 방법으로 물품을 매각할 수 있다. 단, 이 경우 상대방에게 매각의사를 합리적으로 통지하여야 한다.

2. 자조매각의무(제88조 제2항)

물품 보관의무가 있는 당사자는 물품이 급속히 훼손되기 쉽거나 그 보관에 불합리한 경비를 요하는 경우 물품을 매각하기 위하여 합리적인 조치를 취하여야 한다. 이 경우에는 가능한 한도에서 상대방에게 매각의사가 통지되면 된다. 예컨대 상황이 급박하여 통지를 하더라도 의미가 없는 경우에는 통지하지 않아도 된다.

3. 매각대금 보유권(제88조 제3항)

물품을 매각한 당사자는 매각대금에서 물품을 보관하고 매각하는 데 소요된 합리적인 비용과 동일한 금액을 보유할 권리가 있다. 그 차액은 상대방에게 반환되어야 한다.

이 경우 상대방에게 반환하여야 할 매각대금을 상계할 수 있는지에 대하여 국제사법에 따라 정하여지는 준거법에 의하여야 한다는 견해와 금전채무에 대하여 상계가 가능하다는 견해가 대립하는데, 상계가 가능하다는 후자의 견해가 타당하다.[30]

---

30 법무부, 205면.

04

최종규정

제89조
국제연합 사무총장은 이 협약의 수탁자가 된다.

제90조
이미 발효하였거나 또는 앞으로 발효하게 될 국제협정이 이 협약이 규율하는 사항에 관하여 규정을 두고 있는 경우에, 이 협약은 그러한 국제협정에 우선하지 아니한다. 다만, 당사자가 그 협정의 당사국에 영업소를 가지고 있는 경우에 한한다.

제91조
(1) 이 협약은 국제물품매매계약에 관한 국제연합회의의 최종일에 서명을 위하여 개방되고, 뉴욕의 국제연합 본부에서 1981년 9월 30일까지 모든 국가에 의한 서명을 위하여 개방된다.
(2) 이 협약은 서명국에 의하여 비준, 수락 또는 승인되어야 한다.
(3) 이 협약은 서명을 위하여 개방된 날부터 서명하지 아니한 모든 국가의 가입을 위하여 개방된다.
(4) 비준서, 수락서, 승인서 또는 가입서는 국제연합 사무총장에게 기탁되어야 한다.

제92조
(1) 체약국은 서명, 비준, 수락, 승인 또는 가입시에 이 협약 제2편 또는 제3편에 구속되지 아니한다는 취지의 선언을 할 수 있다.
(2) 제1항에 따라 이 협약 제2편 또는 제3편에 관하여 유보선언을 한 체약국은, 그 선언이 적용되는 편에 의하여 규율되는 사항에 관하여는 이 협약 제1조 제1항에서 말하는 체약국으로 보지 아니한다.

제93조
(1) 체약국이 그 헌법상 이 협약이 다루고 있는 사항에 관하여 각 영역마다 다른 법체계가 적용되는 2개 이상의 영역을 가지고 있는 경우에, 그 국가는 서명, 비준, 수락, 승인 또는 가입시에 이 협약을 전체 영역 또는 일부영역에만 적용한다는 취지의 선언을 할 수 있으며, 언제든지 새로운 선언을 함으로써 전의 선언을 수정할 수 있다.
(2) 제1항의 선언은 수탁자에게 통고하여야 하며, 이 협약이 적용되는 영역을 명시하여야 한다.
(3) 이 조의 선언에 의하여 이 협약이 체약국의 전체영역에 적용되지 아니하고 하나 또는 둘 이상의 영역에만 적용되며 또한 당사자의 영업소가 그 국가에 있는 경우에는, 그 영업소는 이 협약의 적용상 체약국에 있지 아니한 것으로 본다. 다만, 그 영업소가 이 협약이 적용되는 영역에 있는 경우에는 그러하지 아니하다.
(4) 체약국이 제1항의 선언을 하지 아니한 경우에 이 협약은 그 국가의 전체영역에 적용된다.

제94조

(1) 이 협약이 규율하는 사항에 관하여 동일하거나 또는 밀접하게 관련된 법규를 가지는 둘 이상의 체약국은, 양당사자의 영업소가 그러한 국가에 있는 경우에 이 협약을 매매계약과 그 성립에 관하여 적용하지 아니한다는 취지의 선언을 언제든지 행할 수 있다. 그러한 선언은 공동으로 또는 상호간에 단독으로 할 수 있다.

(2) 이 협약이 규율하는 사항에 관하여 하나 또는 둘 이상의 비체약국과 동일하거나 또는 밀접하게 관련된 법규를 가지는 체약국은 양 당사자의 영업소가 그러한 국가에 있는 경우에 이 협약을 매매계약과 그 성립에 대하여 적용하지 아니한다는 취지의 선언을 언제든지 행할 수 있다.

(3) 제2항에 의한 선언의 대상이 된 국가가 그 후 체약국이 된 경우에, 그 선언은 이 협약이 새로운 체약국에 대하여 효력이 발생하는 날부터 제1항의 선언으로서 효력을 가진다. 다만, 새로운 체약국이 그 선언에 가담하거나 또는 상호간에 단독으로 선언하는 경우에 한한다.

제95조

어떤 국가든지 비준서, 수락서, 승인서 또는 가입서를 기탁할 때, 이 협약 제1조 제1항 (나)호에 구속되지 아니한다는 취지의 선언을 행할 수 있다.

제96조

그 국가의 법률상 매매계약의 체결 또는 입증에 서면을 요구하는 체약국은 제12조에 따라 매매계약, 합의에 의한 매매계약의 변경이나 종료, 청약, 승낙 기타의 의사표시를 서면 이외의 방법으로 하는 것을 허용하는 이 협약 제11조, 제29조 또는 제2편의 어떠한 규정도 당사자 일방이 그 국가에 영업소를 가지고 있는 경우에는 적용하지 아니한다는 취지의 선언을 언제든지 행할 수 있다.

제97조

(1) 서명시에 이 협약에 따라 행한 선언은 비준, 수락 또는 승인시 다시 확인되어야 한다.

(2) 선언 및 선언의 확인은 서면으로 하여야 하고, 또한 정식으로 수탁자에게 통고하여야 한다.

(3) 선언은 이를 행한 국가에 대하여 이 협약이 발효함과 동시에 효력이 생긴다. 다만, 협약의 발효 후 수탁자가 정식으로 통고를 수령한 선언은 수탁자가 이를 수령한 날부터 6월이 경과된 다음달의 1일에 효력이 발생한다. 제94조에 따른 상호간의 단독선언은 수탁자가 최후의 선언을 수령한 후 6월이 경과한 다음달의 1일에 효력이 발생한다.

(4) 이 협약에 따라 선언을 행한 국가는 수탁자에게 서면에 의한 정식의 통고를 함으로써 언제든지 그 선언을 철회할 수 있다. 그러한 철회는 수탁자가 통고를 수령한 날부터 6월이 경과된 다음달의 1일에 효력이 발생한다.

(5) 제94조에 따라 선언이 철회된 경우에는 그 철회의 효력이 발생하는 날부터 제94조에 따라 다른 국가가 행한 상호간의 선언의 효력이 상실된다.

제98조

이 협약에 의하여 명시적으로 인정된 경우를 제외하고는 어떠한 유보도 허용되지 아니한다.

제99조

(1) 이 협약은 제6항의 규정에 따를 것을 조건으로, 제92조의 선언을 포함하고 있는 문서를 포함하여 10번째의 비준서, 수락서, 승인서 또는 가입서가 기탁된 날부터 12월이 경과된 다음달의 1일에 효력이 발생한다.

(2) 10번째의 비준서, 수락서, 승인서 또는 가입서가 기탁된 후에 어느 국가가 이 협약을 비준, 수락, 승인 또는 가입하는 경우에, 이 협약은 적용이 배제된 편을 제외하고 제6항에 따를 것을 조건으로 하여 그 국가의 비준서, 수락서, 승인서 또는 가입서가 기탁된 날부터 12월이 경과된 다음달의 1일에 그 국가에 대하여 효력이 발생한다.

(3) 1964년 7월 1일 헤이그에서 작성된『국제물품매매계약의 성립에 관한 통일법』(1964년 헤이그성립협약)과『국제물품매매계약에 관한 통일법』(1964년 헤이그매매협약)중의 하나 또는 모두의 당사국이 이 협약을 비준, 수락, 승인 또는 이에 가입하는 경우에는 네덜란드 정부에 통고함으로써 1964년 헤이그매매협약 및/또는 1964년 헤이그성립협약을 동시에 폐기하여야 한다.

(4) 1964년 헤이그매매협약의 당사국으로서 이 협약을 비준, 수락, 승인 또는 가입하는 국가가 제92조에 따라 이 협약 제2편에 구속되지 아니한다는 뜻을 선언하거나 또는 선언한 경우에, 그 국가는 이 협약의 비준, 수락, 승인 또는 가입시에 네덜란드 정부에 통고함으로써 1964년 헤이그매매협약을 폐기하여야 한다.

(5) 1964년 헤이그성립협약의 당사국으로서 이 협약을 비준, 수락, 승인 또는 가입하는 국가가 제92조에 따라 이 협약 제3편에 구속되지 아니한다는 뜻을 선언하거나 또는 선언한 경우에, 그 국가는 이 협약의 비준, 수락, 승인 또는 가입시 네덜란드정부에 통고함으로서 1964년 헤이그성립협약을 폐기하여야 한다.

(6) 이 조의 적용상, 1964년 헤이그성립협약 또는 1964년 헤이그매매협약의 당사국에 의한 이 협약의 비준, 수락, 승인 또는 가입은 이들 두 협약에 관하여 당사국에게 요구되는 폐기의 통고가 효력을 발생하기까지 그 효력이 발생하지 아니한다. 이 협약의 수탁자는 이에 관한 필요한 상호조정을 확실히 하기 위하여 1964년 협약들의 수탁자인 네덜란드 정부와 협의하여야 한다.

제100조

(1) 이 협약은 제1조 제1항 (가)호 또는 (나)호의 체약국에게 협약의 효력이 발생한 날 이후에 계약체결을 위한 제안이 이루어진 경우에 한하여 계약의 성립에 대하여 적용된다.

(2) 이 협약은 제1조 제1항 (가)호 또는 (나)호의 체약국에게 협약의 효력이 발생한 날 이후에 체결된 계약에 대하여만 적용된다.

제101조

(1) 체약국은 수탁자에게 서면에 의한 정식의 통고를 함으로써 이 협약 또는 이 협약 제2편 또는 제3편을 폐기할 수 있다.

(2) 폐기는 수탁자가 통고를 수령한 후 12월이 경과한 다음달의 1일에 효력이 발생한다. 통고에 폐기의 발효에 대하여 보다 장기간이 명시된 경우에 폐기는 수탁자가 통고를 수령한 후 그 기간이 경과되어야 효력이 발생한다.

03부

최근 6개년 변호사시험 해설

1. 2025년 제14회 변호사시험 해설
2. 2024년 제13회 변호사시험 해설
3. 2023년 제12회 변호사시험 해설
4. 2022년 제11회 변호사시험 해설
5. 2021년 제10회 변호사시험 해설
6. 2020년 제 9 회 변호사시험 해설

1. 2025년 제14회 변호사시험 해설

국제사법 문제(제1문)

甲은 A국법에 따라 설립되어 A국에만 영업소를 두고 있는 법인으로서, 대한민국, A국, B국에 'MZ－GIRL'이라는 상표(이하 '이 사건 상표'라 한다)를 등록하고 이 사건 상표를 부착한 의류를 A국에서만 생산·판매하고 있다. 乙은 대한민국법에 따라 설립되어 대한민국에만 영업소를 두고 있는 법인으로서, 이 사건 상표를 정당한 권한 없이 위조한 상표가 부착된 의류를 A국에서 구입하여 A국에서만 판매하였다. 甲은 乙을 상대로 서울중앙지방법원에 乙이 甲의 A국 상표권을 침해하였음을 이유로 손해배상청구의 소를 제기하였다. 소송절차 진행 중에 甲과 乙은 손해배상청구의 준거법을 B국법으로 합의하였다.

丙은 B국에만 영업소를 두고 있는 개인사업자로서, 甲은 丙이 B국에서 이 사건 상표를 사용하는 것을 허락하고 丙은 그 대가로 甲에게 사용료를 지급하기로 하는 계약(이하 '이 사건 계약'이라 한다)을 체결하였다. 이 사건 계약의 제P조는 "이 계약으로부터 또는 이 계약과 관련하여 발생하는 모든 분쟁은 대한민국 서울중앙지방법원에서만 소송으로써 해결한다."라고 규정하고 제Q조는 "제P조는 B국법에 따라 규율된다."라고 규정하고 있다. 甲과 丙은 제P조와 제Q조를 제외한 이 사건 계약의 준거법에 관하여는 합의에 이르지 못하였다. 丙이 甲에게 이 사건 계약에 따른 사용료를 지급하지 않자 甲은 丙을 상대로 서울중앙지방법원에 사용료 지급을 구하는 소를 제기하였다. 丙은 이 사건 계약의 제P조가 착오로 체결되어 효력이 없다고 주장하는 본안 전 항변을 하였다.

한편 丙은 대한민국과 A국 국적을 가지고 있다. 丙은 2년 전 A국에서 丁과 혼인한 후 계속 대한민국에 함께 거주하고 있다. 丁은 丙과 혼인 당시 A국과 B국 국적을 가지고 A국에 거주하고 있었다. 그런데 丁은 丙과 혼인하기 전에 A국에서 다른 사람과 혼인하였고 그 혼인관계를 계속 유지하고 있다. 이를 알게 된 丙은 丁을 상대로 서울가정법원에 丁의 중혼을 이유로 주위적으로 혼인무효를, 예비적으로 혼인취소를 구하는 소를 제기하였다.

[전제]

1. 아래 문제 1. 나., 2. 나., 3. 나.는 대한민국 법원에 국제재판관할이 있음을 전제로 한다.
2. 중혼은 A국법에 따르면 혼인무효사유이지만 대한민국법과 B국법에 따르면 혼인취소사유

이다. 아래 문제 3. 나.에서 제소기간 등 기타 요건은 대한민국법, A국법, B국법 중 어느 것에 따르든 충족됨을 전제로 한다.

[문제]

1. 甲이 乙을 상대로 제기한 소에 관하여,
 가. 서울중앙지방법원에 국제재판관할이 있는지 논하시오. (15점)
 나. 甲의 乙에 대한 청구의 준거법은 무엇인지 논하시오. (15점)
2. 甲이 丙을 상대로 제기한 소에 관하여,
 가. 丙의 본안 전 항변을 판단하는 준거법은 무엇인지 논하시오. (10점)
 나. 甲의 丙에 대한 청구의 준거법은 무엇인지 논하시오. (15점)
3. 丙이 丁을 상대로 제기한 소에 관하여,
 가. 서울가정법원에 국제재판관할이 있는지 논하시오. (10점)
 나. 서울가정법원은 주위적 청구와 예비적 청구 중 무엇을 인용하여야 하는지 논하시오. (15점)

[문제 1]

甲이 乙을 상대로 제기한 소에 관하여,
 가. 서울중앙지방법원에 국제재판관할이 있는지 논하시오. (15점)

I 문제의 소재

甲이 乙을 상대로 제기한 소와 관련하여 지식재산권 침해에 관한 소의 특별관할, 영업소 소재지 등의 특별관할, 국제사법 제3조 제3항의 일반관할, 국제사법 제2조 일반원칙 등이 문제된다.

II 국제사법의 적용 여부[1]

국제사법은 제1조에 따라 '외국과 관련된 요소가 있는 법률관계'에 관하여 적용된다.

---

1 국제사법의 적용 여부는 기본적으로 모든 문항에서 검토하여야 할 쟁점이지만, 배점이 큰 항목이 아니므로 시간을 소비하지 않는 선에서 최소한으로만 작성할 것을 권장한다. 이하 다른 해설에서는 내용이 중복될 뿐이므로 생략한다.

※ 검토할 요소 : 거래 당사자의 국적·주소, 목적물 소재지, 행위지, 법률관계의 발생지

사안의 경우, 甲은 A국법에 따라 설립되어 A국에만 영업소를 두고 있는 법인으로 甲이 乙을 상대로 제기한 소는 외국과 관련된 요소가 있다고 할 것인 바, 국제사법이 적용된다.

Ⅲ 지식재산권 침해에 관한 소의 특별관할

국제사법 제39조 제1항은 '지식재산권 침해에 관한 소는 1) 침해행위를 대한민국에서 한 경우 2) 침해의 결과가 대한민국에서 발생한 경우 3) 침해행위를 대한민국을 향하여 한 경우 대한민국 법원에 소를 제기할 수 있다. 다만, 이 경우 대한민국에서 발생한 결과에 한정한다'고 규정하고 있고,

동조 제3항은 예외적으로 '지식재산권에 대한 주된 침해행위가 대한민국에서 일어난 경우에는 외국에서 발생하는 결과를 포함하여 침해행위로 인한 모든 결과에 관한 소를 대한민국 법원에 제기할 수 있다'고 규정한다.

사안의 경우, 乙은 정당한 권한 없이 위조한 甲의 상표가 부착된 의류를 A국에서 구입하여 A국에서만 판매하였는데, 1) 乙의 침해행위는 대한민국에서 일어나지 않았고, 2) 침해의 결과는 A국에서 발생하였을 뿐 대한민국에서 발생하지도 않았으며, 3) 침해행위를 대한민국을 향하여 하지도 아니하였다고 할 것인 바, 대한민국 법원에는 국제사법 제39조 제1항에 따른 국제재판관할이 인정된다고 볼 수 없다.

Ⅳ 영업소 소재지 등의 특별관할

국제사법 제4조 제1항은 '대한민국에 사무소·영업소가 있는 사람·법인 또는 단체에 대한 대한민국에 있는 사무소 또는 영업소의 업무와 관련된 소는 법원에 제기할 수 있다'고 규정하고 있고,

동조 제2항은 '대한민국에서 또는 대한민국을 향하여 계속적이고 조직적인 사업 또는 영업활동을 하는 사람·법인 또는 단체에 대한 대한민국에 있는 사무소 또는 영업소의 업무와 관련된 소는 법원에 제기할 수 있다'고 규정한다.

사안의 경우, 乙은 대한민국법에 따라 설립되어 대한민국에만 영업소를 두고 있는 법인이자 대한민국에서 계속적이고 조직적인 사업 또는 영업활동을 하는 법인이고, 상표권 침해를 이유로 한 손해배상청구의 소는 영업소의 업무와 관련된 소라고 할 것인 바, 대한민국 법원에는 제4조에 따른 특별관할이 인정된다고 할 것이다.

Ⅴ 일반관할

국제사법 제3조 제3항은 '주된 사무소·영업소 또는 정관상의 본거지나 경영의 중심지가 대한민국에 있는 법인 또는 단체와 대한민국 법에 따라 설립된 법인 또는 단체에 대한 소에 관하여는 법원에 국제재판관할이 있다'고 하여 법인에 대한 소의 일반관할을 규정하고 있다.

사안의 경우, 乙은 대한민국법에 따라 설립되어 대한민국에만 영업소를 두고 있는 법인이므로 국제사법 제3조 제2항에 따른 일반관할이 인정된다.

Ⅵ 일반원칙

국제사법 제2조 제1항은 "대한민국 법원은 당사자 또는 분쟁이 된 사안이 대한민국과 실질적 관련이 있는 경우 국제재판관할권을 가진다"고 하여 국제재판관할의 일반원칙을 규정하고 있다.

사안의 경우, 乙은 대한민국법에 따라 설립되어 대한민국에만 영업소를 두고 있는 법인으로, 대한민국과 분쟁이 된 사안의 당사자가 실질적인 관련이 있다고 할 것인 바, 일반원칙에 따르더라도 대한민국 법원에 관할이 인정된다.

Ⅶ 결론

국제사법 제4조 영업소 소재지 등의 특별관할, 제3조 제3항 일반관할, 제2조 등에 근거하여 대한민국법원에는 관할이 인정된다.

[문제 1]

甲이 乙을 상대로 제기한 소에 관하여,

나. 甲의 乙에 대한 청구의 준거법은 무엇인지 논하시오. (15점)

Ⅰ 문제의 소재

甲의 乙에 대한 손해배상청구의 준거법과 관련하여 지식재산권 보호의 준거법과 불법행위의 준거법에 관한 사후적 합의가 문제된다.

Ⅱ 지식재산권 보호의 준거법

국제사법 40조는 '지식재산권의 보호는 그 침해지법에 따른다'고 규정한다.

사안의 경우, 甲의 乙에 대한 손해배상청구는 乙이 위조된 상표가 부착된 의류를 A국에서 구입하여 A국에서 판매함으로써 甲의 A국 상표권을 침해하였음을 이유로 한 것으로 침해지는 A국인 바, 국제사법 제40조에 따르면 甲의 乙에 대한 손해배상청구의 준거법은 A국법이 된다.

Ⅲ 불법행위의 준거법에 관한 사후적 합의

국제사법 제53조는 '당사자는 제50조부터 제52조까지의 규정에도 불구하고 사무관리·부당이득·불법행위가 발생한 후 합의에 의하여 대한민국 법을 그 준거법으로 선택할 수 있다'고 규정한다.

사안의 경우, 甲과 乙은 소송절차 진행 중 준거법을 B국법으로 합의하였는데, 국제사법 제53조는 '대한민국 법'을 준거법으로 선택한 때 그 사후적 합의의 효력을 인정하고 있는 바, B국법은 준거법이 될 수 없다고 할 것이고, 지식재산권의 침해가 기본적으로 불법행위의 성격을 가진다고 할 것이나, 지식재산권 보호와 관련하여 제 40조에 별도의 규정을 두고 있는 이상 지식재산권 침해와 관련하여서는 제40조가 적용되고, 이를 불법행위의 준거법에 연결하여서는 안 된다고 할 것인 바, 이에 따르더라도 제53조는 적용될 여지가 없다고 할 것이다.

Ⅳ 결론

국제사법 제40조에 따라 甲의 乙에 대한 손해배상청구의 준거법은 A국법이 된다.

[문제 2]

甲이 丙을 상대로 제기한 소에 관하여,

가. 丙의 본안 전 항변을 판단하는 준거법은 무엇인지 논하시오. (10점)

Ⅰ 문제의 소재

丙의 본안 전 항변을 판단하는 준거법과 관련하여 국제사법 제8조 및 국제사법 제45

조 당사자 자치의 원칙이 문제된다.

Ⅱ 합의 관할

국제사법 제8조 제1항은 '당사자는 일정한 법률관계로 말미암은 소에 관하여 국제재판관할의 합의를 할 수 있다'고 규정하면서, 예외적으로 제1호 내지 제4호에 해당하는 경우 '합의의 효력이 없다'고 규정하고 있고, 그 중 제1호는 '합의에 따라 국제재판관할을 가지는 국가의 법(준거법의 지정에 관한 법규를 포함한다)에 따를 때 그 합의가 효력이 없는 경우'를 규정하고 있다.

사안의 경우, 甲과 丙은 제P조로 '모든 분쟁을 대한민국 서울중앙지방법원에서만 소송으로써 해결한다'고 하여 전속적 관할 합의를 하였으므로, 국제사법 제8조 제1항 제1호에 따라 대한민국법에 따를 때 합의의 효력이 없는 경우 그 관할 합의는 효력이 없다고 할 것인 바, 관할 합의의 유효성을 판단함에 있어 대한민국법이 준거법이 될 수 있다.

Ⅲ 당사자 자치의 원칙

국제사법 제45조 제1항은 '계약은 당사자가 명시적 또는 묵시적으로 선택한 법에 따른다'고 규정하고 있고, 동조 제2항은 '당사자는 계약의 일부에 관하여도 준거법을 선택할 수 있다'고 규정한다.

사안의 경우, 甲과 丙은 계약 제P조로 '모든 분쟁을 대한민국 서울중앙지방법원에서만 소송으로써 해결한다'고 하여 전속적 관할 합의를 하였고, 제Q조로 '제P조는 B국법에 따라 규율된다'고 규정하였는데, 관할 합의 역시 계약의 내용이라고 할 것인 바, '제P조가 착오로 체결되어 효력이 없다'는 丙의 본안 전 항변은 제Q조의 준거법 합의가 국제사법 제45조에 따라 유효한지 여부에 따라 그 준거법이 결정된다.

국제사법 제45조 제1항 및 제2항은 '당사자는 계약의 일부에 관하여도 명시적 또는 묵시적으로 준거법을 선택할 수 있다'고 규정하고 있는 바, 제Q조의 준거법 합의는 유효하므로 丙의 본안 전 항변의 준거법은 B국법이 된다.

Ⅳ 결론

丙의 본안 전 항변을 판단하는 준거법은 국제사법 제45조 제1, 2항에 따라 B국법이 된다고 할 것이고, 丙은 본안 전 항변과 관련 국제사법 제8조 제1항 제1호에 따라 대한민국법에 따를 때 그 합의가 효력이 없음을 주장할 수 있다.

[문제 2]
甲이 丙을 상대로 제기한 소에 관하여,
나. 甲의 丙에 대한 청구의 준거법은 무엇인지 논하시오. (15점)

I 문제의 소재

甲이 丙을 상대로 제기한 사용료 지급 청구의 소에 관한 준거법과 관련하여 계약채권의 준거법이 문제된다.

II 지식재산권 사용과 관련한 준거법 규정의 존부

국제사법은 지식재산권의 준거법에 대해 국제사법 제40조로 '지식재산권의 보호'에 관한 준거법 규정만을 두고 있다.

사안의 경우, 甲이 丙을 상대로 제기한 사용료 지급 청구의 소는 '지식재산권의 보호'에 관한 것이 아닌 '지식재산권의 사용'에 관한 소이므로 국제사법이 별도로 정하고 있는 준거법 규정은 없다고 할 것인 바, 계약채권의 준거법 규정에 따라 준거법이 결정된다.

III 계약채권의 준거법

1. 당사자 자치

국제사법 제45조 제1항은 '계약은 당사자가 명시적 또는 묵시적으로 선택한 법에 따른다'고 규정한다.

사안의 경우, 甲과 丙은 관할합의에 대한 준거법 합의 외에 준거법 합의는 없었던 바, 국제사법 제45조 제1항은 적용될 수 없다.

2. 준거법 결정시의 객관적 연결

국제사법 제46조 제1항은 '당사자가 준거법을 선택하지 아니한 경우에 계약은 그 계약과 가장 밀접한 관련이 있는 국가의 법에 따른다'고 규정하고 있고, 동조 제2항은 '당사자가 계약에 따라 1) 양도계약의 경우에는 양도인의 이행, 2) 이용계약의 경우에는 물건 또는 권리를 이용하도록 하는 당사자의 이행, 3) 위임·도급계약 및 이와 유사한 용역제공계약의 경우에는 용역의 이행 중 어느 하나에 해당하는 이행을 하여야 하는 경우에는 계약체결 당시 그의 일상거소가 있는 국가의 법(당사자가 법인 또는 단체인 경우에는 주된 사무소가 있는 국가의 법을 말한다)이 가장 밀접한 관련이 있는 것으로 추정하되, 계약이 당사자의 직업 또는 영업활동으로 체결된 경우에는 당사자의 영업소가 있는 국가의 법이 가장 밀접한 관련이 있는 것으로 추정한다'고 규정하고 있다.

사안의 경우, 甲과 丙이 체결한 소송은 '지식재산권 사용계약'으로 국제사법 제46조 제2항 제2호가 규정하는 '이용계약'에 해당한다고 할 것이고, 甲은 이용계약에 따라 권리를 이용하도록 하는 이행을 하여야 하는 당사자로서 영업활동으로 위 계약을 체결하였다고 할 것인 바, 국세사법 제46조 제2항 단서가 적용되어 甲의 영업소가 있는 국가의 법이 가장 밀접한 관련이 있는 것으로 추정된다고 할 것이므로, 준거법은 甲의 영업소가 있는 A국법이 된다.

Ⅳ 결론

甲이 丙을 상대로 제기한 사용료 지급 청구의 소에 관한 준거법은 A국법이다.

[문제 3]
丙이 丁을 상대로 제기한 소에 관하여,
가. 서울가정법원에 국제재판관할이 있는지 논하시오. (10점)

Ⅰ 문제의 소재

丙이 丁을 상대로 제기한 소의 국제재판관할과 관련하여 혼인관계에 관한 사건의 특별관할, 일반관할 및 일반원칙이 문제된다.

Ⅱ 혼인관계에 관한 사건의 특별관할

국제사법 제56조 제1항은 '혼인관계에 관한 사건에 대해서는 1) 부부 중 한쪽의 일상거소가 대한민국에 있고 부부의 마지막 공동 일상거소가 대한민국에 있었던 경우, 2) 원고와 미성년 자녀 전부 또는 일부의 일상거소가 대한민국에 있는 경우, 3) 부부 모두가 대한민국 국민인 경우, 4) 대한민국 국민으로서 대한민국에 일상거소를 둔 원고가 혼인관계 해소만을 목적으로 제기하는 사건의 경우 중 어느 하나에 해당하는 경우 법원에 국제재판관할이 있다'고 규정한다.

사안의 경우, 甲과 丁은 혼인 후 계속 대한민국에 함께 거주하고 있었던 바, 제1호에 해당한다고 할 것이고, 원고인 甲은 대한민국 국적을 가진 국민이자 대한민국에 일상두고 있는 자로, 혼인관계 해소만을 목적으로 丙에게 혼인무효 및 혼인취소 소송을 제기한 것이므로 제4호에도 해당하여 대한민국 법원에는 국제사법 제56조 제1항 제1호 및 제4호에 따라 국제재판관할이 인정된다.

Ⅲ 일반관할

국제사법 제3조는 제1항은 '대한민국에 일상거소가 있는 사람에 대한 소에 관하여는 법원에 국제재판관할이 있다. 일상거소가 어느 국가에도 없거나 일상거소를 알 수 없는 사람의 거소가 대한민국에 있는 경우에도 또한 같다'고 규정한다.

사안의 경우, 丙과 丁은 계속 대한민국에 함께 거주하였던 바, 甲이 丁에게 청구한 소는 '대한민국에 일상거소가 있는 사람에 대한 소'에 해당하므로, 대한민국법원에 국제재판관할이 있다.

Ⅳ 일반원칙

국제사법 제2조 제1항은 '대한민국 법원은 당사자 또는 분쟁이 된 사안이 대한민국과 실질적 관련이 있는 경우 국제재판관할권을 가진다'고 하여 국제재판관할의 일반원칙을 규정하고 있다.

사안의 경우, 丙은 대한민국 국적을 가지고 있고, 丙과 丁은 혼인한 후 계속 대한민국에 함께 거주하고 있었다고 할 것이므로, 丙이 丁에 대하여 제기한 소는 대한민국과 실질적인 관련이 있다고 할 것인 바, 일반원칙에 따르더라도 대한민국 법원에 관할이 인정된다.

Ⅴ 결론

丙이 丁을 상대로 제기한 소에 관하여, 서울가정법원에는 국제재판관할이 인정된다.

[문제 3]
丙이 丁을 상대로 제기한 소에 관하여,
나. 서울가정법원은 주위적 청구와 예비적 청구 중 무엇을 인용하여야 하는지 논하시오. (15점)

I 문제의 소재

丙이 丁을 상대로 제기한 소의 인용 여부와 관련하여 혼인 성립의 준거법 및 연결점으로서의 본국법 확정이 문제된다.

II 혼인의 성립의 준거법

국제사법 제63조 제1항은 '혼인의 성립요건은 각 당사자에 관하여 그 본국법에 따른다'고 규정한다.

사안의 경우, 丙은 대한민국과 A국 국적을 가지고 있고, 丁은 A국과 B국 국적을 가지고 있는 바, 각 당사자의 본국법에 대한 확정이 필요하다.

III 본국법(연결점)의 확정

국제사법 제16조 제1항은 '당사자의 본국법에 따라야 하는 경우에 당사자가 둘 이상의 국적을 가질 때에는 그와 가장 밀접한 관련이 있는 국가의 법을 그 본국법으로 정한다. 다만, 국적 중 하나가 대한민국일 경우에는 대한민국 법을 본국법으로 한다'고 규정한다.

사안의 경우, 丙은 대한민국과 A국 국적을 가지고 있으므로, 국제사법 제16조 제1항 단서가 적용되어 본국법은 대한민국 법이라고 할 것이고, 제16조 제1항 丁은 본문이 적용되어 가장 밀접한 관련이 있는 국가의 법이 본국법이 된다고 할 것인데, 丁은 丙과 혼인 당시 A국에 거주하고 있으면서 丙과 혼인하였고, 丙과 혼인하기 이전에도 A국에서 다른 사람과 혼인하였었던 바, 가장 밀접한 관련이 있는 국가의 법은 A국법이라고 할 것이므로 A국법이 丁의 본국법이 된다고 할 것이다.

Ⅳ 청구의 인용 여부

국제사법 제63조 제1항은 '혼인의 성립요건은 각 당사자에 관하여 그 본국법에 따른다'고 규정하는 바, 丙의 본국법인 대한민국법에 따르면 중혼은 혼인취소사유에 해당하고, 丁의 본국법인 A국법에 따르면 중혼은 혼인무효사유에 해당한다고 할 것이나, 丙은 주위적으로 혼인무효를 청구하고 있는 바, 주위적 청구가 인용된다고 할 것이다.

Ⅴ 결론

丙이 丁을 상대로 제기한 소에 관하여 서울가정법원은 주위적 청구인 혼인무효의 소를 인용하여야 한다.

국제물품매매계약에 관한 국제연합 협약 문제(제2문)

甲은 원유를 시추·추출·유통하는 사업을 영위하는 회사로 대한민국 서울에 본점을 두고 세계 주요 도시에 지점을 두고 있다. 乙은 원유를 수입한 후 이를 정제한 정제유를 유통하는 사업을 영위하는 회사로 대한민국 울산에 본점을 두고 일본 도쿄에 지점을 두고 있다. 甲과 乙은 甲이 乙에게 아래와 같은 조건으로 원유 3만 배럴을 공급하기로 하는 계약(이하 '이 사건 계약'이라 한다)을 체결하였는데, 이 사건 계약의 체결 및 이행은 甲의 영국 런던 지점과 乙의 일본 도쿄 지점에서 담당하였다. 특히 2차 인도분 원유 1만 배럴은 乙이 이를 정제한 정제유를 일본에 영업소를 두고 있는 丙에게 납품할 예정이었고, 丙이 주문한 정제유는 최첨단 중장비에 사용되는 것이므로 품질조건의 준수가 중요하다는 사실을 甲도 잘 알고 있었다.

수　　량	: 원유 3만 배럴
대　　금	: 배럴당 미화 70달러, 총 미화 210만 달러
품질조건	: 유황화합물이 전체 성분의 1% 미만인 최상급 원유
인도조건	: FOB 사우디아라비아 제다(인코텀즈 2020)
인도시기	: 2024. 7.부터 2024. 9.까지 3회로 나누어 매월 원유 1만 배럴 선적
선 적 항	: 사우디아라비아 제다항
도 착 항	: 대한민국 부산항
지급조건	: 도착항 입항 후 10일 이내 송금
준 거 법	: 대한민국법

甲은 2024. 7. 10. 1차 인도분 원유 1만 배럴을 제다항에서 乙이 지정한 선박에 선적하였고, 동 선박은 2024. 8. 5. 부산항에 입항하였다. 그 즉시 乙은 해당 원유를 검사하였는데, 품질에 특별한 문제가 없어 2024. 8. 8. 해당 대금을 송금하였다. 甲은 2024. 8. 10. 2차 인도분 원유 1만 배럴을 제다항에서 乙이 지정한 선박에 선적하였고, 동 선박은 2024. 9. 5. 부산항에 입항하였다. 그 즉시 乙은 해당 원유를 검사하였는데, 유황화합물이 전체 성분의 5% 이상이어서 최첨단 중장비에 사용되는 경우 부식을 발생시킬 수 있음이 확인되었고, 이 사실을 즉시 甲에게 통지하였다. 甲은 해당 원유를 선적할 당시에는 이상이 없었고 유황화합물 증가는 선적 이후에 발생하였다고 주장하면서, 2024. 9. 7. 乙에게 2차 인도분 원유 대금 전액의 지급을 청구하였다. 2차 인도분 원유에 대하여 추가로 조사

한 결과, 甲이 제다항에서 원유를 선적하기 전에 해당 원유에 X화학물질을 투여하여 장기간 해상운송에도 원유의 품질이 유지되도록 하였어야 함에도 甲의 직원의 실수로 그 과정이 누락되었음이 밝혀졌다. 또한 2차 인도분 원유가 제다항에서 부산항으로 운송되던 중 이를 선적한 선박이 태풍을 만나 40여 시간 동안 정전이 발생하여 유황화합물이 증가하였는데, 甲이 X화학물질을 투여하였다면 유황화합물의 증가를 방지할 수 있었음이 밝혀졌다.

乙은 3차 인도분 원유가 선적되기 전인 2024. 9. 10. 甲에게 1차, 2차, 3차 인도분 원유 전체에 관하여 계약해제를 통지하였다. 乙은 丙에 대한 정제유 납품의무를 이행하기 위하여 다른 원유회사로부터 원유 구매를 추진하였고, 가장 유리한 조건을 제시하는 원유회사로부터 2024. 9. 20. 원유 1만 배럴을 배럴당 미화 80달러에 매입하였으나, 丙에 대한 납기를 맞추지 못하여 丙에게 지체상금으로 미화 7만 달러를 지급하였다. 乙은 甲을 상대로 대한민국 법원에 이 사건 계약 위반을 이유로 손해배상청구의 소를 제기하였다.

[전제]

1. 대한민국과 일본은 「국제물품매매계약에 관한 국제연합협약」(이하 '협약'이라 한다)의 체약국이고, 영국은 협약의 체약국이 아니다.
2. 대한민국과 일본은 협약 제95조에 따른 유보를 선언하지 않았다.
3. FOB 조건(인코텀즈 2020)에 따르면, 매도인은 지정선적항에서 물품을 본선에 적재하여 인도하고, 물품이 본선에 적재된 때 위험이 매수인에게 이전한다.
4. 아래 문제 2.부터 4.까지는 이 사건 계약에 협약이 적용됨을 전제로 한다.

[문제]

1. 이 사건 계약에 협약이 적용되는지 논하시오. (15점)
2. 甲의 乙에 대한 2차 인도분 원유 대금 전액의 지급 청구가 정당한지 논하시오. (20점)
3. 乙의 계약해제권 행사가 정당한지를 1차, 2차, 3차 인도분 각각에 대하여 논하시오. (25점)
4. 乙이 甲에게 주장할 수 있는 정당한 손해배상액을 논하시오. (20점)

[문제 1]

이 사건 계약에 협약이 적용되는지 논하시오. (15점)

Ⅰ 문제의 소재

甲과 乙 사이의 계약에 협약이 적용되는지 여부와 관련하여 협약의 공통요건 및 장소적 적용요건이 문제된다.

Ⅱ 협약 적용의 공통요건

1. 요건

협약 제1조 제1항에 따라 ① 영업소가 서로 다른 국가에 있는 당사자 간의(국제성) ② 물품 ③ 매매계약에 대하여 ④ 당사자 간에 제6조에 따른 협약 적용배제 합의가 없는 경우 협약이 적용된다.

가. 국제성

협약이 적용되는 매매계약은 제1조 제1항에 따라 영업소가 서로 다른 국가에 있는 당사자 간의 계약이어야 하고, 동조 제2항에 따라 국제성에 대한 인식가능성이 있어야 한다.

나. 물품성

협약이 적용되는 매매계약은 물품에 관한 것이어야 한다.

다. 매매계약

협약은 물품 '매매계약'에 대하여 적용되고, 제2조는 적용이 제외되는 매매에 대하여 정하고 있으며, 제3조 제1항은 제조물공급계약을 원칙적으로 매매로 보지만, 물품을 주문한 당사자가 제조 또는 생산에 필요한 재료의 중요한 부분을 공급하는 경우에는 매매로 보지 않고, 동조 제2항은 노무 또는 그 밖의 서비스 공급계약을 협약 적용에서 제외한다.

라. 협약 적용을 배제하는 합의가 없을 것(제6조)

제6조에 따라 당사자는 협약의 적용을 배제할 수 있으므로 당사자 간에 협약 적용을 배제하는 합의가 없어야 협약이 적용된다.

2. 영업소가 둘 이상인 경우

협약 제10조 가호는 '당사자 일방이 둘 이상의 영업소를 가지고 있는 경우에는, 계약 체결 전이나 그 체결시에 당사자 쌍방에 알려지거나 예기된 상황을 고려하여 계약 및 그 이행과 가장 밀접한 관련이 있는 곳이 영업소로 된다'고 규정한다.

사안의 경우 甲은 대한민국 서울에 본점을 두고 세계 주요 도시에 지점을 두고 있고, 乙은 대한민국 울산에 본점을 두고 일본 도쿄에 지점을 두고 있어 당사자가 각 둘 이상의 영업소를 가지고 있는 경우에 해당하는데, 이 사건 계약은 甲의 영국지점과 乙의 일본 도쿄지점에서 담당하였던 바, 계약체결 시 당사자 쌍방에 알려진 상황을 고려하였을 때 계약을 체결하였던 甲의 영국지점과 乙의 일본 도쿄지점이 계약과 그 이행에 가장 밀접한 관련이 있는 곳으로써 영업소로 된다고 할 것이다.

3. 사안의 경우

① 甲과 乙의 각 영업소 소재지는 영국과 일본 도쿄이고, 양 회사가 이를 인식하고 있었으므로 국제성이 인정되며, 이 사건 계약은 甲이 乙에게 원유 3만 배럴을 공급하기로 하는 계약으로 ② 물품성과 ③ 매매계약의 요건을 갖추었고, ④ 협약 적용을 배제한다는 당사자 사이의 합의도 없다고 할 것인 바, 협약의 공통 적용요건을 갖추었다.

Ⅲ 협약의 장소적 적용요건

1. 요건

가. 직접적용

협약 제1조 제1항 가호에 따라 양 당사자의 영업소 소재지가 모두 체약국인 경우 협약이 직접적용 된다.

나. 간접적용

협약 제1조 제1항 나호에 따라 ① 당사자 전부 또는 일부의 영업소가 비체약국에 소재하고, ② 국제사법 규칙에 의하여 체약국법이 적용되며, ③ 그 체약국이 제95조에 따른 유보를 하지 아니한 경우 협약이 간접적용된다.

2. 사안의 경우

甲과 乙의 각 영업소 소재지는 영국과 일본 도쿄로, 일본은 체약국이지만 영국은 비체약국인 바, 협약이 직접적용되지 않는다.

그러나 ① 乙의 영업소가 비체약국에 소재하고 있고, ② 甲과 乙은 준거법을 대한민국법으로 합의한 바, 국제사법 제45조 제1항에 따라 체약국법인 대한민국법이 적용되며, ③ 대한민국은 제95조에 따른 유보를 선언하지 아니한 국가이므로 협약 제1조 1항 나호에 따라 협약이 간접적용된다.

Ⅳ 결론

甲과 乙이 체결한 이 사건 계약에는 협약이 적용된다.

[문제 2]
甲의 乙에 대한 2차 인도분 원유 대금 전액의 지급 청구가 정당한지 논하시오. (20점)

Ⅰ 문제의 소재

甲의 乙에 대한 2차 인도분 원유 대금 전액의 지급 청구와 관련하여, 위험의 이전 및 매도인의 물품부적합에 대한 책임이 문제된다.

Ⅱ 위험의 이전

협약 제66조 내지 협약 제70조는 위험의 이전에 대하여 규정하고 있으나, 협약 제6조에 따라 협약은 당사자의 합의에 의해 협약의 적용을 배제할 수 있는 것인 바, 甲과 乙이 인도조건과 관련, FOB 사우디아라비아 제다로 약정한 이상, 이 조건에 따라 매도인은 지정선적항에서 물품을 본선에 적재하여 인도하고, 물품이 본선에 적재된 때 위험이 매수인에게 이전한다.

사안의 경우, 甲과 乙이 체결한 계약대로라면 2차인도분과 관련, 甲이 지정항인 제다항에서 乙이 지정한 선박에 원유 1만 배럴을 선적한 시점에 위험은 매수인 을에게로 이전하게 된다.

Ⅲ 매도인의 물품인도의무 및 물품부적합에 대한 책임

1. 매도인의 물품인도의무

협약 제30조 및 제35조는 '매도인은 계약에서 정한 수량, 품질 및 종류에 적합하고, 계약에서 정한 방법으로 용기에 담겨지거나 포장된 물품을 인도하여야 한다'고 규정한다.

사안의 경우, 甲과 乙은 유황화합물이 전체 성분의 1% 미만인 최상급 원유를 인도하기로 약정한 바, 甲은 이상의 품질에 적합한 물품을 乙에게 인도할 의무를 부담하나, 2차 인도분은 유황화합물이 전체 성분의 5% 이상인 부적합한 물품이 인도되었다.

2. 물품부적합에 대한 책임

협약 제36조 제1항은 '매도인은 위험이 매수인에게 이전하는 때에 존재하는 물품의 부적합에 대하여, 그 부적합이 위험 이전 후에 판명된 경우라도, 계약과 이 협약에 따라 책임을 진다'고 규정하고 있고, 동조 제2항은 '매도인은 제1항에서 정한 때보다 후에 발생한 부적합이라도 매도인의 의무위반에 기인하는 경우에는 그 부적합에 대하여 책임을 진다. 이 의무위반에는 물품이 일정기간 통상의 목적이나 특별한 목적에 맞는 상태를 유지한다는 보증 또는 특정한 품질이나 특성을 유지한다는 보증에 위반한 경우도 포함된다'고 규정한다.

사안의 경우, 2차 인도분의 물품 부적합은 甲이 해당원유를 선적할 당시에 이상이 없었고, 위험이 매수인에게 이전한 이후 발생한 것이기는 하나, 그 원인이 甲이 원유를 선적하기 이전에 해당 원유에 X화학물질을 투여하여 원유의 품질이 유지되도록 하여어야 함에도 직원의 실수로 그 과정이 누락되어 발생한 것이었던 바, 매도인의 의무위반에 기인하는 경우라고 할 것이므로 매도인인 甲은 협약 제36조 제2항 제1문에 따라 물품부적합에 대한 책임이 있다.

Ⅳ 매수인의 물품부적합 통지의무

협약 제39조 제1항은 '매수인이 물품의 부적합을 발견하였거나 발견할 수 있었던 때로부터 합리적인 기간 내에 매도인에게 그 부적합한 성질을 특정하여 통지하지 아니한 경우에는, 매수인은 물품의 부적합을 주장할 권리를 상실한다'고 규정한다.

사안의 경우, 매수인 乙은 2차 인도분이 부산항에 입항한 즉시 원유를 검사하여 甲에게 통지한 바, 물품의 부적합을 주장할 권리를 행사할 수 있다.

Ⅴ 결론

甲의 乙에 대한 2차 인도분 원유 대금 전액의 지급 청구는 부당하다.

[문제 3]

乙의 계약해제권 행사가 정당한지를 1차, 2차, 3차 인도분 각각에 대하여 논하시오. (25점)

Ⅰ 문제의 소재

乙의 계약해제권 행사와 관련하여, 매수인의 계약해제권 및 분할인도계약의 해제가 문제된다.

Ⅱ 매수인의 계약해제권

협약 제49조 제1항 (가)호는 '계약 또는 이 협약상 매도인의 의무 불이행이 본질적 계약위반으로 되는 경우, 계약을 해제 할 수 있다'고 규정하고, 협약 제25조는 '당사자 일방의 계약위반은, 그 계약에서 상대방이 기대할 수 있는 바를 실질적으로 박탈할 정도의 손실을 상대방에게 주는 경우에 본질적인 것으로 한다. 다만, 위반 당사자가 그러한 결과를 예견하지 못하였고, 동일한 부류의 합리적인 사람도 동일한 상황에서 그러한 결과를 예견하지 못하였을 경우에는 그러하지 아니하다'고 규정한다.

또한, 동조 제2항 (나)호는 '매도인이 물품을 인도하였고, 매도인의 인도지체 이외의 위반의 경우 매수인이 그 위반을 알았거나 또는 알 수 있었던 때로부터 합리적인 기간내에 계약을 해제하지 아니하는 한 계약해제권을 상실한다'고 규정한다.

사안의 경우, 甲의 물품 2차 인도분은 계약에서 정한 품질을 갖추지 못하였을 뿐만 아니라, 甲이 인도한 물품을 용도대로 최첨단 중장비에 사용할 경우 부식을 발생시킬 수 있음이 확인된 바, 이는 계약에서 상대방이 기대할 수 있는 바를 실질적으로 박탈할 정도의 손실을 상대방에게 주는 본질적 계약위반에 해당한다고 할 것이므로 계약해제의 사유가 있다고 할 것이고, 乙은 이 사실을 즉시 甲에게 통지하였으므로 乙은 계약해제권을 행사할 수 있다.

Ⅲ 분할인도계약의 해제

협약 제73조 제1항은 '물품을 분할하여 인도하는 계약에서 어느 분할부분에 관한 당사자 일방의 의무 불이행이 그 분할부분에 관하여 본질적 계약위반이 되는 경우에는, 상대방은 그 분할부분에 관하여 계약을 해제할 수 있다'고 규정하고 있고, 동조 제2항은 '어느 분할부분에 관한 당사자 일방의 의무 불이행이 장래의 분할부분에 대한 본질적 계약위반의 발생을 추단하는 데에 충분한 근거가 되는 경우에는, 상대방은 장래에 향하여 계약을 해제할 수 있다. 다만, 그 해제는 합리적인 기간 내에 이루어져야 한다', 동조 제3항은 '어느 인도에 대하여 계약을 해제하는 매수인은, 이미 행하여진 인도 또는 장래의 인도가 그 인도와의 상호 의존관계로 인하여 계약 체결시에 당사자 쌍방이 예상했던 목적으로 사용될 수 없는 경우에는, 이미 행하여진 인도 또는 장래의 인도에 대하여도 동시에 계약을 해제할 수 있다'고 규정한다.

사안의 경우, 이 사건 계약은 甲이 乙에게 물품을 3회로 나누어 인도하는 계약으로 분할인도계약에 해당한다고 할 것이고, 따라서 乙은 본질적인 계약 위반이 있는 분할 부분인 2차 인도분에 관하여 계약을 해제할 수 있다.

또한, 협약 제73조 제3항에 따르면, 甲이 2차 인도분 이전에 인도한 1차 인도분과 이후의 인도분인 3차 인도분에 대하여도 2차 인도분과의 상호 의존관계로 인하여 계약 체결시에 당사자 쌍방이 예상했던 목적으로 사용될 수 없는 경우에는, 동시에 계약을 해제할 수 있다고 할 것이나, 1차 인도분과 3차 인도분은 2차 인도분과 상호 의존관계가 없다고 할 것인 바, 협약 제73조 제3항에 근거하여 해제할 수는 없다고 할 것이다.

나아가 2차 인도분에 대한 甲의 의무 불이행이 3차 인도분에 대한 본질적 계약위반의 발생을 추단하는 데에 충분한 근거가 되는 경우, 乙은 협약 제73조 제2항에 따라 장래에 향하여 계약을 해제할 수 있다고 할 것이나, 2차 인도분에 물품 부적합이 발생한 것은 직원의 실수로 인하여 발생한 것이었으므로 3차 인도분에 대한 본질적 계약위반의 발생을 추단한다고 볼 수는 없다고 할 것인바, 협약 제73조 제2항에 따르더라도 3차 인도분에 대한 계약해제는 부당하다.

Ⅳ 결론

乙은 제2차 인도분에 대해서는 계약해제권을 행사할 수 있으나, 제1차 및 제3차 인도분에 대해서는 계약을 해제할 수 없다.

[문제 4]

乙이 甲에게 주장할 수 있는 정당한 손해배상액을 논하시오. (20점)

Ⅰ 문제의 소재

乙이 甲에게 주장할 수 있는 정당한 손해배상액과 관련, 매수인의 손해배상청구권과 손해배상에 관한 협약 제74조, 제75조 규정이 문제된다.

Ⅱ 매수인의 손해배상청구권

협약 제45조 제1항 (나)호는 '매도인이 계약 또는 이 협약상 의무를 이행하지 아니하는 경우에 제74조 내지 제77조에서 정한 손해배상의 청구를 할 수 있다'고 규정한다.

사안의 경우, 甲의 2차 인도분은 甲의 과실로 인하여 적합한 물품을 인도하여야 할 의무가 이행되지 아니한 바, 乙은 2차 인도분에 대한 손해배상을 청구할 수 있다.

Ⅲ 손해배상의 범위

협약 제74조는 "당사자 일방의 계약위반으로 인한 손해배상액은 이익의 상실을 포함하여 그 위반의 결과 상대방이 입은 손실과 동등한 금액으로 한다. 그 손해배상액은 위반 당사자가 계약 체결시에 알았거나 알 수 있었던 사실과 사정에 비추어, 계약위반의 가능한 결과로서 발생할 것을 예견하였거나 예견할 수 있었던 손실을 초과할 수 없다"고 규정하고, 협약 제75조는 "계약이 해제되고 계약해제 후 합리적인 방법으로, 합리적인 기간 내에 매수인이 대체물을 매수하거나 매도인이 물품을 재매각한 경우에, 손해배상을 청구하는 당사자는 계약대금과 대체거래대금과의 차액 및 그 외에 제74조에 따른 손해액을 배상받을 수 있다"고 규정한다.

사안의 경우, 乙은 丙에 대한 정제유 납품의무를 이행하기 위하여 다른 원유회사로부터 원유 구매를 추진하여 원유 1만 배럴을 배럴당 미화 80달러에 대체거래를 하였으므로 甲은 협약 제75조에 따라 계약대금과 대체거래대금과의 차액 10만 달러{10달러(80달러－70달러)×1만 배럴}를 배상하여야 한다.

또한, 乙은 甲이 부적합한 물품을 인도함으로써 납기를 맞추지 못하여 지체상금으로 미화 7만 달러를 지급하였는데, 이 역시 甲의 계약위반으로 乙이 입은 손실이라고 할 것인 바, 甲은 乙에 대하여 위 7만 달러도 배상할 의무가 있다고 할 것이다.

Ⅳ 결론

乙은 甲에게 대체거래로 인한 손해액 10만 달러와 丙에게 지체상금을 지급함으로 인한 손해액 7만 달러의 합계액인 17만 달러에 대한 손해배상을 주장할 수 있다.

2. 2024년 제13회 변호사시험 해설

국제사법 문제(제1문)

B국 국적을 가진 甲(남)과 A국 국적과 B국 국적을 동시에 가진 乙(여)은 A국에서 혼인하여 10년 정도 살다가 甲의 직장 관계로 미성년 자녀와 함께 대한민국에 이주하여 3년째 살고 있다. 한국어에 능통한 甲은 서울에서 인터넷 검색을 하던 중, 대한민국에 있는 고객을 상대로 주문방법과 대금지급방법 등을 한국어로 설명하는 A국 소재 X회사가 제조한 핸드백 팝업 광고를 보고 서울에 거주하는 乙에게 핸드백을 선물할 생각이었으나, 급한 해외 출장으로 인하여 나중에 다른 물품과 비교해서 결정하기 위하여 X회사의 홈페이지를 즐겨찾기에 추가하였다. 그 후 甲은 B국으로 출장을 갔으며 그곳에서 위 홈페이지에 접속하여 신용카드로 대금을 지급하고 핸드백을 주문하였다. 甲은 핸드백을 구입하면서 "X회사와 구매자 간의 분쟁에 대해서는 A국 법원만을 관할법원으로 하고, 준거법도 A국법으로 한다."라고 규정되어 있는 약관을 읽고 동의한다는 칸을 클릭하였다. X회사는 대한민국에 매장이 전혀 없고 A국에만 매장을 두고 있다.

한편 乙은 甲이 구매하여 선물한 핸드백을 서울에서 사용하다가 핸드백 잠금장치 오작동으로 손가락에 깊은 상처를 입고 병원에서 치료를 받았으나 심한 흉터가 남았다. 그 후 甲과 乙은 핸드백 잠금장치에 제조상 결함이 있어서 X회사가 A국에서 리콜을 실시 중이라는 것을 알게 되었다. 이에 甲은 X회사를 상대로 계약위반에 근거한 손해배상청구 소송을 대한민국 법원에 제기하였고, 乙은 X회사를 상대로 불법행위에 근거한 손해배상청구소송을 대한민국 법원에 제기하였다.

이후 乙은 위 부상의 후유증으로 정상적인 생활을 할 수 없게 되었고, 이로 인하여 甲에 대한 乙의 원망이 커져 甲과 乙 사이의 불화가 심해지기 시작하였다. 그러던 중 甲이 乙의 부모를 폭행하는 사건이 벌어지자, 이를 계기로 乙은 이혼을 결심하고 직계존속이 배우자로부터 심히 부당한 대우를 받았다는 이유로 甲을 상대로 이혼을 청구하는 소송을 대한민국 법원에 제기하였다.

[전제]

1. A국과 B국의 국제사법은 대한민국의 「국제사법」과 동일하다.

2. 乙이 甲을 상대로 제기한 이혼소송에 관하여 대한민국에 국제재판관할이 인정된다.

[문제]

1. 甲과 乙이 X회사를 상대로 제기한 각 소송에 대하여 대한민국 법원이 국제재판관할권을 가지는지 논하시오. (40점)
2. 甲과 乙이 X회사를 상대로 제기한 각 소송에 대하여 「국제사법」상 적용될 준거법은 무엇인지 논하시오. (27점)
3. 乙이 甲을 상대로 제기한 소송에 대하여 「국제사법」상 적용될 준거법은 무엇인지 논하시오. (13점)

[문제 1]

甲과 乙이 X회사를 상대로 제기한 각 소송에 대하여 대한민국 법원이 국제재판관할권을 가지는지 논하시오. (40점)

Ⅰ 문제의 소재

甲이 X회사를 상대로 제기한 손해배상청구소송의 관할에 관하여 소비자계약의 합의관할 및 특별관할, 사무소·영업소 소재지의 특별관할, 관할의 일반원칙 등이 문제되고, 乙이 X회사를 상대로 제기한 손해배상청구소송의 관할에 관하여는 불법행위에 관한 소의 특별관할, 사무소·영업소 소재지의 특별관할, 관할의 일반원칙 등이 문제된다.

Ⅱ 甲이 X회사를 상대로 제기한 계약위반에 근거한 손해배상청구소송의 관할

1. 소비자계약의 합의관할

국제사법 제8조 제1항은 '당사자는 일정한 법률관계로 말미암은 소에 관하여 국제재판관할의 합의를 할 수 있다'고 규정하나,

소비자계약의 경우, 국제사법 제42조 제3항은 '1) 분쟁이 이미 발생한 후 국제재판관할의 합의를 한 경우, 2) 국제재판관할의 합의에서 법원 외에 외국법원에도 소비자가 소를 제기할 수 있도록 한 경우'에만 국제재판관할의 합의가 효력이 있다고 규정한다.

사안의 경우 甲은 핸드백을 구입하면서 "X회사와 구매자 간의 분쟁에 대해서는 A국 법원만을 관할법원으로 한다"고 규정되어 있는 약관을 읽고 동의하였으므로 이러한 관할

합의가 유효한지 여부가 문제된다고 할 것인데, 甲과 X회사가 체결한 계약은 '소비자계약'에 해당하여 국제사법 제42조 제3항이 적용된다고 할 것인 바, 甲과 X회사가 한 사전적 합의는 국제재판관할 합의로서의 효력이 없다고 보아야 한다.

2. 소비자계약의 특별관할

국제사법 제42조 제1항은 '소비자가 자신의 직업 또는 영업활동 외의 목적으로 체결하는 계약으로서 1) 사업자가 계약체결에 앞서 소비자의 일상거소가 있는 국가에서 광고에 의한 거래 권유 등 직업 또는 영업활동을 행하거나 소비자의 일상거소지국 외의 지역에서 소비자의 일상거소지국을 향하여 광고에 의한 거래의 권유 등 직업 또는 영업활동을 행하고 그 계약이 사업자의 직업 또는 영업활동의 범위에 속하는 경우, 2) 사업자가 소비자의 일상거소지국에서 소비자의 주문을 받은 경우, 3) 사업자가 소비자로 하여금 소비자의 일상거소지국이 아닌 국가에 가서 주문을 하도록 유도한 경우 중 어느 하나에 해당하는 경우 대한민국에 일상거소가 있는 소비자는 계약의 상대방에 대하여 법원에 소를 제기할 수 있다'고 규정한다.

사안의 경우, 甲은 대한민국에 일상거소가 있는 소비자이고, X회사는 대한민국에 있는 고객을 상대로 주문방법과 대금지급방법 등을 한국어로 설명하는 광고를 하였으므로, 국제사법 제42조 제1항 제1호에 해당한다고 할 것인 바, 대한민국 법원에는 국제재판관할이 인정된다.

3. 사무소·영업소 소재지 등의 특별관할

국제사법 제4조 제2항은 '대한민국에서 또는 대한민국을 향하여 계속적이고 조직적인 사업 또는 영업활동을 하는 사람·법인 또는 단체에 대하여 그 사업 또는 영업활동과 관련이 있는 소는 법원에 제기할 수 있다'고 규정한다.

사안의 경우, X회사는 대한민국에 있는 고객을 상대로 주문방법과 대금지급방법 등을 한국어로 설명하는 광고를 하는 등 대한민국을 향하여 계속적이고 조직적인 영업활동을 하여온 회사라고 할 것인 바, 국제사법 제4조 제2항에 따르더라도 대한민국 법원에는 국제재판관할이 인정된다.

4. 일반원칙

국제사법 제2조 제1항은 "대한민국 법원은 당사자 또는 분쟁이 된 사안이 대한민국과 실질적 관련이 있는 경우 국제재판관할권을 가진다"고 하여 국제재판관할의 일반원칙을 규정하고 있다.

사안의 경우, 甲의 일상거소가 대한민국이고, X회사는 대한민국에 있는 고객을 상대로 영업을 하여왔던 바, 당사자 또는 분쟁이 된 사안이 대한민국과 실질적 관련이 있다고 할 것이므로 대한민국 법원에는 국제재판관할이 인정된다.

Ⅲ 乙이 X회사를 상대로 제기한 불법행위에 근거한 손해배상청구소송의 관할

1. 불법행위에 관한 소의 특별관할

국제사법 제44조는 '불법행위에 관한 소는 그 행위가 대한민국에서 행하여지거나 대한민국을 향하여 행하여지는 경우 또는 대한민국에서 그 결과가 발생하는 경우 법원에 제기할 수 있다. 다만, 불법행위의 결과가 대한민국에서 발생할 것을 예견할 수 없었던 경우에는 그러하지 아니하다'고 규정한다.

사안의 경우, X회사는 대한민국 고객을 상대로 광고를 하는 등 제조상 결함이 있는 핸드백을 판매하는 불법행위를 대한민국을 향하여 행하였고, 대한민국에 거주하는 乙이 위 핸드백을 사용하던 중 상처를 입는 등 대한민국에서 그 결과가 발생하였으며, 乙은 대한민국에서 영업활동을 하며 불법행위의 결과가 대한민국에서 발생할 것을 충분히 예견할 수 있었다고 할 것인 바, 대한민국 법원에는 국제사법 제44조에 따른 국제재판관할이 인정된다.

2. 사무소·영업소 소재지 등의 특별관할

국제사법 제4조 제2항은 '대한민국에서 또는 대한민국을 향하여 계속적이고 조직적인 사업 또는 영업활동을 하는 사람·법인 또는 단체에 대하여 그 사업 또는 영업활동과 관련이 있는 소는 법원에 제기할 수 있다'고 규정한다.

사안의 경우, X회사는 대한민국에 있는 고객을 상대로 주문방법과 대금지급방법 등을 한국어로 설명하는 광고를 하는 등 대한민국을 향하여 계속적이고 조직적인 영업활동을 하여온 회사라고 할 것인 바, 국제사법 제4조 제2항에 따르더라도 대한민국 법원에는 국제재판관할이 인정된다.

3. 일반원칙

국제사법 제2조 제1항은 "대한민국 법원은 당사자 또는 분쟁이 된 사안이 대한민국과 실질적 관련이 있는 경우 국제재판관할권을 가진다"고 하여 국제재판관할의 일반원칙을 규정하고 있다.

사안의 경우, 乙의 일상거소가 대한민국이고, X회사는 대한민국에 있는 고객을 상대로 영업을 하여왔으며, 乙의 불법행위 및 그 결과가 乙의 일상거소지인 대한민국에서 발생하였던 바, 당사자 또는 분쟁이 된 사안이 대한민국과 실질적 관련이 있다고 할 것이므로 대한민국 법원에는 국제재판관할이 인정된다.

Ⅳ 결론

甲과 乙이 X회사를 상대로 제기한 각 소송에 대하여 대한민국 법원은 국제재판관할권을 가진다.

[문제 2]

甲과 乙이 X회사를 상대로 제기한 각 소송에 대하여 「국제사법」상 적용될 준거법은 무엇인지 논하시오. (27점)

Ⅰ 문제의 소재

甲이 X회사를 상대로 제기한 소송의 준거법과 관련하여 당사자 자치의 원칙 및 소비자계약의 준거법 적용 제한이 문제되고, 乙이 X회사를 상대로 제기한 소송의 준거법과 관련하여 불법행위의 준거법이 문제된다.

Ⅱ 甲이 X회사를 상대로 제기한 계약위반에 근거한 손해배상청구소송의 준거법

1. 당사자 자치의 원칙

국제사법 제45조는 '계약은 당사자가 명시적 또는 묵시적으로 선택한 법에 따른다'고 규정한다.

사안의 경우, 甲은 핸드백을 구입하면서 'X회사와 구매자 간의 분쟁에 대해서는 준거법도 A국법으로 한다'라고 규정되어 있는 약관을 읽고 동의한 바, 이는 준거법 합의로서 효력이 있다고 할 것이고, 따라서 甲이 X회사를 상대로 제기한 계약위반에 근거한 손해배상청구소송의 준거법은 A국법이 된다.

2. 소비자계약의 준거법 적용 제한

국제사법 제47조 제1항은 '소비자계약의 당사자가 준거법을 선택하더라도 소비자의 일상거소가 있는 국가의 강행규정에 따라 소비자에게 부여되는 보호를 박탈할 수 없다'고 규정한다.

사안의 경우, 甲과 X회사는 준거법을 A국법으로 선택한 바, A국법이 준거법이 된다고 할 것이나, 이 경우에도 국제사법 제47조 제1항에 따라 소비자인 甲의 일상거소가 있는 대한민국의 강행규정에 따라 소비자에게 부여되는 보호를 박탈할 수는 없다.

Ⅲ 乙이 X회사를 상대로 제기한 불법행위에 근거한 손해배상청구소송의 준거법

1. 불법행위의 준거법

국제사법 제52조 제1항은 '불법행위는 그 행위를 하거나 그 결과가 발생하는 곳의 법에 따른다'고 규정하고, 동조 제2항은 '불법행위를 한 당시 동일한 국가 안에 가해자와 피해자의 일상거소가 있는 경우에는 제1항에도 불구하고 그 국가의 법에 따른다', 동조 제3항은 '가해자와 피해자 간에 존재하는 법률관계가 불법행위에 의하여 침해되는 경우에는 제1항 및 제2항에도 불구하고 그 법률관계의 준거법에 따른다'고 규정하며, 국제사법 제53조는 '당사자는 제50조부터 제52조까지의 규정에도 불구하고 사무관리·부당이득·불법행위가 발생한 후 합의에 의하여 대한민국 법을 그 준거법으로 선택할 수 있다'고 규정한다.

2. 사안의 경우

乙과 X회사 사이의 사후적인 준거법 합의는 없었던 바, 국제사법 제53조는 적용되지 않고, 제52조의 적용이 문제 되는데, 乙과 X회사 사이에는 법률관계가 존재하지 않고(제52조 제3항), 불법행위 당시 乙의 일상거소는 대한민국에, X회사는 A국에만 영업소를 두어 동일한 국가 안에 일상거소가 있었다고 할 수 없으므로(제52조 2항), 제52조 제1항에 따라 불법행위지법 또는 결과발생지법이 준거법이 된다.

X회사는 제조상 결함이 있는 핸드백을 판매하는 불법행위를 대한민국에서 하였고, 이로 인한 상해의 결과가 대한민국에서 발생한 바, 대한민국법이 준거법이 된다.

Ⅳ 결론

甲이 X회사를 상대로 제기한 계약위반에 근거한 손해배상청구소송의 준거법은 A국법이고, 乙이 X회사를 상대로 제기한 불법행위에 근거한 손해배상청구소송의 준거법은 대한민국법이다.

[문제 3]

乙이 甲을 상대로 제기한 소송에 대하여 「국제사법」상 적용될 준거법은 무엇인지 논하시오. (13점)

Ⅰ 문제의 소재

乙이 甲을 상대로 제기한 소송의 준거법과 관련하여, 이혼의 준거법 및 본국법의 확정이 문제된다.

Ⅱ 이혼의 준거법

국제사법 제66조는 '이혼에 관하여는 제64조를 준용한다. 다만, 부부 중 한쪽이 대한민국에 일상거소가 있는 대한민국 국민인 경우 이혼은 대한민국 법에 따른다'고 규정하고, 제64조는 '1) 부부의 동일한 본국법, 2) 부부의 동일한 일상거소지법, 3) 부부와 가장 밀접한 관련이 있는 곳의 법'의 순위에 따라 준거법을 결정한다.

사안의 경우, 甲과 乙 모두 대한민국에 일상거소를 두고 있기는 하나, 대한민국 국민이 아니므로 국제사법 제66조 단서는 적용되지 않고, 본문에 따라 제64조의 적용이 문제되는데, 甲의 본국법은 B국법이므로 이중국적자인 乙의 본국법이 B국법으로 확정될 경우 B국법이 준거법이 되고, 그렇지 아니할 경우 제64조 제2호에 따라 부부의 동일한 일상거소지법인 대한민국법이 준거법이 된다.

Ⅲ 본국법(연결점)의 확정

국제사법 제16조 제1항은 "당사자의 본국법에 따라야 하는 경우에 당사자가 둘 이상의 국적을 가질 때에는 그와 가장 밀접한 관련이 있는 국가의 법을 그 본국법으로 정한다. 다만, 국적 중 하나가 대한민국일 경우에는 대한민국 법을 본국법으로 한다"고 규정한다.

사안의 경우, 乙은 A국 국적과 B국 국적을 동시에 가지고 있으나, A국에서 혼인하여 10년 정도 살다가 대한민국에 이주하여 살고 있는 반면, B국은 乙과 아무런 관련이 없는바, 乙과 가장 밀접한 관련이 있는 국가의 법은 A국법이라고 할 것이므로 A국법이 乙의 본국법이 되게 된다. 따라서 甲과 乙은 본국법이 동일하지 아니하므로, 국제사법 제64조 제1호는 적용될 수 없고, 국제사법 제64조 제2호가 적용되는 것이 타당하다.

Ⅳ 결론

乙이 甲을 상대로 제기한 소송에 대하여 대한민국법이 준거법이 된다.

국제물품매매계약에 관한 국제연합 협약 문제(제2문)

A국에만 영업소를 두고 있는 甲회사는 고기능 자기공명영상장치(이하 'MRI'라 한다)를 제조·판매하는 회사이고, B국에만 영업소를 두고 있는 乙회사는 세계 각처로부터 최신의 복합기능을 갖춘 MRI를 수입하여 이를 여러 대형병원에 납품하는 전문회사이다.

乙회사는 2023. 7. 3. 甲회사에 아래와 같은 내용이 담긴 'MRI 공급요청서'를 이메일로 전송하였고 甲회사는 이를 바로 수령하였다.

> 물　　품 : 甲회사가 생산하는 MRI 신형 모델 GX-201
> 수　　량 : 20대
> 인　　도 : 乙회사의 사전 요청에 따라 2023. 9. 15.부터 4회 분할인도
> 대　　금 : 1대당 미화 70만 달러(각 회차별 물품 인도 후 즉시 지급)
> 부수조건 : GX-201의 사용방법 숙달을 위한 교육인력 파견

甲회사는 乙회사의 이메일을 수령한 후 내부 논의를 거쳐 2023. 7. 15. 乙회사의 제안을 받아들이면서 위 요청서에 아래와 같은 변경 내용을 반영한 '주문승인서'를 乙회사에 이메일로 전송하였다.

> 인　　도 : 2023. 11. 1. 10대, 2023. 11. 15.과 2023. 12. 1. 각 5대씩 총 3회에 걸쳐 분할인도
> 부수조건 : GX-201 사용방법 숙달을 위한 교육인력 파견은 불가, 사용방법을 안내하는 동영상 제공 및 필요시 화상교육 제공은 가능

乙회사는 甲회사의 '주문승인서'를 수령한 후 2023. 7. 21. 甲회사에 이를 받아들이겠다는 내용의 이메일을 전송하였고, 甲회사는 이를 즉시 수령하였다.

甲회사는 2023. 11. 1. GX-201 10대를 乙회사에 인도하였고, 乙회사는 甲회사에 해당 대금을 지급하였다. 甲회사는 2023. 11. 15. 乙회사에 GX-201 5대를 2차분으로 인도하였다. 그런데 乙회사가 2차 인도분을 시험·가동하던 중 5대 모두에서 GX-201 모델에 장착되어 있어야 할 특정센서기능이 없거나 작동하지 않는 것을 확인하였다. 이에 乙회사는 2차 인도분에 대한 대금 지급을 보류하고 이러한 하자를 즉시 甲회사에 통지하

면서 2차 인도분 5대를 외부업체에 맡겨 안전한 보관 조처를 하였다. 甲회사는 乙회사에 계약 내용대로 3차분 인도를 준비하고 있던 중 거래은행으로부터 乙회사의 자금상태가 악화되어 乙회사가 3차분 대금을 지급할 수 없을 것이라는 정보를 입수하고, 乙회사로부터 대금을 받지 못할 것을 우려하여 乙회사에 3차분 인도를 중단한다는 내용의 통지를 하였다. 그러면서 甲회사는 乙회사에 3차분 인도 및 그 밖의 계약 내용을 계속 이행하기 위한 전제 조건으로 3차분 대금에 대하여 거래은행이 발행한 지급보증서를 甲회사에 송부하여 줄 것을 요구하였다. 그러나 乙회사는 지급보증서의 제출을 계속 미루고 있다.

[전제]

1. GX-201은 甲회사가 그동안 제조·판매해왔던 MRI 구형 모델 GX-101에 특정센서기능 등 몇 가지 핵심기능을 추가한 신형 모델이다.
2. A국은 「국제물품매매계약에 관한 국제연합협약」(이하 '협약'이라 한다)의 체약국(협약 제95조를 유보하지 않음)이고, B국은 비체약국이다. 법정지인 A국의 국제사법에 따라 이 사건 계약의 준거법으로 A국법이 결정되었다.

[문제]

1. 甲회사와 乙회사 사이의 계약에 협약이 적용되는지 논하시오. (15점)
2. 甲회사와 乙회사 사이에 매매계약이 성립되었는지, 성립되었다면 그 성립시기와 계약조건에 대하여 논하시오. (20점)
3. 乙회사가 2차 인도분에 관하여 계약을 해제할 수 있는지를 비롯하여 甲회사에 대하여 행사할 수 있는 구제수단에는 어떠한 것이 있는지 논하시오. (30점)
4. 甲회사가 乙회사에 대하여 3차분 인도를 중단한 것이 적법한지 논하시오. (15점)

[문제 1]

甲회사와 乙회사 사이의 계약에 협약이 적용되는지 논하시오. (15점)

I 문제의 소재

甲과 乙 사이의 계약에 협약이 적용되는지 여부와 관련하여 협약의 공통요건 및 장소적 적용요건이 문제된다.

Ⅱ 협약 적용의 공통요건

1. 요건

협약 제1조 제1항에 따라 ① 영업소가 서로 다른 국가에 있는 당사자간의(국제성) ② 물품 ③ 매매계약에 대하여 ④ 당사자 간에 제6조에 따른 협약 적용배제 합의가 없는 경우 협약이 적용된다.

가. 국제성

협약이 적용되는 매매계약은 제1조 제1항에 따라 영업소가 서로 다른 국가에 있는 당사자 간의 계약이어야 하고, 동조 제2항에 따라 국제성에 대한 인식가능성이 있어야 한다.

나. 물품성

협약이 적용되는 매매계약은 물품에 관한 것이어야 한다.

다. 매매계약

협약은 물품 '매매계약'에 대하여 적용되고, 제2조는 적용이 제외되는 매매에 대하여 정하고 있으며, 제3조 제1항은 제조물공급계약을 원칙적으로 매매로 보지만, 물품을 주문한 당사자가 제조 또는 생산에 필요한 재료의 중요한 부분을 공급하는 경우에는 매매로 보지 않고, 동조 제2항은 노무 또는 그 밖의 서비스 공급계약을 협약 적용에서 제외한다.

라. 협약 적용을 배제하는 합의가 없을 것(제6조)

제6조에 따라 당사자는 협약의 적용을 배제할 수 있으므로 당사자 간에 협약 적용을 배제하는 합의가 없어야 협약이 적용된다.

2. 사안의 경우

① 甲회사는 A국에 영업소를 두고 있고, 乙회사는 B국에 영업소를 두고 있는 바, 국제성이 인정되고, 이 사건 계약은 MRI 공급계약으로 ② 물품성과 ③ 매매계약의 요건을 갖추었으며 ④ 협약 적용을 배제한다는 당사자 사이의 합의도 없다고 할 것인 바, 협약의 공통 적용요건을 갖추었다.

Ⅲ 협약의 장소적 적용요건

1. 요건

가. 직접적용

협약 제1조 제1항 가호에 따라 양 당사자의 영업소 소재지가 모두 체약국인 경우 협약이 직접적용 된다.

나. 간접적용

협약 제1조 제1항 나호에 따라 ① 당사자 전부 또는 일부의 영업소가 비체약국에 소재하고, ② 국제사법 규칙에 의하여 체약국법이 적용되며, ③ 그 체약국이 제95조에 따른 유보를 하지 아니한 경우 협약이 간접적용 된다.

2. 사안의 경우

甲과 乙의 각 영업소 소재지는 각 A국과 B국으로, A국은 체약국이고, B국은 비체약국인 바, 협약이 직접 적용되지는 않는다.

그러나 ① 乙의 영업소가 비체약국에 소재하고 있고, ② 법정지인 A국의 국제사법에 따라 이 사건 계약의 준거법으로 A국법이 결정되었으며, ③ A국은 제95조에 따른 유보를 선언하지 아니한 국가이므로 협약 제1조 1항 나호에 따라 협약이 간접적용된다.

Ⅳ 결론

甲과 乙이 체결한 이 사건 계약에는 협약이 적용된다.

[문제 2]

甲회사와 乙회사 사이에 매매계약이 성립되었는지, 성립되었다면 그 성립시기와 계약조건에 대하여 논하시오. (20점)

Ⅰ 문제의 소재

甲회사와 乙회사의 매매계약 성립여부, 성립시기, 계약조건과 관련하여 청약과 승낙 및 변경된 승낙, 계약의 성립이 문제된다.

Ⅱ 청약과 승낙

협약 제14조 제1항은 ' 1인 또는 그 이상의 특정인에 대한 계약체결의 제안은 충분히 확정적이고, 승낙시 그에 구속된다는 청약자의 의사가 표시되어 있는 경우에 청약이 된다'고 규정하고 있고, 제18조 제1항은 '청약에 대한 동의를 표시하는 상대방의 진술 그 밖의 행위는 승낙이 된다'고 규정하고 있다.

사안의 경우 乙회사가 2023. 7. 3. 甲회사에 보낸 '공급요청서'는 확정적이고, 승낙시 그에 구속된다는 청약자의 의사가 표시되어 있는 계약체결의 제안이라고 할 것인 바, 청약으로 볼 수 있다.

그러나 甲회사가 2023. 7. 15. 乙회사에게 전송한 주문승인서의 내용은 청약에 대하여 단순히 동의를 표시하는 내용이 아닌 바, 이를 승낙으로 볼 수 있는지 여부가 문제된다.

Ⅲ 변경된 승낙

제19조 제1항은 '승낙을 의도하고 있으나, 부가, 제한 그 밖의 변경을 포함하는 청약에 대한 응답은 청약에 대한 거절이면서 또한 새로운 청약이 된다'고 규정하고 있고, 동조 제2항은 '승낙을 의도하고 있고, 청약의 조건을 실질적으로 변경하지 아니하는 부가적 조건 또는 상이한 조건을 포함하는 청약에 대한 응답은 승낙이 된다', 동조 제3항은 '특히 대금, 대금지급, 물품의 품질과 수량, 인도의 장소와 시기, 당사자 일방의 상대방에 대한 책임범위 또는 분쟁해결에 관한 부가적 조건 또는 상이한 조건은 청약 조건을 실질적으로 변경하는 것으로 본다'고 규정한다.

사안의 경우 甲회사가 2023. 7. 15. 乙회사에게 전송한 주문승인서의 내용은 승낙을 의도하고 있기는 하나, 인도시기와 횟수, 부수조건을 변경하는 것으로, 제19조 제3항에 따르면 위 조건의 변경은 청약 조건을 실질적으로 변경하는 것으로 평가되는 바, 승낙으로 볼 수 없고 '청약에 대한 거절이면서 새로운 청약'이라고 보아야 한다.

Ⅳ 계약의 성립

협약 제23조는 '계약은 청약에 대한 승낙이 이 협약에 따라 효력을 발생하는 시점에 성립된다'고 규정하고 있고, 제18조 제2항은 '청약에 대한 승낙은 동의의 의사표시가 청약자에게 도달하는 시점에 효력이 발생한다'고 규정한다.

사안의 경우, 乙회사는 甲회사의 변경된 승낙에 대해 2023. 7. 21. 이를 받아들이겠다는 의사표시를 한 바, 이는 제18조 제1항이 규정하는 승낙으로 평가될 수 있고, 甲회사는 乙회사의 승낙의 의사표시가 담긴 이메일을 즉시 수령하였으므로 2023. 7. 21. 甲과 乙의 계약은 성립하였다고 보아야 하고, 그 계약조건은 乙회사가 곧바로 승낙한 甲의 변경된 승낙의 내용으로 보아야 한다.

Ⅴ 결론

甲회사와 乙회사 사이의 매매계약은 乙회사가 甲회사의 주문승인서의 내용을 받아들인다는 내용의 이메일이 甲회사에게 도달한 2023. 7. 21. 성립하였고, 그 계약조건은 甲회사의 주문승인서상의 조건으로 보아야 한다.

[문제 3]
乙회사가 2차 인도분에 관하여 계약을 해제할 수 있는지를 비롯하여 甲회사에 대하여 행사할 수 있는 구제수단에는 어떠한 것이 있는지 논하시오. (30점)

Ⅰ 문제의 소재

乙회사의 구제수단과 관련, 분할인도계약과 해제, 대체물인도청구권, 부적합치유청구권, 손해배상청구권 등이 문제된다.

Ⅱ 분할인도계약과 해제

협약 제73조 제1항은 '물품을 분할하여 인도하는 계약에서 어느 분할부분에 관한 당사자 일방의 의무 불이행이 그 분할부분에 관하여 본질적 계약위반이 되는 경우에는, 상대방은 그 분할부분에 관하여 계약을 해제할 수 있다'고 규정하고, 제25조는 '당사자 일방의 계약위반은, 그 계약에서 상대방이 기대할 수 있는 바를 실질적으로 박탈할 정도의 손실을 상대방에게 주는 경우에 본질적인 것으로 한다. 다만, 위반 당사자가 그러한 결과를 예견하지 못하였고, 동일한 부류의 합리적인 사람도 동일한 상황에서 그러한 결과를 예견하지 못하였을 경우에는 그러하지 아니하다'고 규정한다.

사안의 경우, 甲회사는 장착되어 있어야 할 특정센서기능이 없거나 작동하지 않는 물품들을 인도한 바, 제30조 및 제35조에 따라 부담하는 적합한 물품을 인도할 의무를 위반하였고, 이는 乙회사가 실질적으로 기대할 수 있는 바를 실질적으로 박탈할 정도의 손실을 상대방에게 주는 것으로써 본질적이라고 할 것이다.

한편, 乙회사는 2차 인도분을 수령한 즉시 물품을 검사하고, 부적합을 특정하여 甲회사에 통지한 바, 제38조와 제39조가 각 규정하는 검사의무, 부적합 통지의무 역시 모두 이행하였다고 할 것이므로, 물품 부적합을 주장할 수 있다고 할 것이고,

따라서 乙회사는 제73조 제1항에 따라 2차인도분에 관하여 계약을 해제할 수 있다.

Ⅲ 해제권 외 乙의 구제수단

1. 대체물인도청구권

협약 제46조 제2항은 '물품이 계약에 부적합한 경우에, 매수인은 대체물의 인도를 청구할 수 있다. 다만, 그 부적합이 본질적 계약위반을 구성하고, 그 청구가 제39조의 통지와 동시에 또는 그 후 합리적인 기간 내에 행하여진 경우에 한한다'고 규정하고,

협약 제82조는 '매수인이 물품을 수령한 상태와 실질적으로 동일한 상태로 그 물품을 반환할 수 없는 경우에는, 매수인은 계약을 해제하거나 매도인에게 대체물을 청구할 권리를 상실한다'고 규정한다.

사안의 경우, 1) 甲회사가 인도한 물품부적합은 본질적 계약위반을 구성하고, 2) 乙회사는 2차 인도분 5대를 외부업체에 맡겨 안전한 보관 조처를 하여 물품을 수령한 상태와 실질적으로 동일한 상태로 그 물품을 반환할 수 있는 바, 3) 물품 부적합의 통지와 동시에 또는 그 후 합리적인 기간 내에 행사할 경우 대체물인도청구권을 행사할 수 있다.

2. 부적합치유청구권

협약 제46조 제3항은 '물품이 계약에 부적합한 경우에, 매수인은 모든 상황을 고려하여 불합리한 경우를 제외하고, 매도인에게 수리에 의한 부적합의 치유를 청구할 수 있다. 수리 청구는 제39조의 통지와 동시에 또는 그 후 합리적인 기간 내에 행하여져야 한다'고 규정한다.

사안의 경우, 乙회사는 불합리한 경우를 제외하고, 甲회사에 수리에 의한 부적합한 치유를 물품부적합의 통지와 동시에 또는 그 후 합리적인 기간 내에 부적합을 치유하여 줄 것을 청구할 수 있다.

3. 손해배상청구권

협약 제45조 제1항 나호는 '매도인이 계약 또는 이 협약상의 의무를 이행하지 아니하는 경우 제74조 내지 제77조에서 정한 손해배상의 청구할 수 있다'고 규정한다.

사안의 경우 甲회사는 부적합한 물품을 인도함으로써 계약상 의무를 이행하지 아니한 바, 乙회사는 손해배상을 청구할 수 있다.

Ⅳ 결론

乙회사는 2차 인도분에 관하여 계약을 해제할 수 있고, 이외에도 대체물인도청구권, 부적합치유청구권, 손해배상청구권을 행사할 수 있다.

[문제 4]

甲회사가 乙회사에 대하여 3차분 인도를 중단한 것이 적법한지 논하시오. (15점)

Ⅰ 문제의 소재

甲회사가 乙회사에 대하여 3차분 인도를 중단한 것이 적법한지와 관련하여 의무이행정지권이 문제된다.

Ⅱ 의무이행정지권

협약 제71조 제1항은 '당사자는 계약체결 후 (가) 상대방의 이행능력 또는 신용도의 중대한 결함, (나) 계약의 이행 준비 또는 이행에 관한 상대방의 행위의 사유로 상대방이 의무의 실질적 부분을 이행하지 아니할 것이 판명된 경우에는, 자신의 의무 이행을 정지할 수 있다'고 규정하고, 동조 제3항은 '이행을 정지한 당사자는 물품의 발송 전후에 관계없이 즉시 상대방에게 그 정지를 통지하여야 하고, 상대방이 그 이행에 관하여 적절한 보장을 제공한 경우에는 이행을 계속하여야 한다'고 규정한다.

사안의 경우, 甲회사는 거래은행으로부터 乙회사의 자금상태가 악화되어 乙회사가 3차분 대금을 지급할 수 없을 것이라는 정보를 입수한 바, 상대방이 의무의 실질적 부분을 이행하지 아니할 것이 판명되었다고 할 것이고, 乙회사가 3차분 대금에 대하여 거래은행이 발행한 지급보증서를 甲회사에 송부하여 줄 것을 요구한 것은 이행에 관한 적절한 보장의 제공을 요구한 것이라 할 것임에도 乙회사는 이를 제출하지 못하였으므로 甲회사가 乙회사에 대하여 3차분 인도를 중단한 것은 적법하다.

Ⅲ 결론

甲회사가 의무이행정지권을 행사하여 乙회사에 대한 3차분 인도를 중단한 것은 적법하다.

3. 2023년 제12회 변호사시험 해설

국제사법 문제(제1문)

甲은 로봇을 제작하는 회사로서 스위스에 주된 사무소를 두고 있다. 甲은 한국 시장을 향해 계속적이고 조직적인 영업활동을 하기 위해 2019. 5.경 서울에 주된 사무소가 있는 대리상 乙과 대리상계약을 서면으로 체결하면서(이하, '이 사건 계약'), '본 계약과 관련된 모든 분쟁은 싱가포르 국제상사법원에 소를 제기할 수 있다'는 비전속적(non-exclusive) 혹은 부가적 관할합의를 하였다. 그러나 싱가포르는 이 사건 계약과 아무런 관련이 없으며, 이 사건 계약의 준거법에 관한 별도의 합의도 없었다.

이 사건 계약에 의하면 乙은 甲으로부터 로봇을 주문할 한국 고객사와의 거래를 대리 및 중개하면서 관련 용역을 제공하고 그에 대한 대리상 보수를 받도록 되어 있다. 乙은 2022. 8.경 그간 몇몇 한국 고객사를 甲에게 연결하여 그들 사이에 로봇공급계약이 체결되도록 하였으나, 대리상 보수 미화 30만 달러를 지급받지 못했다고 주장하며 甲을 상대로 싱가포르 국제상사법원에 미지급 보수의 지급을 구하는 소를 제기하였다(이하, '이 사건 전소').

한편 甲은 乙이 연결해 준 한국 고객사 X의 주문 의사를 확인하고 로봇 100대를 납품하기 위해 필요한 원자재 구매 및 설비 확충의 명목으로 미화 100만 달러를 지출하였는데, 이는 X와 정식으로 계약을 체결하기도 전에 이루어졌다. 그러나 갑자기 X는 甲과의 연락을 차단하고 잠적하였는데, X는 단순 페이퍼 컴퍼니이고 X의 사업계획은 허위임이 밝혀졌다. 이에 甲은 乙이 X에 대한 허위 정보를 제공한 탓에 선지출한 미화 100만 달러의 손해가 발생했다고 주장하며, 乙을 상대로 2022. 12.경 불법행위에 따른 손해배상을 구하는 본소를 서울중앙지방법원에 제기하였다. 그 후 乙은 甲을 상대로 현재 계속 중인 이 사건 전소에서 지급을 구했던 미지급 보수 미화 30만 달러를 청구하는 반소를 제기했다(이하, '이 사건 후소').

한국 인천에 주된 사무소를 둔 고객 丙은 乙로부터 甲의 구형 모델 로봇인 Type A를 공급할 수 있다는 설명을 듣고, 乙에게 Type A 10대를 인천 공장 인도조건으로 주문하였고, 이를 활용할 수 있는 생산설비도 구축하였다. 그러나 甲은 Type A는 더 이상 양산하지 않기에 주문에 응할 수 없다고 하였다. 이에 丙은 생산설비 구축에 투자도 하였고

Type A는 다른 곳에서 구할 수도 없기에 甲을 상대로 서울중앙지방법원에 Type A 10대의 인도를 구하는 소를 제기하였다. 이에 甲은 응소하면서 乙에게 부여한 대리권의 범위에는 Type A는 포함되지 않는다고 항변하였다.

[전제사실]

1. 아래 문제들에는 2022. 7. 5.부터 시행된 개정 국제사법을 적용한다.
2. 상계로 채권이 소멸하기 위해서는 문제된 양 채권의 준거법상 소멸이 인정되어야 함을 전제로 한다.

[문제]

1. 이 사건 후소에 대해 다음 물음에 답하시오.
   가. 이 사건 후소의 본소에 대해 서울중앙지방법원은 국제재판관할권을 가지는지 논하시오. (25점)
   나. 이 사건 후소의 반소에 대해 법원은 어떻게 처리해야 하는지 논하시오. (10점)
2. 만일 乙이 이 사건 후소에서 반소를 제기하지 않고 이 사건 전소에서 구하는 채권을 자동채권으로 하여 상계를 주장하면서 수동채권인 본소의 손해배상 채권이 소멸된다고 주장하는 경우, 그 상계의 준거법에 대해 논하시오. (20점)
3. 丙이 甲을 상대로 제기한 Type A 10대의 인도청구에 대해 서울중앙지방법원에 국제재판관할권이 존재하는지 여부와 준거법에 대해 논하시오. (25점)

[문제 1]

이 사건 후소에 대해 다음 물음에 답하시오.

가. 이 사건 후소의 본소에 대해 서울중앙지방법원은 국제재판관할권을 가지는지 논하시오. (25점)

I 문제의 소재

이 사건 후소의 본소에 대해 서울중앙지방법원이 국제재판관할권을 가지는지에 관하여 합의관할, 불법행위에 관한 소의 특별관할, 사무소·영업소 소재지 등의 특별관할, 일반관할, 일반원칙이 문제된다.

Ⅱ 합의관할

국제사법 제8조 제1항은 '당사자는 일정한 법률관계로 말미암은 소에 관하여 국제재판관할의 합의를 할 수 있다. 다만, 합의가 1) 합의에 따라 국제재판관할을 가지는 국가의 법(준거법의 지정에 관한 법규를 포함한다)에 따를 때 그 합의가 효력이 없는 경우, 2) 합의를 한 당사자가 합의를 할 능력이 없었던 경우, 3) 대한민국의 법령 또는 조약에 따를 때 합의의 대상이 된 소가 합의로 정한 국가가 아닌 다른 국가의 국제재판관할에 전속하는 경우, 4) 합의의 효력을 인정하면 소가 계속된 국가의 선량한 풍속이나 그 밖의 사회질서에 명백히 위반되는 경우에는 효력이 없다'고 규정하고 있고, 동조 제3항에 따라 합의로 정해진 관할은 전속적인 것으로 추정한다.

사안의 경우, 甲과 乙의 관할 합의는 제8조 제1항 단서가 규정하는 사유들에 해당하지 아니하는 바, 관할합의로써 유효하다고 할 것이다.

다만, 甲과 乙의 관할 합의는 비전속적 혹은 부가적 관할 합의로 제8조 제3항에 따라 전속적인 것으로 추정되지는 아니하는 바, 대한민국 법원에도 이 사건 후소에 대한 관할권이 인정될 수 있다.

Ⅲ 불법행위에 관한 소의 특별관할

국제사법 제44조는 '불법행위에 관한 소는 그 행위가 대한민국에서 행하여지거나 대한민국을 향하여 행하여지는 경우 또는 대한민국에서 그 결과가 발생하는 경우 법원에 제기할 수 있다. 다만, 불법행위의 결과가 대한민국에서 발생할 것을 예견할 수 없었던 경우에는 그러하지 아니하다'고 규정한다.

사안의 경우, X에 대한 허위정보를 제공하는 乙의 불법행위는 대한민국에서 이루어졌다고 할 것이므로 대한민국 법원에는 관할이 인정된다.

Ⅳ 사무소·영업소 소재지 등의 특별관할

국제사법 제4조 제1항은 '대한민국에 사무소·영업소가 있는 사람·법인 또는 단체에 대한 대한민국에 있는 사무소 또는 영업소의 업무와 관련된 소는 법원에 제기할 수 있다'고 규정하고 있고, 동조 제2항은 '대한민국에서 또는 대한민국을 향하여 계속적이고 조직적인 사업 또는 영업활동을 하는 사람·법인 또는 단체에 대하여 그 사업 또는 영업활동과 관련이 있는 소는 법원에 제기할 수 있다'고 규정한다.

사안의 경우, 乙은 대한민국에 사무소가 있는 사람으로 甲이 제기하고자 하는 소는 사무소의 업무와 관련된 소라고 할 것이므로 제4조 제1항에 따르더라도 대한민국 법원에 관할이 인정되고, 또한, 甲이 제기하는 소는 대한민국에서 사업 또는 영업활동을 하는 乙에 대하여 사업 또는 영업활동과 관련이 있는 소라고 할 것이므로 동조 제2항에 따르더라도 대한민국 법원에 관할이 인정된다.

Ⅴ 일반관할

국제사법 제3조 제3항은 '주된 사무소·영업소 또는 정관상의 본거지나 경영의 중심지가 대한민국에 있는 법인 또는 단체와 대한민국 법에 따라 설립된 법인 또는 단체에 대한 소에 관하여는 법원에 국제재판관할이 있다'고 규정한다.

사안의 경우, 乙의 주된사무소는 대한민국에 있다고 할 것인 바, 乙이 법인인 경우에 한하여 대한민국 법원에 관할이 인정된다.

Ⅵ 일반원칙

국제사법 제2조 제1항은 ' 대한민국 법원(이하 "법원"이라 한다)은 당사자 또는 분쟁이 된 사안이 대한민국과 실질적 관련이 있는 경우에 국제재판관할권을 가진다. 이 경우 법원은 실질적 관련의 유무를 판단할 때에 당사자 간의 공평, 재판의 적정, 신속 및 경제를 꾀한다는 국제재판관할 배분의 이념에 부합하는 합리적인 원칙에 따라야 한다'고 규정한다.

사안의 경우, 甲은 한국시장을 향해 계속적이고 조직적인 영업활동을 하고자 하는 법인이고, 乙은 서울에 주된 사무소를 두고 있으며, 甲이 주장하는 乙의 불법행위지도 대한민국이라고 할 것인 바, 이 사건 후소의 본소에 해당하는 분쟁은 대한민국과 실질적 관련이 있다고 할 것이므로 대한민국 법원에 관할이 인정된다.

Ⅶ 결론

이 사건 후소의 본소에 대해 서울중앙지방법원은 국제재판관할권을 가진다.

[문제 1]

이 사건 후소에 대해 다음 물음에 답하시오.

나. 이 사건 후소의 반소에 대해 법원은 어떻게 처리해야 하는지 논하시오. (10점)

Ⅰ 문제의 소재

이 사건 후소의 반소와 관련하여 서울중앙지방법원에 반소관할이 인정되는지 여부 및 국제적 소송경합 여부가 문제된다.

Ⅱ 반소관할

국제사법 제7조는 '본소에 대하여 법원에 국제재판관할이 있고 소송절차를 현저히 지연시키지 아니하는 경우 피고는 본소의 청구 또는 방어방법과 밀접한 관련이 있는 청구를 목적으로 하는 반소를 본소가 계속된 법원에 제기할 수 있다'고 규정한다.

사안의 경우, 이 사건 후소의 본소에 대해서는 앞서 살핀 바와 같이 대한민국법원에 국제재판관할이 인정되고, 乙이 청구하는 반소는 대리·중개 행위에 따른 용역대금지급 청구의 소로 甲이 제기한 乙의 대리·중개 행위로 발생한 손해의 배상을 구하는 본소와 밀접한 관련이 있는 청구를 목적으로 하는 것이라고 할 것인 바, 乙은 본소가 계속된 서울중앙지방법원에 반소를 제기할 수 있다고 할 것이므로 법원은 乙의 반소를 관할위반이라고 볼 수 없다.

Ⅲ 국제적 소송경합

국제사법 제11조 제1항은 '같은 당사자 간에 외국법원에 계속 중인 사건과 동일한 소가 법원에 다시 제기된 경우에 외국법원의 재판이 대한민국에서 승인될 것으로 예상되는 때에는 법원은 직권 또는 당사자의 신청에 의하여 결정으로 소송절차를 중지할 수 있다. 다만, 1) 전속적 국제재판관할의 합의에 따라 법원에 국제재판관할이 있는 경우, 2) 법원에서 해당 사건을 재판하는 것이 외국법원에서 재판하는 것보다 더 적절함이 명백한 경우 중 어느 하나에 해당하는 경우에는 그러하지 아니하다'라고 규정한다.

사안의 경우, 乙이 제기한 이 사건 후소의 반소는 乙이 싱가포르 국제상사법원에 甲을 상대로 제기한 이 사건 전소와 동일한 소로 외국법원의 재판이 대한민국에서 승인될 것으로 예상되는 때에는 법원은 직권 또는 당사자의 신청에 의하여 결정으로 소송절차를 중지할 수 있다.

다만, 이 때 제11조 제1항 제2호 '법원에서 해당 사건을 재판하는 것이 외국법원에서 재판하는 것보다 더 적절함이 명백한 경우'에 해당하는지가 문제되는데, 비록 乙이 제기한 이 사건 후소의 반소가 본소와 밀접한 관련이 있는 것이라고는 하나, 반소는 '용역대금 청구의 소'인 반면, 본소는 '불법행위에 따른 손해배상을 구하는 소'로 청구원인이 구별되는 이상 '법원에서 해당 사건을 재판하는 것이 외국법원에서 재판하는 것보다 더 적절함이 명백한 경우'에 해당한다고 보기는 어렵다고 할 것이므로 법원은 직권 또는 당사자의 신청에 의하여 결정으로 소송절차를 중지하여야 한다.

Ⅳ 결론

법원은 이 사건 후소의 반소에 대하여 직권 또는 당사자의 신청에 의하여 결정으로 소송절차를 중지하여야 한다.

[문제 2]

만일 乙이 이 사건 후소에서 반소를 제기하지 않고 이 사건 전소에서 구하는 채권을 자동채권으로 하여 상계를 주장하면서 수동채권인 본소의 손해배상 채권이 소멸된다고 주장하는 경우, 그 상계의 준거법에 대해 논하시오. (20점)

Ⅰ 문제의 소재

상계의 준거법과 관련, 상계제도의 법적성질이 문제되고, 자동채권, 수동채권의 각 준거법이 문제된다.

Ⅱ 상계제도의 법적 성질

상계제도를 실체법적 제도로 보는 태도와 절차법적 제도로 보는 태도가 대립하는 바, 그 법적성질이 문제되나, 판례는 '상계의 요건과 효과에 관한 법률관계는 실체의 문제로 상계의 준거법에 의해 판단하여야 하고, 채권집행 과정에서 제3채무자가 채무자에 대한 반대채권을 가지고 채권자에게 대항할 수 있는지의 문제는 절차의 문제로 법정지법에 의해 판단하여야 한다'고 판시한다.

사안의 경우, 판례의 입장에 따라 상계의 요건과 효과에 관한 법률관계는 실체의 문제라고 할 것이므로, 상계의 준거법에 의하여 판단하여야 하고, 다만 사안에서 '상계로 채권이 소멸하기 위해서는 문제된 양 채권의 준거법상 소멸이 인정되어야 함을 전제로 한다'고 정하고 있는 바, 자동채권과 수동채권의 각 준거법이 문제된다.

Ⅲ 자동채권(보수지급청구권)의 준거법

1. 준거법 결정시의 객관적 연결

국제사법 제46조 제1항은 '당사자가 준거법을 선택하지 아니한 경우에 계약은 그 계약과 가장 밀접한 관련이 있는 국가의 법에 따른다'고 규정하고 있고,

동조 제2항은 '당사자가 계약에 따라 1) 양도계약의 경우에는 양도인의 이행, 2) 이용계약의 경우에는 물건 또는 권리를 이용하도록 하는 당사자의 이행, 3) 위임·도급계약 및 이와 유사한 용역제공계약의 경우에는 용역의 이행 중 어느 하나에 해당하는 이행을 하여야 하는 경우에는 계약체결 당시 그의 일상거소가 있는 국가의 법(당사자가 법인 또는 단체인 경우에는 주된 사무소가 있는 국가의 법을 말한다)이 가장 밀접한 관련이 있는 것으로 추정한다. 다만, 계약이 당사자의 직업 또는 영업활동으로 체결된 경우에는 당사자의 영업소가 있는 국가의 법이 가장 밀접한 관련이 있는 것으로 추정한다'고 규정한다.

2. 사안의 경우

甲과 乙은 계약체결시 준거법을 선택하지 아니한 바, 국제사법 제46조 제1항에 따라 준거법이 결정된다고 할 것인데, 乙은 甲과 체결한 용역제공계약에 따라 용역의 이행을 하여야 하였으므로 제46조 제2항 제3호에 해당한다.

따라서 계약을 체결할 당시 乙의 주된 사무소 및 영업소가 있는 국가의 법이 가장 밀접한 관련이 있는 것으로 추정된다고 할 것인 바, 대한민국법이 준거법이 된다.

Ⅳ 수동채권(불법행위에 따른 손해배상청구권)의 준거법

1. 불법행위의 준거법

국제사법 제52조 제1항은 '불법행위는 그 행위를 하거나 그 결과가 발생하는 곳의 법에 따른다'고 규정하고, 동조 제2항은 '불법행위를 한 당시 동일한 국가 안에 가해자와

피해자의 일상거소가 있는 경우에는 제1항에도 불구하고 그 국가의 법에 따른다', 동조 제3항은 '가해자와 피해자 간에 존재하는 법률관계가 불법행위에 의하여 침해되는 경우에는 제1항 및 제2항에도 불구하고 그 법률관계의 준거법에 따른다'고 규정하며, 국제사법 제53조는 '당사자는 제50조부터 제52조까지의 규정에도 불구하고 사무관리·부당이득·불법행위가 발생한 후 합의에 의하여 대한민국 법을 그 준거법으로 선택할 수 있다'고 규정한다.

2. 사안의 경우

甲과 乙은 불법행위가 발생한 후 합의에 의하여 대한민국 법을 준거법으로 선택하지 아니하였으므로 제53조는 적용되지 않고, 제52조에 따라야 하는데, 사안의 경우, 국제사법 제52조 제3항의 甲과 乙사이의 법률관계가 乙의 불법행위에 의하여 침해되는 경우에 해당한다고 할 것인 바, 법률관계의 준거법인 대한민국법이 준거법이 된다.

Ⅴ 결론

상계의 준거법은 대한민국법이 된다.

[문제 3]

丙이 甲을 상대로 제기한 Type A 10대의 인도청구에 대해 서울중앙지방법원에 국제재판관할권이 존재하는지 여부와 준거법에 대해 논하시오. (25점)

Ⅰ 문제의 소재

서울중앙지방법원에 국제재판관할권이 존재하는지 여부와 관련, 계약에 관한 소의 특별관할, 사무소·영업소 소재지 등의 특별관할, 일반원칙, 변론관할 등이 문제되고, 준거법과 관련, 임의대리의 준거법이 문제된다.

Ⅱ 국제재판관할권

1. 계약에 관한 소의 특별관할

국제사법 제41조 제1항은 '계약에 관한 소는 1) 물품공급계약의 경우에는 물품인도지,

2) 용역제공계약의 경우에는 용역제공지, 3) 물품인도지와 용역제공지가 복수이거나 물품공급과 용역제공을 함께 목적으로 하는 계약의 경우에는 의무의 주된 부분의 이행지 중 어느 하나에 해당하는 곳이 대한민국에 있는 경우 법원에 제기할 수 있다'고 규정하고, 동조 제2항은 '제1항에서 정한 계약 외의 계약에 관한 소는 청구의 근거인 의무가 이행된 곳 또는 그 의무가 이행되어야 할 곳으로 계약당사자가 합의한 곳이 대한민국에 있는 경우 법원에 제기할 수 있다'고 규정한다.

사안의 경우, 丙이 주문한 물품의 인도지는 '인천 공장'이라고 할 것인 바, 제41조 제1항 제1호에 따라 대한민국 법원에는 관할이 인정된다.

2. 사무소·영업소 소재지 등의 특별관할

국제사법 제4조 제1항은 '대한민국에 사무소·영업소가 있는 사람·법인 또는 단체에 대한 대한민국에 있는 사무소 또는 영업소의 업무와 관련된 소는 법원에 제기할 수 있다'고 규정하고 있고, 동조 제2항은 '대한민국에서 또는 대한민국을 향하여 계속적이고 조직적인 사업 또는 영업활동을 하는 사람·법인 또는 단체에 대하여 그 사업 또는 영업활동과 관련이 있는 소는 법원에 제기할 수 있다'고 규정한다.

사안의 경우, 甲은 한국 시장을 향해 계속적이고 조직적인 영업활동을 하는 법인이고, 丙이 제기하는 소는 영업활동과 관련이 있는 소라고 할 것이므로, 대한민국 법원에는 관할이 인정된다.

3. 일반원칙

국제사법 제2조 제1항은 ' 대한민국 법원(이하 "법원"이라 한다)은 당사자 또는 분쟁이 된 사안이 대한민국과 실질적 관련이 있는 경우에 국제재판관할권을 가진다. 이 경우 법원은 실질적 관련의 유무를 판단할 때에 당사자 간의 공평, 재판의 적정, 신속 및 경제를 꾀한다는 국제재판관할 배분의 이념에 부합하는 합리적인 원칙에 따라야 한다'고 규정한다.

사안의 경우, 丙은 한국 인천에 주된 사무소를 두고 있고, 甲과 丙사이 계약의 인도조건도 '인천 공장'이었으므로 분쟁이 된 사안이 대한민국과 실질적 관련이 있는 경우에 해당한다고 할 것이므로, 대한민국 법원에는 국제재판관할이 인정된다.

4. 변론관할

국제사법 제9조는 '피고가 국제재판관할이 없음을 주장하지 아니하고 본안에 대하여 변론하거나 변론준비기일에서 진술하면 법원에 그 사건에 대한 국제재판관할이 있다'고 규정한다.

사안의 경우, 甲은 응소하면서 항변함으로써 이미 본안에 대해 변론하였다고 할 것이므로 서울중앙지방법원에는 변론관할이 인정된다.

Ⅲ 준거법

1. 임의대리의 준거법

국제사법 제32조 제2항은 '대리인의 행위로 인하여 본인이 제3자에 대하여 의무를 부담하는지 여부는 대리인의 영업소가 있는 국가의 법에 따르며, 대리인의 영업소가 없거나 영업소가 있더라도 제3자가 알 수 없는 경우에는 대리인이 실제로 대리행위를 한 국가의 법에 따른다'고 규정한다.

2. 사안의 경우

대리인인 乙의 행위로 인하여 본인 甲이 제3자 丙에 대하여 의무를 부담하는지 여부는 대리인의 영업소가 있는 국가의 법에 따른다고 할 것인데, 乙은 서울에 주된 사무소를 두고 대한민국에서 영업활동을 하고 있는 바, 乙의 영업소가 있는 대한민국법이 준거법이 된다.

Ⅳ 결론

서울중앙지방법원에 국제재판관할권이 존재하고, 준거법은 대한민국법이 된다.

국제물품매매계약에 관한 국제연합 협약 문제(제2문)

甲회사는 대한민국 인천 인근 영해에서 해상풍력발전 15기를 건설·운영하기 위해 대한민국법에 따라 설립된 회사(이하, '甲')이다. 대만에 영업소를 둔 乙회사는 해상풍력발전기에서 생산되는 전력을 해상 및 육상 변전소로 공급하기 위해 해저 바닥에 설치하는 해상케이블을 제조하는 회사(이하, '乙')이다. 2020. 5. 1. 甲은 발전소 건설을 위해 필요한 500m 길이의 특수 해상케이블 15개를 총 미화 300만 달러에 乙이 공급하고 현장에 설치까지 하는 계약(이하, '이 사건 계약')을 체결하였다.

乙은 분기별로 케이블 5개씩을 '인코텀즈 DAP－인천 해상 현장' 인도조건으로 2022. 3. 31., 6. 30., 9. 30.에 각 인도하도록 되어 있다. 乙은 자신의 500m 길이 해상케이블로 전력송전 시, 불과 3% 이내의 전력 손실만 발생한다고 계약상 보증하였는데, 이는 甲의 사업성 확보를 위해 중요한 요소였다. 계약 체결 시 甲은 15기의 발전기 공사가 순차적으로 이루어지기 때문에 케이블의 분기별 적시 인도가 중요함을 강조하였다.

乙은 해상케이블 제작을 위해 해저지반 보고서를 검토함이 필수인데, 그 보고서는 甲이 작성하여 乙에게 2021. 12. 31.까지 제공하도록 약정되어 있었다. 그러나 甲은 2022. 3. 10.에서야 보고서를 乙에 제공했는데, 그 이유로는 보고서 작성 업무를 위임받은 업체가 늦게 제출했다는 것이었다. 乙은 보고서를 검토하지 못한 이유로 2022. 3. 31. 1차 인도시기를 맞추지 못하고 2022. 4. 30.에서야 1차 인도분 5개를 인도하였다. 이에 甲은 乙을 상대로 서울중앙지방법원에 이 사건 계약의 지체상금 조항에서 정한 손해배상예정액 미화 100만 달러의 지급을 구하는 소를 제기하였다.

乙은 2022. 6. 30. 2차 인도분인 케이블 5개를 인천 해상 현장에 적시 인도하여 설치하였다. 곧바로 甲이 테스트한 결과 2차 인도분 5개 중 3개의 전력 손실이 10%를 넘어, 甲은 乙에 하자를 통지함과 동시에 문제가 된 3개에 대한 대체물인도청구를 하였다. 그런데 며칠 뒤 3개 중 1개는 乙의 부실한 설치로 조류에 휩쓸려 멸실되었다. 나머지 2개의 전력 손실은 3% 이내였으나, 'DAP－인천 해상 현장' 인도조건에 따른 인도 이후 甲의 시공자 丙의 과실로 2개 케이블에 경미한 손상이 발생하였다. 이에 甲은 乙에 그 손상에 대한 하자수리를 요구했으나 乙은 응하지 않았고, 甲은 2개에 대한 대금지급을 거절하였다.

한편 대만과 중국과의 분쟁이 격화되어 중국정부는 2022. 8. 15. 최소 석 달간 대만해협을 봉쇄하는 조치를 전격 단행하였고, 그리하여 대만으로부터 물품 운송이 불가능한 상황이다. 이를 안 甲은 곧바로 공사일정상 乙에 2022. 9. 30. 3차 인도분의 인도를 적절히 보장할 수 있는 조치를 요청했지만 乙은 3주째 묵묵부답이었다. 甲은 2022. 9. 10. 乙에게 이 사건 계약을 해제한다고 통지하였고, 2022. 10. 10. 국내의 다른 업체 丁으로부터 3차 인도분에 상응하는 5개를 미화 130만 달러에 구매하여 설치하였다. 그 후 甲은 丁과의 대체거래금과 3차 인도분 계약대금의 차액인 미화 30만 달러의 손해배상을 청구하였다.

[전제사실]

1. 서울중앙지방법원은 이 사건에 대한 국제재판관할권을 가지며, 이 사건 계약은 혼합계약 형태이나 국제물품매매에관한유엔협약(CISG)이 적용된다.
2. '인코텀즈 DAP-인천 해상 현장' 인도조건은 해상풍력발전기가 건설되는 해상에서 인도되는 것을 의미한다.

[문제]

1. 甲은 乙을 상대로 1차 인도분 지연에 따른 지체상금을 구할 수 있는지 논하시오. (15점)
2. 甲은 乙을 상대로 2차 인도분 중 하자있는 3개에 대한 대체물의 인도를 청구할 있는지 논하시오. (25점)
3. 甲은 2차 인도분 중 손상된 2개에 대한 대금지급을 거절할 수 있는지 논하시오. (15점)
4. 甲의 2022. 9. 10. 계약해제가 가능한지, 그리고 乙을 상대로 제기한 손해배상청구가 가능한지 논하시오. (25점)

[문제 1]
甲은 乙을 상대로 1차 인도분 지연에 따른 지체상금을 구할 수 있는지 논하시오. (15점)

Ⅰ 문제의 소재

甲은 乙을 상대로 1차 인도분 지연에 따른 지체상금을 구할 수 있는지 여부와 관련하여 매도인의 인도의무, 제80조 면책 규정의 적용 여부 등이 문제된다.

Ⅱ 매도인의 인도의무 불이행

1. 매도인의 인도의무

협약 제30조는 '매도인은 계약과 이 협약에 따라 물품을 인도하고, 관련 서류를 교부하며 물품의 소유권을 이전하여야 한다'고 규정한다.

사안의 경우, 乙은 甲과의 계약에 따라 2022. 3. 31.까지 1차 인도분을 인도하였어야 함에도 2022. 4. 30.에서야 1차 인도분을 인도한 바, 乙은 인도의무를 불이행하였다.

2. 본질적 계약위반 여부

협약 제25조는 '당사자 일방의 계약위반은, 그 계약에서 상대방이 기대할 수 있는 바를 실질적으로 박탈할 정도의 손실을 상대방에게 주는 경우에 본질적인 것으로 한다. 다만, 위반 당사자가 그러한 결과를 예견하지 못하였고, 동일한 부류의 합리적인 사람도 동일한 상황에서 그러한 결과를 예견하지 못하였을 경우에는 그러하지 아니하다'고 규정한다.

사안의 경우, 甲은 乙과의 계약시 분기별 적시 인도가 중요함을 강조하였던 바, 乙이 적시에 1차 인도분을 인도하지 아니한 것은 본질적 계약위반에 해당한다.

Ⅲ 계약위반 책임의 면책

협약 제80조는 '당사자는 상대방의 불이행이 자신의 작위 또는 부작위에 기인하는 한, 상대방의 불이행을 주장할 수 없다'고 규정한다.

사안의 경우, 乙의 인도의무 불이행은 甲이 2021. 12. 31.까지 제공하도록 약정되어 있는 보고서를 위임받은 업체가 늦게 제출하였다는 이유로 2021. 3. 10.에서야 제공하였기 때문이었으므로, 乙의 불이행이 甲의 행위에 기인한 이상 甲은 乙의 인도의무 불이행에 따른 구제를 주장할 수 없다.

Ⅳ 결론

甲은 乙을 상대로 1차 인도분 지연에 따른 지체상금을 구할 수 없다.

[문제 2]

甲은 乙을 상대로 2차 인도분 중 하자있는 3개에 대한 대체물의 인도를 청구할 있는지 논하시오. (25점)

Ⅰ 문제의 소재

甲의 대체물인도청구권 행사여부와 관련하여 협약 제46조 및 제82조에 따른 행사요건이 문제된다.

Ⅱ 대체물인도청구권

1. 행사 요건

협약 제45조 제1항 제가호는 '매도인이 계약 또는 이 협약상의 의무를 이행하지 아니하는 경우에 매수인은 제46조 내지 제52조에서 정한 권리를 행사할 수 있다'고 규정하고 있고, 협약 제46조 제2항은 '물품이 계약에 부적합한 경우에, 매수인은 대체물의 인도를 청구할 수 있다. 다만, 그 부적합이 본질적 계약위반을 구성하고, 그 청구가 제39조의 통지와 동시에 또는 그 후 합리적인 기간 내에 행하여진 경우에 한한다'고 규정한다.

또한 제82조 제1항은 '매수인이 물품을 수령한 상태와 실질적으로 동일한 상태로 그 물품을 반환할 수 없는 경우에는, 매수인은 계약을 해제하거나 매도인에게 대체물을 청구할 권리를 상실한다', 동조 제2항은 '(가) 물품을 반환할 수 없거나 수령한 상태와 실질적으로 동일한 상태로 반환할 수 없는 것이 매수인의 작위 또는 부작위에 기인하지 아니한 경우, (나) 물품의 전부 또는 일부가 제38조에 따른 검사의 결과로 멸실 또는 훼손된 경우, (다) 매수인이 부적합을 발견하였거나 발견하였어야 했던 시점 전에, 물품의 전부 또는 일부가 정상적인 거래과정에서 매각되거나 통상의 용법에 따라 소비 또는 변형된 경우에는 제1항이 적용되지 아니한다'고 규정한다.

2. 사안의 경우

가. 물품이 계약에 부적합한 경우일 것

협약 제35조 제1항은 '매도인은 계약에서 정한 수량, 품질 및 종류에 적합하고, 계약에서 정한 방법으로 용기에 담겨지거나 포장된 물품을 인도하여야 한다'고 규정한다.

사안의 경우, 乙은 해상케이블로 전력송전 시 불과 3% 이내의 전력 손실만 발생한다고 계약상 보증하였는데, 乙이 인도한 케이블 5개 중 3개의 전력 손실이 10%를 넘은 바, 이는 계약에서 정한 품질에 적합하지 아니하다고 할 것이므로 물품이 계약에 부적합한 경우에 해당한다.

나. 물품의 부적합이 본질적 계약위반을 구성할 것

협약 제25조는 '당사자 일방의 계약위반은, 그 계약에서 상대방이 기대할 수 있는 바를 실질적으로 박탈할 정도의 손실을 상대방에게 주는 경우에 본질적인 것으로 한다'고 규정한다.

사안의 경우, 乙이 계약시 보증한 '3% 이내의 전력 손실만 발생한다'는 것은 甲의 사업성 확보를 위해 중요한 요소였으므로, 이러한 품질에 적합하지 아니한 물품을 인도한 것은 계약에서 상대방이 기대할 수 있는 바를 실질적으로 박탈할 정도의 손실을 상대방에게 주는 경우라고 할 것인 바, 본질적 계약위반을 구성한다.

다. 청구가 제39조의 통지와 동시에 또는 그 후 합리적인 기간 내에 행하여진 경우일 것

협약 제39조 제1항은 '매수인이 물품의 부적합을 발견하였거나 발견할 수 있었던 때로부터 합리적인 기간 내에 매도인에게 그 부적합한 성질을 특정하여 통지하지 아니한 경우에는, 매수인은 물품의 부적합을 주장할 권리를 상실한다'고 규정하고 있고, 협약 제46조에 따른 대체물인도청구권을 행사하기 위해서는 대체물의 인도청구를 위 물품부적합의 통지와 동시에 또는 그 후 합리적인 기간 내에 청구를 하여야 한다.

사안의 경우, 甲은 乙에게 하자를 통지함과 동시에 문제가 된 3개에 대한 대체물인도청구를 한 바, 위 행사요건을 충족하였다.

라. 매수인이 물품을 수령한 상태와 실질적으로 동일한 상태로 그 물품을 반환할 수 있는 경우일 것

甲이 대체물의 인도를 청구한 3개 중 1개는 멸실되었으나, 이는 乙의 부실한 설치에 기인한 것이었으므로 협약 제82조 제2항 제가호 '물품을 반환할 수 없거나 수령한 상태와 실질적으로 동일한 상태로 반환할 수 없는 것이 매수인의 작위 또는 부작위에 기인하지 아니한 경우'에 해당하는 바, 반환할 수 없더라도 대체물인도청구권행사가 가능하다.

나머지 2개의 경우 시공자 丙의 과실로 케이블에 손상이 발생하긴 하였으나, 경미한 손상이었으므로 이는 물품을 수령한 상태와 실질적으로 동일한 상태로 반환할 수 있는 경우에 해당한다고 할 것인 바, 이에 대해서도 대체물인도청구권행사가 가능하다.

Ⅲ 결론

甲은 乙을 상대로 2차 인도분 중 하자있는 3개에 대한 대체물의 인도를 청구할 수 있다.

[문제 3]

甲은 2차 인도분 중 손상된 2개에 대한 대금 지급을 거절할 수 있는지 논하시오. (15점)

Ⅰ 문제의 소재

甲이 대금지급을 거절할 수 있는지 여부와 관련하여, 매수인의 대금지급의무 및 위험의 이전이 문제된다.

Ⅱ 매수인의 대금지급의무

협약 제53조는 '매수인은 계약과 이 협약에 따라, 물품의 대금을 지급하고 물품의 인도를 수령하여야 한다'고 규정한다.

사안의 경우, 매수인 甲은 원칙적으로 인도받은 물품에 대한 대금지급의무를 부담한다.

Ⅲ 위험의 이전

협약 제66조는 '위험이 매수인에게 이전된 후에 물품이 멸실 또는 훼손되더라도 매수인은 대금지급의무를 면하지 못한다. 다만, 그 멸실 또는 훼손이 매도인의 작위 또는 부작위로 인한 경우에는 그러하지 아니하다'고 규정하고,

제67조 제1항은 ' 매매계약에 물품의 운송이 포함되어 있고, 매도인이 특정한 장소에서 이를 교부할 의무가 없는 경우에, 위험은 매매계약에 따라 매수인에게 전달하기 위하여 물품이 제1운송인에게 교부된 때에 매수인에게 이전한다. 매도인이 특정한 장소에서 물품을 운송인에게 교부하여야 하는 경우에는, 위험은 그 장소에서 물품이 운송인에게 교부될 때까지 매수인에게 이전하지 아니한다. 매도인이 물품의 처분을 지배하는 서류를 보유할 권한이 있다는 사실은 위험의 이전에 영향을 미치지 아니한다'고 규정한다.

사안의 경우, 이 사건 계약시 인도조건은 "인코텀즈 DAP－인천 해상 현장'으로 해상풍력발전기가 건설되는 해상에서 인도되는 것을 의미하므로 '매도인이 특정한 장소에서 물품을 운송인에게 교부하는 경우'에 해당한다고 할 것인 바, 그 장소에서 물품이 운송인에게 교부된 때 매수인에게 위험이 이전한다.

따라서 2차 인도분 중 손상된 2개는 매수인 甲에게 위험이 이전한 이후에 발생한 것

으로 甲은 대금지급의무를 면할 수 없다.

Ⅳ 결론

甲은 2차 인도분 중 손상된 2개에 대한 대금 지급을 거절할 수 없다.

[문제 4]
甲의 2022. 9. 10. 계약해제가 가능한지, 그리고 乙을 상대로 제기한 손해배상청구가 가능한지 논하시오. (25점)

Ⅰ 문제의 소재

甲의 계약해제권 행사와 관련하여, 이행기 전 계약해제권과 분할인도계약에서의 해제, 손해배상청구권 행사와 관련하여, 면책규정 등이 문제된다.

Ⅱ 甲의 계약해제권 행사

1. 이행기 전 계약해제권

협약 제72조 제1항은 '계약의 이행기일 전에 당사자 일방이 본질적 계약위반을 할 것이 명백한 경우에는, 상대방은 계약을 해제할 수 있다'고 규정하고, 제2항은 '시간이 허용하는 경우에는, 계약을 해제하려고 하는 당사자는 상대방이 이행에 관하여 적절한 보장을 제공할 수 있도록 상대방에게 합리적인 통지를 하여야 한다'고 규정한다.

또한, 협약 제25조는 '당사자 일방의 계약위반은, 그 계약에서 상대방이 기대할 수 있는 바를 실질적으로 박탈할 정도의 손실을 상대방에게 주는 경우에 본질적인 것으로 한다'고 규정한다.

사안의 경우, 甲이 해제권을 행사한 2022. 9. 10.은 3차 인도분의 인도시기 이전이라고 할 것이나, 1) 중국 정부의 대만해협 봉쇄조치로 대만으로부터 물품운송이 불가능한 상황이었던 바, 계약의 이행기일 전에 당사자 일방이 본질적 계약위반을 할 것이 명백한 경우였고, 2) 이에 甲은 乙에게 3차 인도분의 인도를 적절히 보장할 수 있는 조치를 요청하였음에도 乙이 묵묵부답이었으므로 甲은 협약 제72조 제1항에 따라 이행기 전 계약해제권을 행사할 수 있다.

2. 분할인도계약의 해제

협약 제73조 제1항은 '물품을 분할하여 인도하는 계약에서 어느 분할 부분에 관한 당사자 일방의 의무 불이행이 그 분할부분에 관하여 본질적 계약위반이 되는 경우에는, 상대방은 그 분할부분에 관하여 계약을 해제할 수 있다'고 규정하고 있고, 제2항은 '어느 분할부분에 관한 당사자 일방의 의무 불이행이 장래의 분할부분에 대한 본질적 계약위반의 발생을 추단하는 데에 충분한 근거가 되는 경우에는, 상대방은 장래에 향하여 계약을 해제할 수 있다. 다만, 그 해제는 합리적인 기간 내에 이루어져야 한다'고 규정하며, 제3항은 '어느 인도에 대하여 계약을 해제하는 매수인은, 이미 행하여진 인도 또는 장래의 인도가 그 인도와의 상호 의존관계로 인하여 계약 체결시에 당사자 쌍방이 예상했던 목적으로 사용될 수 없는 경우에는, 이미 행하여진 인도 또는 장래의 인도에 대하여도 동시에 계약을 해제할 수 있다'고 규정한다.

사안의 경우, 이 사건 계약은 乙이 甲에게 3차에 걸쳐 물품을 인도하는 '분할인도계약'에 해당하는 바, 원칙적으로 甲은 乙의 의무 불이행에 대한 예견이 명백한 3차 인도분에 대해서만 계약의 해제가 가능하고, 甲이 과거에 인도한 부분까지 포함한 계약 전체를 해제하기 위해서는 1, 2차 인도가 3차 인도와의 상호 의존관계로 인하여 계약 체결시에 당사자 쌍방이 예상했던 목적으로 사용될 수 없는 경우에 해당하여야 하는데, 1, 2차 인도와 3차 인도 사이에는 상호 의존관계가 없다고 할 것이므로 甲이 계약 전체를 해제하는 것은 불가능하다.

Ⅲ 甲의 손해배상청구권 행사

1. 매수인의 손해배상청구권

협약 제45조 제1항 제나호는 '매도인이 계약 또는 이 협약상의 의무를 이행하지 아니하는 경우, 제74조 내지 제77조에서 정한 손해배상을 청구할 수 있다'고 규정한다.

사안의 경우, 乙은 계약상 의무를 이행하지 아니한 바, 甲은 원칙적으로 손해의 배상을 청구할 수 있다.

2. 면책여부

협약 제79조 제1항은 '당사자는 그 의무의 불이행이 자신이 통제할 수 없는 장애에 기인하였다는 것과 계약 체결시에 그 장애를 고려하거나 또는 그 장애나 그로 인한 결과를 회피하거나 극복하는 것이 합리적으로 기대될 수 없었다는 것을 증명하는 경우에는, 그

의무불이행에 대하여 책임이 없다'고 규정하고,

동조 제4항은 '불이행 당사자는 장애가 존재한다는 것과 그 장애가 자신의 이행능력에 미치는 영향을 상대방에게 통지하여야 한다. 불이행 당사자가 장애를 알았거나 알았어야 했던 때로부터 합리적인 기간 내에 상대방이 그 통지를 수령하지 못한 경우에는, 불이행 당사자는 불수령으로 인한 손해에 대하여 책임이 있다'고 규정한다.

사안의 경우, 乙의 의무불이행은 중국정부의 대만해협봉쇄조치에 따른 것으로 자신이 통제할 수 없는 장애에 기인한 것이었고, 乙은 계약 체결시에 그 장애를 고려하거나 또는 그 장애나 그로 인한 결과를 회피하거나 극복하는 것이 합리적으로 기대될 수 없었다. 따라서 乙은 그 의무불이행에 대하여 책임이 없다.

다만, 불이행 당사자인 乙은 장애가 존재한다는 것과 그 장애가 자신의 이행능력에 미치는 영향을 상대방에게 통지하였어야 하는데, 乙은 甲의 요청에도 묵묵부답함으로써 통지의무를 이행하지 아니한 바, 면책될 수 없다.

3. 손해배상액

협약 제75조는 '계약이 해제되고 계약해제 후 합리적인 방법으로, 합리적인 기간 내에 매수인이 대체물을 매수하거나 매도인이 물품을 재매각한 경우에, 손해배상을 청구하는 당사자는 계약대금과 대체거래대금과의 차액 및 그 외에 제74조에 따른 손해액을 배상받을 수 있다'고 규정한다.

사안의 경우 甲은 계약이 해제되고 합리적인 방법으로, 합리적인 기간 내에 丁으로부터 대체물을 매수하였으므로, 甲은 계약대금과 대체거래대금과의 차액인 미화 30만 달러의 손해배상을 청구할 수 있다.

Ⅳ 결론

甲은 2022. 9. 10. 제3차인도분에 대해 계약해제가 가능하고, 乙을 상대로 제기한 손해배상청구가 가능하다.

4. 2022년 제11회 변호사시험 해설

제1문

甲회사는 대한민국 수원에 주된 사무소를 두고 TV를 생산해 수출하는 법인이다. 乙회사는 베트남 호찌민에 주된 사무소를 두고 TV를 수입해 판매하는 법인이다. 매도인 甲회사와 매수인 乙회사는 TV 10,000대(이하 '이 사건 화물')에 대한 매매계약을 체결하였다.

甲회사는 중국 상하이에 주된 사무소를 두고 대한민국 부산에 유일한 영업소를 두고 있는 丙운송회사와 이 사건 화물을 대한민국 부산항에서 베트남 호찌민항까지 운송하기로 하는 해상운송계약을 체결하였다(준거법 지정은 없었음). 또한 甲회사는 일본 도쿄에 주된 사무소를 두고 있는 丁보험회사와 보험목적물을 이 사건 화물로, 보험금액을 미화 100만 달러로, 피보험자를 乙회사로 하는 해상적하보험계약을 체결하였다. 이 해상적하보험계약에는 "본 보험증권에 따라 발생하는 책임에 관한 모든 문제는 영국의 법률과 관습에 따른다."라는 내용의 준거법 약관이 기재되어 있었다. 아울러 甲회사와 乙회사가 丁보험회사에 부보화물의 갑판(甲板)적재 사실을 고지하지 않은 경우 위 해상적하보험계약의 담보범위는 일정하게 축소된다는 내용의 '갑판적재 약관(On-Deck Clause)'이 포함되어 있었다.

丙운송회사는 甲회사의 동의 아래 이 사건 화물을 여러 개의 컨테이너에 적재하여 자사 소유 그랜드 피스호(선적국은 파나마국, 선원의 대부분은 파나마국인들로 구성됨)의 선내가 아닌 갑판에 선적하였다.

乙회사가 베트남 호찌민항에 도착한 이 사건 화물을 검사한 결과 그랜드 피스호의 선장 戊(파나마국 국적이고, 대한민국에 상거소를 둠)의 과실로 컨테이너 1개가 해상에 떨어져 이 사건 화물 중 일부가 멸실된 사실이 밝혀졌다. 이에 乙회사가 丁보험회사를 상대로 피해액에 대한 보험금 지급을 청구하자, 丁보험회사는 甲회사 및 乙회사가 부보화물의 갑판적재 사실을 고지하지 않았다는 이유로 乙회사가 청구한 보험금 전부에 대하여는 지급을 할 수 없다고 항변하였다. 이에 대하여 乙회사는 丁보험회사가 甲회사 및 乙회사에 갑판적재 약관에 관하여 아무런 설명을 하지 않았으므로 위 갑판적재 약관을 위 해상적하보험계약의 내용으로 주장할 수 없는 것이라고 다투었다.

한편 丙운송회사는 선장 戊와 근로계약 체결 당시 근로계약에 관한 분쟁에 대하여 중국 법원을 전속적 관할 법원으로 하는 서면 합의를 하였으나, 준거법은 지정하지 않았다.

[전제]

1. 보험약관의 설명의무에 관한 사항은 약관의 내용이 계약 내용이 되는지 여부에 관한 문제로서 보험계약의 성립의 문제이고, 보험자의 책임에 관한 것은 아니다.
2. 위 해상적하보험계약에서 가장 밀접한 관련이 있는 국가는 일본이다.
3. 1번, 2번 질문에서 대한민국 법원은 국제재판관할권을 가진다.

> [질문 1]
> 乙회사가 丁보험회사를 상대로 대한민국 법원에 보험금청구소송을 제기하였고, 위 해상적하보험계약에서 갑판적재 약관에 대한 설명이 필요한지 여부가 다투어지고 있다면, 이를 판단하기 위한 준거법은 무엇인지 논하시오. (30점)

Ⅰ 문제의 소재

甲과 丁은 보험증권에 따라 발생하는 책임에 관한 모든 문제에 대하여만 준거법을 선택한 바, 약관설명의무에 대한 준거법과 관련하여 준거법의 분열 및 계약 성립의 준거법 등이 문제된다.

Ⅱ 계약의 준거법

1. 당사자 자치의 원칙

국제사법 제45조 제1항 본문은 "계약은 당사자가 명시적 또는 묵시적으로 선택한 법에 따른다"고 하여 당사자 자치의 원칙을 규정하고 있다.

2. 준거법의 분할(분열)

한편, 국제사법 제45조 제2항은 "당사자는 계약의 일부에 관하여도 준거법을 선택할 수 있다"고 규정함으로써 '준거법의 분할(분열)'을 허용하고 있는바, 당사자가 계약의 일부에 관하여만 준거법을 선택한 경우 해당 부분에 관하여는 당사자가 선택한 법이 준거법이 되지만, 준거법 선택이 없는 부분에 관하여는 별도의 준거법이 결정되어야 한다.

3. 사안의 경우

甲과 丁은 보험계약 체결시 약관으로 '보험증권에 따라 발생하는 책임에 관한 모든 문제는 영국의 법률과 관습에 따른다'고 하여 준거법을 정하였으나, 이는 제45조 제2항에서 정하고 있는 바와 같이 계약의 일부인 '책임'에 관한 문제에 대하여만 준거법을 지정한 것으로 볼 수 있다. 따라서 보험약관의 설명의무에 관한 사항 즉, 보험계약의 성립의 문제(전제1)에 대해서는 준거법 선택이 없다고 할 것이므로 준거법이 별도로 결정되어야 한다.

Ⅲ 계약 성립 및 유효성의 준거법

국제사법 제49조 제1항은 "계약의 성립 및 유효성은 그 계약이 유효하게 성립하였을 경우 이 법에 따라 적용되어야 하는 준거법에 따라 판단한다"고 규정하고 있다.

따라서 사안에서 보험계약 성립의 문제인 '약관설명의무에 관한 사항'을 판단하기 위한 준거법은 보험계약이 유효하게 성립하였을 경우 국제사법에 따라 적용되어야 하는 준거법이라고 할 것이다.

Ⅳ 보험계약의 준거법

국제사법 제46조 제1항은 '당사자가 준거법을 선택하지 아니한 경우에 계약은 그 계약과 가장 밀접한 관련이 있는 국가의 법에 따른다'고 규정하여, 당사자가 준거법을 선택하지 아니한 경우에 대해 '가장 밀접한 관련지법 원칙'을 정하고 있다.

사안의 경우, 甲과 丁은 해상적하보험계약에서 '성립'의 문제에 대한 준거법을 선택하지 아니하였는데, 당사자가 준거법을 선택하지 아니한 경우 제46조에 따라 가장 밀접한 관련이 있는 국가의 법이 준거법이 되므로 일본국법이 준거법이 된다.

Ⅴ 결론

따라서 해상적하보험계약에서 갑판적재 약관에 대한 설명이 필요한지 여부에 대한 준거법은 일본국법이 된다.

[질문 2]
甲회사가 丙운송회사를 상대로 선장 戊의 과실을 들어서 불법행위로 인한 손해배상청구 소송을 대한민국 법원에 제기하였고, 소제기 이후 甲회사와 丙운송회사가 합의하여 일본법을 불법행위의 준거법으로 선택하였다면, 이에 적용될 준거법은 무엇인지 논하시오. (20점)

Ⅰ 문제의 소재

불법행위의 준거법과 관련하여, 준거법의 사후적 합의 및 단계적 연결이 문제된다.

Ⅱ 불법행위의 준거법

1. 준거법의 사후적 합의

국제사법 제53조 본문은 '당사자는 제50조부터 제52조까지의 규정에도 불구하고 사무관리·부당이득·불법행위가 발생한 후 합의에 의하여 대한민국 법을 그 준거법으로 선택할 수 있다'고 규정하고 있어 당사자는 법정채권의 준거법을 사후적 합의에 의하여 대한민국법으로 선택할 수 있다.

2. 단계적 연결

국제사법 제53조 본문상 준거법의 사후적 합의가 없는 경우 불법행위의 준거법은 국제사법 제52조에 의해 1) 가해자와 피해자 간에 존재하는 법률관계가 불법행위에 의하여 침해되는 경우에는 법률관계의 준거법에 따르고(제3항), 2) 법률관계가 없는 경우 불법행위를 할 당시 동일한 국가 안에 가해자와 피해자의 일상거소가 있으면 그 국가의 법에 따르며(제2항), 3) 제2, 3항이 모두 적용되지 않는 경우, 불법행위를 하거나 결과가 발생하는 곳의 법이 준거법이 된다.

3. 사안의 경우

甲과 丙은 소제기 이후 일본법을 불법행위의 준거법으로 선택하였으나 대한민국 법이 아닌 '일본법'을 준거법으로 선택하였으므로 국제사법 제53조의 사후적 합의가 있다고 볼 수 없어 국제사법 제52조가 적용되어야 하고, 戊의 불법행위로 인하여 甲과 丙 사이의 운송계약관계가 침해되었으므로 제52조 제3항에 따라 운송계약의 준거법이 불법행위의 준거법이 된다.

Ⅲ 해상운송계약의 준거법

국제사법 제46조 제1항은 "당사자가 준거법을 선택하지 아니한 경우에 계약은 그 계약과 가장 밀접한 관련이 있는 국가의 법에 따른다"고 하여 가장 밀접한 관련지법 원칙을 규정하고 있고, 동조 제2항은 1) 양도계약의 경우 양도인의 이행(제1호), 2) 이용계약의 경우 물건 또는 권리를 이용하도록 하는 당사자의 이행(제2호), 3) 위임·도급계약 및 이와 유사한 용역제공계약에 있어서 용역의 이행(제3호)과 같은 계약의 특징적 이행을 하여야 하는 경우에는 ① 자연인은 계약 체결 당시 일상거소, ② 법인 또는 단체의 경우는 주된 사무소, ③ 직업상 또는 영업상 계약의 경우는 영업소가 소재한 국가의 법이 가장 밀접한 관련을 가지는 것으로 추정한다고 규정하고 있다.

사안의 경우 甲과 丙은 운송계약상 분쟁에 대하여 준거법을 선택하지 아니하였으므로 제46조 제1항이 적용되고, 이 운송계약은 丙의 운송용역 이행이라는 특징적 이행을 요구하는 계약이자 丙 운송회사의 직업상 또는 영업상 계약에 해당하므로 국제사법 제46조 제2항 제3호에 따라 丙의 영업소가 있는 국가의 법이 가장 밀접한 관련을 가지는 법으로 추정된다고 할 것이다.

Ⅳ 결론

따라서 甲이 丙을 상대로 제기한 불법행위로 인한 손해배상청구소송의 준거법은 丙의 유일한 영업소가 소재한 대한민국법이 준거법이 된다.

[질문 3]

甲회사에 손해를 배상한 丙운송회사가 선장 戊를 상대로 근로계약위반을 들어서 대한민국 법원에 손해배상청구소송을 제기하였다면,

가. 대한민국 법원이 국제재판관할권을 가지는지 논하시오. (15점)

Ⅰ 문제의 소재

근로계약의 경우 국제재판관할과, 관할 합의의 효력이 문제된다.

Ⅱ 국제사법의 적용 여부

국제사법 제1조에 따라 외국과 관련된 요소가 있는 법률관계에 관하여 국제재판관할을 정하는 경우 국제사법이 적용되는데, 사안의 경우 丙은 중국 상하이에 주된 사무소를 둔 법인이고, 戊는 파나마국에 국적을 두고 있어 외국과 관련된 요소가 있으므로 국제사법이 적용된다.

Ⅲ 국제재판관할의 일반원칙

국제사법 제2조 제1항은 '대한민국 법원은 당사자 또는 분쟁이 된 사안이 대한민국과 실질적 관련이 있는 경우에 국제재판관할권을 가진다. 이 경우 법원은 실질적 관련의 유무를 판단할 때에 당사자 간의 공평, 재판의 적정, 신속 및 경제를 꾀한다는 국제재판관할 배분의 이념에 부합하는 합리적인 원칙에 따라야 한다'고 하여 국제재판관할의 일반원칙인 실질적 관련의 원칙과 그 판단기준을 정하고 있다.

Ⅳ 근로계약의 국제재판관할

한편 개정 국제사법 제43조는 근로자 보호를 위하여 근로계약에 관한 소의 국제재판관할에 대하여 별도로 규정하고 있다. 제43조 제1항은 '근로자가 대한민국에서 일상적으로 노무를 제공하거나 최후로 일상적 노무를 제공한 경우에는 사용자에 대한 근로계약에 관한 소를 법원에 제기할 수 있다. 근로자가 일상적으로 대한민국에서 노무를 제공하지 아니하거나 아니하였던 경우에 사용자가 그를 고용한 영업소가 대한민국에 있거나 있었을 때에도 또한 같다'고 하여 근로자가 사용자에 대하여 제기하는 소의 추가적 관할을 규정하고 있고, 동조 제2항은 '사용자가 근로자에 대하여 제기하는 근로계약에 관한 소는 근로자의 일상거소가 대한민국에 있거나 근로자가 대한민국에서 일상적으로 노무를 제공하는 경우에는 법원에만 제기할 수 있다'고 하여 근로자가 사용자에 대하여 제기하는 소에 대한 관할을 전속관할로 규정하고 있으며, 동조 제3항은 관할 합의에 대하여 1) 분쟁이 이미 발생한 경우이거나(사후적 합의), 2) 국제재판관할의 합의에서 법원 외에 외국법원에도 근로자가 소를 제기할 수 있도록 한 경우(근로자에게 유리한 추가적 합의)에만 그 효력을 인정하고 있다.

사안의 경우 丙은 戊와 근로계약 체결 당시 근로계약에 관한 분쟁에 대하여 중국 법원을 전속적 관할 법원으로 하는 서면 합의를 하였으나 이는 제43조 제3항이 효력을 인정하는 경우에 해당하지 아니하므로 효력이 없다고 할 것이고, 동조 제2항에 따르면 사용자가 근로자에 대하여 제기하는 근로계약에 관한 소는 근로자가 대한민국에서 일상적으로 노무를 제공하는 경우에는 법원에 전속관할이 인정된다고 할 것이므로 戊의 일상거소지인 대한민국 법원에 관할이 인정된다.

Ⅴ 결론

대한민국 법원은 제43조 제2항에 따라 丙이 戊를 상대로 제기한 손해배상청구소송에 대한 관할을 가진다.

[질문 3]

甲회사에 손해를 배상한 丙운송회사가 선장 戊를 상대로 근로계약위반을 들어서 대한민국 법원에 손해배상청구소송을 제기하였다면,

나. 준거법은 무엇인지 논하시오.(변제에 의한 대위는 고려하지 아니함) (15점)

Ⅰ 문제의 소재

근로계약의 준거법 결정 및 준거법 지정의 예외가 문제된다.

Ⅱ 근로계약의 준거법 결정 특칙

국제사법은 사회경제적 약자인 근로자를 보호하기 위하여 국제사법 제48조에 준거법 결정에 대한 규정을 별도로 두고 있다. 제48조 제1항은 '근로계약의 당사자가 준거법을 선택하더라도 제2항에 따라 지정되는 준거법 소속 국가의 강행규정에 따라 근로자에게 부여되는 보호를 박탈할 수 없다'고 하여 당사자 자치의 원칙을 인정하되 국제사법에 따른 준거법 소속 국가의 강행규정에 따른 근로자보호를 박탈할 수 없다고 규정하고, 동조 제2항은 근로계약의 당사자가 준거법을 선택하지 아니한 경우에 대하여 '제46조가 적용되지 않고, 근로자가 일상적으로 노무를 제공하는 국가의 법에 따르며, 근로자가 일상적으로 어느 한 국가 안에서 노무를 제공하지 아니하는 경우에는 사용자가 근로자를 고용한 영업소가 있는 국가의 법에 따른다'고 규정한다.

사안의 경우 丙과 戊는 준거법을 지정하지 아니하였으므로 제48조 제2항에 따라 근로자가 일상적으로 노무를 제공하는 국가의 법에 따르게 되고 대법원은 '선원근로계약에 관하여 선적국을 선원이 일상적으로 노무를 제공하는 국가로 볼 수 있다'고 판시하므로 선적국인 파나마국법이 준거법이 된다.

Ⅲ 준거법 지정의 예외

국제사법 제21조 제1항은 "국제사법에 따라 지정된 준거법이 해당 법률관계와 근소한 관련이 있을 뿐이고, 그 법률관계와 가장 밀접한 관련이 있는 다른 국가의 법이 명백히 존재하는 경우에는 그 다른 국가의 법에 따른다"고 하여 준거법 지정의 예외를 규정하고 있는데, 동조 제2항에 따라 당사자가 합의에 따라 준거법을 선택한 경우에는 준거법 지정의 예외가 인정되지 아니한다.

사안의 경우 파나마국은 선박이 등록된 국가라는 점 외에는 丙과 戊의 근로관계와 아무런 관련이 없는 반면, 丙이 유일한 영업소를 대한민국에 두고 있는 점, 戊의 상거소가 대한민국이라는 점, 분쟁의 대상인 근로계약 위반행위가 대한민국에서 일본으로의 운송 중 발생한 것이라는 점 등을 고려하여 보면 대한민국법이 丙과 戊의 근로관계와 가장 밀접한 관련이 있는 법이라고 할 것이다.

Ⅳ 결론

따라서 丙이 戊를 상대로 제기한 손해배상청구소송의 준거법은 대한민국법이 된다.

제2문

甲은 대한민국법에 따라 설립되어 서울에만 영업소를 두고 전자제품을 제조·판매하는 회사이고, 乙은 중국법에 따라 설립되어 상하이에만 영업소를 두고 '내비게이션'을 수입·판매하는 회사이다.

乙은 2020. 5. 1. "甲이 제조한 내비게이션 20,000개를 개당 100달러에 총 200만 달러로 구매하기로 하며, 인도조건은 FOB 부산항(Incoterms 2020), 10,000개씩 2회에 걸쳐 2020. 7. 1.(1차 인도분)과 2020. 8. 1.(2차 인도분)에 인도하는 것으로 하고, 甲은 중국 소비자의 선호를 고려하여 乙이 제공하는 설계도에 따라 乙의 주문품을 생산하기로 한다."라는 내용의 주문서(Purchase Order)를 甲에 이메일로 송부하였다. 이에 甲은 곧바로 주문승낙서(Order Acknowledgement)를 乙에 송부하면서, "대금은 乙이 각 인도분에 대하여 2020. 6. 20.과 2020. 7. 20. 중국 상하이 은행이 각각 개설하는 일람출급식 신용장에 의하여 지급"하기로 하는 내용을 추가하였다. 乙은 2020. 5. 5. 이에 대하여 동의하는 이메일을 송부하였고, 내비게이션 설계도를 甲에 제공하였다.

1차 인도분에 대하여 乙은 약정기일에 신용장을 개설하였고, 甲은 약정한 인도기일에 물품을 인도하였으며, 乙은 이를 수령하여 거래처에 판매하였다. 그러나 乙은 그 후 현금흐름이 급속히 악화되어 2차 신용장 개설기한인 2020. 7. 20.까지 신용장 개설을 하지 못하였다. 결국 乙은 2020. 7. 25. 중국 파산법원에 기업회생절차를 신청하였으며, 이 사실은 곧바로 甲에 알려졌다. 2차 인도분에 대하여 甲은 약정된 인도기일인 2020. 8. 1.이 도래하였는데도 물품을 인도하지 않았으며, 이 사실을 즉시 乙에 통지하였다.

한편 1차 인도분을 사용하던 乙의 거래처로부터 제품이 오작동되는 불량으로 반품이 증가하자, 乙은 이를 甲에 통지하면서 위 불량이 제조상 결함으로 인한 것이라고 주장하였으나, 조사 결과 위 불량은 쉽게 발견할 수 없는 하자로서 ① 乙이 제공한 설계도의 결함으로 인해 제조 과정에서 발생한 것이고, ② 운송 도중 풍랑으로 해수가 스며들어 생긴 변성으로 인해 심화된 것으로 밝혀졌다.

乙은 甲에 1차 인도분 하자로 인한 대금감액을 주장하여 감액부분의 반환을 청구하였고, 2차 인도분의 인도 지연이 계약위반이라고 주장하였다. 이에 대하여 甲은 2020. 8. 3. 乙에 2차 인도분에 대하여 계약을 해제한다는 의사를 통지하여 이것이 乙에 도달하였다.

[전제]

대한민국과 중국은 「국제물품매매계약에 관한 국제연합 협약」(이하 '협약')의 체약국이다.

[질문 1]
甲과 乙 사이의 위 계약에 협약이 적용되는지 여부와 계약이 성립하는지 여부, 계약이 성립하였다면 어떤 조건들로 계약이 이루어진 것인지에 대해 논하시오. (30점)

I 甲, 乙 계약에 협약이 적용되는지 여부

1. 문제의 소재

협약 적용의 공통요건 및 장소적 적용요건이 문제된다.

2. 협약 적용의 요건

가. 협약이 적용되기 위해서는 계약이 협약 제1조 제1항에 따라 ① 영업소가 서로 다른 국가에 있는 당사자간의(국제성), ② 물품 ③ 매매계약이어야 하고, ④ 제6조에 따른 협약 적용 배제 합의가 없는 경우이어야 한다.

제3조는 ③요건과 관련하여 물품을 제조 또는 생산하여 공급하는 계약은 매매로 보되, 물품을 주문한 당사자가 그 제조 또는 생산에 필요한 재료의 중요한 부분을 공급하는 경우에는 매매로 보지 않는다고 규정한다.

나. 또한, 협약을 적용함에 있어 해당 국가가 모두 체약국인 경우(제1조 제1항 가호) 협약은 '직접적용'되고, ① 당사자 전부 또는 일부의 영업소가 비체약국에 소재하고, ② 국제사법 규칙에 의하여 체약국법이 적용되며(제1조 제1항 나호), ③ 그 체약국이 제95조에 의한 유보를 하지 아니한 경우 협약은 '간접적용'된다.

3. 소결

① 甲과 乙의 각 영업소는 대한민국, 중국에 소재함으로써 서로 다른 국가에 있고, ② 甲과 乙의 계약은 내비게이션에 대한 것으로 물품성이 인정되며, ③ 甲은 乙에게 내비게이션을 제조하여 공급하기로 계약하였는데, 제3조 제1항 본문에 따라 제조물공급계약은 매매계약에 해당하므로 甲과 乙의 계약은 매매계약으로 볼 수 있다. 또한, ④ 甲과 乙사이에 별도로 협약 적용을 배제하기로 하는 합의도 없었고, 甲, 乙이 각 영업소를 두고 있는 대한민국, 중국은 모두 체약국이므로 협약이 직접 적용된다.

Ⅱ 계약의 성립여부

1. 문제의 소재

변경된 승낙의 경우 성립된 계약 및 그 조건이 문제된다.

2. 변경된 승낙

협약 제19조 제1항은 '승낙을 의도하고 있으나, 부가, 제한 그 밖의 변경을 포함하는 청약에 대한 응답은 청약에 대한 거절이면서 또한 새로운 청약이 된다'고 하여 변경된 승낙의 원칙을 규정하고 있고, 동조 제2항은 '청약의 조건을 실질적으로 변경하지 아니하는 부가적 조건 또는 상이한 조건을 포함하는 청약에 대한 응답은 청약자가 부당한 지체 없이 이의를 제기하지 아니하는 한 승낙'으로 본다고 정하고 있으며, 동조 제3항은 "특히 대금, 대금지급, 물품의 품질과 수량, 인도의 장소와 시기, 당사자 일방의 상대방에 대한 책임범위 또는 분쟁해결에 관한 부가적 조건 또는 상이한 조건은 청약 조건을 실질적으로 변경하는 것으로 본다"고 하여 청약 조건을 실질적으로 변경하는 것으로 추정하는 예시를 들고 있다.

사안의 경우 乙의 청약에 대하여 甲은 '대금'을 신용장에 의하여 지급하라는 내용을 추가하여 승낙을 하였는데, 이는 협약 제19조 제3항이 청약조건을 실질적으로 변경하는 것으로 추정하는 경우에 해당하므로 제19조 제1항에 따라 甲의 승낙은 변경된 승낙으로서 청약에 대한 거절이면서 새로운 청약이라고 보아야 한다.

3. 계약의 성립

계약의 성립시기에 대하여 협약 제23조는 계약은 청약에 대한 승낙이 이 협약에 따라 효력을 발생하는 시점에 성립한다고 규정하고, 제18조 제2항은 청약에 대한 승낙은 동의의 의사표시가 청약자에게 도달하는 시점에 효력이 발생한다고 규정한다. 따라서 제18조 제2항과 제23조에 따르면 동의의 의사표시가 청약자에게 도달하는 시점에 계약은 성립된다.

사안의 경우 甲의 승낙은 단순한 승낙이 아닌 변경된 승낙으로 새로운 청약이라고 할 것인바, 이에 대하여 乙이 동의하는 이메일을 송부한 2020. 5. 5.경 계약이 성립하였다고 보아야 한다.

Ⅲ 결론

甲과 乙의 계약에는 협약이 직접 적용되며, 甲과 乙의 계약은 2020. 5. 5.경 乙 주문서의 내용에 甲 주문승낙서의 내용이 포함되어 성립하였다.

[질문 2]

乙의 1차 인도분에 대한 대금감액 주장은 적법한가? (20점)

Ⅰ 문제의 소재

매도인이 인도한 물품이 계약에 부적합한 경우 매수인의 구제수단으로서 대금감액권 및 위험이전이 문제된다.

Ⅱ 대금감액권

협약 제50조는 "물품이 계약에 부적합한 경우에, 대금의 지급 여부에 관계없이 매수인은 현실로 인도된 물품이 인도시에 가지고 있던 가액이 계약에 적합한 물품이 그때에 가지고 있었을 가액에 대하여 가지는 비율에 따라 대금을 감액할 수 있다. 다만, 매도인이 제37조나 제48조에 따라 의무의 불이행을 치유하거나 매수인이 동조항에 따라 매도인의 이행 수령을 거절한 경우에는 대금을 감액할 수 없다"고 하여 대금감액권에 대하여 규정하고 있고, 대금감액권은 매수인이 제39조에 따라 매도인에게 계약위반을 적시에 통지한 경우에 한하여 행사할 수 있다.

사안의 경우, 조사 결과 불량은 쉽게 발견할 수 없는 하자였고, 불량으로 반품이 증가하자 甲에게 이를 통지하였으므로, 乙은 제39조에 따라 매도인에게 계약위반을 적시에 통지하였다고 볼 수 있으므로 甲에게 물품부적합에 대한 책임이 있는 경우 乙은 대금감액권을 행사할 수 있다.

Ⅲ 설계도 결함으로 인한 물품 부적합

1차 인도분의 제품불량은 甲은 乙이 제공하는 설계도대로 물품을 제작하여 공급하였음에도 설계도의 결함으로 인하여 발생한 것인 바, 甲은 乙에 대하여 계약에 따른 물품인도의무를 위반한 사실이 없다고 할 것이고, 협약 제80조는 "상대방의 불이행이 자신의 작위 또는 부작위에 기인하는 한, 상대방의 불이행을 주장할 수 없다"고 하여 면책규정을 두고 있는데, 이에 따르더라도 제품 불량은 乙의 작위에 기인한 것이므로 甲의 물품인도 의무 위반을 주장할 수 없다.

Ⅳ 운송 도중 해수로 인한 변성

물품매매계약에서 '위험'이란 계약 체결 후 당사자의 귀책 사유 없이 물품이 멸실 또는 훼손되는 경우를 의미하고, '위험의 이전'문제는 이러한 위험이 발생한 경우 당사자 중 어느 쪽에 그 위험을 부담시킬 것인가의 문제이다.

협약 제67조 제1항은 위험의 이전에 대하여 "매매계약에 물품의 운송이 포함되어 있고, 매도인이 특정한 장소에서 이를 교부할 의무가 없는 경우에, 위험은 매매계약에 따라 매수인에게 전달하기 위하여 물품이 제1운송인에게 교부된 때에 매수인에게 이전한다"고 규정한다.

사안의 경우 계약상 물품의 인도조건은 FOB 부산항(Incoterms 2020)으로, 甲이 부산항에서 운송을 위한 인도를 한 때 그 위험이 매수인인 乙에게 이전되었다고 볼 수 있으므로 乙은 위험이 이전된 후 운송과정에서 하자가 심화된 부분에 대하여 甲에게 책임을 주장할 수 없다.

Ⅴ 결론

따라서 乙의 1차 인도분에 대한 대금 감액 주장은 적법하지 않다.

[질문 3]
甲이 2차 인도분을 인도기일에 인도하지 않은 것과 2차 인도분에 대한 계약을 해제한 것은 적법한가? (30점)

Ⅰ 문제의 소재

이행기 전 계약 위반의 경우 인정되는 의무이행정지권, 매수인의 대금지급의무 위반의 경우 인정되는 매도인의 해제권 및 분할인도계약의 해제 등이 문제된다.

Ⅱ 이행기 전 계약위반의 경우

협약 제71조 제1항은 “당사자는 계약 체결 후 상대방의 이행능력 또는 신용도의 중대한 결함, 계약의 이행 준비 또는 이행에 관한 상대방의 행위로 상대방이 의무의 실질적 부분을 이행하지 아니할 것이 판명된 경우에는, 자신의 의무이행을 정지할 수 있다”고 규정하고, 동조 제3항은 “이행을 정지한 당사자는 물품의 발송 전후에 관계없이 즉시 상대방에게 그 정지를 통지하여야 하고, 상대방이 그 이행에 관하여 적절한 보장을 제공한 경우에는 이행을 계속하여야 한다”고 규정한다.

사안의 경우 乙은 2차 신용장 개설기한인 2020. 7. 20.까지 신용장 개설을 하지 못하였고, 결국 2020. 7. 25. 기업회생절차를 신청하였는데, 이는 마땅히 이행기 전 乙의 이행능력 또는 신용도의 중대한 결함이 생긴 경우에 해당되므로 甲이 2차분을 인도하지 아니한 것은 협약 제71조 의무이행정지권에 기한 것으로 적법하다.

Ⅲ 분할인도계약의 해제

분할인도계약은 하나의 계약상 물품을 분할하여 인도하기로 한 계약으로, 협약 제73조 제1항은 “물품을 분할하여 인도하는 계약에서 어느 분할 부분에 관한 당사자 일방의 의무불이행이 그 분할 부분에 관하여 본질적 계약 위반이 되는 경우에는, 상대방은 그 분할 부분에 관하여 계약을 해제할 수 있다”고 규정하여 분할인도계약의 분할부분에 대한 계약해제를 인정하고 있고, 협약 제25조는 본질적 계약위반에 대하여 “당사자 일방의 계약위반은, 그 계약에서 상대방이 기대할 수 있는 바를 실질적으로 박탈할 정도의 손실을 상대방에게 주는 경우에 본질적인 것으로 한다. 다만, 위반 당사자가 그러한 결과를 예견하지 못하였고, 동일한 부류의 합리적인 사람도 동일한 상황에서 그러한 결과를 예견하지 못하였을 경우에는 그러하지 아니하다”라고 규정한다.

사안의 경우, 乙이 신용장을 개설하지 못한 것은 대금지급의무 위반으로 본질적 계약 위반에 해당한다고 할 것이고, 협약 제73조 제1항에 따르면 분할인도계약의 분할 부분에 대한 계약 해제가 인정된다고 할 것인 바, 甲은 2차 인도분에 관하여만 계약의 해제가 가능하다.

Ⅳ 결론

이상의 이유로 甲이 2차 인도분을 인도기일에 인도하지 않은 것과 2차 인도분에 대한 계약을 해제한 것은 모두 적법하다고 할 것이다.

5. 2021년 제10회 변호사시험 해설

제1문

甲은 서울에 거주하고 있는 한국인이다. A국에 영업소를 두고 있는 乙 여행사(이하 '乙'이라 함)는 홈페이지를 통하여 A국 여행 패키지 상품을 광고하고 있었다. 甲은 휴가 기간 중 乙의 홈페이지에 접속하였다가 여행 패키지 상품을 싸게 구매할 수 있다는 내용의 한국어 광고를 보게 되었다. 乙의 홈페이지에는 해당 여행 패키지 상품 구매와 관련된 분쟁은 A국 법원에서만 소를 제기할 수 있다고 기재되어 있는 한편 준거법에 대하여는 아무런 기재가 없었다. 甲은 乙의 홈페이지에 게시된 구매 조건에 동의한다는 부분에 체크하고 여행 패키지 상품을 홈페이지를 통하여 구매하였다(이하 '이 사건 여행계약'이라 함).

甲이 이 사건 여행계약에 따라 乙이 제공한 항공편을 이용하여 A국에 도착한 후 乙의 직원이 운전하는 차량으로 乙이 지정한 丙 호텔(이하 '丙'이라 함)로 이동하던 중 乙의 직원의 관리 소홀로 인하여 甲이 위탁한 짐 가방 1개가 분실되었다.

甲은 丙의 카지노에서 도박을 하다가 자신이 소지한 여행 경비를 도박자금으로 모두 탕진하였다. 이에 甲은 丙으로부터 도박자금을 빌리는 내용의 신용대부계약을 체결하고(A국법을 준거법으로 선택함) 차용한 자금으로 도박을 하였다. 甲은 빌린 도박자금을 도박으로 모두 잃게 되자 丙의 카지노 보안요원의 감시를 피하여 호텔을 몰래 나와 한국으로 귀국하였다.

甲이 乙에게 짐 가방 분실에 관하여 이 사건 여행계약 위반을 이유로 손해배상을 구함에 대하여, 乙은 丙의 카지노에서 甲이 도망한 사실을 언급하며 거절하였다. 이에 甲은 위 손해배상채권을 한국에 영업소를 두고 있는 채권추심업체인 丁에게 양도하면서 한국법을 준거법으로 합의하였다. 丁은 乙을 상대로 대한민국 법원에 甲으로부터 양수한 손해배상채권의 지급을 구하는 소를 제기하였다. 한편 丙은 甲을 상대로 대한민국 법원에 신용대부금의 지급을 구하는 소를 제기하였다.

[전제]

1. 이 사건 여행계약의 관할합의의 서면성 요건은 충족되었다.
2. A국법에 의하면 도박을 위한 금전대여로 인한 채권의 유효성과 법적 절차를 통한 강제회수가 인정된다.

3. A국법에 의하면 채권양도는 채무자가 승낙하지 아니하면 채무자에게 대항하지 못한다.
4. 甲의 丁에 대한 채권양도는 대한민국법에 의한 대항요건을 갖추었다.
5. 대한민국 민법상 불법의 원인으로 인하여 재산을 급여하거나 노무를 제공한 때에는 그 이익의 반환을 청구할 수 없다.

[문제 1]

가. 丁의 乙에 대한 위 소송에 관하여, 대한민국 법원이 국제재판관할권을 가지는지를 논하라. (20점)

Ⅰ 문제의 소재

丁이 乙을 상대로 제기한 소송은, 甲의 乙에 대한 여행계약을 위반을 이유로 한 손해배상채권을 양수받아 청구한 것으로 소비자계약의 관할이 문제되고, 甲과 乙의 관할 합의의 유효성이 문제된다.

Ⅱ 국제재판관할의 일반원칙

국제사법 제2조 제1항은 '대한민국 법원은 당사자 또는 분쟁이 된 사안이 대한민국과 실질적 관련이 있는 경우에 국제재판관할권을 가진다. 이 경우 법원은 실질적 관련의 유무를 판단할 때에 당사자 간의 공평, 재판의 적정, 신속 및 경제를 꾀한다는 국제재판관할 배분의 이념에 부합하는 합리적인 원칙에 따라야 한다'고 하여 국제재판관할의 일반원칙인 실질적 관련의 원칙과 그 판단기준을 정하고 있다.

Ⅲ 소비자계약의 관할

1. 소비자계약인지 여부

개정 국제사법 제42조 제1항 각호는 소비자계약의 범위를 정하고 있는데, 사안의 여행계약은 소비자인 甲이 자신의 직업 또는 영업활동 외의 목적으로 체결한 계약이고, 사업자인 乙이 홈페이지를 통하여 한국어 광고를 함으로써 계약 체결에 앞서 甲의 일상거소가 있는 국가에서 광고에 의한 거래 권유 등 직업 또는 영업활동을 한 경우이므로 제42조 제1항 제1호가 정하는 소비자계약에 해당한다.

2. 소비자계약의 관할

개정 국제사법 제42조 제1항은 '소비자가 사업자에 대하여 법원에 소를 제기하는 경우' 대한민국에 일상거소가 있는 소비자는 계약의 상대방에 대하여 법원에 소를 제기할 수 있다고 규정하고 있고, 동조 제2항은 '사업자가 소비자에 대하여 제기하는 소'는 소비자의 일상거소가 대한민국에 있는 경우 법원에만 제기할 수 있다고 하여 전속관할을 규정하고 있으며, 동조 제3항은 소비자계약의 당사자간 제8조에 따른 국제재판관할 합의는 1) 사후적 합의인 경우(제1호), 2) 소비자에게 유리한 추가적 관할 합의인 경우(제2호)에만 효력이 있다고 규정하고 있다.

Ⅳ 결론

1. 사안에서 甲은 乙의 홈페이지에서 여행 패키지 상품을 구매하며 '관련된 분쟁은 A국 법원에서만 소를 제기할 수 있다'고 기재되어 있는 구매 조건에 동의한다고 체크하였는데, 이는 사전적 합의로써 제42조 제3항이 정하는 국제재판관할 합의가 유효한 경우에 해당하지 않으므로, 관할을 A국 법원으로 한 합의는 유효하지 않다.

2. 따라서 甲이 乙에 대하여 제기하는 소는 소비자가 사업주에 대하여 제기하는 소로써 국제사법 제42조 제1항이 적용되어야 하고, 甲은 서울에 거주하고 있는 한국인이므로 그 일상거소가 대한민국에 있는바, 대한민국법원은 국제재판관할권을 가진다.

3. 한편, 국제사법 제2조 일반원칙에 의하더라도 소비자인 甲은 대한민국에 일상거소를 두고 있고, 乙이 한 한국어 광고를 한국에서 접한 뒤 여행계약을 체결하였으며, 그 체결행위 역시 한국에서 행하였다고 할 것인바, 대한민국 법원과 실질적 관련이 있는 경우에 해당하므로 대한민국 법원은 국제재판관할을 가진다고 할 것이다.

[문제 1]

나. 丁의 乙에 대한 위 소송에 관하여, 丁이 甲으로부터 양수한 손해배상채권의 지급을 구하는 청구의 준거법을 논하라. (20점)

Ⅰ 문제의 소재

丁은 甲으로부터 乙에 대한 여행계약 위반을 이유로 한 손해배상청구권을 양수하여 이에 대한 지급을 청구하고 있는바, 그 원인된 법률관계는 소비자계약이라고 할 것이므로 소비자계약의 준거법이 문제된다.

Ⅱ 소비자계약의 준거법

1. 소비자계약에 해당하는지 여부는 소비자계약의 관할과 동일하게 제42조 제1항 각 호에 따라 판단하므로 문제1－가.에서 검토한 바와 같이 甲과 乙의 여행계약은 소비자계약에 해당한다.

2. 소비자계약의 준거법은 국제사법 제47조에 따라 결정되는데, 제47조 제1항은 '소비자계약의 당사자는 원칙적으로 준거법을 선택할 수 있으나, 소비자의 일상거소가 있는 국가의 강행규정에 따라 소비자에게 부여되는 보호를 박탈할 수 없다'고 규정하고 있고, 동조 제2항은 '준거법을 선택하지 아니한 경우 제46조가 아닌 소비자의 일상거소지법에 따른다'고 규정한다.

Ⅲ 결론

사안에서 甲과 乙은 준거법을 선택하지 아니하였으므로, 제47조 제2항이 적용되어야 하고, 따라서 제46조가 아닌 소비자의 일상거소지법에 따라야 하는바, 소비자인 甲의 일상거소지법인 대한민국법이 丁의 乙에 대한 소송의 준거법이 된다.

[문제 1]

다. 丁의 乙에 대한 위 소송에 관하여, 甲과 丁 사이의 손해배상채권 양도의 준거법을 논하고, 乙이 손해배상채권의 양도에 대하여 동의한 바가 없어 청구에 응할 수 없다고 주장한다면 이는 정당한지 논하시오. (20점)

Ⅰ 문제의 소재

甲과 丁 사이 법률관계의 준거법과 관련하여 채권 양도의 준거법이 문제되고, 乙의 주장과 관련하여 채무자에 대한 채권양도 효력의 준거법 결정이 문제된다.

Ⅱ 채권양도의 준거법

국제사법 제54조 제1항 본문은 채권의 양도인과 양수인 간의 법률관계는 당사자 간의 계약의 준거법에 따른다고 규정하고, 단서는 채권 양도의 가능성, 채무자 및 제3자에 대한 채권양도의 효력은 양도되는 채권의 준거법에 따른다고 규정한다.

따라서 甲과 丁 사이의 손해배상채권 양도의 준거법은 제54조 제1항 본문에 의하여 결정되고, 乙이 손해배상채권의 양도에 대하여 동의한 바가 없어 청구에 응할 수 없다고 주장하는 것은 채무자에 대한 채권양도의 효력에 대한 것이므로 제54조 제1항 단서에 의하여 그 준거법이 결정된다.

Ⅲ 결론

1. 甲과 丁 사이의 손해배상채권 양도의 준거법은 제54조 제1항 본문에 의하여 당사자 간 계약의 준거법에 따르게 되는데, 계약에서 당사자가 명시적 또는 묵시적으로 선택한 법이 있는 경우 제45조 제1항에 의하여 당사자 자치의 원칙이 인정되므로 계약의 준거법은 甲이 丁에게 손해배상채권을 양도하면서 합의한 대한민국법이 된다.

2. 乙의 주장에 대한 준거법은 제54조 제1항 단서에 의하여 양도되는 채권의 준거법에 따라야 하므로, 여행계약 위반을 이유로 한 손해배상청구권의 준거법이 乙 주장의 준거법이 된다, 따라서 소비자계약의 준거법 규정인 제47조 제2항이 적용되어 대한민국법이 준거법이 되는데, 사안이 전제한 바에 따르면 甲의 丁에 대한 채권양도는 대한민국법에 의한 대항요건을 갖추었으므로 乙의 주장은 정당하지 않다.

[문제 2]
丙의 甲에 대한 신용대부금 청구의 준거법은 무엇이고, 丙의 청구가 인용될 수 있는지를 논하시오(단, 위 소송에 관하여 대한민국 법원에 국제재판관할권이 인정됨을 전제로 함). (20점)

Ⅰ 문제의 소재

丙의 甲에 대한 신용대부금 청구의 준거법과 관련하여 甲과 丙은 계약을 체결하며 A국 법을 준거법으로 선택하였으므로 제45조의 적용이 문제되고, 신용대부금 청구의 원인이 도박자금을 대여한 것이므로 제23조 규정의 적용 여부가 문제된다.

Ⅱ 신용대부계약의 준거법

국제사법 제45조 제1항은 '계약은 당사자가 명시적 또는 묵시적으로 선택한 법에 따른다'고 하여 당사자 자치의 원칙을 인정한다.

따라서 甲과 丙은 신용대부계약을 체결하면서 명시적으로 A국법을 준거법으로 선택하였으므로 준거법은 A국법이 된다.

Ⅲ 사회질서에 반하는 외국법의 규정

국제사법 제23조는 외국법이 준거법인 경우 그 규정의 적용이 대한민국의 선량한 풍속이나 그 밖의 사회질서에 명백히 위반될 때에는 그 규정이 적용되지 아니한다고 규정한다. A국법에 의하면 도박을 위한 금전대여로 인한 채권의 유효성과 법적 절차를 통한 강제회수가 인정되는 반면(전제2), 대한민국 민법에 의하면 불법의 원인으로 인하여 재산을 급여하거나 노무를 제공한 때에는 그 이익의 반환을 청구할 수 없고(전제4), 도박자금의 회수를 인정하는 것은 대한민국의 선량한 풍속 그 밖의 사회질서에 명백히 반한다고 할 것이므로 제23조에 따라 적용이 배제되는 경우에 해당한다고 보아야 한다.

Ⅳ 결론

제45조 제1항에 따라 丙의 甲에 대한 신용대부금 청구의 준거법은 A국법이나, A국법을 적용할 경우 대한민국 선량한 풍속 그 밖의 사회질서에 명백히 반하게 되어 제23조에 의하여 그 적용이 배제되고, 대한민국법이 적용되므로 丙의 청구는 인용될 수 없다.

제2문

甲은 대한민국에 영업소를 두고 있는 통신기기 판매업자이고, 乙은 멕시코국(이하 '멕시코'라 함)에 영업소를 둔 통신기기 도매업자이다. 乙은 멕시코에 영업소를 두고 있는 전기통신사업자인 丙에게 V-1 휴대전화 3,000대를 2020. 11. 20.까지 납품하기로 약정하였다. 이에 따라 乙은 2020. 10. 15. 甲에게 "품목과 수량 : V-1 휴대전화 3,000대, 원산지 : 대한민국, 가격 : 대당 미화 400달러"로 된 주문서(purchase order)를 이메일로 송부하였다. 甲은 위 주문서를 수령한 다음 날 乙에게 아래 표와 같은 내용의 주문확인서(acknowledgement of order)를 이메일로 발송하였다.

① 매매물품 : V-1 휴대전화 3,000대
② 인도조건 : 2차로 분할하여 2020. 11. 1.에 1,000대, 2020. 11. 10.에 2,000대를 A항공사에 각 인도
③ 원산지 : 대한민국
④ 가격 : 휴대전화 1대당 미화 420달러

乙은 2020. 10. 17. 甲의 주문확인서를 수령한 후, 甲에게 이를 수용하되 인도기일을 꼭 지켜주어야 한다는 점을 강조하는 내용의 이메일을 바로 발송하였다. 甲은 2020. 11. 1. 계약 물품 중 1,000대를 인천국제공항에서 A항공사에 인도하였으며, 위 물품은 2020. 11. 5. 멕시코 멕시코시티에 도착, 乙에게 인도되었다. 위 물품을 인수한 乙은 즉시 물품의 검수 절차를 밟았는데, 물품의 검수 결과 인수한 물품 중 100대가 내장 APU의 결함으로 작동이 불가능한 상태임을 확인하였다. 이에 따라 乙은 위와 같은 사실을 2020. 11. 7. 甲에게 이메일로 통지하였다.

한편 甲은 2020. 11. 10. 계약 물품 중 나머지 2,000대를 인천국제공항에서 A항공사에 인도하였다. 위 물품은 A항공사에 의하여 항공운송되어 미국 휴스턴 국제공항에 도착한 후 멕시코로 환적되기 위하여 잠시 공항 내 보세창고에 입고되어 있던 중 공항직원이 가담한 절도행위로 인하여 전부 도난되었고, 최종적으로 전량 회수불가능으로 판명되었다.

乙은 2020. 11. 15. 甲에게 계약 전부를 해제한다는 의사표시를 이메일로 발송한 후, 타처로부터 그 당시 시가였던 대당 미화 450달러에 V-1 휴대전화 2,100대를 구매하여 약정기한에 가까스로 맞추어 丙에게 납품하였다.

[전제]

1. 대한민국과 멕시코는 모두 「국제물품매매계약에 관한 국제연합협약(이하 '협약'으로 약칭함)」의 체약국이다.
2. 甲이 2020. 11. 10. 인도한 2,000대의 휴대전화에는 아무런 하자가 없었다.
3. 모든 일자는 대한민국 시각을 기준으로 한다.

[문제 1]

甲과 乙 사이의 계약에 협약이 적용되는가? (15점)

I 문제의 소재

甲과 乙 사이의 계약에 협약이 적용되는지와 관련하여 협약 적용의 공통요건 및 장소적 적용요건이 문제된다.

II 협약의 적용요건

협약이 적용되기 위해서는 계약이 협약 제1조 제1항에 따라 ① 영업소가 서로 다른 국가에 있는 당사자간의(국제성), ② 물품 ③ 매매계약이어야 하고, ④ 제6조에 따른 협약 적용 배제 합의가 없는 경우이어야 한다.

사안의 경우 甲은 대한민국에 영업소를 두고 있고, 乙은 멕시코국에 영업소를 두고 있으므로 국제성이 충족되었고, ② 甲과 乙간 계약 체결의 목적물은 휴대전화로서 물품에 해당하며, ③ 그 계약은 물품을 납품하는 것이므로 매매계약에 해당한다. 또한 별도의 협약 적용을 배제하는 합의가 없었다. 따라서 협약이 적용된다.

III 협약의 장소적 적용요건

협약을 적용함에 있어 해당 국가가 모두 체약국인 경우(제1조 제1항 가호) 협약은 '직접적용'되고, ① 당사자 전부 또는 일부의 영업소가 비체약국에 소재하고, ② 국제사법 규칙에 의하여 체약국법이 적용되며(제1조 제1항 나호), ③ 그 체약국이 제95조에 의한 유보를 하지 아니한 경우 협약은 '간접적용'된다.

사안의 경우 甲이 영업소를 두고 있는 대한민국과 乙이 영업소를 두고 있는 멕시코는 모두 체약국이므로 협약이 직접 적용된다.

Ⅳ 결론

甲과 乙 사이의 계약은 협약의 공통요건을 모두 갖추었고, 각 영업소가 모두 체약국에 소재하는 바 협약이 직접 적용된다.

[문제 2]

甲과 乙 사이에 계약이 성립하였는지를 논하고, 만약 성립하였다고 할 경우 그 성립시기는 언제이며, 계약조건은 어떠한가? (20점)

Ⅰ 문제의 소재

변경된 승낙의 경우 계약의 성립 및 성립의 시기 등이 문제된다.

Ⅱ 변경된 승낙

협약 제19조 제1항은 승낙을 의도하고 있으나, 부가, 제한 그 밖의 변경을 포함하는 청약에 대한 응답은 청약에 대한 거절이면서 또한 새로운 청약이 된다고 하여 변경된 승낙의 원칙에 대하여 규정하고 있고, 동조 제2항은 '청약의 조건을 실질적으로 변경하지 아니하는 부가적 조건 또는 상이한 조건을 포함하는 청약에 대한 응답은 청약자가 부당한 지체 없이 이의를 제기하지 아니하는 한 승낙으로 본다'고 규정하고 있으며, 동조 제3항은 청약조건을 실질적으로 변경하는 것으로 추정하는 예시를 들고 있다.

사안의 경우 甲은 乙의 주문서에 분할인도조건을 부가하고, 가격을 변경하는 내용의 주문확인서를 이메일로 발송하였는데, 이는 제19조 제3항이 청약 조건을 실질적으로 변경하는 경우로 추정하는 '대금, 인도의 장소와 시기'에 대한 것이므로 甲의 주문확인서는 변경된 승낙에 해당한다. 따라서 乙의 주문확인서 내용은 제19조 제1항에 따라 청약에 대한 거절이면서 또한 새로운 청약이 된다.

Ⅲ 계약의 성립

계약의 성립시기에 대하여 협약 제23조는 계약은 청약에 대한 승낙이 이 협약에 따라 효력을 발생하는 시점에 성립한다고 규정하고, 제18조 제2항은 청약에 대한 승낙은 동의의 의사표시가 청약자에게 도달하는 시점에 효력이 발생한다고 규정한다.

사안의 경우, 앞서 살펴본 바와 같이 乙의 주문확인서는 변경된 승낙으로서 청약에 대한 거절이면서 또한 새로운 청약이라고 할 것이므로 이에 대하여 甲이 승낙하고, 이 승낙이 효력을 발생하는 시점에 계약이 성립한다고 할 것이다.

Ⅳ 결론

따라서 甲과 乙의 계약은 甲이 乙에게 주문확인서에 대한 수용 의사를 표시하여 이메일을 발송한 2020. 10. 17. 경 乙의 주문확인서 내용대로 성립한다.

[문제 3]

乙은 대한민국 법원에 甲의 계약위반으로 인하여 대체거래를 함으로써 손해를 입었다고 주장하면서 미화 6만3천달러(2,100대×30달러)를 청구하고 있다. 乙의 계약해제와 손해배상청구에 관한 주장은 정당한가? (30점)

Ⅰ 문제의 소재

매수인 乙은 매도인 甲으로부터 인도받은 1차 물품 중 일부인 100대가 계약에 부적합하였는데, 이 경우 매수인의 구제수단으로서 계약해제권 및 손해배상청구권이 문제된다.

Ⅱ 계약해제권

1. 물품의 일부가 부적합한 경우 매수인의 계약 해제권

협약 제51조 제1항은 매도인이 물품의 일부만을 인도하거나 인도된 물품의 일부만이 계약에 적합한 경우, 원칙적으로 제46조 내지 제50조는 부족 또는 부적합한 부분에 적용된다고 규정하고 있고, 동조 제2항은 매수인은 인도가 완전하게 또는 계약에 적합하게 이루어지지 아니한 것이 본질적 계약위반으로 되는 경우에는 예외적으로 계약 전체를 해제할 수 있다고 규정하고 있다.

사안의 경우 매도인 甲의 1차 인도분 중 100대가 내장 APU의 결함으로 작동이 불가능한 상태이어서 계약에 부적합하였으므로 제51조 제1항에 따라 매수인 乙은 부족 또는 부적합한 부분에 대하여만 계약해제권의 행사가 가능하고, 2차 인도분인 2,000대의 휴대전화에는 아무런 하자가 없었을 뿐만 아니라 위 100대의 부적합이 본질적 계약위반으로 된다는 예외적인 사정도 없다고 할 것이므로 동조 제2항에 따른 계약 전체에 대한 해제는 불가능하다고 할 것이다.

2. 분할인도계약에서 매수인의 계약해제권

한편, 甲과 乙의 계약은 2020. 11. 1.에 1,000대, 2020. 11. 10.에 2,000대를 인도하기로 하는 분할 인도계약으로 제73조 제1항에 따르면 '물품을 분할하여 인도하는 계약에서 어느 분할부분에 관한 당사자 일방의 의무 불이행이 그 분할 부분에 관하여 본질적 계약위반이 되는 경우에는, 상대방은 그 분할 부분에 관하여 계약을 해제할 수 있다'고 할 것이나, 사안의 경우 1차 인도분 1,000대 중 100대에 하자가 발생한 것으로 이는 제25조의 '그 계약에서 상대방이 기대할 수 있는 바를 실질적으로 박탈할 정도의 손실을 상대방에게 주는 경우'에 해당한다고 볼 수 없는 바, 제1차 인도분 전체에 대하여 계약을 해제할 수는 없다.

Ⅲ 손해배상청구권

협약 제45조 제1항 나호는 매도인이 계약 또는 협약상 의무를 이행하지 아니하는 경우 제74조 내지 제77조에서 정한 손해배상의 청구를 할 수 있다고 규정하고 있고, 제74조는 계약위반에 대한 손해배상의 경우를 제75조는 계약해제 후 대체거래가 있었던 경우의 손해배상에 대하여 규정하고 있다.

사안의 경우 乙은 제51조 제1항에 따라 계약이 부적합한 부분인 100대에 대해서만 계약의 해제가 가능하므로 그 부분에 대한 계약대금과 대체거래대금과의 차액인 미화 3,000달러를 제75조에 의한 손해로서 배상청구가 인정될 수 있다고 할 것이다.

Ⅳ 결론

이상의 이유로 乙의 계약해제와 손해배상청구에 관한 주장은 甲이 인도한 물품 중 하자가 있는 100대에 한하여만 정당하다.

[문제 3]

나. 또한 乙은 운송 중 도난당한 2,000대의 휴대전화에 대하여 자신은 물품을 인도받지 못하였으므로 대금을 지급할 의무가 없다고 주장한다. 이에 대하여 甲은, 자신은

물품의 도난과 무관하므로 乙은 계약대금 전액을 지급할 의무가 있다고 주장한다. 甲의 주장은 정당한가? (15점)

Ⅰ 문제의 소재

甲이 휴대전화 2,000대를 계약에서 정한 바와 같이 A항공사에 인도한 뒤 휴대전화가 전부 도난된 바, 乙의 대금지급의무와 관련하여 위험의 이전이 문제된다.

Ⅱ 위험의 이전

물품매매계약에서 '위험'이란 계약 체결 후 당사자의 귀책 사유 없이 물품이 멸실 또는 훼손되는 경우를 의미하고, '위험의 이전'문제는 이러한 위험이 발생한 경우 당사자 중 어느 쪽에 그 위험을 부담시킬 것인가의 문제이다.

협약 제66조는 '위험이 매수인에게 이전된 후에 물품이 멸실 또는 훼손되더라도 매수인은 대금지급의무를 면하지 못한다. 다만, 그 멸실 또는 훼손이 매도인의 작위 또는 부작위로 인한 경우에는 그러하지 아니하다'고 하여, 원칙적으로 위험이 이전됨으로써 대가위험이 매수인에게 이전되나, 그 위험이 매도인의 작위 또는 부작위로 인한 경우에는 예외적으로 매수인이 대금지급의무를 부담하지 않는다고 규정하고 있다.

Ⅲ 결론

사안의 경우 甲은 물품을 A항공사에 인도하기로 함으로써 위험이 매수인인 乙에게 이전되었다고 할 것이므로 乙은 운송 중 도난당한 2,000대의 휴대전화에 대하여 대금을 지급할 의무가 있다.

6. 2020년 제9회 변호사시험 해설

대한민국법에 의하여 설립되고 부산에 주된 사무소를 두고 있는 법인 甲은 대한민국 K은행으로부터 대출을 받아, 경남 통영 소재 조선소에서 선박 카카오호를 건조한 다음 파나마국 서류상의 회사(이른바 페이퍼컴퍼니)인 乙의 소유로 편의치적(便宜置籍) 하였다. 甲은 파나마국 선박등록 당시 K은행의 대출금을 담보하기 위해 카카오호에 선박저당권을 설정하였다. 甲은 형식상 선주인 乙과 카카오호에 대하여 선체용선(선박임대차) 계약을 체결하고, 사단법인 한국선급으로부터 선급(船級)을 받았다.

甲과 부산과 중국 상하이에 사무소를 두고 있는 한·중합작법인 丙은 甲이 카카오호를 5년간 丙으로 하여금 항해에 사용하게 하고, 丙이 甲에게 용선료를 지급하는 정기용선계약을 체결하였다. 이 정기용선계약서에는 "이 계약으로부터 또는 이 계약과 관련하여 발생하는 분쟁은 모두 영국법원에만 제기하여야 한다."라고 규정되어 있었다. 위 정기용선계약에 따라 丙은 주로 부산항에서 필리핀 세부항을 비롯한 동남아 항로를 오가는 카카오호를 이용하여 영업을 해 왔다.

甲은 丙과 선원송출에 대한 대리점계약을 체결하였고, 이에 따라 甲은 丙을 통해 카카오호의 선장인 대한민국 국적의 丁과 2015. 5.경 근로계약을 체결한 후, 丁의 의견을 들어 대한민국 국적의 선원 10명 및 필리핀 국적의 선원 2명과 승선근로계약을 체결하였다. 그런데 甲은 丁의 1년분 임금을 지급하지 않았다. 이에 丙은 甲과 체결한 정기용선계약의 안정적인 유지를 위하여 연체된 丁의 임금을 법률상 의무 없이 대신 지급하여 주었다.

네덜란드 국적의 선주 戊 소유 에메랄드호(선적국은 덴마크임)는 제주도 남단 20마일 공해상에서 자선(自船) 우현측에 카카오호를 두고 횡단하는 상태로 카카오호와 조우하였는데, 좌현 대 좌현으로 통과하기 위해서는 우회두해야 함에도 불구하고 좌회두함으로써 양 선박이 충돌하게 되었다. 당시 우연히 주변을 지나가던 말레이시아 법인 己 소유 호찌민호(선적국은 베트남임)가 위난에 빠진 카카오호를 공해상에서 구조하였고, 己와 甲은 사후적으로 구조료청구권의 준거법을 대한민국법으로 합의하였다.

이후 선박충돌 등으로 甲의 경영이 악화되자, 甲의 선박저당권자인 K은행이 카카오호에 대하여 부산지방법원에 임의경매를 신청하였다. 丙도 丁의 임금채권을 피담보채권으로 한 선박우선특권의 대위를 주장하며 임의경매에 참여하여 배당을 신청하였다.

[질문 1]

甲과 丙 사이의 정기용선계약에서 분쟁이 발생하는 경우 대한민국법원이 국제재판관할권을 가지는지 논하시오. (20점)

I 문제의 소재

甲과 丙은 '정기용선계약에서 분쟁은 모두 영국법원에만 제기하여야 한다'고 정한 바, 이러한 국제재판관할 합의가 유효한지 여부가 문제된다.

II 국제재판관할 합의의 유효성

국제사법 제8조 제1항 본문은 '당사자는 일정한 법률관계로 말미암은 소에 관하여 국제재판관할 합의를 할 수 있다'고 규정하고 있고, 동조 제2항은 '합의는 서면으로 하여야 한다'고 규정하고 있어, 서면성 요건을 갖추어 국제재판관할 합의를 한 경우 원칙적으로 그 합의의 유효성을 인정한다.

다만, 제8조 제1항 단서에서 1) 합의에 따라 국제재판관할을 가지는 국가의 법에 따를 때 그 합의가 효력이 없는 경우, 2) 합의를 한 당사자가 합의를 할 능력이 없었던 경우, 3) 대한민국의 법령 또는 조약에 따를 때 합의의 대상이 된 소가 합의로 정한 국가가 아닌 다른 국가의 국제재판관할에 전속하는 경우, 4) 합의의 효력을 인정하면 소가 계속된 국가의 선량한 풍속이나 그 밖의 사회질서에 명백히 위반되는 경우에는 합의의 효력을 인정하지 않는다.

III 국제재판관할의 일반원칙

국제사법 제2조는 '대한민국 법원은 당사자 또는 분쟁이 된 사안이 대한민국과 실질적 관련이 있는 경우에 국제재판관할권을 가진다. 이 경우 법원은 실질적 관련의 유무를 판단할 때에 당사자 간의 공평, 재판의 적정, 신속 및 경제를 꾀한다는 국제재판관할 배분의 이념에 부합하는 합리적인 원칙에 따라야 한다'고 하여 실질적 관련의 원칙을 정하고 있다.

Ⅳ 결론

1. 甲과 丙은 계약서에 '정기용선계약에서 분쟁은 모두 영국법원에만 제기하여야 한다'고 정함으로써 제8조 제2항의 서면에 의하여야 한다는 요건을 충족하여 합의하였고, 영국법원을 관할로 한 합의가 제8조 제1항 단서 각호에 해당하지 않으므로 그 합의는 유효하다.

2. 한편, 甲은 대한민국법에 의하여 설립되고 부산에 주된 사무소를 두고 있는 법인이고, 丙은 부산과 중국 상하이에 사무소를 두고 있는 한·중합작법인이며, 丙은 정기용선계약에 따라 주로 부산항에서 필리핀 세부항을 비롯한 동남아 항로를 오가는 카카오호를 이용하여 영업을 하였으므로, 甲과 丙 사이에 정기용선계약에서 분쟁이 발생하는 경우 대한민국과 실질적 관련이 있다고 봄이 타당하다.

3. 따라서 대한민국 법원은 제2조에 따라 국제재판관할을 가진다.

[질문 2]

가. 선박 카카오호에 대한 임의경매에서, 丙이 주장한 선박우선특권의 대위의 준거법은 무엇인지 논하시오. (30점)

Ⅰ 문제의 소재

丙은 丁의 임금을 법률상 의무 없이 대신 지급하여 주었고, 이에 丁의 임금채권을 피담보채권으로 한 선박우선특권의 대위를 주장하며 임의경매에 참여하여 배당을 신청한 바, 법률에 따른 채권이 이전의 경우 준거법이 문제되고, 준거법의 확정과 관련하여 준거법 지정의 예외가 문제된다.

Ⅱ 선박우선특권의 대위의 준거법

1. 법률에 따른 채권의 이전의 준거법

국제사법 제55조 제1항은 법률에 따른 채권의 이전은 그 이전의 원인이 된 구채권자와 신채권자간의 법률관계의 준거법에 따른다고 규정하고 있고, 국제사법 제55조 제2항은 제1항과 같은 법률관계가 존재하지 아니하는 경우 이전되는 채권의 준거법에 따른다고 규정한다.

사안의 경우 신채권자인 丙은 정기용선계약의 안정적인 유지를 위하여 구채권자 丁에게 임금을 지급하여 주었을 뿐이므로 丙과 丁사이에 이전의 원인이 된 법률관계가 존재하지 않아 제55조 제2항이 적용되어 이전되는 채권인 임금채권의 준거법에 따르게 된다.

2. 임금채권의 준거법

국제사법 제48조는 근로계약의 준거법에 대하여 규정하고 있고, 사안과 같이 당사자가 준거법을 선택하지 아니한 경우에는 제48조 제2항에 따라 근로자가 일상적으로 노무를 제공하는 국가의 법에 따르며, 근로자가 일상적으로 어느 한 국가 안에서 노무를 제공하지 아니하는 경우에는 사용자가 근로자를 고용한 영업소가 있는 국가의 법에 따른다.

한편, 판례는 선원근로계약에 관하여는 선적국을 선원이 일상적으로 노무를 제공하는 국가로 본다.[1]

따라서 제48조 제2항에 따르면 선원 丁이 일상적으로 노무를 제공하는 국가는 카카오호의 선적국인 파나마국이 된다.

3. 준거법 지정의 예외

제55조 제2항, 제48조 제2항에 따른 선박우선특권의 대위의 준거법은 카카오호의 선적국인 파나마국법이라고 할 것이나, 카카오호는 파나마국 서류상의 회사인 乙소유로 편의치적 한 것이어서 선적만이 선적국과의 유일한 관련이 있을 뿐인 바, 준거법 지정의 예외규정인 제21조 적용이 문제된다.

제21조는 이 법에 따라 지정된 준거법이 해당 법률관계와 근소한 관련이 있을 뿐이고, 그 법률관계와 가장 밀접한 관련이 있는 다른 국가의 법이 명백히 존재하는 경우에는 그 다른 국가의 법을 따른다고 규정하고 있다.

따라서 사안의 경우 甲은 대한민국법에 의하여 설립되고 부산에 주된 사무소를 두고 있는 법인이고, 甲과 근로계약을 체결한 丁 역시 대한민국 국적이며, 카카오호는 주로 부산항에서 필리핀 세부항을 비롯한 동남아 항로를 오갔으므로 이 법률관계와 가장 밀접한 관련이 있는 국가는 대한민국이라고 할 것이다.

---

1 대법원 2007. 7. 12. 선고 2005다39617 판결 참조.

Ⅲ 결론

이상의 이유로 丙이 주장한 선박우선특권의 대위의 준거법은 대한민국법이 된다.

[질문 2]

나. 선박 카카오호에 대한 임의경매에서, 丙의 선박우선특권의 실행방법의 준거법은 무엇인지 논하시오. (10점)

Ⅰ 문제의 소재

담보권의 실행방법이 실체의 문제인지 절차의 문제인지에 따라 준거법을 달리하는 바, 담보권 실행방법의 법적 성질이 문제된다.

Ⅱ 선박우선특권의 실행방법의 준거법

담보권 실행방법의 문제가 실체문제인 경우 국제사법에 의하여 정해지는 준거법에 따라 판단하지만, 절차문제인 경우 '절차는 법정지법에 따른다'는 법정지법원칙에 따라 법정지법이 적용된다.

대법원도 같은 입장에서 절차와 실체의 문제를 구별하고 있고, 특히 선박우선특권의 실행방법과 관련하여서는 '선박우선특권의 성립여부는 제94조에 따라 선적국법에 의하여야 할 것이나, 선박우선특권이 우리나라에서 실행되는 경우에 실행기간을 포함한 실행방법은 우리나라의 절차법에 의하여야 한다[2]'고 하여 절차의 문제라는 입장을 따르고 있다.

Ⅲ 결론

대법원 판례입장에 따라 선박우선특권의 실행방법은 절차의 문제로서 법정지법에 따라야 하고, 사안의 경우 임의경매가 부산지방법원에 신청되어 법정지는 대한민국이므로 대한민국법이 준거법이 된다.

2 대법원 2011. 10. 13. 선고 2009다96625 판결 참조.

[질문 3]

甲이 구조료를 지급하지 않자 己가 甲을 상대로 대한민국법원에 구조료지급청구의 소를 제기하였고, 甲도 에메랄드호 선주 戊를 상대로 같은 법원에 손해배상청구의 소를 제기하였다. 양 청구의 각 준거법은 무엇인지 논하시오. (대한민국법원이 국제재판관할권을 가지는 것을 전제로 함) (20점)

Ⅰ 문제의 소재

己가 甲을 상대로 제기한 구조료지급청구의 소와 관련하여 제96조 해난구조의 준거법 및 사무관리의 준거법이, 甲이 戊를 상대로 제기한 손해배상청구의 소와 관련하여 제95조 선박충돌의 준거법이 문제된다.

Ⅱ 구조료지급청구의 소의 준거법

1. 해난구조의 준거법

국제사법 제96조는 '해난구조로 인한 보수청구권은 그 구조행위가 영해에서 있는 경우에는 행위지법에 따르고, 공해에서 있는 때에는 구조한 선박의 선적국법에 따른다'고 규정하고 있다. 사안의 경우 己는 공해상에서 카카오호를 구조하였으므로 구조한 선박의 선적국법에 따라야 한다.

2. 사무관리

한편, 己의 구조행위는 법률상 의무 없이 행한 것으로 사무관리에 해당하기도 하는데, 사안에서 己와 甲은 구조료청구권의 준거법을 대한민국법으로 합의한 바, 이 준거법합의가 유효한지 문제된다.

국제사법 제50조는 사무관리의 준거법을 규정하고, 제53조는 준거법에 관한 사후적 합의에 대하여 규정한다. 제53조에 따르면, 당사자가 제50조 규정에도 불구하고 사무관리가 발생한 후 합의에 의하여 대한민국법을 준거법으로 선택할 수 있다.

3. 소결

따라서 己와 甲은 사무관리가 발생한 후 사후적으로 대한민국법을 준거법으로 합의하였으므로 제53조에 의하여 그 합의가 유효하다고 할 것인 바, 대한민국법이 준거법이 된다.

Ⅲ 손해배상청구의 소의 준거법

1. 선박충돌의 준거법

국제사법 제95조 제1항은 '개항·하천 또는 영해'에서의 선박충돌에 관한 책임은 그 충돌지법에 따른다고 규정하고, 제2항은 '공해'에서의 선박충돌에 관한 책임은 각 선박이 동일한 선적국에 속하는 경우에는 그 선적국법에 따르고, 각 선박이 선적국을 달리하는 경우에는 가해선박의 선적국법에 따른다고 규정한다.

사안의 경우 에메랄드호와 카카오호는 제주도 남단 20마일 공해상에서 충돌하였으므로 제95조 제2항이 적용되고, 각 선박은 선적국을 달리하므로 가해선박인 에메랄드호의 선적국법에 따르게 된다.

2. 소결

따라서 甲의 戊에 대한 손해배상청구의 소의 준거법은 덴마크법이 된다.

제2문

甲회사는 대한민국에만 영업소가 있는 회사로서, 비철금속 등을 수입하여 그대로 타회사에 납품하거나 이를 가공하여 판매하는 회사이다. 甲회사는 영국에만 영업소를 두고 있는 乙회사로부터 ① 은수저 제작 납품용 은괴 1,000온스(순도 99% 이상, 온스당 미화 $20), ② 휴대전화기 제작에 사용되는 희토류 300톤(순도 99.99% 이상, 톤당 미화 $16,000)을 각각 CIF 인천항(인코텀즈 2010) 조건으로 매입하기 위한 주문서(Purchase Order)를 乙회사에 2018. 10. 1. 발송하였고, 乙회사는 2018. 10. 7. 이를 수령하였다.

乙회사는 甲회사에 주문서의 내용에 대하여 다른 조건은 그대로 하였으나 “준거법은 대한민국법으로 하고, 전체 물품 중 은괴는 2018. 11. 1.(1차), 희토류는 2018. 12. 1.(2차), 총 2회로 분할하여 영국 리버풀항에서 선적하며, 은괴에 대해서는 운송 중 습기에 의한 부식을 방지하기 위하여 방수포장을 하고, 대금지급조건은 신용장으로 한다.”는 조건을 추가하는 주문승낙서(Order Acknowledgement)를 甲회사에 2018. 10. 8. 발송하였고, 甲회사는 2018. 10. 15. 이를 수령하였다. 이에 甲회사는 乙회사의 주문승낙서의 조건대로 신용장을 발행하여 2018. 10. 22. 乙회사에 제공하였다. 甲회사와 乙회사는 과거 10년간 주문서와 주문승낙서가 불일치하는 경우에도 이의를 제기하지 않고 매매대금을 신용장방식으로 지급함으로써 계속 거래해 왔다.

乙회사는 은괴에 대해서는 기일에 맞게 甲회사에 계약수량을 인도하였으나, 인도된 은괴 중 800온스는 그 순도가 70%에도 미치지 못하였고, 나머지 200온스는 순도의 기준은 충족하였으나 乙회사가 공장에서 행한 방수포장의 하자로 해상운송 도중에 습기가 침투하여 부식이 발생하였다. 그 결과 甲회사로부터 1,000온스의 은괴를 납품받은 거래처 丙은 순도미달과 부식으로 은수저를 제작할 수 없다는 이유로 은괴를 반품하였다. 甲은 乙로부터 은괴를 인도받을 당시 바로 이를 검사하였으나 위의 하자들은 즉시 발견할 수 없는 것으로서 이를 발견하지 못하였지만, 丙으로부터 은괴를 반품받자마자 그 사실을 명시하여 乙에게 통지하였다.

한편 희토류의 경우, 희토류의 국제시장가격이 폭등하자, 乙회사는 가격인상 없이는 이를 인도할 수 없다고 그 선적기일 전인 2018. 11. 10. 甲에게 통지하였다. 이러한 통지를 받자마자 甲회사는 중국으로부터 희토류를 톤당 미화 $20,000에 대체구매하여 거래처 丁에 납품하면서 납품지연에 따른 지체상금 미화 $50,000를 지급하였다. 甲회사는 乙회사에 대하여 대한민국법원에 계약위반을 이유로 손해배상을 청구하였다.

[전제]

대한민국은 「국제물품매매계약에 관한 국제연합협약」(이하 '협약'이라고 함)의 체약국이나, 영국은 체약국이 아니다.

CIF 조건(인코텀즈 2010) : 매도인이 지정선적항에서 물품을 본선에 적재하여 인도하고, 물품이 본선에 적재된 때 위험이 매수인에게 이전한다. 매도인은 목적항까지 운송계약을 체결하고 운임을 지급하며, 운송 중의 위험에 대하여 보험계약을 체결한다.

[질문 1]

甲회사와 乙회사 간의 매매계약에 협약이 적용되는가? (10점)

Ⅰ 문제의 소재

甲회사와 乙회사는 준거법을 대한민국법으로 합의한 바, 협약의 공통요건을 갖추었는지가 문제되고, 乙의 영업소가 비체약국에 소재하고 있으므로 협약이 간접적용되는 경우인지 문제된다.

Ⅱ 협약의 적용 요건

협약이 적용되기 위해서는 계약이 협약 제1조 제1항에 따라 ① 영업소가 서로 다른 국가에 있는 당사자간의(국제성), ② 물품 ③ 매매계약이어야 하고, ④ 제6조에 따른 협약 적용 배제 합의가 없는 경우이어야 한다.

사안의 경우 甲과 乙의 계약은 ① 甲과 乙이 영업소를 각각 대한민국, 영국에 두고 있으므로 국제성이 인정되고, ② 은괴, 희토류 등 물품에 대한 ③ 매매계약을 체결하였으므로 위 ① 내지 ③의 요건은 충족하였다고 할 것인데, '준거법을 대한민국법으로 합의한 것'이 제6조에 따른 준거법 적용 배제합의로 인정될 경우 ④의 요건을 충족하지 못하여 협약이 적용될 수 없다.

Ⅲ 제6조에 따른 적용배제합의

협약 제6조는 '당사자는 이 협약의 적용을 배제할 수 있고, 제12조에 따를 것을 조건으로 하여 이 협약의 어떠한 규정에 대하여도 그 적용을 배제하거나 효과를 변경할 수 있다'고 하여 당사자간 합의에 의하여 협약 적용 자체를 배제하거나 일부 규정에 대한 적용의 배제 및 효과 변경이 가능하다는 점을 명시하고 있다.

위 합의는 명시적으로도 가능하지만, 묵시적으로도 가능하다. 그러나 협약에 대한 명시적인 배제 없이 당사자 간의 합의로 준거법만을 지정한 경우, 특히 체약국법을 준거법으로 지정하는 것은 협약 역시 체약국 법의 일부이므로 묵시적인 배제로 인정될 수 없다고 보아야 타당하다.

따라서 사안의 경우 당사자 간의 합의로 준거법을 지정한 것은 협약 적용배제의사를 명시하지 아니하였고, 체약국법인 대한민국법을 준거법으로 지정한 바, 제6조에 따른 적용 배제 합의라고 볼 수 없다.

Ⅳ 장소적 적용요건

협약을 적용함에 있어 해당 국가가 모두 체약국인 경우(제1조 제1항 가호) 협약은 '직접적용'되고, ① 당사자 전부 또는 일부의 영업소가 비체약국에 소재하고, ② 국제사법 규칙에 의하여 체약국법이 적용되며(제1조 제1항 나호), ③ 그 체약국이 제95조에 의한 유보를 하지 아니한 경우 협약은 '간접적용'된다.

사안의 경우 ① 당사자 甲의 영업소는 체약국인 대한민국에 소재하나, 乙의 영업소는 비체약국인 영국에 소재하고 있고, ② 甲과 乙의 준거법 합의에 의하여 체약국법인 대한민국법이 적용되며, ③ 별도로 대한민국이 제95조 유보를 하였다는 사실은 나타나 있지 않으므로 협약이 간접적용된다.

Ⅴ 결론

甲회사와 乙회사 간의 매매계약에는 협약이 간접적용된다.

[질문 2]

甲회사와 乙회사 간에 매매계약이 성립하였는가? 성립하였다면 그 성립시기는 언제인가? (20점)

Ⅰ 문제의 소재

乙이 甲의 주문서에 대하여 조건을 추가하는 내용의 주문승낙서를 발송한 바, 이를 변경된 승낙으로 보아야 하는지 여부, 나아가 계약의 성립시기가 문제된다.

Ⅱ 변경된 승낙

협약 제19조 제1항은 승낙을 의도하고 있으나, 부가, 제한 그 밖의 변경을 포함하는 청약에 대한 응답은 청약에 대한 거절이면서 또한 새로운 청약이 된다고 하여 변경된 승낙의 경우 청약에 대한 거절이면서 새로운 청약인 것으로 보고, 동조 제2항은 청약의 조건을 실질적으로 변경하지 아니하는 부가적 조건 또는 상이한 조건을 포함하는 청약에 대한 응답은 청약자가 부당한 지체 없이 이의를 제기하지 아니하는 한 승낙으로 보며, 동조 제3항은 청약조건을 실질적으로 변경하는 것으로 추정하는 예시를 들고 있다.

사안의 경우 乙회사는 甲회사의 주문에 대하여 준거법 지정, 선적일 및 포장 방법 특정, 신용장에 의한 대금 지급의 내용을 추가하여 주문승낙서를 발송하였는데, 동조 제3항은 '대금, 대금지급, 물품의 품질과 수량, 인도의 장소와 시기 등 조건은 청약조건을 실질적으로 변경하는 것'으로 보기 때문에 신용장에 의한 대금 지급의 내용이 추가된 것은 제3항에 따라 실질적 변경으로 추정된다. 다만, 제3항은 실질적 변경으로 추정되는 경우의 예시를 나열한 것으로 결국 실질적인 변경인지 여부는 사안에 따라 판단되어야 한다.

사안에 비추어보면 甲회사는 乙회사와 과거 10년간 주문서와 주문승낙서가 불일치하는 경우에도 이의하지 아니하고 매매대금을 신용장방식으로 지급함으로써 계속 거래하여 왔다고 되어 있는 바, 신용장방식으로 대금을 지급하기로 하는 내용을 청약 조건을 실질적으로 변경한 것이라고 보기는 어렵다고 할 것이다. 한편, 乙은 주문승낙서에 신용장에 의한 대금 지급 외에도 준거법 지정, 선적일 및 포장 방법 특정하였는데, 이 점 역시 甲과 乙회사가 과거 10년간 주문서와 주문승낙서가 불일치하는 경우에도 이의를 제기하지 않고 계속 거래하여 온 거래 관계에 비추어보면 청약 조건을 실질적으로 변경하였다고 보기는 어렵다.

Ⅲ 계약의 성립시기

계약의 성립시기에 대하여 협약 제23조는 계약은 청약에 대한 승낙이 이 협약에 따라 효력을 발생하는 시점에 성립한다고 규정하고, 제18조 제2항은 청약에 대한 승낙은 동의의 의사표시가 청약자에게 도달하는 시점에 효력이 발생한다고 규정한다. 따라서 제18조 제2항과 제23조에 따르면 동의의 의사표시가 청약자에게 도달하는 시점에 계약이 성립한다.

Ⅳ 결론

乙이 甲의 주문서에 추가한 조건은 청약의 조건을 실질적으로 변경하지 아니하는 부가적 조건에 해당한다고 할 것이므로 변경된 승낙으로서 청약에 대한 거절이자 새로운 청약으로 볼 수 없다. 따라서 甲회사와 乙회사 간의 매매계약은 제19조 제2항에 따라 승낙에 포함된 변경이 가하여진 청약조건을 계약 조건으로 하여 乙이 발송한 주문승낙서가 甲에게 도달한 2018. 10. 15. 계약이 성립하였다고 보아야 한다.

[질문 3]

협약상, 甲회사는 乙회사에 대하여 은괴의 대체물인도청구를 할 수 있는가? (20점)

Ⅰ 문제의 소재

甲회사가 乙회사에 대하여 청구할 수 있는 대체물인도청구권의 성립요건을 갖추었는지 여부가 문제된다.

Ⅱ 대체물인도청구권

매도인이 인도한 물품이 계약에 부적합한 경우에 매수인은 제46조 제2항에 따라 대체물의 인도를 청구할 수 있다. 이와 같은 대체물인도청구권이 인정되기 위해서는 ① 물품의 부적합이 본질적 계약 위반을 구성하고, ② 청구가 물품부적합의 통지(제39조)와 동시에 또는 그 후 합리적인 기간 내에 행하여졌으며, ③ 매수인이 물품을 수령한 상태와 실질적으로 동일한 상태로 그 물품을 반환할 수 있는 경우(제82조 제1항)이어야 한다.

1. 물품의 부적합이 본질적 계약위반을 구성하는지 여부

협약 제35조 제1항에 따라 매도인은 계약에서 정한 적합한 물품을 인도할 의무를 부담하고, 동조 제2항 각호에 해당하는 경우 물품은 계약에 적합하지 아니한 것으로 본다.

사안의 경우 乙이 甲에게 인도한 은괴 중 ㉠ 800온스는 그 순도가 70%에도 미치지 못하였고, ㉡ 200온스는 순도의 기준은 충족하였으나 乙회사가 공장에서 행한 방수포장의 하자로 해상운송 도중에 습기가 침투하여 부식이 발생하였는데, ㉠ 은괴의 경우 계약에서 정한 물품의 순도에 적합하지 않은 은괴를 인도한 것이고, ㉡ 은괴의 경우 물품을 보존하고 보호하는 데 적절한 방법으로 용기에 담겨지거나 포장되어 있지 아니한 경우로 모두 제35조 제1항의 물품이 부적합한 경우에 해당한다.

또한, 본질적 계약위반을 구성하는지 여부는 협약 제25조에 따라 ① 계약에서 상대방이 기대할 수 있는 바를 실질적으로 박탈할 정도의 손실을 상대방에게 주고, ② 위반 당사자가 그러한 결과를 예견하지 못하였고, 예견할 수 없었던 경우가 아니어야 하는데, 사안의 경우 乙이 인도한 물품이 부적합한 결과 甲이 납품한 丙으로부터 은수저를 제작할 수 없다는 이유로 반품을 받게 된 바, 본질적 계약위반을 구성한다.

2. 청구가 물품부적합의 통지(제39조)와 동시에 또는 그 후 합리적인 기간 내에 행하여 졌는지 여부

매수인은 협약 제38조에 따라 그 상황에서 실행가능한 단기간 내에 물품을 검사하거나 검사하게 하여야 할 의무를 부담하고, 제39조에 따라 매수인이 물품의 부적합을 발견하였거나 발견할 수 있었던 때로부터 합리적인 기간 내에 매도인에게 그 부적합한 성질을 특정하여 통지하지 아니한 경우에는, 물품의 부적합을 주장할 권리를 상실한다.

사안의 경우 甲은 을로부터 은괴를 받을 당시 하자의 성격상 하자를 즉시 발견한 것은 아니지만 제38조에 따른 검사의무를 이행하였고, 丙으로부터 은괴를 반품받자마자 하자 사실을 명시하여 乙에게 물품 부적합을 통지한 바, 제39조가 정하는 바에 따라 합리적인 기간 내에 통지하였다고 볼 수 있다.

3. 매수인이 물품을 수령한 상태와 실질적으로 동일한 상태로 그 물품을 반환할 수 있는 경우

제82조 제1항에 따라 매수인이 물품을 수령한 상태와 실질적으로 동일한 상태로 그 물품을 반환할 수 없는 경우, 매수인은 매도인에 대한 대체물인도청구권을 상실하게 되는데, 사안의 경우 乙은 丙으로부터 은괴를 반품받아 보유하고 있으므로 대체물인도청구권을 상실하지 아니한다.

Ⅲ 결론

따라서 甲은 乙에게 은괴에 대하여 대체물인도청구를 할 수 있다.

[질문 4]
협약상, 乙회사의 희토류 인도거부에 대하여 甲회사가 취할 수 있는 법적조치는 무엇인가? (30점)

Ⅰ 문제의 소재

乙회사의 인도거부에 대한 甲회사의 구제수단으로서 계약해제권 및 손해배상청구권이 문제된다.

Ⅱ 계약해제권

1. 이행기 전 계약해제권

협약 제72조 제1항은 계약의 이행기일 전에 당사자 일방이 본질적 계약위반을 할 것이 명백한 경우에는, 상대방은 계약을 해제할 수 있다고 규정하고 있고, 동조 제2항 및 3항은 계약을 해제하려고 하는 당사자는 상대방이 이행에 관하여 적절한 보장을 제공할 수 있도록 상대방에게 합리적인 통지를 하여야 하지만, 상대방이 그 의무를 이행하지 아니하겠다고 선언한 경우에는 통지를 요하지 않는다고 규정한다. 이때 본질적 계약위반인지 여부는 협약 제25조에 따라 결정된다.

사안의 경우 乙은 이행기 전 가격 인상 없이는 인도할 수 없다고 甲에게 통지하였으므로 제72조 제3항에 해당하는바, 甲은 乙에게 합리적인 통지 없이 계약을 해제할 수 있다.

2. 분할인도계약의 해제

한편, 甲과 乙의 계약은 2018. 11. 1.(1차) 은괴, 2018. 12. 1.(2차) 희토류를 인도하기로 하는 분할인도계약으로 제73조 제1항에 따르면 '물품을 분할하여 인도하는 계약에서 어느 분할부분에 관한 당사자 일방의 의무 불이행이 그 분할부분에 관하여 본질적 계약위반이 되는 경우에는, 상대방은 그 분할부분에 관하여 계약을 해제할 수 있다'고 할 것이므로 2차 인도 부분만에 대하여 계약해제가 가능하다.

Ⅲ 손해배상청구권

1. 손해배상 청구 가부

협약 제45조 제1항 나호는 매도인이 계약상 의무를 이행하지 아니하는 경우 손해배상청구를 할 수 있다고 규정하고 있으므로, 甲회사는 乙회사에 대하여 손해배상청구를 할 수 있다. 다만, 甲은 乙이 인도를 거부하자 대체거래를 하였고, 대체거래시 손해배상 산정에 대하여는 제75조가 규정하고 있으나, 제75조는 계약해제 후 대체거래한 경우에 대한 손해배상을 규정하고 있으므로 '甲이 계약을 해제하지 아니하고 대체거래'한 사안의 경우에는 적용될 수 없다. 따라서 제74조에 의하여 손해배상액이 산정되어야 한다.

2. 손해배상액

가. 계약대금과 대체거래대금과의 차액

甲은 乙과 희토류 300톤에 대하여 톤당 미화 16,000달러에 계약을 하였으나, 乙의 인도 거부로 톤당 미화 20,000달러에 대체거래를 하였으므로 그 차액만큼의 손해를 입었다고 할 것인 바, 乙은 차액인 미화 1,200,000달러를 손해배상하여야 한다.

나. 납품지연에 따른 지체상금

甲은 乙의 인도거부로 대체구매하여 거래처에 납품하면서 납품지연에 따른 지체상금 미화 50,000달러를 지급하였는데, 이는 乙의 인도거부로 인한 甲의 손해일 뿐만 아니라, 위반 당사자인 乙 역시 계약위반의 가능한 결과로서 발생할 것을 예견하거나 예견할 수 있었던 손실이라고 할 것이므로 손해배상책임을 부담한다.

Ⅳ 결론

甲은 이행기 전 희토류 인도부분에 대한 계약을 해제할 수 있고, 계약대금과 대체거래대금과의 차액 미화 1,200,000달러 및 납품 지연으로 丁에게 지급한 지체상금 미화 50,000달러에 대한 손해배상을 청구할 수 있다.

04부

부록

1. 국제사법
2. 국제물품매매계약에 관한 국제연합 협약

국제사법

[시행 2022. 7. 5.] [법률 제18670호, 2022. 1. 4., 전부개정]

제1장 총칙

제1절 목적

제1조(목적) 이 법은 외국과 관련된 요소가 있는 법률관계에 관하여 국제재판관할과 준거법(準據法)을 정함을 목적으로 한다.

제2절 국제재판관할

제2조(일반원칙) ① 대한민국 법원(이하 "법원"이라 한다)은 당사자 또는 분쟁이 된 사안이 대한민국과 실질적 관련이 있는 경우에 국제재판관할권을 가진다. 이 경우 법원은 실질적 관련의 유무를 판단할 때에 당사자 간의 공평, 재판의 적정, 신속 및 경제를 꾀한다는 국제재판관할 배분의 이념에 부합하는 합리적인 원칙에 따라야 한다.

② 이 법이나 그 밖의 대한민국 법령 또는 조약에 국제재판관할에 관한 규정이 없는 경우 법원은 국내법의 관할 규정을 참작하여 국제재판관할권의 유무를 판단하되, 제1항의 취지에 비추어 국제재판관할의 특수성을 충분히 고려하여야 한다.

제3조(일반관할) ① 대한민국에 일상거소(habitual residence)가 있는 사람에 대한 소(訴)에 관하여는 법원에 국제재판관할이 있다. 일상거소가 어느 국가에도 없거나 일상거소를 알 수 없는 사람의 거소가 대한민국에 있는 경우에도 또한 같다.

② 제1항에도 불구하고 대사(大使)·공사(公使), 그 밖에 외국의 재판권 행사대상에서 제외되는 대한민국 국민에 대한 소에 관하여는 법원에 국제재판관할이 있다.

③ 주된 사무소·영업소 또는 정관상의 본거지나 경영의 중심지가 대한민국에 있는 법인 또는 단체와 대한민국 법에 따라 설립된 법인 또는 단체에 대한 소에 관하여는 법원에 국제재판관할이 있다.

제4조(사무소·영업소 소재지 등의 특별관할) ① 대한민국에 사무소·영업소가 있는 사람·법인 또는 단체에 대한 대한민국에 있는 사무소 또는 영업소의 업무와 관련된 소는 법원에 제기할 수 있다.

② 대한민국에서 또는 대한민국을 향하여 계속적이고 조직적인 사업 또는 영업활동을 하는 사람·법인 또는 단체에 대하여 그 사업 또는 영업활동과 관련이 있는 소는 법원에 제기할 수 있다.

제5조(재산소재지의 특별관할) 재산권에 관한 소는 다음 각 호의 어느 하나에 해당하는 경우 법원에 제기할 수 있다.

1. 청구의 목적 또는 담보의 목적인 재산이 대한민국에 있는 경우
2. 압류할 수 있는 피고의 재산이 대한민국에 있는 경우. 다만, 분쟁이 된 사안이 대한민국과 아무런 관련이 없거나 근소한 관련만 있는 경우 또는 그 재산의 가액이 현저하게 적은 경우는 제외한다.

제6조(관련사건의 관할) ① 상호 밀접한 관련이 있는 여러 개의 청구 가운데 하나에 대하여 법원에 국제재판관할이 있으면 그 여러 개의 청구를 하나의 소로 법원에 제기할 수 있다.

② 공동피고 가운데 1인의 피고에 대하여 법원이 제3조에 따른 일반관할을 가지는 때에는 그

피고에 대한 청구와 다른 공동피고에 대한 청구 사이에 밀접한 관련이 있어서 모순된 재판의 위험을 피할 필요가 있는 경우에만 공동피고에 대한 소를 하나의 소로 법원에 제기할 수 있다.
③ 다음 각 호의 사건의 주된 청구에 대하여 제56조부터 제61조까지의 규정에 따라 법원에 국제재판관할이 있는 경우에는 친권자·양육자 지정, 부양료 지급 등 해당 주된 청구에 부수되는 부수적 청구에 대해서도 법원에 소를 제기할 수 있다.

1. 혼인관계 사건
2. 친생자관계 사건
3. 입양관계 사건
4. 부모·자녀 간 관계 사건
5. 부양관계 사건
6. 후견관계 사건

④ 제3항 각 호에 따른 사건의 주된 청구에 부수되는 부수적 청구에 대해서만 법원에 국제재판관할이 있는 경우에는 그 주된 청구에 대한 소를 법원에 제기할 수 없다.

제7조(반소관할) 본소(本訴)에 대하여 법원에 국제재판관할이 있고 소송절차를 현저히 지연시키지 아니하는 경우 피고는 본소의 청구 또는 방어방법과 밀접한 관련이 있는 청구를 목적으로 하는 반소(反訴)를 본소가 계속(係屬)된 법원에 제기할 수 있다.

제8조(합의관할) ① 당사자는 일정한 법률관계로 말미암은 소에 관하여 국제재판관할의 합의(이하 이 조에서 "합의"라 한다)를 할 수 있다. 다만, 합의가 다음 각 호의 어느 하나에 해당하는 경우에는 효력이 없다.

1. 합의에 따라 국제재판관할을 가지는 국가의 법(준거법의 지정에 관한 법규를 포함한다)에 따를 때 그 합의가 효력이 없는 경우
2. 합의를 한 당사자가 합의를 할 능력이 없었던 경우
3. 대한민국의 법령 또는 조약에 따를 때 합의의 대상이 된 소가 합의로 정한 국가가 아닌 다른 국가의 국제재판관할에 전속하는 경우
4. 합의의 효력을 인정하면 소가 계속된 국가의 선량한 풍속이나 그 밖의 사회질서에 명백히 위반되는 경우

② 합의는 서면[전보(電報), 전신(電信), 팩스, 전자우편 또는 그 밖의 통신수단에 의하여 교환된 전자적(電子的) 의사표시를 포함한다]으로 하여야 한다.
③ 합의로 정해진 관할은 전속적인 것으로 추정한다.
④ 합의가 당사자 간의 계약 조항의 형식으로 되어 있는 경우 계약 중 다른 조항의 효력은 합의 조항의 효력에 영향을 미치지 아니한다.
⑤ 당사자 간에 일정한 법률관계로 말미암은 소에 관하여 외국법원을 선택하는 전속적 합의가 있는 경우 법원에 그 소가 제기된 때에는 법원은 해당 소를 각하하여야 한다. 다만, 다음 각 호의 어느 하나에 해당하는 경우에는 그러하지 아니하다.

1. 합의가 제1항 각 호의 사유로 효력이 없는 경우
2. 제9조에 따라 변론관할이 발생하는 경우
3. 합의에 따라 국제재판관할을 가지는 국가의 법원이 사건을 심리하지 아니하기로 하는 경우
4. 합의가 제대로 이행될 수 없는 명백한 사정이 있는 경우

제9조(변론관할) 피고가 국제재판관할이 없음을 주장하지 아니하고 본안에 대하여 변론하거나 변론준비기일에서 진술하면 법원에 그 사건에 대한 국제재판관할이 있다.

제10조(전속관할) ① 다음 각 호의 소는 법원에만 제기할 수 있다.

1. 대한민국의 공적 장부의 등기 또는 등록에 관한 소. 다만, 당사자 간의 계약에 따른 이전이나 그 밖의 처분에 관한 소로서 등기 또는 등록의 이행을 청구하는 경우는 제외한다.
2. 대한민국 법령에 따라 설립된 법인 또는 단체의 설립 무효, 해산 또는 그 기관의 결의의 유효 또는 무효에 관한 소
3. 대한민국에 있는 부동산의 물권에 관한 소 또는 부동산의 사용을 목적으로 하는 권리로서 공적 장부에 등기나 등록이 된 것에 관한 소
4. 등록 또는 기탁에 의하여 창설되는 지식재산권이 대한민국에 등록되어 있거나 등록이 신청된 경우 그 지식재산권의 성립, 유효성 또는 소멸에 관한 소
5. 대한민국에서 재판의 집행을 하려는 경우 그 집행에 관한 소

② 대한민국의 법령 또는 조약에 따른 국제재판관할의 원칙상 외국법원의 국제재판관할에 전속하는 소에 대해서는 제3조부터 제7조까지 및 제9조를 적용하지 아니한다.

③ 제1항 각 호에 따라 법원의 전속관할에 속하는 사항이 다른 소의 선결문제가 되는 경우에는 제1항을 적용하지 아니한다.

제11조(국제적 소송경합) ① 같은 당사자 간에 외국법원에 계속 중인 사건과 동일한 소가 법원에 다시 제기된 경우에 외국법원의 재판이 대한민국에서 승인될 것으로 예상되는 때에는 법원은 직권 또는 당사자의 신청에 의하여 결정으로 소송절차를 중지할 수 있다. 다만, 다음 각 호의 어느 하나에 해당하는 경우에는 그러하지 아니하다.

1. 전속적 국제재판관할의 합의에 따라 법원에 국제재판관할이 있는 경우
2. 법원에서 해당 사건을 재판하는 것이 외국법원에서 재판하는 것보다 더 적절함이 명백한 경우

② 당사자는 제1항에 따른 법원의 중지 결정에 대해서는 즉시항고를 할 수 있다.

③ 법원은 대한민국 법령 또는 조약에 따른 승인 요건을 갖춘 외국의 재판이 있는 경우 같은 당사자 간에 그 재판과 동일한 소가 법원에 제기된 때에는 그 소를 각하하여야 한다.

④ 외국법원이 본안에 대한 재판을 하기 위하여 필요한 조치를 하지 아니하는 경우 또는 외국법원이 합리적인 기간 내에 본안에 관하여 재판을 선고하지 아니하거나 선고하지 아니할 것으로 예상되는 경우에 당사자의 신청이 있으면 법원은 제1항에 따라 중지된 사건의 심리를 계속할 수 있다.

⑤ 제1항에 따라 소송절차의 중지 여부를 결정하는 경우 소의 선후(先後)는 소를 제기한 때를 기준으로 한다.

제12조(국제재판관할권의 불행사) ① 이 법에 따라 법원에 국제재판관할이 있는 경우에도 법원이 국제재판관할권을 행사하기에 부적절하고 국제재판관할이 있는 외국법원이 분쟁을 해결하기에 더 적절하다는 예외적인 사정이 명백히 존재할 때에는 피고의 신청에 의하여 법원은 본안에 관한 최초의 변론기일 또는 변론준비기일까지 소송절차를 결정으로 중지하거나 소를 각하할 수 있다. 다만, 당사자가 합의한 국제재판관할이 법원에 있는 경우에는 그러하지 아니하다.

② 제1항 본문의 경우 법원은 소송절차를 중지하거나 소를 각하하기 전에 원고에게 진술할 기회를 주어야 한다.

③ 당사자는 제1항에 따른 법원의 중지 결정에 대해서는 즉시항고를 할 수 있다.

제13조(적용 제외) 제24조, 제56조부터 제59조까지, 제61조, 제62조, 제76조제4항 및 제89조에 따라 국제재판관할이 정하여지는 사건에는 제8조 및 제9조를 적용하지 아니한다.

제14조(보전처분의 관할) ① 보전처분에 대해서는 다음 각 호의 어느 하나에 해당하는 경우 법원에 국제재판관할이 있다.

1. 법원에 본안에 관한 국제재판관할이 있는 경우
2. 보전처분의 대상이 되는 재산이 대한민국에 있는 경우

② 제1항에도 불구하고 당사자는 긴급히 필요한 경우에는 대한민국에서만 효력을 가지는 보전처분을 법원에 신청할 수 있다.

제15조(비송사건의 관할) ① 비송사건의 국제재판관할에 관하여는 성질에 반하지 아니하는 범위에서 제2조부터 제14조까지의 규정을 준용한다.

② 비송사건의 국제재판관할은 다음 각 호의 구분에 따라 해당 규정에서 정한 바에 따른다.

1. 실종선고 등에 관한 사건: 제24조
2. 친족관계에 관한 사건: 제56조부터 제61조까지
3. 상속 및 유언에 관한 사건: 제76조
4. 선박소유자 등의 책임제한에 관한 사건: 제89조

③ 제2항 각 호에서 규정하는 경우 외에 개별 비송사건의 관할에 관하여 이 법에 다른 규정이 없는 경우에는 제2조에 따른다.

제3절 준거법

제16조(본국법) ① 당사자의 본국법에 따라야 하는 경우에 당사자가 둘 이상의 국적을 가질 때에는 그와 가장 밀접한 관련이 있는 국가의 법을 그 본국법으로 정한다. 다만, 국적 중 하나가 대한민국일 경우에는 대한민국 법을 본국법으로 한다.

② 당사자가 국적을 가지지 아니하거나 당사자의 국적을 알 수 없는 경우에는 그의 일상거소가 있는 국가의 법[이하 "일상거소지법"(日常居所地法)이라 한다]에 따르고, 일상거소를 알 수 없는 경우에는 그의 거소가 있는 국가의 법에 따른다.

③ 당사자가 지역에 따라 법을 달리하는 국가의 국적을 가질 경우에는 그 국가의 법 선택규정에 따라 지정되는 법에 따르고, 그러한 규정이 없는 경우에는 당사자와 가장 밀접한 관련이 있는 지역의 법에 따른다.

제17조(일상거소지법) 당사자의 일상거소지법에 따라야 하는 경우에 당사자의 일상거소를 알 수 없는 경우에는 그의 거소가 있는 국가의 법에 따른다.

제18조(외국법의 적용) 법원은 이 법에 따라 준거법으로 정해진 외국법의 내용을 직권으로 조사·적용하여야 하며, 이를 위하여 당사자에게 협력을 요구할 수 있다.

제19조(준거법의 범위) 이 법에 따라 준거법으로 지정되는 외국법의 규정은 공법적 성격이 있다는 이유만으로 적용이 배제되지 아니한다.

제20조(대한민국 법의 강행적 적용) 입법목적에 비추어 준거법에 관계없이 해당 법률관계에 적용되어야 하는 대한민국의 강행규정은 이 법에 따라 외국법이 준거법으로 지정되는 경우에도 적용한다.

제21조(준거법 지정의 예외) ① 이 법에 따라 지정된 준거법이 해당 법률관계와 근소한 관련이 있을 뿐이고, 그 법률관계와 가장 밀접한 관련이 있는 다른 국가의 법이 명백히 존재하는 경우에는 그 다른 국가의 법에 따른다.

② 당사자가 합의에 따라 준거법을 선택하는 경우에는 제1항을 적용하지 아니한다.

제22조(외국법에 따른 대한민국 법의 적용) ① 이 법에 따라 외국법이 준거법으로 지정된 경우에 그 국가의 법에 따라 대한민국 법이 적용되어야 할 때에는 대한민국의 법(준거법의 지정에 관한 법규는 제외한다)에 따른다.

② 다음 각 호의 어느 하나에 해당하는 경우에는 제1항을 적용하지 아니한다.

1. 당사자가 합의로 준거법을 선택하는 경우
2. 이 법에 따라 계약의 준거법이 지정되는 경우
3. 제73조에 따라 부양의 준거법이 지정되는 경우
4. 제78조제3항에 따라 유언의 방식의 준거법이 지정되는 경우
5. 제94조에 따라 선적국법이 지정되는 경우
6. 그 밖에 제1항을 적용하는 것이 이 법의 준거법 지정 취지에 반하는 경우

제23조(사회질서에 반하는 외국법의 규정) 외국법에 따라야 하는 경우에 그 규정의 적용이 대한민국의 선량한 풍속이나 그 밖의 사회질서에 명백히 위반될 때에는 그 규정을 적용하지 아니한다.

제2장 사람

제1절 국제재판관할

제24조(실종선고 등 사건의 특별관할) ① 실종선고에 관한 사건에 대해서는 다음 각 호의 어느 하나에 해당하는 경우 법원에 국제재판관할이 있다.

1. 부재자가 대한민국 국민인 경우
2. 부재자의 마지막 일상거소가 대한민국에 있는 경우
3. 부재자의 재산이 대한민국에 있거나 대한민국 법에 따라야 하는 법률관계가 있는 경우. 다만, 그 재산 및 법률관계에 관한 부분으로 한정한다.
4. 그 밖에 정당한 사유가 있는 경우

② 부재자 재산관리에 관한 사건에 대해서는 부재자의 마지막 일상거소 또는 재산이 대한민국에 있는 경우 법원에 국제재판관할이 있다.

제25조(사원 등에 대한 소의 특별관할) 법원이 제3조제3항에 따른 국제재판관할을 가지는 경우 다음 각 호의 소는 법원에 제기할 수 있다.

1. 법인 또는 단체가 그 사원 또는 사원이었던 사람에 대하여 소를 제기하는 경우로서 그 소가 사원의 자격으로 말미암은 것인 경우
2. 법인 또는 단체의 사원이 다른 사원 또는 사원이었던 사람에 대하여 소를 제기하는 경우로서 그 소가 사원의 자격으로 말미암은 것인 경우
3. 법인 또는 단체의 사원이었던 사람이 법인·단체의 사원에 대하여 소를 제기하는 경우로서 그 소가 사원의 자격으로 말미암은 것인 경우

제2절 준거법

제26조(권리능력) 사람의 권리능력은 그의 본국법에 따른다.

제27조(실종과 부재) ① 실종선고 및 부재자 재산관리는 실종자 또는 부재자의 본국법에 따른다.

② 제1항에도 불구하고 외국인에 대하여 법원이 실종선고나 그 취소 또는 부재자 재산관리의 재판을 하는 경우에는 대한민국 법에 따른다.

제28조(행위능력) ① 사람의 행위능력은 그의 본국법에 따른다. 행위능력이 혼인에 의하여 확대되는 경우에도 또한 같다.

② 이미 취득한 행위능력은 국적의 변경에 의하여 상실되거나 제한되지 아니한다.

제29조(거래보호) ① 법률행위를 한 사람과 상대방이 법률행위의 성립 당시 동일한 국가에 있는 경우에 그 행위자가 그의 본국법에 따르면 무능력자이더라도 법률행위가 있었던 국가의 법에 따라 능력자인 때에는 그의 무능력을 주장할 수 없다. 다만, 상대방이 법률행위 당시 그의 무능력을 알았거나 알 수 있었을 경우에는 그러하지 아니하다.

② 제1항은 친족법 또는 상속법의 규정에 따른 법률행위 및 행위지 외의 국가에 있는 부동산에 관한 법률행위에는 이를 적용하지 아니한다.

제30조(법인 및 단체) 법인 또는 단체는 그 설립의 준거법에 따른다. 다만, 외국에서 설립된

법인 또는 단체가 대한민국에 주된 사무소가 있거나 대한민국에서 주된 사업을 하는 경우에는 대한민국 법에 따른다.

제3장 법률행위

제31조(법률행위의 방식) ① 법률행위의 방식은 그 행위의 준거법에 따른다.
② 행위지법에 따라 한 법률행위의 방식은 제1항에도 불구하고 유효하다.
③ 당사자가 계약체결 시 서로 다른 국가에 있을 때에는 그 국가 중 어느 한 국가의 법에서 정한 법률행위의 방식에 따를 수 있다.
④ 대리인에 의한 법률행위의 경우에는 대리인이 있는 국가를 기준으로 행위지법을 정한다.
⑤ 제2항부터 제4항까지의 규정은 물권이나 그 밖에 등기하여야 하는 권리를 설정하거나 처분하는 법률행위의 방식에는 적용하지 아니한다.

제32조(임의대리) ① 본인과 대리인 간의 관계는 당사자 간의 법률관계의 준거법에 따른다.
② 대리인의 행위로 인하여 본인이 제3자에 대하여 의무를 부담하는지 여부는 대리인의 영업소가 있는 국가의 법에 따르며, 대리인의 영업소가 없거나 영업소가 있더라도 제3자가 알 수 없는 경우에는 대리인이 실제로 대리행위를 한 국가의 법에 따른다.
③ 대리인이 본인과 근로계약 관계에 있고, 그의 영업소가 없는 경우에는 본인의 주된 영업소를 그의 영업소로 본다.
④ 본인은 제2항 및 제3항에도 불구하고 대리의 준거법을 선택할 수 있다. 다만, 준거법의 선택은 대리권을 증명하는 서면에 명시되거나 본인 또는 대리인이 제3자에게 서면으로 통지한 경우에만 그 효력이 있다.
⑤ 대리권이 없는 대리인과 제3자 간의 관계에 관하여는 제2항을 준용한다.

제4장 물권

제33조(물권) ① 동산 및 부동산에 관한 물권 또는 등기하여야 하는 권리는 그 동산·부동산의 소재지법에 따른다.
② 제1항에 규정된 권리의 취득·상실·변경은 그 원인된 행위 또는 사실의 완성 당시 그 동산·부동산의 소재지법에 따른다.

제34조(운송수단) 항공기에 관한 물권은 그 항공기의 국적이 소속된 국가의 법에 따르고, 철도차량에 관한 물권은 그 철도차량의 운행을 허가한 국가의 법에 따른다.

제35조(무기명증권) 무기명증권에 관한 권리의 취득·상실·변경은 그 원인된 행위 또는 사실의 완성 당시 그 무기명증권의 소재지법에 따른다.

제36조(이동 중인 물건) 이동 중인 물건에 관한 물권의 취득·상실·변경은 그 목적지가 속하는 국가의 법에 따른다.

제37조(채권 등에 대한 약정담보물권) 채권·주식, 그 밖의 권리 또는 이를 표창하는 유가증권을 대상으로 하는 약정담보물권은 담보대상인 권리의 준거법에 따른다. 다만, 무기명증권을 대상으로 하는 약정담보물권은 제35조에 따른다.

제5장 지식재산권

제1절 국제재판관할

제38조(지식재산권 계약에 관한 소의 특별관할) ① 지식재산권의 양도, 담보권 설정, 사용허락 등의 계약에 관한 소는 다음 각 호의 어느 하나에 해당하는 경우 법원에 제기할 수 있다.

1. 지식재산권이 대한민국에서 보호되거나 사용 또는 행사되는 경우
2. 지식재산권에 관한 권리가 대한민국에서 등록되는 경우

② 제1항에 따른 국제재판관할이 적용되는 소에는 제41조를 적용하지 아니한다.

제39조(지식재산권 침해에 관한 소의 특별관할) ① 지식재산권 침해에 관한 소는 다음 각 호의 어느 하나에 해당하는 경우 법원에 제기

할 수 있다. 다만, 이 경우 대한민국에서 발생한 결과에 한정한다.

1. 침해행위를 대한민국에서 한 경우
2. 침해의 결과가 대한민국에서 발생한 경우
3. 침해행위를 대한민국을 향하여 한 경우

② 제1항에 따라 소를 제기하는 경우 제6조제1항을 적용하지 아니한다.

③ 제1항 및 제2항에도 불구하고 지식재산권에 대한 주된 침해행위가 대한민국에서 일어난 경우에는 외국에서 발생하는 결과를 포함하여 침해행위로 인한 모든 결과에 관한 소를 법원에 제기할 수 있다.

④ 제1항 및 제3항에 따라 소를 제기하는 경우 제44조를 적용하지 아니한다.

제2절 준거법

제40조(지식재산권의 보호) 지식재산권의 보호는 그 침해지법에 따른다.

제6장 채권

제1절 국제재판관할

제41조(계약에 관한 소의 특별관할) ① 계약에 관한 소는 다음 각 호의 어느 하나에 해당하는 곳이 대한민국에 있는 경우 법원에 제기할 수 있다.

1. 물품공급계약의 경우에는 물품인도지
2. 용역제공계약의 경우에는 용역제공지
3. 물품인도지와 용역제공지가 복수이거나 물품공급과 용역제공을 함께 목적으로 하는 계약의 경우에는 의무의 주된 부분의 이행지

② 제1항에서 정한 계약 외의 계약에 관한 소는 청구의 근거인 의무가 이행된 곳 또는 그 의무가 이행되어야 할 곳으로 계약당사자가 합의한 곳이 대한민국에 있는 경우 법원에 제기할 수 있다.

제42조(소비자계약의 관할) ① 소비자가 자신의 직업 또는 영업활동 외의 목적으로 체결하는 계약으로서 다음 각 호의 어느 하나에 해당하는 경우 대한민국에 일상거소가 있는 소비자는 계약의 상대방(직업 또는 영업활동으로 계약을 체결하는 자를 말한다. 이하 "사업자"라 한다)에 대하여 법원에 소를 제기할 수 있다.

1. 사업자가 계약체결에 앞서 소비자의 일상거소가 있는 국가(이하 "일상거소지국"이라 한다)에서 광고에 의한 거래 권유 등 직업 또는 영업활동을 행하거나 소비자의 일상거소지국 외의 지역에서 소비자의 일상거소지국을 향하여 광고에 의한 거래의 권유 등 직업 또는 영업활동을 행하고 그 계약이 사업자의 직업 또는 영업활동의 범위에 속하는 경우
2. 사업자가 소비자의 일상거소지국에서 소비자의 주문을 받은 경우
3. 사업자가 소비자로 하여금 소비자의 일상거소지국이 아닌 국가에 가서 주문을 하도록 유도한 경우

② 제1항에 따른 계약(이하 "소비자계약"이라 한다)의 경우에 소비자의 일상거소가 대한민국에 있는 경우에는 사업자가 소비자에 대하여 제기하는 소는 법원에만 제기할 수 있다.

③ 소비자계약의 당사자 간에 제8조에 따른 국제재판관할의 합의가 있을 때 그 합의는 다음 각 호의 어느 하나에 해당하는 경우에만 효력이 있다.

1. 분쟁이 이미 발생한 후 국제재판관할의 합의를 한 경우
2. 국제재판관할의 합의에서 법원 외에 외국법원에도 소비자가 소를 제기할 수 있도록 한 경우

제43조(근로계약의 관할) ① 근로자가 대한민국에서 일상적으로 노무를 제공하거나 최후로 일상적 노무를 제공한 경우에는 사용자에 대한

근로계약에 관한 소를 법원에 제기할 수 있다. 근로자가 일상적으로 대한민국에서 노무를 제공하지 아니하거나 아니하였던 경우에 사용자가 그를 고용한 영업소가 대한민국에 있거나 있었을 때에도 또한 같다.

② 사용자가 근로자에 대하여 제기하는 근로계약에 관한 소는 근로자의 일상거소가 대한민국에 있거나 근로자가 대한민국에서 일상적으로 노무를 제공하는 경우에는 법원에만 제기할 수 있다.

③ 근로계약의 당사자 간에 제8조에 따른 국제재판관할의 합의가 있을 때 그 합의는 다음 각 호의 어느 하나에 해당하는 경우에만 효력이 있다.

1. 분쟁이 이미 발생한 경우
2. 국제재판관할의 합의에서 법원 외에 외국법원에도 근로자가 소를 제기할 수 있도록 한 경우

제44조(불법행위에 관한 소의 특별관할) 불법행위에 관한 소는 그 행위가 대한민국에서 행하여지거나 대한민국을 향하여 행하여지는 경우 또는 대한민국에서 그 결과가 발생하는 경우 법원에 제기할 수 있다. 다만, 불법행위의 결과가 대한민국에서 발생할 것을 예견할 수 없었던 경우에는 그러하지 아니하다.

제2절 준거법

제45조(당사자 자치) ① 계약은 당사자가 명시적 또는 묵시적으로 선택한 법에 따른다. 다만, 묵시적인 선택은 계약내용이나 그 밖의 모든 사정으로부터 합리적으로 인정할 수 있는 경우로 한정한다.

② 당사자는 계약의 일부에 관하여도 준거법을 선택할 수 있다.

③ 당사자는 합의에 의하여 이 조 또는 제46조에 따른 준거법을 변경할 수 있다. 다만, 계약체결 후 이루어진 준거법의 변경은 계약 방식의 유효 여부와 제3자의 권리에 영향을 미치지 아니한다.

④ 모든 요소가 오로지 한 국가와 관련이 있음에도 불구하고 당사자가 그 외의 다른 국가의 법을 선택한 경우에 관련된 국가의 강행규정은 적용이 배제되지 아니한다.

⑤ 준거법 선택에 관한 당사자 간 합의의 성립 및 유효성에 관하여는 제49조를 준용한다.

제46조(준거법 결정 시의 객관적 연결) ① 당사자가 준거법을 선택하지 아니한 경우에 계약은 그 계약과 가장 밀접한 관련이 있는 국가의 법에 따른다.

② 당사자가 계약에 따라 다음 각 호의 어느 하나에 해당하는 이행을 하여야 하는 경우에는 계약체결 당시 그의 일상거소가 있는 국가의 법(당사자가 법인 또는 단체인 경우에는 주된 사무소가 있는 국가의 법을 말한다)이 가장 밀접한 관련이 있는 것으로 추정한다. 다만, 계약이 당사자의 직업 또는 영업활동으로 체결된 경우에는 당사자의 영업소가 있는 국가의 법이 가장 밀접한 관련이 있는 것으로 추정한다.

1. 양도계약의 경우에는 양도인의 이행
2. 이용계약의 경우에는 물건 또는 권리를 이용하도록 하는 당사자의 이행
3. 위임·도급계약 및 이와 유사한 용역제공계약의 경우에는 용역의 이행

③ 부동산에 대한 권리를 대상으로 하는 계약의 경우에는 부동산이 있는 국가의 법이 가장 밀접한 관련이 있는 것으로 추정한다.

제47조(소비자계약) ① 소비자계약의 당사자가 준거법을 선택하더라도 소비자의 일상거소가 있는 국가의 강행규정에 따라 소비자에게 부여되는 보호를 박탈할 수 없다.

② 소비자계약의 당사자가 준거법을 선택하지 아니한 경우에는 제46조에도 불구하고 소비자의 일상거소지법에 따른다.

③ 소비자계약의 방식은 제31조제1항부터 제3

항까지의 규정에도 불구하고 소비자의 일상거소지법에 따른다.

제48조(근로계약) ① 근로계약의 당사자가 준거법을 선택하더라도 제2항에 따라 지정되는 준거법 소속 국가의 강행규정에 따라 근로자에게 부여되는 보호를 박탈할 수 없다.

② 근로계약의 당사자가 준거법을 선택하지 아니한 경우 근로계약은 제46조에도 불구하고 근로자가 일상적으로 노무를 제공하는 국가의 법에 따르며, 근로자가 일상적으로 어느 한 국가 안에서 노무를 제공하지 아니하는 경우에는 사용자가 근로자를 고용한 영업소가 있는 국가의 법에 따른다.

제49조(계약의 성립 및 유효성) ① 계약의 성립 및 유효성은 그 계약이 유효하게 성립하였을 경우 이 법에 따라 적용되어야 하는 준거법에 따라 판단한다.

② 제1항에 따른 준거법에 따라 당사자의 행위의 효력을 판단하는 것이 모든 사정에 비추어 명백히 부당한 경우에는 그 당사자는 계약에 동의하지 아니하였음을 주장하기 위하여 그의 일상거소지법을 원용할 수 있다.

제50조(사무관리) ① 사무관리는 그 관리가 행하여진 곳의 법에 따른다. 다만, 사무관리가 당사자 간의 법률관계에 근거하여 행하여진 경우에는 그 법률관계의 준거법에 따른다.

② 다른 사람의 채무를 변제함으로써 발생하는 청구권은 그 채무의 준거법에 따른다.

제51조(부당이득) 부당이득은 그 이득이 발생한 곳의 법에 따른다. 다만, 부당이득이 당사자 간의 법률관계에 근거한 이행으로부터 발생한 경우에는 그 법률관계의 준거법에 따른다.

제52조(불법행위) ① 불법행위는 그 행위를 하거나 그 결과가 발생하는 곳의 법에 따른다.

② 불법행위를 한 당시 동일한 국가 안에 가해자와 피해자의 일상거소가 있는 경우에는 제1항에도 불구하고 그 국가의 법에 따른다.

③ 가해자와 피해자 간에 존재하는 법률관계가 불법행위에 의하여 침해되는 경우에는 제1항 및 제2항에도 불구하고 그 법률관계의 준거법에 따른다.

④ 제1항부터 제3항까지의 규정에 따라 외국법이 적용되는 경우에 불법행위로 인한 손해배상청구권은 그 성질이 명백히 피해자의 적절한 배상을 위한 것이 아니거나 그 범위가 본질적으로 피해자의 적절한 배상을 위하여 필요한 정도를 넘을 때에는 인정하지 아니한다.

제53조(준거법에 관한 사후적 합의) 당사자는 제50조부터 제52조까지의 규정에도 불구하고 사무관리·부당이득·불법행위가 발생한 후 합의에 의하여 대한민국 법을 그 준거법으로 선택할 수 있다. 다만, 그로 인하여 제3자의 권리에 영향을 미치지 아니한다.

제54조(채권의 양도 및 채무의 인수) ① 채권의 양도인과 양수인 간의 법률관계는 당사자 간의 계약의 준거법에 따른다. 다만, 채권의 양도가능성, 채무자 및 제3자에 대한 채권양도의 효력은 양도되는 채권의 준거법에 따른다.

② 채무인수에 관하여는 제1항을 준용한다.

제55조(법률에 따른 채권의 이전) ① 법률에 따른 채권의 이전은 그 이전의 원인이 된 구(舊)채권자와 신(新)채권자 간의 법률관계의 준거법에 따른다. 다만, 이전되는 채권의 준거법에 채무자 보호를 위한 규정이 있는 경우에는 그 규정이 적용된다.

② 제1항과 같은 법률관계가 존재하지 아니하는 경우에는 이전되는 채권의 준거법에 따른다.

제7장 친족

제1절 국제재판관할

제56조(혼인관계에 관한 사건의 특별관할) ① 혼인관계에 관한 사건에 대해서는 다음 각 호의 어느 하나에 해당하는 경우 법원에 국제재

판관할이 있다.

1. 부부 중 한쪽의 일상거소가 대한민국에 있고 부부의 마지막 공동 일상거소가 대한민국에 있었던 경우
2. 원고와 미성년 자녀 전부 또는 일부의 일상거소가 대한민국에 있는 경우
3. 부부 모두가 대한민국 국민인 경우
4. 대한민국 국민으로서 대한민국에 일상거소를 둔 원고가 혼인관계 해소만을 목적으로 제기하는 사건의 경우

② 부부 모두를 상대로 하는 혼인관계에 관한 사건에 대해서는 다음 각 호의 어느 하나에 해당하는 경우 법원에 국제재판관할이 있다.

1. 부부 중 한쪽의 일상거소가 대한민국에 있는 경우
2. 부부 중 한쪽이 사망한 때에는 생존한 다른 한쪽의 일상거소가 대한민국에 있는 경우
3. 부부 모두가 사망한 때에는 부부 중 한쪽의 마지막 일상거소가 대한민국에 있었던 경우
4. 부부 모두가 대한민국 국민인 경우

제57조(친생자관계에 관한 사건의 특별관할) 친생자관계의 성립 및 해소에 관한 사건에 대해서는 다음 각 호의 어느 하나에 해당하는 경우 법원에 국제재판관할이 있다.

1. 자녀의 일상거소가 대한민국에 있는 경우
2. 자녀와 피고가 되는 부모 중 한쪽이 대한민국 국민인 경우

제58조(입양관계에 관한 사건의 특별관할) ① 입양의 성립에 관한 사건에 대해서는 양자가 되려는 사람 또는 양친이 되려는 사람의 일상거소가 대한민국에 있는 경우 법원에 국제재판관할이 있다.

② 양친자관계의 존부확인, 입양의 취소 또는 파양(罷養)에 관한 사건에 관하여는 제57조를 준용한다.

제59조(부모·자녀 간의 법률관계 등에 관한 사건의 특별관할) 미성년인 자녀 등에 대한 친권, 양육권 및 면접교섭권에 관한 사건에 대해서는 다음 각 호의 어느 하나에 해당하는 경우 법원에 국제재판관할이 있다.

1. 자녀의 일상거소가 대한민국에 있는 경우
2. 부모 중 한쪽과 자녀가 대한민국 국민인 경우

제60조(부양에 관한 사건의 관할) ① 부양에 관한 사건에 대해서는 부양권리자의 일상거소가 대한민국에 있는 경우 법원에 국제재판관할이 있다.

② 당사자가 부양에 관한 사건에 대하여 제8조에 따라 국제재판관할의 합의를 하는 경우 다음 각 호의 어느 하나에 해당하면 합의의 효력이 없다.

1. 부양권리자가 미성년자이거나 피후견인인 경우. 다만, 해당 합의에서 미성년자이거나 피후견인인 부양권리자에게 법원 외에 외국법원에도 소를 제기할 수 있도록 한 경우는 제외한다.
2. 합의로 지정된 국가가 사안과 아무런 관련이 없거나 근소한 관련만 있는 경우

③ 부양에 관한 사건이 다음 각 호의 어느 하나에 해당하는 경우에는 제9조를 적용하지 아니한다.

1. 부양권리자가 미성년자이거나 피후견인인 경우
2. 대한민국이 사안과 아무런 관련이 없거나 근소한 관련만 있는 경우

제61조(후견에 관한 사건의 특별관할) ① 성년인 사람의 후견에 관한 사건에 대해서는 다음 각 호의 어느 하나에 해당하는 경우 법원에 국제재판관할이 있다.

1. 피후견인(피후견인이 될 사람을 포함한다. 이하 같다)의 일상거소가 대한민국에 있는 경우

2. 피후견인이 대한민국 국민인 경우
3. 피후견인의 재산이 대한민국에 있고 피후견인을 보호하여야 할 필요가 있는 경우

② 미성년자의 후견에 관한 사건에 대해서는 다음 각 호의 어느 하나에 해당하는 경우 법원에 국제재판관할이 있다.

1. 미성년자의 일상거소가 대한민국에 있는 경우
2. 미성년자의 재산이 대한민국에 있고 미성년자를 보호하여야 할 필요가 있는 경우

제62조(가사조정사건의 관할) 제56조부터 제61조까지의 규정에 따라 법원에 국제재판관할이 있는 사건의 경우에는 그 조정사건에 대해서도 법원에 국제재판관할이 있다.

제2절 준거법

제63조(혼인의 성립) ① 혼인의 성립요건은 각 당사자에 관하여 그 본국법에 따른다.

② 혼인의 방식은 혼인을 한 곳의 법 또는 당사자 중 한쪽의 본국법에 따른다. 다만, 대한민국에서 혼인을 하는 경우에 당사자 중 한쪽이 대한민국 국민인 때에는 대한민국 법에 따른다.

제64조(혼인의 일반적 효력) 혼인의 일반적 효력은 다음 각 호의 법의 순위에 따른다.

1. 부부의 동일한 본국법
2. 부부의 동일한 일상거소지법
3. 부부와 가장 밀접한 관련이 있는 곳의 법

제65조(부부재산제) ① 부부재산제에 관하여는 제64조를 준용한다.

② 부부가 합의에 의하여 다음 각 호의 어느 하나에 해당하는 법을 선택한 경우 부부재산제는 제1항에도 불구하고 그 법에 따른다. 다만, 그 합의는 날짜와 부부의 기명날인 또는 서명이 있는 서면으로 작성된 경우에만 그 효력이 있다.

1. 부부 중 한쪽이 국적을 가지는 법
2. 부부 중 한쪽의 일상거소지법
3. 부동산에 관한 부부재산제에 대해서는 그 부동산의 소재지법

③ 대한민국에서 행한 법률행위 및 대한민국에 있는 재산에 관하여는 외국법에 따른 부부재산제로써 선의의 제3자에게 대항할 수 없다. 이 경우 외국법에 따를 수 없을 때에 제3자와의 관계에서 부부재산제는 대한민국 법에 따른다.

④ 제3항에도 불구하고 외국법에 따라 체결된 부부재산계약을 대한민국에서 등기한 경우에는 제3자에게 대항할 수 있다.

제66조(이혼) 이혼에 관하여는 제64조를 준용한다. 다만, 부부 중 한쪽이 대한민국에 일상거소가 있는 대한민국 국민인 경우 이혼은 대한민국 법에 따른다.

제67조(혼인 중의 부모·자녀관계) ① 혼인 중의 부모·자녀관계의 성립은 자녀의 출생 당시 부부 중 한쪽의 본국법에 따른다.

② 제1항의 경우에 남편이 자녀의 출생 전에 사망한 때에는 남편의 사망 당시 본국법을 그의 본국법으로 본다.

제68조(혼인 외의 부모·자녀관계) ① 혼인 외의 부모·자녀관계의 성립은 자녀의 출생 당시 어머니의 본국법에 따른다. 다만, 아버지와 자녀 간의 관계의 성립은 자녀의 출생 당시 아버지의 본국법 또는 현재 자녀의 일상거소지법에 따를 수 있다.

② 인지는 제1항에서 정하는 법 외에 인지 당시 인지자의 본국법에 따를 수 있다.

③ 제1항의 경우에 아버지가 자녀의 출생 전에 사망한 때에는 사망 당시 본국법을 그의 본국법으로 보고, 제2항의 경우에 인지자가 인지 전에 사망한 때에는 사망 당시 본국법을 그의 본국법으로 본다.

제69조(혼인 외의 출생자) ① 혼인 외의 출생자가 혼인 중의 출생자로 그 지위가 변동되는 경우에 관하여는 그 요건인 사실의 완성 당시 아버지 또는 어머니의 본국법 또는 자녀의 일상거소지법에 따른다.

② 제1항의 경우에 아버지 또는 어머니가 그 요건인 사실이 완성되기 전에 사망한 때에는 아버지 또는 어머니의 사망 당시 본국법을 그의 본국법으로 본다.

제70조(입양 및 파양) 입양 및 파양은 입양 당시 양부모의 본국법에 따른다.

제71조(동의) 제68조부터 제70조까지의 규정에 따른 부모·자녀관계의 성립에 관하여 자녀의 본국법이 자녀 또는 제3자의 승낙이나 동의 등을 요건으로 할 때에는 그 요건도 갖추어야 한다.

제72조(부모·자녀 간의 법률관계) 부모·자녀 간의 법률관계는 부모와 자녀의 본국법이 모두 동일한 경우에는 그 법에 따르고, 그 외의 경우에는 자녀의 일상거소지법에 따른다.

제73조(부양) ① 부양의 의무는 부양권리자의 일상거소지법에 따른다. 다만, 그 법에 따르면 부양권리자가 부양의무자로부터 부양을 받을 수 없을 때에는 당사자의 공통 본국법에 따른다.

② 대한민국에서 이혼이 이루어지거나 승인된 경우에 이혼한 당사자 간의 부양의무는 제1항에도 불구하고 그 이혼에 관하여 적용된 법에 따른다.

③ 방계혈족 간 또는 인척 간의 부양의무와 관련하여 부양의무자는 부양권리자의 청구에 대하여 당사자의 공통 본국법에 따라 부양의무가 없다는 주장을 할 수 있으며, 그러한 법이 없을 때에는 부양의무자의 일상거소지법에 따라 부양의무가 없다는 주장을 할 수 있다.

④ 부양권리자와 부양의무자가 모두 대한민국 국민이고, 부양의무자가 대한민국에 일상거소가 있는 경우에는 대한민국 법에 따른다.

제74조(그 밖의 친족관계) 친족관계의 성립 및 친족관계에서 발생하는 권리의무에 관하여 이 법에 특별한 규정이 없는 경우에는 각 당사자의 본국법에 따른다.

제75조(후견) ① 후견은 피후견인의 본국법에 따른다.

② 법원이 제61조에 따라 성년 또는 미성년자인 외국인의 후견사건에 관한 재판을 하는 때에는 제1항에도 불구하고 다음 각 호의 어느 하나에 해당하는 경우 대한민국 법에 따른다.

1. 피후견인의 본국법에 따른 후견개시의 원인이 있더라도 그 후견사무를 수행할 사람이 없거나, 후견사무를 수행할 사람이 있더라도 후견사무를 수행할 수 없는 경우
2. 대한민국에서 후견개시의 심판(임의후견감독인선임 심판을 포함한다)을 하였거나 하는 경우
3. 피후견인의 재산이 대한민국에 있고 피후견인을 보호하여야 할 필요가 있는 경우

제8장 상속

제1절 국제재판관할

제76조(상속 및 유언에 관한 사건의 관할) ① 상속에 관한 사건에 대해서는 다음 각 호의 어느 하나에 해당하는 경우 법원에 국제재판관할이 있다.

1. 피상속인의 사망 당시 일상거소가 대한민국에 있는 경우. 피상속인의 일상거소가 어느 국가에도 없거나 이를 알 수 없고 그의 마지막 일상거소가 대한민국에 있었던 경우에도 또한 같다.

2. 대한민국에 상속재산이 있는 경우. 다만, 그 상속재산의 가액이 현저하게 적은 경우에는 그러하지 아니하다.

② 당사자가 상속에 관한 사건에 대하여 제8조에 따라 국제재판관할의 합의를 하는 경우에 다음 각 호의 어느 하나에 해당하면 합의의 효력이 없다.

1. 당사자가 미성년자이거나 피후견인인 경우. 다만, 해당 합의에서 미성년자이거나 피후견인인 당사자에게 법원 외에 외국법원에도 소를 제기하는 것을 허용하는 경우는 제외한다.

2. 합의로 지정된 국가가 사안과 아무런 관련이 없거나 근소한 관련만 있는 경우

③ 상속에 관한 사건이 다음 각 호의 어느 하나에 해당하는 경우에는 제9조를 적용하지 아니한다.

1. 당사자가 미성년자이거나 피후견인인 경우
2. 대한민국이 사안과 아무런 관련이 없거나 근소한 관련만 있는 경우

④ 유언에 관한 사건은 유언자의 유언 당시 일상거소가 대한민국에 있거나 유언의 대상이 되는 재산이 대한민국에 있는 경우 법원에 국제재판관할이 있다.

⑤ 제1항에 따라 법원에 국제재판관할이 있는 사건의 경우에는 그 조정사건에 관하여도 법원에 국제재판관할이 있다.

제2절 준거법

제77조(상속) ① 상속은 사망 당시 피상속인의 본국법에 따른다.

② 피상속인이 유언에 적용되는 방식에 의하여 명시적으로 다음 각 호의 어느 하나에 해당하는 법을 지정할 때에는 상속은 제1항에도 불구하고 그 법에 따른다.

1. 지정 당시 피상속인의 일상거소지법. 다만, 그 지정은 피상속인이 사망 시까지 그 국가에 일상거소를 유지한 경우에만 효력이 있다.
2. 부동산에 관한 상속에 대해서는 그 부동산의 소재지법

제78조(유언) ① 유언은 유언 당시 유언자의 본국법에 따른다.

② 유언의 변경 또는 철회는 그 당시 유언자의 본국법에 따른다.

③ 유언의 방식은 다음 각 호의 어느 하나의 법에 따른다.

1. 유언자가 유언 당시 또는 사망 당시 국적을 가지는 국가의 법
2. 유언자의 유언 당시 또는 사망 당시 일상거소지법
3. 유언 당시 행위지법
4. 부동산에 관한 유언의 방식에 대해서는 그 부동산의 소재지법

제9장 어음·수표

제1절 국제재판관할

제79조(어음·수표에 관한 소의 특별관할) 어음·수표에 관한 소는 어음·수표의 지급지가 대한민국에 있는 경우 법원에 제기할 수 있다.

제2절 준거법

제80조(행위능력) ① 환어음, 약속어음 및 수표에 의하여 채무를 부담하는 자의 능력은 그의 본국법에 따른다. 다만, 그 국가의 법이 다른 국가의 법에 따르도록 정한 경우에는 그 다른 국가의 법에 따른다.

② 제1항에 따르면 능력이 없는 자라 할지라도 다른 국가에서 서명을 하고 그 국가의 법에 따라 능력이 있을 때에는 그 채무를 부담할 수 있는 능력이 있는 것으로 본다.

제81조(수표지급인의 자격) ① 수표지급인이 될 수 있는 자의 자격은 지급지법에 따른다.

② 지급지법에 따르면 지급인이 될 수 없는 자를 지급인으로 하여 수표가 무효인 경우에도 동일한 규정이 없는 다른 국가에서 한 서명으로부터 생긴 채무의 효력에는 영향을 미치지 아니한다.

제82조(방식) ① 환어음·약속어음의 어음행위 및 수표행위의 방식은 서명지법에 따른다. 다만, 수표행위의 방식은 지급지법에 따를 수 있다.

② 제1항에서 정한 법에 따를 때 행위가 무효인 경우에도 그 후 행위지법에 따라 행위가 적법한 때에는 그 전 행위의 무효는 그 후 행위의 효력에 영향을 미치지 아니한다.

③ 대한민국 국민이 외국에서 한 환어음·약속

어음의 어음행위 및 수표행위의 방식이 행위지법에 따르면 무효인 경우에도 대한민국 법에 따라 적법한 때에는 다른 대한민국 국민에 대하여 효력이 있다.

제83조(효력) ① 환어음의 인수인과 약속어음의 발행인의 채무는 지급지법에 따르고, 수표로부터 생긴 채무는 서명지법에 따른다.

② 제1항에 규정된 자 외의 자의 환어음·약속어음에 의한 채무는 서명지법에 따른다.

③ 환어음, 약속어음 및 수표의 상환청구권을 행사하는 기간은 모든 서명자에 대하여 발행지법에 따른다.

제84조(원인채권의 취득) 어음의 소지인이 그 발행의 원인이 되는 채권을 취득하는지 여부는 어음의 발행지법에 따른다.

제85조(일부인수 및 일부지급) ① 환어음의 인수를 어음 금액의 일부로 제한할 수 있는지 여부 및 소지인이 일부지급을 수락할 의무가 있는지 여부는 지급지법에 따른다.

② 약속어음의 지급에 관하여는 제1항을 준용한다.

제86조(권리의 행사·보전을 위한 행위의 방식) 환어음, 약속어음 및 수표에 관한 거절증서의 방식, 그 작성기간 및 환어음, 약속어음 및 수표상의 권리의 행사 또는 보전에 필요한 그 밖의 행위의 방식은 거절증서를 작성하여야 하는 곳 또는 그 밖의 행위를 행하여야 하는 곳의 법에 따른다.

제87조(상실·도난) 환어음, 약속어음 및 수표의 상실 또는 도난의 경우에 수행하여야 하는 절차는 지급지법에 따른다.

제88조(수표의 지급지법) 수표에 관한 다음 각 호의 사항은 수표의 지급지법에 따른다.

1. 수표가 일람출급(一覽出給)이 필요한지 여부, 일람 후 정기출급으로 발행할 수 있는지 여부 및 선일자수표(先日字手標)의 효력
2. 제시기간
3. 수표에 인수, 지급보증, 확인 또는 사증을 할 수 있는지 여부 및 그 기재의 효력
4. 소지인이 일부지급을 청구할 수 있는지 여부 및 일부지급을 수락할 의무가 있는지 여부
5. 수표에 횡선을 표시할 수 있는지 여부 및 수표에 "계산을 위하여"라는 문구 또는 이와 동일한 뜻이 있는 문구의 기재의 효력. 다만, 수표의 발행인 또는 소지인이 수표면에 "계산을 위하여"라는 문구 또는 이와 동일한 뜻이 있는 문구를 기재하여 현금의 지급을 금지한 경우에 그 수표가 외국에서 발행되고 대한민국에서 지급하여야 하는 것은 일반횡선수표의 효력이 있다.
6. 소지인이 수표자금에 대하여 특별한 권리를 가지는지 여부 및 그 권리의 성질
7. 발행인이 수표의 지급위탁을 취소할 수 있는지 여부 및 지급정지를 위한 절차를 수행할 수 있는지 여부
8. 배서인, 발행인, 그 밖의 채무자에 대한 상환청구권 보전을 위하여 거절증서 또는 이와 동일한 효력을 가지는 선언이 필요한지 여부

제10장 해상

제1절 국제재판관할

제89조(선박소유자등의 책임제한사건의 관할) 선박소유자·용선자(傭船者)·선박관리인·선박운항자, 그 밖의 선박사용인(이하 "선박소유자등"이라 한다)의 책임제한사건에 대해서는 다음 각 호의 어느 하나에 해당하는 곳이 대한민국에 있는 경우에만 법원에 국제재판관할이 있다.

1. 선박소유자등의 책임제한을 할 수 있는 채권(이하 "제한채권"이라 한다)이 발생한 선박의 선적(船籍)이 있는 곳

2. 신청인인 선박소유자등에 대하여 제3조에 따른 일반관할이 인정되는 곳
3. 사고발생지(사고로 인한 결과 발생지를 포함한다)
4. 사고 후 사고선박이 최초로 도착한 곳
5. 제한채권에 의하여 선박소유자등의 재산이 압류 또는 가압류된 곳(압류에 갈음하여 담보가 제공된 곳을 포함한다. 이하 "압류등이 된 곳"이라 한다)
6. 선박소유자등에 대하여 제한채권에 근거한 소가 제기된 곳

제90조(선박 또는 항해에 관한 소의 특별관할) 선박소유자등에 대한 선박 또는 항해에 관한 소는 선박이 압류등이 된 곳이 대한민국에 있는 경우 법원에 제기할 수 있다.

제91조(공동해손에 관한 소의 특별관할) 공동해손(共同海損)에 관한 소는 다음 각 호의 어느 하나에 해당하는 곳이 대한민국에 있는 경우 법원에 제기할 수 있다.
1. 선박의 소재지
2. 사고 후 선박이 최초로 도착한 곳
3. 선박이 압류등이 된 곳

제92조(선박충돌에 관한 소의 특별관할) 선박의 충돌이나 그 밖의 사고에 관한 소는 다음 각 호의 어느 하나에 해당하는 곳이 대한민국에 있는 경우 법원에 제기할 수 있다.
1. 가해 선박의 선적지 또는 소재지
2. 사고 발생지
3. 피해 선박이 사고 후 최초로 도착한 곳
4. 가해 선박이 압류등이 된 곳

제93조(해난구조에 관한 소의 특별관할) 해난구조에 관한 소는 다음 각 호의 어느 하나에 해당하는 곳이 대한민국에 있는 경우 법원에 제기할 수 있다
1. 해난구조가 있었던 곳
2. 구조된 선박이 최초로 도착한 곳
3. 구조된 선박이 압류등이 된 곳

제2절 준거법

제94조(해상) 해상에 관한 다음 각 호의 사항은 선적국법에 따른다.
1. 선박의 소유권 및 저당권, 선박우선특권, 그 밖의 선박에 관한 물권
2. 선박에 관한 담보물권의 우선순위
3. 선장과 해원(海員)의 행위에 대한 선박소유자의 책임범위
4. 선박소유자등이 책임제한을 주장할 수 있는지 여부 및 그 책임제한의 범위
5. 공동해손
6. 선장의 대리권

제95조(선박충돌) ① 개항(開港)·하천 또는 영해에서의 선박충돌에 관한 책임은 그 충돌지법에 따른다.

② 공해에서의 선박충돌에 관한 책임은 각 선박이 동일한 선적국에 속하는 경우에는 그 선적국법에 따르고, 각 선박이 선적국을 달리하는 경우에는 가해선박의 선적국법에 따른다.

제96조(해난구조) 해난구조로 인한 보수청구권은 그 구조행위가 영해에서 있는 경우에는 행위지법에 따르고, 공해에서 있는 때에는 구조한 선박의 선적국법에 따른다.

부칙 〈제18670호, 2022. 1. 4.〉

제1조(시행일) 이 법은 공포 후 6개월이 경과한 날부터 시행한다.

제2조(계속 중인 사건의 관할에 관한 경과조치) 이 법 시행 당시 법원에 계속 중인 사건의 관할에 대해서는 종전의 규정에 따른다.

제3조(준거법 적용에 관한 경과조치) 이 법 시행 전에 생긴 사항에 적용되는 준거법에 대해서는 종전의 규정에 따른다. 다만, 이 법 시행 전후에 계속(繼續)되는 법률관계에 대해서는 이 법 시행 이후의 법률관계에 대해서만 이 법의 규정을 적용한다.

국제물품매매계약에 관한 국제연합 협약

[발효일 1988. 1. 1] [다자조약, 제1711호, 2005. 2. 28]

이 협약의 당사국은, 신국제경제질서의 수립에 관하여 국제연합총회의 제6차 특별회의에서 채택된 결의의 광범한 목적에 유념하고, 평등과 상호이익을 기초로 한 국제거래의 발전이 국가간의 우호관계를 증진하는 중요한 요소임을 고려하며, 국제물품매매계약을 규율하고 상이한 사회적·경제적 및 법적 제도를 고려한 통일규칙을 채택하는 것이 국제거래상의 법적 장애를 제거하는데 기여하고 국제거래의 발전을 증진하는 것이라는 견해하에, 다음과 같이 합의하였다.

제1편 적용범위와 총칙

제1장 적용범위

제1조

(1) 이 협약은 다음의 경우에, 영업소가 서로 다른 국가에 있는 당사자간의 물품매매계약에 적용된다.

(가) 해당 국가가 모두 체약국인 경우, 또는

(나) 국제사법 규칙에 의하여 체약국법이 적용되는 경우

(2) 당사자가 서로 다른 국가에 영업소를 가지고 있다는 사실은, 계약으로부터 또는 계약체결 전이나 그 체결시에 당사자간의 거래나 당사자에 의하여 밝혀진 정보로부터 드러나지 아니하는 경우에는 고려되지 아니한다.

(3) 당사자의 국적 또는 당사자나 계약의 민사적·상사적 성격은 이 협약의 적용 여부를 결정하는 데에 고려되지 아니한다.

제2조

이 협약은 다음의 매매에는 적용되지 아니한다.

(가) 개인용·가족용 또는 가정용으로 구입된 물품의 매매

다만, 매도인이 계약체결 전이나 그 체결시에 물품이 그와 같은 용도로 구입된 사실을 알지 못하였고, 알았어야 했던 것도 아닌 경우에는 그러하지 아니하다.

(나) 경매에 의한 매매

(다) 강제집행 그 밖의 법령에 의한 매매

(라) 주식, 지분, 투자증권, 유통증권 또는 통화의 매매

(마) 선박, 소선(小船), 부선(浮船), 또는 항공기의 매매

(바) 전기의 매매

제3조

(1) 물품을 제조 또는 생산하여 공급하는 계약은 이를 매매로 본다. 다만, 물품을 주문한 당사자가 그 제조 또는 생산에 필요한 재료의 중요한 부분을 공급하는 경우에는 그러하지 아니하다.

(2) 이 협약은 물품을 공급하는 당사자의 의무의 주된 부분이 노무 그 밖의 서비스의 공급에 있는 계약에는 적용되지 아니한다.

제4조

이 협약은 매매계약의 성립 및 그 계약으로부터 발생하는 매도인과 매수인의 권리의무만을 규율한다. 이 협약에 별도의 명시규정이 있는 경우를 제외하고, 이 협약은 특히 다음과 관련이 없다.

(가) 계약이나 그 조항 또는 관행의 유효성

(나) 매매된 물품의 소유권에 관하여 계약이 미치는 효력

제5조

이 협약은 물품으로 인하여 발생한 사람의 사망 또는 상해에 대한 매도인의 책임에는 적용되지 아니한다.

제6조

당사자는 이 협약의 적용을 배제할 수 있고, 제12조에 따를 것을 조건으로 하여 이 협약의 어떠한 규정에 대하여도 그 적용을 배제하거나 효과를 변경할 수 있다.

제2장 총 칙

제7조

(1) 이 협약의 해석에는 그 국제적 성격 및 적용상의 통일과 국제거래상의 신의 준수를 증진할 필요성을 고려하여야 한다.

(2) 이 협약에 의하여 규율되는 사항으로서 협약에서 명시적으로 해결되지 아니하는 문제는, 이 협약이 기초하고 있는 일반원칙, 그 원칙이 없는 경우에는 국제사법 규칙에 의하여 적용되는 법에 따라 해결되어야 한다.

제8조

(1) 이 협약의 적용상, 당사자의 진술 그 밖의 행위는 상대방이 그 당사자의 의도를 알았거나 모를 수 없었던 경우에는 그 의도에 따라 해석되어야 한다.

(2) 제1항이 적용되지 아니하는 경우에 당사자의 진술 그 밖의 행위는, 상대방과 동일한 부류의 합리적인 사람이 동일한 상황에서 이해하였을 바에 따라 해석되어야 한다.

(3) 당사자의 의도 또는 합리적인 사람이 이해하였을 바를 결정함에 있어서는 교섭, 당사자간에 확립된 관례, 관행 및 당사자의 후속 행위를 포함하여 관련된 모든 사항을 적절히 고려하여야 한다.

제9조

(1) 당사자는 합의한 관행과 당사자간에 확립된 관례에 구속된다.

(2) 별도의 합의가 없는 한, 당사자가 알았거나 알 수 있었던 관행으로서 국제거래에서 당해 거래와 동종의 계약을 하는 사람에게 널리 알려져 있고 통상적으로 준수되고 있는 관행은 당사자의 계약 또는 그 성립에 묵시적으로 적용되는 것으로 본다.

제10조

이 협약의 적용상,

(가) 당사자 일방이 둘 이상의 영업소를 가지고 있는 경우에는, 계약체결 전이나 그 체결시에 당사자 쌍방에 알려지거나 예기된 상황을 고려하여 계약 및 그 이행과 가장 밀접한 관련이 있는 곳이 영업소로 된다.

(나) 당사자 일방이 영업소를 가지고 있지 아니한 경우에는 그의 상거소를 영업소로 본다.

제11조

매매계약은 서면에 의하여 체결되거나 입증될 필요가 없고, 방식에 관한 그 밖의 어떠한 요건도 요구되지 아니한다. 매매계약은 증인을 포함하여 어떠한 방법에 의하여도 입증될 수 있다.

제12조

매매계약, 합의에 의한 매매계약의 변경이나 종료, 청약·승낙 그 밖의 의사표시를 서면 이외의 방법으로 할 수 있도록 허용하는 이 협약 제11조, 제29조 또는 제2편은 당사자가 이 협약 제96조에 따라 유보선언을 한 체약국에 영업소를 가지고 있는 경우에는 적용되지 아니한다. 당사자는 이 조를 배제하거나 그 효과를 변경할 수 없다.

제13조

이 협약의 적용상 「서면」에는 전보와 텔렉스가 포함된다.

제2편 계약의 성립

제14조

(1) 1인 또는 그 이상의 특정인에 대한 계약체

결의 제안은 충분히 확정적이고, 승낙시 그에 구속된다는 청약자의 의사가 표시되어 있는 경우에 청약이 된다. 제안이 물품을 표시하고, 명시적 또는 묵시적으로 수량과 대금을 지정하거나 그 결정을 위한 조항을 두고 있는 경우에, 그 제안은 충분히 확정적인 것으로 한다.

(2) 불특정 다수인에 대한 제안은 제안자가 반대 의사를 명확히 표시하지 아니하는 한, 단지 청약의 유인으로 본다.

제15조

(1) 청약은 상대방에게 도달한 때에 효력이 발생한다.

(2) 청약은 철회될 수 없는 것이더라도, 회수의 의사표시가 청약의 도달 전 또는 그와 동시에 상대방에게 도달하는 경우에는 회수될 수 있다.

제16조

(1) 청약은 계약이 체결되기까지는 철회될 수 있다. 다만, 상대방이 승낙의 통지를 발송하기 전에 철회의 의사표시가 상대방에게 도달되어야 한다.

(2) 그러나 다음의 경우에는 청약은 철회될 수 없다.

(가) 승낙기간의 지정 그 밖의 방법으로 청약이 철회될 수 없음이 청약에 표시되어 있는 경우, 또는

(나) 상대방이 청약이 철회될 수 없음을 신뢰하는 것이 합리적이고, 상대방이 그 청약을 신뢰하여 행동한 경우

제17조

청약은 철회될 수 없는 것이더라도, 거절의 의사표시가 청약자에게 도달한 때에는 효력을 상실한다.

제18조

(1) 청약에 대한 동의를 표시하는 상대방의 진술 그 밖의 행위는 승낙이 된다. 침묵 또는 부작위는 그 자체만으로 승낙이 되지 아니한다.

(2) 청약에 대한 승낙은 동의의 의사표시가 청약자에게 도달하는 시점에 효력이 발생한다. 동의의 의사표시가 청약자가 지정한 기간 내에, 기간의 지정이 없는 경우에는 청약자가 사용한 통신수단의 신속성 등 거래의 상황을 적절히 고려하여 합리적인 기간 내에 도달하지 아니하는 때에는, 승낙은 효력이 발생하지 아니한다. 구두의 청약은 특별한 사정이 없는 한 즉시 승낙되어야 한다.

(3) 청약에 의하여 또는 당사자간에 확립된 관례나 관행의 결과로 상대방이 청약자에 대한 통지없이, 물품의 발송이나 대금지급과 같은 행위를 함으로써 동의를 표시할 수 있는 경우에는, 승낙은 그 행위가 이루어진 시점에 효력이 발생한다. 다만, 그 행위는 제2항에서 정한 기간 내에 이루어져야 한다.

제19조

(1) 승낙을 의도하고 있으나, 부가, 제한 그 밖의 변경을 포함하는 청약에 대한 응답은 청약에 대한 거절이면서 또한 새로운 청약이 된다.

(2) 승낙을 의도하고 있고, 청약의 조건을 실질적으로 변경하지 아니하는 부가적 조건 또는 상이한 조건을 포함하는 청약에 대한 응답은 승낙이 된다. 다만, 청약자가 부당한 지체없이 그 상위(相違)에 구두로 이의를 제기하거나 그러한 취지의 통지를 발송하는 경우에는 그러하지 아니하다. 청약자가 이의를 제기하지 아니하는 경우에는 승낙에 포함된 변경이 가하여진 청약 조건이 계약 조건이 된다.

(3) 특히 대금, 대금지급, 물품의 품질과 수량, 인도의 장소와 시기, 당사자 일방의 상대방에 대한 책임범위 또는 분쟁해결에 관한 부가적 조건 또는 상이한 조건은 청약 조건을 실질적으로 변경하는 것으로 본다.

제20조

(1) 청약자가 전보 또는 서신에서 지정한 승낙기간은 전보가 발송을 위하여 교부된 시점 또

는 서신에 표시되어 있는 일자, 서신에 일자가 표시되지 아니한 경우에는 봉투에 표시된 일자로부터 기산한다. 청약자가 전화, 텔렉스 그 밖의 동시적(同時的) 통신수단에 의하여 지정한 승낙기간은 청약이 상대방에게 도달한 시점으로부터 기산한다.

(2) 승낙기간중의 공휴일 또는 비영업일은 기간의 계산에 산입한다. 다만, 기간의 말일이 청약자의 영업소 소재지의 공휴일 또는 비영업일에 해당하여 승낙의 통지가 기간의 말일에 청약자에게 도달될 수 없는 경우에는, 기간은 그 다음의 최초 영업일까지 연장된다.

제21조

(1) 연착된 승낙은 청약자가 상대방에게 지체 없이 승낙으로서 효력을 가진다는 취지를 구두로 통고하거나 그러한 취지의 통지를 발송하는 경우에는 승낙으로서의 효력이 있다.

(2) 연착된 승낙이 포함된 서신 그 밖의 서면에 의하여, 전달이 정상적이었다면 기간 내에 청약자에게 도달되었을 상황에서 승낙이 발송되었다고 인정되는 경우에는, 그 연착된 승낙은 승낙으로서의 효력이 있다. 다만, 청약자가 상대방에게 지체 없이 청약이 실효되었다는 취지를 구두로 통고하거나 그러한 취지의 통지를 발송하는 경우에는 그러하지 아니하다.

제22조

승낙은 그 효력이 발생하기 전 또는 그와 동시에 회수의 의사표시가 청약자에게 도달하는 경우에는 회수될 수 있다.

제23조

계약은 청약에 대한 승낙이 이 협약에 따라 효력을 발생하는 시점에 성립된다.

제24조

이 협약 제2편의 적용상, 청약, 승낙 그 밖의 의사표시는 상대방에게 구두로 통고된 때 또는 그 밖의 방법으로 상대방 본인, 상대방의 영업소나 우편주소에 전달된 때, 상대방이 영업소나 우편주소를 가지지 아니한 경우에는 그의 상거소에 전달된 때에 상대방에게 "도달"된다.

제3편 물품의 매매

제1장 총 칙

제25조

당사자 일방의 계약위반은, 그 계약에서 상대방이 기대할 수 있는 바를 실질적으로 박탈할 정도의 손실을 상대방에게 주는 경우에 본질적인 것으로 한다. 다만, 위반 당사자가 그러한 결과를 예견하지 못하였고, 동일한 부류의 합리적인 사람도 동일한 상황에서 그러한 결과를 예견하지 못하였을 경우에는 그러하지 아니하다.

제26조

계약해제의 의사표시는 상대방에 대한 통지로 행하여진 경우에만 효력이 있다.

제27조

이 협약 제3편에 별도의 명시규정이 있는 경우를 제외하고, 당사자가 이 협약 제3편에 따라 상황에 맞는 적절한 방법으로 통지, 청구 그 밖의 통신을 한 경우에, 당사자는 통신의 전달 중에 지연이나 오류가 있거나 또는 통신이 도달되지 아니하더라도 그 통신을 주장할 권리를 상실하지 아니한다.

제28조

당사자 일방이 이 협약에 따라 상대방의 의무이행을 요구할 수 있는 경우에도, 법원은 이 협약이 적용되지 아니하는 유사한 매매계약에 관하여 자국법에 따라 특정이행을 명하는 판결을 하여야 하는 경우가 아닌 한, 특정이행을 명하는 판결을 할 의무가 없다.

제29조

(1) 계약은 당사자의 합의만으로 변경 또는 종료될 수 있다.

(2) 서면에 의한 계약에 합의에 의한 변경 또는 종료는 서면에 의하여야 한다는 규정이 있는 경우에, 다른 방법으로 합의 변경 또는 합의

종료될 수 없다. 다만, 당사자는 상대방이 자신의 행동을 신뢰한 한도까지는 그러한 규정을 원용할 수 없다.

제2장 매도인의 의무

제30조

매도인은 계약과 이 협약에 따라 물품을 인도하고, 관련 서류를 교부하며 물품의 소유권을 이전하여야 한다.

제1절 물품의 인도와 서류의 교부

제31조

매도인이 물품을 다른 특정한 장소에서 인도할 의무가 없는 경우에, 매도인의 인도의무는 다음과 같다.

(가) 매매계약에 물품의 운송이 포함된 경우에는, 매수인에게 전달하기 위하여 물품을 제1운송인에게 교부하는 것.

(나) (가)호에 해당되지 아니하는 경우로서 계약이 특정물에 관련되거나 또는 특정한 재고품에서 인출되는 불특정물이나 제조 또는 생산되는 불특정물에 관련되어 있고, 당사자 쌍방이 계약 체결시에 그 물품이 특정한 장소에 있거나 그 장소에서 제조 또는 생산되는 것을 알고 있었던 경우에는, 그 장소에서 물품을 매수인의 처분 하에 두는 것.

(다) 그 밖의 경우에는, 계약 체결시에 매도인이 영업소를 가지고 있던 장소에서 물품을 매수인의 처분 하에 두는 것.

제32조

(1) 매도인이 계약 또는 이 협약에 따라 물품을 운송인에게 교부한 경우에, 물품이 하인(荷印), 선적서류 그 밖의 방법에 의하여 그 계약의 목적물로서 명확히 특정되어 있지 아니한 때에는, 매도인은 매수인에게 물품을 특정하는 탁송통지를 하여야 한다.

(2) 매도인이 물품의 운송을 주선하여야 하는 경우에, 매도인은 상황에 맞는 적절한 운송수단 및 그 운송에서의 통상의 조건으로, 지정된 장소까지 운송하는 데 필요한 계약을 체결하여야 한다.

(3) 매도인이 물품의 운송에 관하여 부보(附保)할 의무가 없는 경우에도, 매도인은 매수인의 요구가 있으면 매수인이 부보하는데 필요한 모든 가능한 정보를 매수인에게 제공하여야 한다.

제33조

매도인은 다음의 시기에 물품을 인도하여야 한다.

(가) 인도기일이 계약에 의하여 지정되어 있거나 확정될 수 있는 경우에는 그 기일

(나) 인도기간이 계약에 의하여 지정되어 있거나 확정될 수 있는 경우에는 그 기간 내의 어느 시기. 다만, 매수인이 기일을 선택하여야 할 사정이 있는 경우에는 그러하지 아니하다.

(다) 그 밖의 경우에는 계약 체결후 합리적인 기간 내.

제34조

매도인이 물품에 관한 서류를 교부하여야 하는 경우에, 매도인은 계약에서 정한 시기, 장소 및 방식에 따라 이를 교부하여야 한다. 매도인이 교부하여야 할 시기 전에 서류를 교부한 경우에는, 매도인은 매수인에게 불합리한 불편 또는 비용을 초래하지 아니하는 한, 계약에서 정한 시기까지 서류상의 부적합을 치유할 수 있다. 다만, 매수인은 이 협약에서 정한 손해배상을 청구할 권리를 보유한다.

제2절 물품의 적합성과 제3자의 권리주장

제35조

(1) 매도인은 계약에서 정한 수량, 품질 및 종류에 적합하고, 계약에서 정한 방법으로 용기에 담겨지거나 포장된 물품을 인도하여야 한다.

(2) 당사자가 달리 합의한 경우를 제외하고, 물품은 다음의 경우에 계약에 적합하지 아니한

것으로 한다.

(가) 동종 물품의 통상 사용목적에 맞지 아니한 경우,

(나) 계약 체결시 매도인에게 명시적 또는 묵시적으로 알려진 특별한 목적에 맞지 아니한 경우. 다만, 그 상황에서 매수인이 매도인의 기술과 판단을 신뢰하지 아니하였거나 또는 신뢰하는 것이 불합리하였다고 인정되는 경우에는 그러하지 아니하다.

(다) 매도인이 견본 또는 모형으로 매수인에게 제시한 물품의 품질을 가지고 있지 아니한 경우.

(라) 그러한 물품에 대하여 통상의 방법으로, 통상의 방법이 없는 경우에는 그 물품을 보존하고 보호하는 데 적절한 방법으로 용기에 담겨지거나 포장되어 있지 아니한 경우.

(3) 매수인이 계약 체결시에 물품의 부적합을 알았거나 또는 모를 수 없었던 경우에는, 매도인은 그 부적합에 대하여 제2항의 (가)호 내지 (라)호에 따른 책임을 지지 아니한다.

제36조

(1) 매도인은 위험이 매수인에게 이전하는 때에 존재하는 물품의 부적합에 대하여, 그 부적합이 위험 이전 후에 판명된 경우라도, 계약과 이 협약에 따라 책임을 진다.

(2) 매도인은 제1항에서 정한 때보다 후에 발생한 부적합이라도 매도인의 의무위반에 기인하는 경우에는 그 부적합에 대하여 책임을 진다. 이 의무위반에는 물품이 일정기간 통상의 목적이나 특별한 목적에 맞는 상태를 유지한다는 보증 또는 특정한 품질이나 특성을 유지한다는 보증에 위반한 경우도 포함된다.

제37조

매도인이 인도기일 전에 물품을 인도한 경우에는, 매수인에게 불합리한 불편 또는 비용을 초래하지 아니하는 한, 매도인은 그 기일까지 누락분을 인도하거나 부족한 수량을 보충하거나 부적합한 물품에 갈음하여 물품을 인도하거나 또는 물품의 부적합을 치유할 수 있다. 다만, 매수인은 이 협약에서 정한 손해배상을 청구할 권리를 보유한다.

제38조

(1) 매수인은 그 상황에서 실행가능한 단기간 내에 물품을 검사하거나 검사하게 하여야 한다.

(2) 계약에 물품의 운송이 포함되는 경우에는, 검사는 물품이 목적지에 도착한 후까지 연기될 수 있다.

(3) 매수인이 검사할 합리적인 기회를 가지지 못한 채 운송중에 물품의 목적지를 변경하거나 물품을 전송(轉送)하고, 매도인이 계약 체결시에 그 변경 또는 전송의 가능성을 알았거나 알 수 있었던 경우에는, 검사는 물품이 새로운 목적지에 도착한 후까지 연기될 수 있다.

제39조

(1) 매수인이 물품의 부적합을 발견하였거나 발견할 수 있었던 때로부터 합리적인 기간 내에 매도인에게 그 부적합한 성질을 특정하여 통지하지 아니한 경우에는, 매수인은 물품의 부적합을 주장할 권리를 상실한다.

(2) 매수인은 물품이 매수인에게 현실로 교부된 날부터 늦어도 2년 내에 매도인에게 제1항의 통지를 하지 아니한 경우에는, 물품의 부적합을 주장할 권리를 상실한다. 다만, 이 기간제한이 계약상의 보증기간과 양립하지 아니하는 경우에는 그러하지 아니하다.

제40조

물품의 부적합이 매도인이 알았거나 모를 수 없었던 사실에 관한 것이고, 매도인이 매수인에게 이를 밝히지 아니한 경우에는, 매도인은 제38조와 제39조를 원용할 수 없다.

제41조

매수인이 제3자의 권리나 권리주장의 대상이

된 물품을 수령하는 데 동의한 경우를 제외하고, 매도인은 제3자의 권리나 권리주장의 대상이 아닌 물품을 인도하여야 한다. 다만, 그러한 제3자의 권리나 권리주장이 공업소유권 그 밖의 지적재산권에 기초하는 경우에는, 매도인의 의무는 제42조에 의하여 규율된다.

제42조

(1) 매도인은, 계약 체결시에 자신이 알았거나 모를 수 없었던 공업소유권 그 밖의 지적재산권에 기초한 제3자의 권리나 권리주장의 대상이 아닌 물품을 인도하여야 한다. 다만, 제3자의 권리나 권리주장이 다음 국가의 법에 의한 공업소유권 그 밖의 지적재산권에 기초한 경우에 한한다.

(가) 당사자 쌍방이 계약 체결시에 물품이 어느 국가에서 전매되거나 그 밖의 방법으로 사용될 것을 예상하였던 경우에는, 물품이 전매되거나 그 밖의 방법으로 사용될 국가의 법

(나) 그 밖의 경우에는 매수인이 영업소를 가지는 국가의 법

(2) 제1항의 매도인의 의무는 다음의 경우에는 적용되지 아니한다.

(가) 매수인이 계약 체결시에 그 권리나 권리주장을 알았거나 모를 수 없었던 경우

(나) 그 권리나 권리주장이 매수인에 의하여 제공된 기술설계, 디자인, 방식 그 밖의 지정에 매도인이 따른 결과로 발생한 경우

제43조

(1) 매수인이 제3자의 권리나 권리주장을 알았거나 알았어야 했던 때로부터 합리적인 기간 내에 매도인에게 제3자의 권리나 권리주장의 성질을 특정하여 통지하지 아니한 경우에는, 매수인은 제41조 또는 제42조를 원용할 권리를 상실한다.

(2) 매도인이 제3자의 권리나 권리주장 및 그 성질을 알고 있었던 경우에는 제1항을 원용할 수 없다.

제44조

제39조 제1항과 제43조 제1항에도 불구하고, 매수인은 정하여진 통지를 하지 못한 데에 합리적인 이유가 있는 경우에는 제50조에 따라 대금을 감액하거나 이익의 상실을 제외한 손해배상을 청구할 수 있다.

제3절 매도인의 계약위반에 대한 구제

제45조

(1) 매도인이 계약 또는 이 협약상의 의무를 이행하지 아니하는 경우에 매수인은 다음을 할 수 있다.

(가) 제46조 내지 제52조에서 정한 권리의 행사

(나) 제74조 내지 제77조에서 정한 손해배상의 청구

(2) 매수인이 손해배상을 청구하는 권리는 다른 구제를 구하는 권리를 행사함으로써 상실되지 아니한다.

(3) 매수인이 계약위반에 대한 구제를 구하는 경우에, 법원 또는 중재판정부는 매도인에게 유예기간을 부여할 수 없다.

제46조

(1) 매수인은 매도인에게 의무의 이행을 청구할 수 있다. 다만, 매수인이 그 청구와 양립하지 아니하는 구제를 구한 경우에는 그러하지 아니하다.

(2) 물품이 계약에 부적합한 경우에, 매수인은 대체물의 인도를 청구할 수 있다. 다만, 그 부적합이 본질적 계약위반을 구성하고, 그 청구가 제39조의 통지와 동시에 또는 그 후 합리적인 기간 내에 행하여진 경우에 한한다.

(3) 물품이 계약에 부적합한 경우에, 매수인은 모든 상황을 고려하여 불합리한 경우를 제외하고, 매도인에게 수리에 의한 부적합의 치유를 청구할 수 있다. 수리 청구는 제39조의 통지와 동시에 또는 그 후 합리적인 기간 내에 행하여져야 한다.

제47조

(1) 매수인은 매도인의 의무이행을 위하여 합리적인 부가기간을 정할 수 있다.

(2) 매도인으로부터 그 부가기간 내에 이행을 하지 아니하겠다는 통지를 수령한 경우를 제외하고, 매수인은 그 기간중 계약위반에 대한 구제를 구할 수 없다. 다만, 매수인은 이행지체에 대한 손해배상을 청구할 권리를 상실하지 아니한다.

제48조

(1) 제49조를 따를 것을 조건으로, 매도인은 인도기일 후에도 불합리하게 지체하지 아니하고 매수인에게 불합리한 불편 또는 매수인의 선급 비용을 매도인으로부터 상환받는 데 대한 불안을 초래하지 아니하는 경우에는, 자신의 비용으로 의무의 불이행을 치유할 수 있다. 다만, 매수인은 이 협약에서 정한 손해배상을 청구할 권리를 보유한다.

(2) 매도인이 매수인에게 이행의 수령 여부를 알려 달라고 요구하였으나 매수인이 합리적인 기간 내에 그 요구에 응하지 아니한 경우에는, 매도인은 그 요구에서 정한 기간 내에 이행을 할 수 있다. 매수인은 그 기간중에는 매도인의 이행과 양립하지 아니하는 구제를 구할 수 없다.

(3) 특정한 기간 내에 이행을 하겠다는 매도인의 통지는 매수인이 그 결정을 알려야 한다는 제2항의 요구를 포함하는 것으로 추정한다.

(4) 이 조 제2항 또는 제3항의 매도인의 요구 또는 통지는 매수인에 의하여 수령되지 아니하는 한 그 효력이 발생하지 아니한다.

제49조

(1) 매수인은 다음의 경우에 계약을 해제할 수 있다.

(가) 계약 또는 이 협약상 매도인의 의무 불이행이 본질적 계약위반으로 되는 경우

(나) 인도 불이행의 경우에는, 매도인이 제47조 제1항에 따라 매수인이 정한 부가기간 내에 물품을 인도하지 아니하거나 그 기간 내에 인도하지 아니하겠다고 선언한 경우.

(2) 그러나 매도인이 물품을 인도한 경우에는, 매수인은 다음의 기간 내에 계약을 해제하지 아니하는 한 계약해제권을 상실한다.

(가) 인도지체의 경우, 매수인이 인도가 이루어진 것을 안 후 합리적인 기간 내

(나) 인도지체 이외의 위반의 경우, 다음의 시기로부터 합리적인 기간 내

(1) 매수인이 그 위반을 알았거나 또는 알 수 있었던 때

(2) 매수인이 제47조 제1항에 따라 정한 부가기간이 경과한 때 또는 매도인이 그 부가기간 내에 의무를 이행하지 아니하겠다고 선언한 때.

(3) 매도인이 제48조 제2항에 따라 정한 부가기간이 경과한 때 또는 매수인이 이행을 수령하지 아니하겠다고 선언한 때

제50조

물품이 계약에 부적합한 경우에, 대금의 지급 여부에 관계없이 매수인은 현실로 인도된 물품이 인도시에 가지고 있던 가액이 계약에 적합한 물품이 그때에 가지고 있었을 가액에 대하여 가지는 비율에 따라 대금을 감액할 수 있다. 다만, 매도인이 제37조나 제48조에 따라 의무의 불이행을 치유하거나 매수인이 동 조항에 따라 매도인의 이행 수령을 거절한 경우에는 대금을 감액할 수 없다.

제51조

(1) 매도인이 물품의 일부만을 인도하거나 인도된 물품의 일부만이 계약에 적합한 경우에, 제46조 내지 제50조는 부족 또는 부적합한 부분에 적용된다.

(2) 매수인은 인도가 완전하게 또는 계약에 적합하게 이루어지지 아니한 것이 본질적 계약

위반으로 되는 경우에 한하여 계약 전체를 해제할 수 있다.

제52조

(1) 매도인이 이행기 전에 물품을 인도한 경우에, 매수인은 이를 수령하거나 거절할 수 있다.

(2) 매도인이 계약에서 정한 것보다 다량의 물품을 인도한 경우에, 매수인은 초과분을 수령하거나 이를 거절할 수 있다. 매수인이 초과분의 전부 또는 일부를 수령한 경우에는 계약대금의 비율에 따라 그 대금을 지급하여야 한다.

제3장 매수인의 의무

제53조

매수인은 계약과 이 협약에 따라, 물품의 대금을 지급하고 물품의 인도를 수령하여야 한다.

제1절 대금의 지급

제54조

매수인의 대금지급의무에는 그 지급을 위하여 계약 또는 법령에서 정한 조치를 취하고 절차를 따르는 것이 포함된다.

제55조

계약이 유효하게 성립되었으나 그 대금을 명시적 또는 묵시적으로 정하고 있지 아니하거나 이를 정하기 위한 조항을 두지 아니한 경우에는, 당사자는 반대의 표시가 없는 한, 계약 체결시에 당해 거래와 유사한 상황에서 매도되는 그러한 종류의 물품에 대하여 일반적으로 청구되는 대금을 묵시적으로 정한 것으로 본다.

제56조

대금이 물품의 중량에 따라 정하여지는 경우에, 의심이 있는 때에는 순중량에 의하여 대금을 결정하는 것으로 한다.

제57조

(1) 매수인이 다른 특정한 장소에서 대금을 지급할 의무가 없는 경우에는, 다음의 장소에서 매도인에게 이를 지급하여야 한다.

(가) 매도인의 영업소, 또는

(나) 대금이 물품 또는 서류의 교부와 상환하여 지급되어야 하는 경우에는 그 교부가 이루어지는 장소

(2) 매도인은 계약 체결후에 자신의 영업소를 변경함으로써 발생하는 대금지급에 대한 부수비용의 증가액을 부담하여야 한다.

제58조

(1) 매수인이 다른 특정한 시기에 대금을 지급할 의무가 없는 경우에는, 매수인은 매도인이 계약과 이 협약에 따라 물품 또는 그 처분을 지배하는 서류를 매수인의 처분하에 두는 때에 대금을 지급하여야 한다. 매도인은 그 지급을 물품 또는 서류의 교부를 위한 조건으로 할 수 있다.

(2) 계약에 물품의 운송이 포함되는 경우에는, 매도인은 대금의 지급과 상환하여서만 물품 또는 그 처분을 지배하는 서류를 매수인에게 교부한다는 조건으로 물품을 발송할 수 있다.

(3) 매수인은 물품을 검사할 기회를 가질 때까지는 대금을 지급할 의무가 없다. 다만, 당사자간에 합의된 인도 또는 지급절차가 매수인이 검사 기회를 가지는 것과 양립하지 아니하는 경우에는 그러하지 아니하다.

제59조

매수인은 계약 또는 이 협약에서 지정되거나 확정될 수 있는 기일에 대금을 지급하여야 하며, 이 경우 매도인의 입장에서는 어떠한 요구를 하거나 절차를 따를 필요가 없다.

제2절 인도의 수령

제60조

매수인의 수령의무는 다음과 같다.

(가) 매도인의 인도를 가능하게 하기 위하여 매수인에게 합리적으로 기대될 수 있는 모든 행위를 하는 것, 및

(나) 물품을 수령하는 것

제3절 매수인의 계약위반에 대한 구제

제61조

(1) 매수인이 계약 또는 이 협약상의 의무를 이행하지 아니하는 경우에 매도인은 다음을 할 수 있다.
 (가) 제62조 내지 제65조에서 정한 권리의 행사
 (나) 제74조 내지 제77조에서 정한 손해배상의 청구
(2) 매도인이 손해배상을 청구하는 권리는 다른 구제를 구하는 권리를 행사함으로써 상실되지 아니한다.
(3) 매도인이 계약위반에 대한 구제를 구하는 경우에, 법원 또는 중재판정부는 매수인에게 유예기간을 부여할 수 없다.

제62조

매도인은 매수인에게 대금의 지급, 인도의 수령 또는 그 밖의 의무의 이행을 청구할 수 있다. 다만, 매도인이 그 청구와 양립하지 아니하는 구제를 구한 경우에는 그러하지 아니하다.

제63조

(1) 매도인은 매수인의 의무이행을 위하여 합리적인 부가기간을 정할 수 있다.
(2) 매수인으로부터 그 부가기간 내에 이행을 하지 아니하겠다는 통지를 수령한 경우를 제외하고, 매도인은 그 기간중 계약위반에 대한 구제를 구할 수 없다. 다만, 매도인은 이행지체에 대한 손해배상을 청구할 권리를 상실하지 아니한다.

제64조

(1) 매도인은 다음의 경우에 계약을 해제할 수 있다.
 (가) 계약 또는 이 협약상 매수인의 의무 불이행이 본질적 계약위반으로 되는 경우
 (나) 매수인이 제63조 제1항에 따라 매도인이 정한 부가기간 내에 대금지급 또는 물품수령 의무를 이행하지 아니하거나 그 기간 내에 그러한 의무를 이행하지 아니하겠다고 선언한 경우.
(2) 그러나 매수인이 대금을 지급한 경우에는, 매도인은 다음의 기간 내에 계약을 해제하지 아니하는 한 계약해제권을 상실한다.
 (가) 매수인의 이행지체의 경우, 매도인이 이행이 이루어진 것을 알기 전
 (나) 매수인의 이행지체 이외의 위반의 경우, 다음의 시기로부터 합리적인 기간 내
  (1) 매도인이 그 위반을 알았거나 또는 알 수 있었던 때
  (2) 매도인이 제63조 제1항에 따라 정한 부가기간이 경과한 때 또는 매수인이 그 부가기간 내에 의무를 이행하지 아니하겠다고 선언한 때.

제65조

(1) 계약상 매수인이 물품의 형태, 규격 그 밖의 특징을 지정하여야 하는 경우에, 매수인이 합의된 기일 또는 매도인으로부터 요구를 수령한 후 합리적인 기간 내에 그 지정을 하지 아니한 경우에는, 매도인은 자신이 보유하는 다른 권리를 해함이 없이, 자신이 알고 있는 매수인의 필요에 따라 스스로 지정할 수 있다.
(2) 매도인은 스스로 지정하는 경우에 매수인에게 그 상세한 사정을 통고하고, 매수인이 그와 다른 지정을 할 수 있도록 합리적인 기간을 정하여야 한다. 매수인이 그 통지를 수령한 후 정하여진 기간 내에 다른 지정을 하지 아니하는 경우에는, 매도인의 지정이 구속력을 가진다.

제4장 위험의 이전

제66조

위험이 매수인에게 이전된 후에 물품이 멸실 또는 훼손되더라도 매수인은 대금지급의무를 면하지 못한다. 다만, 그 멸실 또는 훼손이 매도인의 작위 또는 부작위로 인한 경우에는 그러하지 아니하다.

第67条

(1) 매매계약에 물품의 운송이 포함되어 있고, 매도인이 특정한 장소에서 이를 교부할 의무가 없는 경우에, 위험은 매매계약에 따라 매수인에게 전달하기 위하여 물품이 제1운송인에게 교부된 때에 매수인에게 이전한다. 매도인이 특정한 장소에서 물품을 운송인에게 교부하여야 하는 경우에는, 위험은 그 장소에서 물품이 운송인에게 교부될 때까지 매수인에게 이전하지 아니한다. 매도인이 물품의 처분을 지배하는 서류를 보유할 권한이 있다는 사실은 위험의 이전에 영향을 미치지 아니한다.

(2) 제1항에도 불구하고 위험은 물품이 하인(荷印), 선적서류, 매수인에 대한 통지 그 밖의 방법에 의하여 계약상 명확히 특정될 때까지 매수인에게 이전하지 아니한다.

第68条

운송중에 매도된 물품에 관한 위험은 계약 체결시에 매수인에게 이전한다. 다만, 특별한 사정이 있는 경우에는, 위험은 운송계약을 표창하는 서류를 발행한 운송인에게 물품이 교부된 때부터 매수인이 부담한다. 그럼에도 불구하고, 매도인이 매매계약의 체결시에 물품이 멸실 또는 훼손된 것을 알았거나 알았어야 했고, 매수인에게 이를 밝히지 아니한 경우에는, 그 멸실 또는 훼손은 매도인의 위험으로 한다.

第69条

(1) 제67조와 제68조가 적용되지 아니하는 경우에, 위험은 매수인이 물품을 수령한 때, 매수인이 적시에 이를 수령하지 아니한 경우에는 물품이 매수인의 처분 하에 놓여지고 매수인이 이를 수령하지 아니하여 계약을 위반하는 때에 매수인에게 이전한다.

(2) 매수인이 매도인의 영업소 이외의 장소에서 물품을 수령하여야 하는 경우에는, 위험은 인도기일이 도래하고 물품이 그 장소에서 매수인의 처분 하에 놓여진 것을 매수인이 안 때에 이전한다.

(3) 불특정물에 관한 계약의 경우에, 물품은 계약상 명확히 특정될 때까지 매수인의 처분하에 놓여지지 아니한 것으로 본다.

第70条

매도인이 본질적 계약위반을 한 경우에는, 제67조, 제68조 및 제69조는 매수인이 그 위반을 이유로 구할 수 있는 구제를 방해하지 아니한다.

제5장 매도인과 매수인의 의무에 공통되는 규정

제1절 이행이전의 계약위반과 분할인도계약

第71条

(1) 당사자는 계약체결 후 다음의 사유로 상대방이 의무의 실질적 부분을 이행하지 아니할 것이 판명된 경우에는, 자신의 의무 이행을 정지할 수 있다.

(가) 상대방의 이행능력 또는 신용도의 중대한 결함

(나) 계약의 이행 준비 또는 이행에 관한 상대방의 행위

(2) 제1항의 사유가 명백하게 되기 전에 매도인이 물품을 발송한 경우에는, 매수인이 물품을 취득할 수 있는 증권을 소지하고 있더라도 매도인은 물품이 매수인에게 교부되는 것을 저지할 수 있다. 이 항은 매도인과 매수인간의 물품에 관한 권리에 대하여만 적용된다.

(3) 이행을 정지한 당사자는 물품의 발송 전후에 관계없이 즉시 상대방에게 그 정지를 통지하여야 하고, 상대방이 그 이행에 관하여 적절한 보장을 제공한 경우에는 이행을 계속하여야 한다.

第72条

(1) 계약의 이행기일 전에 당사자 일방이 본질적 계약위반을 할 것이 명백한 경우에는, 상대방은 계약을 해제할 수 있다.

(2) 시간이 허용하는 경우에는, 계약을 해제하려고 하는 당사자는 상대방이 이행에 관하여

적절한 보장을 제공할 수 있도록 상대방에게 합리적인 통지를 하여야 한다.

(3) 제2항의 요건은 상대방이 그 의무를 이행하지 아니하겠다고 선언한 경우에는 적용되지 아니한다.

제73조

(1) 물품을 분할하여 인도하는 계약에서 어느 분할부분에 관한 당사자 일방의 의무 불이행이 그 분할부분에 관하여 본질적 계약위반이 되는 경우에는, 상대방은 그 분할부분에 관하여 계약을 해제할 수 있다.

(2) 어느 분할부분에 관한 당사자 일방의 의무 불이행이 장래의 분할부분에 대한 본질적 계약위반의 발생을 추단하는 데에 충분한 근거가 되는 경우에는, 상대방은 장래에 향하여 계약을 해제할 수 있다. 다만, 그 해제는 합리적인 기간 내에 이루어져야 한다.

(3) 어느 인도에 대하여 계약을 해제하는 매수인은, 이미 행하여진 인도 또는 장래의 인도가 그 인도와의 상호 의존관계로 인하여 계약 체결시에 당사자 쌍방이 예상했던 목적으로 사용될 수 없는 경우에는, 이미 행하여진 인도 또는 장래의 인도에 대하여도 동시에 계약을 해제할 수 있다.

제2절 손해배상액

제74조

당사자 일방의 계약위반으로 인한 손해배상액은 이익의 상실을 포함하여 그 위반의 결과 상대방이 입은 손실과 동등한 금액으로 한다. 그 손해배상액은 위반 당사자가 계약 체결시에 알았거나 알 수 있었던 사실과 사정에 비추어, 계약위반의 가능한 결과로서 발생할 것을 예견하였거나 예견할 수 있었던 손실을 초과할 수 없다.

제75조

계약이 해제되고 계약해제 후 합리적인 방법으로, 합리적인 기간 내에 매수인이 대체물을 매수하거나 매도인이 물품을 재매각한 경우에, 손해배상을 청구하는 당사자는 계약대금과 대체거래대금과의 차액 및 그 외에 제74조에 따른 손해액을 배상받을 수 있다.

제76조

(1) 계약이 해제되고 물품에 시가가 있는 경우에, 손해배상을 청구하는 당사자는 제75조에 따라 구입 또는 재매각하지 아니하였다면 계약대금과 계약해제시의 시가와의 차액 및 그 외에 제74조에 따른 손해액을 배상받을 수 있다. 다만, 손해배상을 청구하는 당사자가 물품을 수령한 후에 계약을 해제한 경우에는, 해제시의 시가에 갈음하여 물품 수령시의 시가를 적용한다.

(2) 제1항의 적용상, 시가는 물품이 인도되었어야 했던 장소에서의 지배적인 가격, 그 장소에 시가가 없는 경우에는 물품 운송비용의 차액을 적절히 고려하여 합리적으로 대체할 수 있는 다른 장소에서의 가격을 말한다.

제77조

계약위반을 주장하는 당사자는 이익의 상실을 포함하여 그 위반으로 인한 손실을 경감하기 위하여 그 상황에서 합리적인 조치를 취하여야 한다. 계약위반을 주장하는 당사자가 그 조치를 취하지 아니한 경우에는, 위반 당사자는 경감되었어야 했던 손실액만큼 손해배상액의 감액을 청구할 수 있다.

제3절 이 자

제78조

당사자가 대금 그 밖의 연체된 금액을 지급하지 아니하는 경우에, 상대방은 제74조에 따른 손해배상청구권을 해함이 없이, 그 금액에 대한 이자를 청구할 수 있다.

제4절 면 책

제79조

(1) 당사자는 그 의무의 불이행이 자신이 통제할 수 없는 장애에 기인하였다는 것과 계약체결시에 그 장애를 고려하거나 또는 그 장애나 그로 인한 결과를 회피하거나 극복하는 것이 합리적으로 기대될 수 없었다는 것을 증명하는 경우에는, 그 의무불이행에 대하여 책임이 없다.

(2) 당사자의 불이행이 계약의 전부 또는 일부의 이행을 위하여 사용한 제3자의 불이행으로 인한 경우에는, 그 당사자는 다음의 경우에 한하여 그 책임을 면한다.

(가) 당사자가 제1항의 규정에 의하여 면책되고, 또한

(나) 당사자가 사용한 제3자도 그에게 제1항이 적용된다면 면책되는 경우

(3) 이 조에 규정된 면책은 장애가 존재하는 기간 동안에 효력을 가진다.

(4) 불이행 당사자는 장애가 존재한다는 것과 그 장애가 자신의 이행능력에 미치는 영향을 상대방에게 통지하여야 한다. 불이행 당사자가 장애를 알았거나 알았어야 했던 때로부터 합리적인 기간 내에 상대방이 그 통지를 수령하지 못한 경우에는, 불이행 당사자는 불수령으로 인한 손해에 대하여 책임이 있다.

(5) 이 조는 어느 당사자가 이 협약에 따라 손해배상 청구권 이외의 권리를 행사하는 것을 방해하지 아니한다.

제80조

당사자는 상대방의 불이행이 자신의 작위 또는 부작위에 기인하는 한, 상대방의 불이행을 주장할 수 없다.

제5절 해제의 효력

제81조

(1) 계약의 해제는 손해배상의무를 제외하고 당사자 쌍방을 계약상의 의무로부터 면하게 한다. 해제는 계약상의 분쟁해결조항 또는 해제의 결과 발생하는 당사자의 권리의무를 규율하는 그 밖의 계약조항에 영향을 미치지 아니한다.

(2) 계약의 전부 또는 일부를 이행한 당사자는 상대방에게 자신이 계약상 공급 또는 지급한 것의 반환을 청구할 수 있다. 당사자 쌍방이 반환하여야 하는 경우에는 동시에 반환하여야 한다.

제82조

(1) 매수인이 물품을 수령한 상태와 실질적으로 동일한 상태로 그 물품을 반환할 수 없는 경우에는, 매수인은 계약을 해제하거나 매도인에게 대체물을 청구할 권리를 상실한다.

(2) 제1항은 다음의 경우에는 적용되지 아니한다.

(가) 물품을 반환할 수 없거나 수령한 상태와 실질적으로 동일한 상태로 반환할 수 없는 것이 매수인의 작위 또는 부작위에 기인하지 아니한 경우

(나) 물품의 전부 또는 일부가 제38조에 따른 검사의 결과로 멸실 또는 훼손된 경우

(다) 매수인이 부적합을 발견하였거나 발견하였어야 했던 시점 전에, 물품의 전부 또는 일부가 정상적인 거래과정에서 매각되거나 통상의 용법에 따라 소비 또는 변형된 경우

제83조

매수인은, 제82조에 따라 계약해제권 또는 대체물인도청구권을 상실한 경우에도, 계약과 이 협약에 따른 그 밖의 모든 구제권을 보유한다.

제84조

(1) 매도인은 대금을 반환하여야 하는 경우에, 대금이 지급된 날부터 그에 대한 이자도 지급하여야 한다.

(2) 매수인은 다음의 경우에는 물품의 전부 또

는 일부로부터 발생된 모든 이익을 매도인에게 지급하여야 한다.

(가) 매수인이 물품의 전부 또는 일부를 반환하여야 하는 경우

(나) 물품의 전부 또는 일부를 반환할 수 없거나 수령한 상태와 실질적으로 동일한 상태로 전부 또는 일부를 반환할 수 없음에도 불구하고, 매수인이 계약을 해제하거나 매도인에게 대체물의 인도를 청구한 경우

제6절 물품의 보관

제85조

매수인이 물품 인도의 수령을 지체하거나 또는 대금지급과 물품 인도가 동시에 이루어져야 함에도 매수인이 대금을 지급하지 아니한 경우로서, 매도인이 물품을 점유하거나 그 밖의 방법으로 그 처분을 지배할 수 있는 경우에는, 매도인은 물품을 보관하기 위하여 그 상황에서 합리적인 조치를 취하여야 한다. 매도인은 매수인으로부터 합리적인 비용을 상환 받을 때까지 그 물품을 보유할 수 있다.

제86조

(1) 매수인이 물품을 수령한 후 그 물품을 거절하기 위하여 계약 또는 이 협약에 따른 권리를 행사하려고 하는 경우에는, 매수인은 물품을 보관하기 위하여 그 상황에서 합리적인 조치를 취하여야 한다. 매수인은 매도인으로부터 합리적인 비용을 상환받을 때까지 그 물품을 보유할 수 있다.

(2) 매수인에게 발송된 물품이 목적지에서 매수인의 처분하에 놓여지고, 매수인이 그 물품을 거절하는 권리를 행사하는 경우에, 매수인은 매도인을 위하여 그 물품을 점유하여야 한다. 다만, 대금 지급 및 불합리한 불편이나 경비소요없이 점유할 수 있는 경우에 한한다. 이 항은 매도인이나 그를 위하여 물품을 관리하는 자가 목적지에 있는 경우에는 적용되지 아니한다. 매수인이 이 항에 따라 물품을 점유하는 경우에는, 매수인의 권리와 의무에 대하여는 제1항이 적용된다.

제87조

물품을 보관하기 위한 조치를 취하여야 하는 당사자는 그 비용이 불합리하지 아니하는 한, 상대방의 비용으로 물품을 제3자의 창고에 임치할 수 있다.

제88조

(1) 제85조 또는 제86조에 따라 물품을 보관하여야 하는 당사자는 상대방이 물품을 점유하거나 반환받거나 또는 대금이나 보관비용을 지급하는 데 불합리하게 지체하는 경우에는, 상대방에게 매각의사를 합리적으로 통지하는 한, 적절한 방법으로 물품을 매각할 수 있다.

(2) 물품이 급속히 훼손되기 쉽거나 그 보관에 불합리한 경비를 요하는 경우에는, 제85조 또는 제86조에 따라 물품을 보관하여야 하는 당사자는 물품을 매각하기 위하여 합리적인 조치를 취하여야 한다. 이 경우에 가능한 한도에서 상대방에게 매각의사가 통지되어야 한다.

(3) 물품을 매각한 당사자는 매각대금에서 물품을 보관하고 매각하는 데 소요된 합리적인 비용과 동일한 금액을 보유할 권리가 있다. 그 차액은 상대방에게 반환되어야 한다.

제4편 최종규정

제89조

국제연합 사무총장은 이 협약의 수탁자가 된다.

제90조

이미 발효하였거나 또는 앞으로 발효하게 될 국제협정이 이 협약이 규율하는 사항에 관하여 규정을 두고 있는 경우에, 이 협약은 그러한 국제협정에 우선하지 아니한다. 다만, 당사자가 그 협정의 당사국에 영업소를 가지고 있는 경우에 한한다.

제91조

(1) 이 협약은 국제물품매매계약에 관한 국제연합회의의 최종일에 서명을 위하여 개방되고, 뉴욕의 국제연합 본부에서 1981년 9월 30일까지 모든 국가에 의한 서명을 위하여 개방된다.

(2) 이 협약은 서명국에 의하여 비준, 수락 또는 승인되어야 한다.

(3) 이 협약은 서명을 위하여 개방된 날부터 서명하지 아니한 모든 국가의 가입을 위하여 개방된다.

(4) 비준서, 수락서, 승인서 또는 가입서는 국제연합 사무총장에게 기탁되어야 한다.

제92조

(1) 체약국은 서명, 비준, 수락, 승인 또는 가입시에 이 협약 제2편 또는 제3편에 구속되지 아니한다는 취지의 선언을 할 수 있다.

(2) 제1항에 따라 이 협약 제2편 또는 제3편에 관하여 유보선언을 한 체약국은, 그 선언이 적용되는 편에 의하여 규율되는 사항에 관하여는 이 협약 제1조 제1항에서 말하는 체약국으로 보지 아니한다.

제93조

(1) 체약국이 그 헌법상 이 협약이 다루고 있는 사항에 관하여 각 영역마다 다른 법체계가 적용되는 2개 이상의 영역을 가지고 있는 경우에, 그 국가는 서명, 비준, 수락, 승인 또는 가입시에 이 협약을 전체 영역 또는 일부영역에만 적용한다는 취지의 선언을 할 수 있으며, 언제든지 새로운 선언을 함으로써 전의 선언을 수정할 수 있다.

(2) 제1항의 선언은 수탁자에게 통고하여야 하며, 이 협약이 적용되는 영역을 명시하여야 한다.

(3) 이 조의 선언에 의하여 이 협약이 체약국의 전체영역에 적용되지 아니하고 하나 또는 둘 이상의 영역에만 적용되며 또한 당사자의 영업소가 그 국가에 있는 경우에는, 그 영업소는 이 협약의 적용상 체약국에 있지 아니한 것으로 본다. 다만, 그 영업소가 이 협약이 적용되는 영역에 있는 경우에는 그러하지 아니하다.

(4) 체약국이 제1항의 선언을 하지 아니한 경우에 이 협약은 그 국가의 전체영역에 적용된다.

제94조

(1) 이 협약이 규율하는 사항에 관하여 동일하거나 또는 밀접하게 관련된 법규를 가지는 둘 이상의 체약국은, 양당사자의 영업소가 그러한 국가에 있는 경우에 이 협약을 매매계약과 그 성립에 관하여 적용하지 아니한다는 취지의 선언을 언제든지 행할 수 있다. 그러한 선언은 공동으로 또는 상호간에 단독으로 할 수 있다.

(2) 이 협약이 규율하는 사항에 관하여 하나 또는 둘 이상의 비체약국과 동일하거나 또는 밀접하게 관련된 법규를 가지는 체약국은 양 당사자의 영업소가 그러한 국가에 있는 경우에 이 협약을 매매계약과 그 성립에 대하여 적용하지 아니한다는 취지의 선언을 언제든지 행할 수 있다.

(3) 제2항에 의한 선언의 대상이 된 국가가 그 후 체약국이 된 경우에, 그 선언은 이 협약이 새로운 체약국에 대하여 효력이 발생하는 날부터 제1항의 선언으로서 효력을 가진다. 다만, 새로운 체약국이 그 선언에 가담하거나 또는 상호간에 단독으로 선언하는 경우에 한한다.

제95조

어떤 국가든지 비준서, 수락서, 승인서 또는 가입서를 기탁할 때, 이 협약 제1조 제1항 (나)호에 구속되지 아니한다는 취지의 선언을 행할 수 있다.

제96조

그 국가의 법률상 매매계약의 체결 또는 입증에 서면을 요구하는 체약국은 제12조에 따라 매매계약, 합의에 의한 매매계약의 변경이나 종료, 청약, 승낙 기타의 의사표시를 서면 이외의 방법으로 하는 것을 허용하는 이 협약 제11조, 제29조 또는 제2편의 어떠한 규정도 당사자 일방이 그 국가에 영업소를 가지고 있는 경우에는 적용하지 아니한다는 취지의 선언을 언제든지 행할 수 있다.

제97조

(1) 서명시에 이 협약에 따라 행한 선언은 비준, 수락 또는 승인시 다시 확인되어야 한다.

(2) 선언 및 선언의 확인은 서면으로 하여야 하고, 또한 정식으로 수탁자에게 통고하여야 한다.

(3) 선언은 이를 행한 국가에 대하여 이 협약이 발효함과 동시에 효력이 생긴다. 다만, 협약의 발효 후 수탁자가 정식으로 통고를 수령한 선언은 수탁자가 이를 수령한 날부터 6월이 경과된 다음달의 1일에 효력이 발생한다. 제94조에 따른 상호간의 단독선언은 수탁자가 최후의 선언을 수령한 후 6월이 경과한 다음달의 1일에 효력이 발생한다.

(4) 이 협약에 따라 선언을 행한 국가는 수탁자에게 서면에 의한 정식의 통고를 함으로써 언제든지 그 선언을 철회할 수 있다. 그러한 철회는 수탁자가 통고를 수령한 날부터 6월이 경과된 다음달의 1일에 효력이 발생한다.

(5) 제94조에 따라 선언이 철회된 경우에는 그 철회의 효력이 발생하는 날부터 제94조에 따라 다른 국가가 행한 상호간의 선언의 효력이 상실된다.

제98조

이 협약에 의하여 명시적으로 인정된 경우를 제외하고는 어떠한 유보도 허용되지 아니한다.

제99조

(1) 이 협약은 제6항의 규정에 따를 것을 조건으로, 제92조의 선언을 포함하고 있는 문서를 포함하여 10번째의 비준서, 수락서, 승인서 또는 가입서가 기탁된 날부터 12월이 경과된 다음달의 1일에 효력이 발생한다.

(2) 10번째의 비준서, 수락서, 승인서 또는 가입서가 기탁된 후에 어느 국가가 이 협약을 비준, 수락, 승인 또는 가입하는 경우에, 이 협약은 적용이 배제된 편을 제외하고 제6항에 따를 것을 조건으로 하여 그 국가의 비준서, 수락서, 승인서 또는 가입서가 기탁된 날부터 12월이 경과된 다음달의 1일에 그 국가에 대하여 효력이 발생한다.

(3) 1964년 7월 1일 헤이그에서 작성된 「국제물품매매계약의 성립에 관한 통일법」(1964년 헤이그성립협약)과 「국제물품매매계약에 관한 통일법」(1964년 헤이그매매협약)중의 하나 또는 모두의 당사국이 이 협약을 비준, 수락, 승인 또는 이에 가입하는 경우에는 네덜란드 정부에 통고함으로써 1964년 헤이그매매협약 및/또는 1964년 헤이그성립협약을 동시에 폐기하여야 한다.

(4) 1964년 헤이그매매협약의 당사국으로서 이 협약을 비준, 수락, 승인 또는 가입하는 국가가 제92조에 따라 이 협약 제2편에 구속되지 아니한다는 뜻을 선언하거나 또는 선언한 경우에, 그 국가는 이 협약의 비준, 수락, 승인 또는 가입시에 네덜란드 정부에 통고함으로써 1964년 헤이그매매협약을 폐기하여야 한다.

(5) 1964년 헤이그성립협약의 당사국으로서 이 협약을 비준, 수락, 승인 또는 가입하는 국가가 제92조에 따라 이 협약 제3편에 구속되지 아니한다는 뜻을 선언하거나 또는 선언한 경우에, 그 국가는 이 협약의 비준, 수락, 승인 또는 가입시 네덜란드정부에 통고함으로서 1964년 헤이그성립협약을 폐기하여야 한다.

(6) 이 조의 적용상, 1964년 헤이그성립협약 또는 1964년 헤이그매매협약의 당사국에 의한

이 협약의 비준, 수락, 승인 또는 가입은 이들 두 협약에 관하여 당사국에게 요구되는 폐기의 통고가 효력을 발생하기까지 그 효력이 발생하지 아니한다. 이 협약의 수탁자는 이에 관한 필요한 상호조정을 확실히 하기 위하여 1964년 협약들의 수탁자인 네덜란드 정부와 협의하여야 한다.

제100조

(1) 이 협약은 제1조 제1항 (가)호 또는 (나)호의 체약국에게 협약의 효력이 발생한 날 이후에 계약체결을 위한 제안이 이루어진 경우에 한하여 계약의 성립에 대하여 적용된다.

(2) 이 협약은 제1조 제1항 (가)호 또는 (나)호의 체약국에게 협약의 효력이 발생한 날 이후에 체결된 계약에 대하여만 적용된다.

제101조

(1) 체약국은 수탁자에게 서면에 의한 정식의 통고를 함으로써 이 협약 또는 이 협약 제2편 또는 제3편을 폐기할 수 있다.

(2) 폐기는 수탁자가 통고를 수령한 후 12월이 경과한 다음달의 1일에 효력이 발생한다. 통고에 폐기의 발효에 대하여 보다 장기간이 명시된 경우에 폐기는 수탁자가 통고를 수령한 후 그 기간이 경과되어야 효력이 발생한다.

1980년 4월 11일에 비엔나에서 동등하게 정본인 아랍어, 중국어, 영어, 프랑스어, 러시아어 및 스페인어로 각 1부가 작성되었다.

그 증거로서 각국의 전권대표들은 각국의 정부로부터 정당하게 위임을 받아 이 협약에 서명하였다.

참고문헌

- 법무부, 국제물품매매계약에 관한 유엔협약 해설, 2005.
- 법무부, 국제사법 해설, 2001.
- 서희원, 국제사법강의, 일조각, 1998.
- 석광현, 2022년 개정 국제사법 해설 국제재판관할법, 박영사, 2022.
- 석광현, 2018년 국제사법 개정안에 따른 국제재판관할 규칙.
- 석광현, 국제물품매매계약의 법리, 박영사 2010.
- 석광현, 국제사법 해설, 박영사, 2013.
- 신창섭, 국제사법, 세창출판사, 2018.
- 안강현, 로스쿨 국제거래법, 박영사, 2016.

판례색인

저자약력

김지연 변호사

제7회 변호사시험 합격
前 국민권익위원회 소속 중앙행정심판위원회
現 법률사무소 태성 변호사
現 도로교통공단 청렴옴부즈만 위원
現 도로교통공단 운전면허발전자문위원
現 국립공원공단 고충심의위원회 심의위원

제2판
조문중심 로스쿨 국제거래법

초판발행 2022년 9월 10일
제2판발행 2025년 10월 1일

지은이 김지연
펴낸이 안종만 · 안상준

기획/편집 이승현
표지디자인 권아린
제 작 고철민 · 김원표

펴낸곳 (주) 박영사
서울특별시 금천구 가산디지털2로 53, 210호(가산동, 한라시그마밸리)
등록 1959. 3. 11. 제300-1959-1호(倫)
전 화 02)733-6771
f a x 02)736-4818
e-mail pys@pybook.co.kr
homepage www.pybook.co.kr
ISBN 979-11-303-9862-4 13360

정 가 26,000원